ग्रामीण विकास के विविध आयाम

ग्रामीण विकास के विविध आयाम

डॉ. जनक सिंह मीना

GYAN

भारतीय सामाजिक विज्ञान अनुसंधान परिषद, नई दिल्ली द्वारा दी गई आशिंक आर्थिक सहायता से यह पुस्तक प्रकाशित हुई है।
पुस्तक में दिये गये विचार या निष्कर्ष पूर्णरूप से लेखक के हैं परिषद इसके लिए उत्तरदायी नहीं है; तथा
परिषद् की ओर से इस शैक्षिणिक अध्ययन का मूल्यांकन पर्यवेक्षक (सलाहकार) प्रोफेसर एस.एन. मिश्र, द्वारा किया गया है।

ग्रामीण विकास के विविध आयाम

ISBN: 978-81-212-1049-2

प्रकाशन वर्ष 2010
ज्ञान पब्लिशिंग हाउस
23, मेन अंसारी रोड, दिल्ली-110002
फोन : 23282060, 23261060
फैक्स: 011-23285914
ई-मेल: books@gyanbook.com
अक्षर मुद्रांकन: क्विक मीडिया, दिल्ली
चावला ऑफसैट प्रिंट्रंश, दिल्ली

विषयनुक्रमणिका

परिशिष्ट

भारतीय लोकतन्त्र में विकास का सार्वभौमिक स्वरूप पूर्णरूपेण ग्रामीण परिवेश पर न केवल पल्लवित होता है अपितु निर्भर करता है, अतः प्रस्तुत अध्ययन विकास के गन्तव्य में ग्रामीण विकास कार्यक्रमों, उनके प्रशासनिक–तन्त्र, भूमिकाओं, समस्याओं एवं सुझावों को प्रतिध्वनित करने का आयाम हैं। पंचायती राज एक जीवन दर्शन है, जिसका मुख्य उद्देश्य ग्रामीण विकास एवं अधिकतन लोगों का सर्वांगीण विकास करना है। यह लोकतान्त्रिक व्यवस्था की प्रथम सीढ़ी है। यह वह सुदृढ़ आधार है जो राजनीतिक प्रशिक्षण का कार्य करती है। यह भावी नेताओं की प्राथमिक पाठशाला एवं भारत का भविष्य भी है।

प्रस्तुत अनुसन्धान कार्य को इस परिणति तक पहुँचाने में अनेक व्यक्तियों और संस्थाओं का सहयोग, प्रोत्साहन व समर्थन मूल आधार रहा है, उन सभी के प्रति कृतज्ञता ज्ञापित करना शोधकर्ता अपना पुनीत कर्त्तव्य समझता है।

मैं सर्वप्रथम अपनी गुरु एवं शोध पर्यवेक्षक प्रो. (डॉ.) **प्रीता जोशी,** प्रोफेसर, राजस्थान विश्वविद्यालय, जिनके विद्वतापूर्ण और कुशल निर्देशन में यह शोधकार्य सम्पन्न हुआ है, शोधकर्ता की प्रेरणा की मुख्य स्रोत रही हैं। अपने सहृदय तत्परता, उदार प्रोत्साहन और सजग परामर्श द्वारा इस शोध कार्य का परिणति तक पहुँचाने में जो भूमिका निभायी है वह वस्तुतः विलक्षण है। इस हेतु शोधकर्ता आपके प्रति हृदय से कृतज्ञ है। मैं आपके पारिवारिक सदस्यों विशेषकर माताजी श्रीमती कमला जोशी को भी समयानुकूल सहयोग एवं प्रोत्साहन के लिए धन्यवाद ज्ञापित करता हूँ।

प्रोफेसर अशोक शर्मा, प्रो. पी.एस. भटनागर प्रो. पी.सी. माथुर, प्रो. रविन्द्र शर्मा, प्रो. संगीता शर्मा, डॉ. सुरेन्द्र कटारिया के प्रति शोधकर्ता अत्यन्त आभारी है जिनके मार्गदर्शन, प्रोत्साहन एवं सामयिक सुझावों से वह सदैव लाभान्वित होता रहा है। मैं प्रोत्साहन एवं सहयोग के लिए डॉ. एस.एस. अली, डॉ. आर.एम. खण्डेलवाल, डॉ. सुरेश गोपाल, डॉ. रजनी गोयल, डॉ. इनाक्षी चतुर्वेदी, डॉ. दीपक भटनागर, डॉ. सी. एम. सिंह एवं श्री जे.सी. गोविन्दन को हृदय से धन्यवाद ज्ञापित करता हूँ।

मैं अपने निकटतम मित्रों एवं शोधर्थियों जिनमें श्री महेश चन्द गोठवाल, कु. प्रेरणा अग्रवाल, कु. महिमा चतुर्वेदी, श्रीमती अर्चना जैमनी, कु. दीपाली शुक्ला, कु. नीलम वशिष्ट (संस्कृत विभाग), कु. कुसुम (अर्थशास्त्र विभाग), कु. शीला मीणा के प्रति आभार प्रकट करता हूँ जिन्होंने शोध कार्य को करने के लिए सदैव प्रेरित व उत्साहित किया।

मैं अपने परिवारजनों के प्रति आभार प्रकट करना अपना परम कर्त्तव्य समझता हूँ जिनके आशीर्वाद, सहयोग, प्रोत्साहन व मार्गदर्शन के अभाव में कार्य पूर्ण होना सम्भव नहीं था। परम पूज्य पिता श्री श्रीलाल मीणा, परमपूज्या मैं श्रीमती धनपूली मीणा, भाइयों में श्री समय सिंह मीणा, श्री नन्दराम मीणा, श्री बाबूलाल मीणा, भाभीजी श्रीमती प्रकाशी मीणा, जीजाजी श्री जयसीराम मीणा, बहिनजी श्रीमती इन्दिरा मीणा इन सभी के प्रति मैं कृतकृत्य आभारी हूँ। इस शोध कार्य हेतु सदैव प्रोत्साहित करने वाले अनुजों को जिनमें कु. हीना मीणा, भतीजे कुलदीप सिंह मीणा, दीपक, हिमांशु, शुभम्, भतीजी, कु. आशा मीणा, कु. सविता मीणा, कु. सपना मीणा तथा भानजे गौरव, सौरभ को अपना स्नेहहिल धन्यवाद प्रदान करता हूँ।

मैं अपनी धर्मपत्नि श्रीमती सुजाता मीणा एवं बेटी कु. काकुन मीणा जिनका प्यार, स्नेह सदैव मिलता रहा का हार्दिक धन्यवाद करता हूँ जिन्होंने पुस्तक को इस रूप में लाने के लिए प्रत्यक्ष अप्रत्यक्ष रूप से सहयोग दिया।

इस पुस्तक के प्रकाशक ज्ञान पब्लिशिंग हाउस, नई दिल्ली को अतिशय धन्यवाद देना चाहूँगा, जिन्होंने अल्पावधि में ही इस कार्य को पूर्ण किया।

जनक सिंह मीणा
लोक प्रशासन विभाग,
राजस्थान विश्वविद्यालय
जयपुर

1

विषय प्रस्तावना एवं शोध प्रारूप

'सुजलां, सुफलां, मलयशीतलाम्,

शस्यश्यामलां मातरम्' आदि कह कर कवियों ने भारतमाता का जो चित्रण प्रस्तुत किया है, वह उसके ग्राम स्वरूप को प्रदर्शित करता है। भारत गाँवों का देश है और यह सत्य है कि भारत की आत्मा गाँवों में बसती है। यद्यपि नगरीय/ग्रामीण जनसंख्या का अनुपात सन् 1901 के 11/89 से परिवर्तित होकर सन् 1947 में 15/85 और सन् 2001 की जनगणना के अनुसार 28/72 हो गया है। ग्रामीण जनसंख्या का निरन्तर शहरों की ओर पलायन हो रहा है वहीं दूसरी ओर नगरीय जनसंख्या में वृद्धि हो रही है फिर भी हमारे सामाजिक, आर्थिक परिवेश के दृष्टिगत गाँवों का महत्त्व बना हुआ है।

लोक कल्याणकारी राज्य का प्राथमिक लक्ष्य उसमें रह रहे लोगों का अधिकतम हित और सेवा प्रदान करना होता है। समाज के प्रत्येक व्यक्ति/वर्ग तक सेवाएँ उपलब्ध कराने के लिए ये सकारात्मक राज्य स्थानीय संस्थाओं का सहयोग लेते हैं। क्योंकि स्थानीय समस्याओं से स्थानीय जनप्रतिनिधि एवं स्थानीय नौकरशाही भली प्रकार परिचित होती है। समस्याओं की प्रकृति, उनकी जटिलता उनके कारण और संभावित समाधानों को खोजने के लिए स्थानीय परिस्थितियों व पर्यावरण का अभिज्ञान पूर्वापेक्षित है। अतः प्रायः सभी देशों में स्थानीय शासन व स्थानीय स्वशासन की महत्ता को स्वीकारा गया है।

भारत एक लोककल्याणकारी राज्य है। यहाँ प्रजातन्त्र की संघात्मक प्रणाली को अपनाया गया है। संघीय संविधान में स्थानीय शासन विषय को राज्यसूची में सम्मिलित किया गया है तथापि स्थानीय शासन देश की त्रिस्तरीय शासन व्यवस्था का अविभाज्य अंग है। संघीय स्तर पर केन्द्रीय

सरकार, प्रान्तीय स्तर पर राज्य सरकार तथा स्थानीय स्तर पर स्थानीय शासन व स्वशासन संस्थाएं नागरिक आवश्यकताओं की पूर्ति करती हैं।

भारत की अर्थव्यवस्था ग्राम्याधारित कृषि प्रधान व्यवस्था है, जो अनेक समस्याओं से घिरी हुई है। देश की अधिकांश आबादी जीवन की न्यूनतम आवश्यकताओं की पूर्ति के लिए जूझ रही है। देश में स्वतन्त्रता के पश्चात् औद्योगीकरण की दिशा में प्रयास हुए हैं, परन्तु इससे कोई ज्यादा सफलता प्राप्त नहीं हो पायी है। वर्ष 2001 की जनगणना के अनुसार राजस्थान की 76.61 प्रतिशत जनसंख्या ग्रामीण क्षेत्रों में निवास कर रही है।

भारत के 28 राज्यों में से राजस्थान राज्य का भौगोलिक क्षेत्रफल 3,42,239 वर्ग किलोमीटर है तथा क्षेत्रफल की दृष्टि से देश का सबसे बड़ा राज्य है। राजस्थान पारिस्थितिकी व अन्य कई कारणों से विकास में पिछड़ा हुआ है। भौगोलिक दृष्टि से राजस्थान पूर्व में गंगा–युमना नदियों के मैदान, दक्षिण में मालवा के पठार तथा उत्तर एवं उत्तर पूर्व में सतलज–व्यास नदियों के मैदान से घिरा हुआ है। यदि क्षेत्रफल की दृष्टि से राजस्थान की तुलना विश्व के देशों से की जाये तो पता चलता है कि यह श्रीलंका से पाँच गुना, चेकोस्लाविया से तीन गुना, इजराईल से 17 गुना तथा इंग्लैण्ड से दुगने से भी बड़ा है। जापान की तुलना में राजस्थान राज्य कुछ ही छोटा है। अतः मस्तिष्क में यह प्रश्न उठना स्वाभाविक है कि इसके बावजूद भी राजस्थान पिछड़ा हुआ क्यों है ?

ग्रामीण विकास कार्यक्रमों एवं राज्य ग्रामीण विकास विभाग पर चर्चा करने से पूर्व यह जानना आवश्यक है कि ग्रामीण क्षेत्र कौन–कौन से हैं ? इसके लिए ग्रामीण क्षेत्र को परिभाषित करने की आवश्यकता है। ग्रामीण क्षेत्र के अन्तर्गत आने वाली अधिकांश जनता का मुख्य व्यवसाय कृषि एंव पशुपालन होता है। ग्रामीण समुदाय से तात्पर्य है जिसमें एक निश्चित संख्या में लोग गाँवों में निवास करते हैं। वर्ष 1991 की जनगणना में ग्रामीण क्षेत्र को परिभाषित किया गया है, इसके आधार पर ग्रामीण क्षेत्र की पहचान की जा सकती है। ग्रामीण क्षेत्र का तात्पर्य है, पाँच हजार या कम जनसंख्या जहां के लोगों की मुख्य आर्थिक गतिविधि कृषि हो तथा जनसंख्या घनत्व 400 व्यक्ति प्रति वर्ग कि.मी. से कम हो, 5000 से अधिक जनसंख्या वाले क्षेत्र में अधिकांश लोगों का व्यवसाय कृषि होने पर उन्हें भी ग्रामीण क्षेत्र में सम्मिलित किया जाता है।[1]

जी. पार्थसारथी ने ग्रामीण विकास का तात्पर्य निर्धनों के प्राकृतिक एवं मानवीय संसाधनों के अनुकूलतम प्रयोग से उनके जीवन स्तर में सुधार से माना है। इस हेतु पूँजी व तकनीक का अच्छा उपयोग व गरीबों की सक्रिय भागीदारी आवश्यक है।[2]

अन्तर्राष्ट्रीय पुनर्निर्माण एवं विकास बैंक (IBRD) के अनुसार ग्रामीण विकास, लोगों के एक विशिष्ट समूह (ग्रामीण निर्धनों) के आर्थिक तथा सामाजिक जीवन में सुधार लाने के लिए अपनाई गई व्यूह–रचना है। इस व्यूह रचना में लघु कृषकों, काश्तकारों और भूमिहीन कृषकों के समूह को शामिल किया जाता है।[3]

ग्रामीण विकास के कुछ उपयुक्त माप इस प्रकार हो सकते हैं जैसे कृषि भूमि के सिंचित क्षेत्र में निरन्तर वृद्धि हो रही हो। कृषि और उससे संबंधित क्षेत्र तथा ग्रामीण उद्योग धन्धों में रोजगार के अवसर बढ़ रहे हों। ग्राम वासियों का शहरों की ओर पलायन क्रमशः घट रहा हो। ग्रामीण अधोसंरचना निरन्तर विकसित हो रही है इसमें ऊर्जा जैसे विद्युत, डीजल की पर्याप्त उपलब्धता, आवागमन एवं परिचालन हेतु पक्की सड़कों का विकास तथा डाकतार, दूरसंचार, दूरदर्शन एवं समाचार सेवाओं का विकास, सामाजिक उपरिव्यय जैसे शिक्षा, स्वास्थ्य, शुद्ध पेयजल, स्वच्छता एवं मनोरंजन के स्वस्थ साधन, गांव में आधारभूत उद्योग जैसे बिजली, ट्रेक्टर, मोटर साइकिल, साइकिल रिपेयरिंग आदि। नियमित सार्वजनिक वितरण प्रणाली का विकास, परिवार कल्याण एवं बाल विकास हेतु जनसंख्या शिक्षा के प्रति जागरूकता आदि वे घटक हैं जो ग्रामीण विकास की माप कर सकते हैं।[4]

ग्रामीण विकास का अभिप्राय लोगों को होने वाले आर्थिक लाभों के साथ–साथ समाज के सम्पूर्ण ढांचे में होने वाले अधिकाधिक परिवर्तन से लगाया जाता है। ग्रामीण लोगों के लिए आर्थिक विकास की बेहतर संभावनायें उसी स्थिति में हो सकती हैं जब ग्रामीण विकास प्रक्रिया में अधिकाधिक जनसहभागिता सुनिश्चित की जाये, योजना का विकेन्द्रीकरण किया जाये। भूमि सुधारों को उपादेयता से क्रियान्वित किया जाये तथा ऋण और निवेश की पर्याप्त मात्रा में व्यवस्था हो। साथ ही सामाजिक विकास के लिए स्वास्थ्य, शिक्षा, पेयजल, ऊर्जा आपूर्ति, स्वच्छता, आवास आदि की स्थिति में सुधार और ग्राम जनों की मनोवृत्तियों में परिवर्तन भी समान रूप से महत्वपूर्ण हैं।[5]

ग्रामीण विकास का सही अर्थ है, गाँव में गरीबी–रेखा से नीचे रहने वाले लोगों का जीवन स्तर ऊँचा करना और गांव को खुशहाल बनाना। इस प्रक्रिया में आर्थिक और सामाज्कि दोनों पहलुओं का समावेश होता है।[6]

मिचेल पी. टोरडो के अनुसार ग्रामीण विकास में निम्नलिखित तथ्यों पर विशेष ध्यान दिया जाता है[7]–

(i) जीवन स्तर में सुधार अर्थात् रोजगार, शिक्षा, स्वास्थ्य एवं पोषण, आवास तथा सामाजिक सेवाओं में सुधार किया जाए,

(ii) ग्रामीण आय के वितरण में विद्यमान असमानता को कम करना तथा ग्रामों व शहरों के मध्य आय तथा आर्थिक अवसरों में संतुलन स्थापित करना, तथा

(iii) ग्रामीण क्षेत्रों को सहयोग देकर उनके विकास की गति बढ़ाना।

रविन्द्रनाथ ठाकुर के अनुसार ''ग्रामीण विकास एक ऐसा प्रयास है जो गाँवों की संस्कृति को बरकरार रखते हुए आधुनिक संसाधनों के उपयोग से ग्रामीणों के आर्थिक, सामाजिक, बौद्धिक व नैतिक उत्थान में सहायक हो।''[8]

विश्व बैंक ने 1975 में अपने प्रकाशित ग्रामीण विकास परिपत्र नें कहा है ''ग्रामीण विकास एक रणनीति है जो ग्रामीण क्षेत्रों में आर्थिक एवं सामाजिक प्रगति में एक विशिष्ट श्रेणी के व्यक्तियों को लाभान्वित करने के लिए है। यह श्रेणी ग्रामीण निर्धन व्यक्तियों की है जिसमें छोटे किसान, भूमिहीन और स्त्रियाँ प्रमुख हैं। अगर ग्रामीण विकास इस श्रेणी के व्यक्तियों को नहीं छू पाता तो इसका कोई अर्थ नहीं है।''[9]

प्रो. होशियार सिंह ने ग्रामीण विकास को एक लचीली संकल्पना बताया है जिसका सम्बन्ध ग्रामीण क्षेत्रों से है। इसमें कृषि विकास, सामाजिक–आर्थिक संरचना, उचित मजदूरी, भूमिहीनों को भूमि एवं आवास, ग्रामीण नियोजन, जनस्वास्थ्य, शिक्षा, साक्षरता, सम्प्रेषण इत्यादि सम्मिलित हैं।[10]

प्रो. एस. आर. माहेश्वरी के अनुसार ''ग्रामीण विकास एक अनन्त प्रक्रिया है। इनकी राय में यह एक व्यूह रचना है जिसके द्वारा ग्रामीण गरीब के आर्थिक एवं सामाजिक जीवन में परिवर्तन लाया जाता है।''[11]

उपरोक्त परिभाषाओं में ग्रामीण विकास को विविध प्रकार से परिभाषित किया है और विविध घटक उभर कर सामने आये हैं। अब हम बात कर रहे हैं ग्रामीण विकास कार्यक्रमों की। सामान्य भाषा में ग्रामीण विकास कार्यक्रमों का अर्थ है– ऐसे कार्यक्रम जो गाँवों के विकास के लिए संचालित या निर्धारित किये गये हैं। इस अध्ययन में राजस्थान में केन्द्र प्रवर्तित, राज्य प्रवर्तित एवं बाह्य सहायता प्राप्त ग्रामीण विकास कार्यक्रम जो राज्य के ग्रामीण विकास विभाग द्वारा संचालित किये जा रहे हैं, को सम्मिलित किया गया है। इन विभिन्न विकास कार्यक्रमों के माध्यम से गांवों के गरीबी रेखा के नीचे जीवनयापन कर रहे परिवारों को गरीबी रेखा से ऊपर उठाना, ग्रामीण जनता के लाभ के लिए सार्वजनिक परिसम्पत्तियों का निर्माण करना, सामाजिक–आर्थिक दशा को बेहतर बनाने के लिए व्यक्तिगत लाभ की योजनाओं का लाभ पँहुचाना और आवश्यक आधारभूत संरचनाओं का निर्माण करना आदि ग्रामीण विकास के प्रमुख घटक कहे जा सकते हैं।

समस्या का कथन (Statement of the Problem)

इस शोध अध्ययन का क्षेत्र राजस्थान के करौली जिले की हिण्डौन पंचायत समिति है। अतः पंचायत समिति हिण्डौन की ग्रामीण विकास कार्यक्रमों से सम्बन्धित समस्याओं पर प्रकाश डाला जाना नितान्त आवश्यक है। हिण्डौन पंचायत समिति की स्थापना देश में पंचायती राज के प्रारम्भ होते ही 2 अक्टूबर, 1959 को हो गई थी। पंचायत समिति, पंचायती राज की त्रिस्तरीय व्यवस्था का मध्यवर्ती स्तर है और खण्ड एवं ग्राम पंचायतों में सभी ग्रामीण विकास कार्यक्रमों के लिए उत्तरदायी भी है। ग्रामीण विकास कार्यक्रमों के निर्माण, क्रियान्वयन मूल्यांकन में यह महत्वपूर्ण भूमिका निभाती है। इस सबके बावजूद हमारे समक्ष कुछ यक्ष प्रश्न हैं जिनका उत्तर ढूंढने का प्रयास इस शोध के अन्तर्गत किया गया है।

(i) क्या ग्रामीण विकास कार्यक्रमों के क्रियान्वयन के लगभग 5 दशक बाद हम ग्रामीण विकास को अपेक्षित दिशा देने में सफल रहे हैं ?

(ii) क्या ग्रामीण विकास कार्यक्रमों का लाभ वास्तविक जरूरतमन्द व्यक्ति तक पँहुचाने में सफल रहे हैं ?

(iii) क्या कार्यक्रमों/योजनाओं का निर्माण एवं क्रियान्वयन क्षेत्र की पारिस्थितिकी को ध्यान में रखकर किया जाता है ?

(iv) क्या इन कार्यक्रमों में स्वतन्त्रता के 58 वर्षों में भ्रष्टाचार के नासूर से मुक्ति पा चुके हैं ?

(v) क्या इन कार्यक्रमों में कार्यरत प्रशासनिक तन्त्र जन सेवक के रूप में कार्य कर रहा है ?

(vi) क्या ये कार्यक्रम सैद्धान्तिक एवं व्यवहारिक रूप में एक जैसे सिद्ध हुए हैं ?

अध्ययन की प्रासंगिकता

ग्रामीण विकास कार्यक्रमों के प्रशासन से सम्बन्धित अभी तक व्यवस्थित अध्ययन का अभाव रहा है। किसी कार्यक्रम विशेष पर अथवा संगठनात्मक, कार्यात्मक संरचना तक अध्ययन सीमित रहे हैं। कई अध्ययनों में केवल प्रशासनिक तन्त्र का समावेश किया है तो कहीं जनता का अथवा जनप्रतिनिधियों का आनुभविक परन्तु इस अध्ययन में सैद्धान्तिक एवं व्यवहारिकता पर दृष्टिपात करने के प्रयास किये गये हैं और साथ ही आनुभविक अध्ययन में ग्रामीण विकास तन्त्र के कार्मिक तन्त्र, जनप्रतिनिधियों एवं आम जनता को सम्मिलित किया गया है। इस अध्ययन में पंचायत समिति हिण्डौन क्षेत्र में केन्द्र प्रवर्तित, राज्य प्रवर्तित एवं बाह्य सहायता प्राप्त उन कार्यक्रमों को सम्मिलित किया गया है जो राज्य ग्रामीण विकास विभाग एवं जिला ग्रामीण विकास अभिकरण द्वारा संचालित किए जा रहे हैं। इस क्षेत्र के अन्तर्गत डांग क्षेत्र की 10 ग्राम पंचायतें हैं एवं यह क्षेत्र अनुसूचित जाति बाहुल्य क्षेत्र है और इसमें अनु जनजाति, अन्य पिछड़ी जाति तथा सामान्य वर्ग सहित सभी वर्गों के लोगों का प्रतिनिधित्व है।

यों तो ग्रामीण विकास एवं पंचायती राज से सम्बन्धित बहुत अध्ययन हुए हैं परन्तु ऐसे क्षेत्र पर इतना व्यापक अध्ययन पहले नहीं हुआ है। क्षेत्र में सामाजिक–आर्थिक एवं राजनीतिक पिछड़ापन विद्यमान है तथा गरीबी रेखा के नीचे जीवनयापन करने वाले लोगों की संख्या भी काफी है। ऐसे में समाज के वंचित कमजोर वर्गों को आगे लाने के लिए ऐसे अध्ययनों की खासी आवश्यकता है। 73वें संविधान संशोधन अधिनियम ने पंचायती राज संस्थाओं को संवैधानिकता प्रदान कर ग्रामीण विकास की राह आसान की है। इससे कमजोर पिछड़े लोगों को जहाँ नीति निर्माण, निर्णयन एवं क्रियान्वयन में सहभागिता का अवसर मिला है, वहीं जागरूकता एवं अधिकारों

के प्रति सजगता आई है। यह अध्ययन पूर्व अध्ययनों में अनछुए विविध पहलुओं की रिक्तता को पूरा करने में महत्वपूर्ण भूमिका का निर्वहन करेगा।

साहित्य का अवलोकन (Review of Literature)

राजस्थान में पंचायती राज की त्रि–स्तरीय व्यवस्था के मध्यवर्ती स्तर पर ग्रामीण विकास कार्यक्रमों का 73 वें संविधान संशोधन अधिनियम के पश्चात् में वर्तमान अध्ययन अपनी तरह का एक नवीन प्रयास है। फिर भी, सम्बन्धित साहित्य का अवलोकन दर्शाता है कि इस प्रकार के अध्ययन कम ही हुए हैं, जो राज्य और देश के अन्य भागों में इस विषय से सम्बन्धित थे। इस विषय पर सम्बन्धित साहित्य के कई प्रकार हैं, जैसे पुस्तकें, लेख, लघु–शोध, शोध–पत्र, पत्रिकाऐं तथा शोध–ग्रन्थ, जिनका यहाँ अवलोकन किया जा रहा है–

इकबाल नारायण[12] (1973) ने अपनी पुस्तक **''पंचायती राज एडमिनिस्ट्रेशन इन राजस्थान''** में पंचायती राज व्यवस्था का विस्तृत विश्लेषण प्रस्तुत किया है। इसमें पंचायती राज की त्रिस्तरीय सरंचना एवं प्रक्रियागत प्रकार्यों पर प्रकाश डाला है। ग्रामीण विकास के प्रशासनिक तन्त्र यथा जिलाधीश, खण्ड विकास अधिकारी, प्रसार अधिकारी तथा ग्राम स्तरीय कार्यकर्ताओं के कर्त्तव्य एवं कार्यों का उल्लेख किया है।

देवेन्द्र राज मेहता एवं सतीश के बत्रा[13] (एडीटेड) (1981) उनकी पुस्तक **''एडमिनिस्ट्रेशन फॉर रूरल डवलपमेंट''** में ग्रामीण विकास के क्षेत्र में प्रशासनिक तंत्र का विस्तृत अध्ययन किया है। इसमें अनेक विद्वानों के लेखों का संकलन है, जिसमें रजनी कोठारी ने ग्रामीण विकास के मुद्दों एवं रूपरेखा पर प्रकाश डाला है। मोहन मुखर्जी ने आधारभूत नियोजन पर बल दिया है। के.वी. सुन्दरम ने विकास प्रक्रिया में ग्रामीण व शहरी सम्बन्धों को दर्शाया है, एस.पी.सिंह ने कृषि विकास पर, राकेश हूजा ने भारत में माइक्रोलेवल क्रेडिट नियोजन, पी.आर. दुभाषी ने भारत में समन्वित ग्रामीण विकास कार्यक्रम के प्रशासनिक तथा संगठनात्मक पहलुओं पर तथा टी. एन. चतुर्वेदी ने ग्रामीण विकास के विविध आयामों को उल्लेखित किया है।

होशियार सिंह[14] (1985) ने अपनी पुस्तक **''पंचायती राज एडमिनिस्ट्रेशन इन हरियाणा''** में संरचनात्मक ढांचा, कार्मिक, वित्त, नेतृत्व और नियन्त्रण प्रक्रिया की पंचायती राज के सन्दर्भ में विस्तृत व्याख्या की है। यह हरियाणा

में 73 वें संविधान संशोधन अधिनियम से पूर्व की पंचायत राज व्यवस्था से सम्बन्धित है।

श्रीराम माहेश्वरी[15] (1985) ने **''रूरल डवलपमेन्ट इन इण्डिया, ए पब्लिक पॉलिसी एप्रोच''** में भारत में संचालित ग्रामीण विकास कार्यक्रमों का वर्णन किया है। इसके अन्तर्गत ग्रामीण विकास की ऐतिहासिक पृष्ठभूमि का उल्लेख करते हुए सामुदायिक विकास कार्यक्रम, पंचायती राज व्यवस्था, ग्रामीण विकास के लिए तकनीकी, नौकरशाही आदि से सम्बन्धित पक्षों पर दृष्टिपात किया है।

प्रद्युम्न कुमार तथा बी.एल. फडिया (सम्पादित)[16], (1986) ने **''ग्रामीण विकास द्विग्बोध की तलाश''** में ग्रामीण विकास के विविध पहलुओं पर व्यवहारिक दृष्टिकोण से प्रकाश डाला है तथा इसमें ग्रामीण विकास के नये विकल्प खोजने का प्रयास किया गया है। ग्रामीण विकास के सन्दर्भ में नीतियों एवं कार्यक्रमों पर विस्तृत चर्चा की है, साथ ही संस्थागत आधार व पदाधिकारियों के दायित्वों से सम्बन्धित लेखों का संकलन किया गया है।

राकेश हूजा[17] (1987) ने **''एडमिनिस्ट्रेटिव इनोवेशन्स इन रूरल डवलपमेन्ट''** में विकास प्रशासन में सरकार की भूमिका को इंगित किया है। इसमें राजस्थान में संचालित विविध ग्रामीण विकास परियोजनाओं का उल्लेख किया गया है। इसके प्रथम भाग में परिचयात्मक, द्वितीय में भारत में ग्रामीण विकास की समीक्षा, तृतीय में लाभग्राही कार्यक्रमों का वर्णन किया गया है।

आनन्द प्रकाश सिंह[18] (1989) ने **''ग्रामीण शक्ति सरंचना के बदलते प्रतिमान''** में भारत में स्वतन्त्रता प्राप्ति के बाद जन सामान्य के परम्परागत मूल्य तथा दृष्टिकोण के बदलाव को वर्णित किया है। इसमें ग्रामीण नेतृत्व में आ रहे गुणात्मक परिवर्तनों और शक्ति सरंचना के उभरते नवीन प्रतिमानों का सामाजिक विश्लेषण किया है।

के.डी.गौर[19] (1992) ने **''डायनामिक्स ऑफ रूरल डवलपमेन्ट''** (एडीटेड) में भारत की ग्रामीण अर्थव्यवस्था का विकास अर्थव्यवस्था के साथ स्पष्टीकरण किया है। इसमें विभिन्न शोध पत्रों के माध्यम से ग्रामीण अर्थव्यवस्था के विविध आयामों को लिया है। ग्रामीण विकास कार्यक्रमों के सर्वेक्षण को आधार मानकर विभिन्न घटकों का विश्लेषण किया गया है।

एच.आर. स्वामी एवं बी.पी. गुप्ता[20] (1994) ने अपनी पुस्तक **''ग्रामीण**

विकास एवं सहकारिता'' में ग्रामीण विकास की अवधारणा एवं महत्व, ग्रामीण विकास की व्यूह रचना, ग्रामीण विकास प्रशासन, ग्रामीण विकास अभिकरण, राजस्थान में ग्रामीण विकास कार्यक्रम आदि पर विस्तृत जानकारी दी है।

पी.सी. माथुर व राकेश हूजा[21] (1996) ने **''प्रोजेक्ट्स प्लानिंग एण्ड डवलपमेन्ट एडमिनिस्ट्रेशन''** में भारत को विश्व के देशों में से प्रशासनिक दृष्टि से सुव्यवस्थित बताया है। इसके प्रथम भाग में ऐतिहासिक परिपेक्ष्य, द्वितीय भाग में अवधारणात्मक पहलू, तृतीय भाग में नियोजन और परियोजना निर्माण तथा अन्तिम भाग में विकास प्रशासन और परियोजना के क्रियान्वयन को शामिल किया गया है।

सुबहसिंह यादव एवं सत्यभान यादव[22] (1997) ने **''ग्रामीण विकास का आधुनिक दर्शन''** में ग्रामीण विकास के सामाजिक आर्थिक परिवेश, पारिस्थितिकी, ग्रामीण स्वच्छता, भूमि सुधार, ग्रामीण विकास में महिलाओं की भागीदारी, जल संसाधन, सामाजिक कल्याण, सामाजिक न्यायमुक्त ग्रामीण विकास, ग्रामीण विकास में सहकारी चिन्तन तथा शिक्षा एवं ग्रामीण विकास पर विस्तृत चर्चा की है।

बी.एम.शर्मा, ब्रज भूषण शर्मा एवं आशीष भट्ट[23] (1999) ने अपनी पुस्तक **''जिला सरकार अवधारणा, स्वरूप एवं संभावनाएं''** में ग्रामीण विकास के लिए जिला प्रशासन से जिला सरकार की ओर, संवैधानिक संशोधन और जिला संरचना, मध्य प्रदेश सरकार की नई पहल, जिला सरकार : एक अवधारणात्मक विवेचन, भारत में स्थानीय शासन प्राचीन काल से स्वतन्त्रता प्राप्ति तक, भारत में स्थानीय शासन : स्वतन्त्रता प्राप्ति से आज तक, 73 वाँ एवं 74 वाँ संवैधानिक संशोधन, जिला सरकार : इक्कीसवीं शताब्दी के लिए एक प्रतिमान, मध्य प्रदेश : जिला सरकार की प्रथम प्रयोगशाला तथा जिला सरकार : चुनौतियाँ एवं संभावनाएं आदि बिन्दुओं को छूते हुए विस्तृत विवेचन किया गया है।

जी.एस. नरवानी[24] (2001) ने **''पंचायत प्रशासन क्या और कैसे ?''** नामक पुस्तक में पंचायती राज का ढांचा, वार्ड सभा, ग्राम सभा, वार्ड पंचों के कर्त्तव्य और अधिकारों के बारे में विस्तृत चर्चा की है। ग्राम सभा–व्यवस्था और कार्य, गठन और बैठकें, मानदेय एवं भत्ते, आय के साधन, शक्तियां, सरपंच की भूमिका, ग्राम सेवक के दायित्व तथा जनप्रतिनिधियों और

लोकसेवकों में समन्वय जैसे बिन्दुओं का वास्तविक चित्रण प्रस्तुत करने का प्रयास किया है। सूचना का अधिकार, निर्माण कार्यों को करवाने के तरीके, विकास योजनाएं आदि विषयों का उल्लेख किया है।

पी.पी. गौर एवं आर. के. मराठा[25] (2001) द्वारा सम्पादित पुस्तक **''लोकतान्त्रिक विकेन्द्रीकरण और ग्रामीण विकास''** में 25 अध्यायों में अनेक विद्वानों ने ग्रामीण विकास के विविध पक्षों को छुआ है। इसमें पंचायती राज एवं ग्रामीण विकास, पंचायती राज व्यवस्था : नवीन ग्रामीण नेतृत्व का आविर्भाव, पंचायतों में महिलाओं की भागीदारी, पंचायतीराज व्यवस्था एवं जिला सरकार आदि लेखों का विस्तृत वर्णन किया गया है।

श्रीनाथ शर्मा एवं मनोज कुमार सिंह[26] (2001) द्वारा सम्पादित पुस्तक **''पंचायत राज एवं ग्रामीण विकास''** में कुल 30 लेख हैं। इनमें ग्रामीण विकास से सम्बन्धित कुछ मुख्य लेख हैं– पंचायती राज एवं ग्रामीण विकास, महिलाओं के लिए आरक्षण, ग्रामीण विकास में पंचायती राज की भूमिका, पंचातयी राज व्यवस्था एवं एकीकृत ग्रामीण विकास कार्यक्रम, पंचायती राज में ग्रामीण विकास कार्यक्रम आदि।

शमशेर सिंह मलिक[27] (2002) ने अपनी पुस्तक, **''द न्यू पंचायती राज''** में हरियाणा में पंचायती राज की संगठनात्मक संरचना, पंचायती राज जनप्रतिनिधियों की सामाजिक–आर्थिक तथा राजनीतिक पृष्ठभूमि, महिला सशक्तिकरण और पंचायती राज में कमजोर वर्गों, नौकरशाही और पंचायती राज, पंचायती राज के संसाधन और ग्रामीण विकास तथा पंचायती राज के उद्देश्यों की उपलब्धियों के बारे में उत्तरदाताओं के नजरिये पर प्रकाश डाला है।

सुरेन्द्र कटारिया[28] (2003) ने **''ग्रामीण विकास एवं पंचायती राज''** में कुल 14 लेखों को सम्मिलित किया है। इसमें पंचायती राज एवं ग्रामीण विकास से सम्बन्धित लेखों का संकलन है। ग्रामीण विकास और पंचायती राज से सम्बन्धित अनुभवमूलक अध्ययनों के विश्लेषण को सम्मिलित कर पुस्तक को मौलिकता प्रदान की गई है। साथ ही अन्त में 73 वाँ संविधान संशोधन अधिनियम, 1992, राजस्थान सूचना का अधिकार अधिनियम 2000, पंचायती राज विभाग, राजस्थान का नागरिक अधिकार पत्र, राजस्व मण्डल, राजस्थान का नागरिक अधिकार पत्र आदि को सम्मिलित किया गया है।

गिरवर सिंह राठौड़[29] (2004) ने **''भारत में पंचायती राज''** नामक पुस्तक में पंचायती राज की ऐतिहासिक विकास यात्रा को प्राचीनकाल से लेकर वर्तमान तक का वर्णन प्रस्तुत किया है। इसमें पंचायती राज की अवधारणा, स्वरूप, संगठन एवं कार्य व ग्राम सभा एवं वार्ड सभाओं का उल्लेख सम्मिलित किया गया है। पंचायती राज की त्रिस्तरीय व्यवस्था के प्रत्येक स्तर को 73 वें संविधान संशोधन से पूर्व एवं पश्चात् की स्थिति से अवगत कराया गया है।

जनक सिंह मीणा[30] (2005) ने 'कुरूक्षेत्र' में प्रकाशित लेख **''ग्रामीण विकास में प्रौद्योगिकी की भूमिका''** में गांवों के विकास में प्रौद्योगिकी, सूचना प्रौद्योगिकी की गांवों तक पहुंच, कम्प्यूटरीकरण, राजस्थान की सूचना प्रौद्योगिकी नीति, गैर परम्परागत ऊर्जा स्रोतों का विकास, ग्रामीण विकास में आधुनिक संचार प्रणाली की भूमिका जैसे बिन्दुओं को प्रस्तुत किया है।

प्रीता जोशी एवं जनकसिंह मीणा[31] (2005) ने **''राजस्थान में ग्रामीण विकास कार्यक्रम : दानालपुर ग्राम पंचायत के सन्दर्भ में अनुभवपरक अध्ययन''** में ग्राम पंचायत में चल रहे ग्रामीण विकास कार्यक्रमों से सम्बन्धित विभिन्न पक्षों का अनुभवमूलक अध्ययन किया गया है।

अध्ययन के उद्देश्य (Objectives of the Study)

वर्तमान अध्ययन ग्रामीण विकास कार्यक्रमों एवं कार्यक्रम से सम्बन्धित विकास तन्त्र की संरचना एवं कार्यों का विस्तृत उल्लेख करता है। इस अध्ययन में राजस्थान में ग्रामीण विकास के कार्यक्रमों का 1997 से अब तक का वर्णन है तथा इस अध्ययन में निम्नलिखित उद्देश्य निहित हैं–

1. ग्रामीण विकास कार्यक्रमों के क्रियान्वयन का प्रभाव जानना।
2. इन कार्यक्रमों में पारदर्शिता, ईमानदारी का मूल्यांकन करना।
3. इन कार्यक्रमों के निर्माण एवं क्रियान्यवयन में जनसहभागिता का पता लगाना।
4. विकास कार्यक्रमों की आवश्यकता एवं पारिस्थितिकी का अध्ययन करना।
5. ग्रामीण विकास कार्यक्रमों के सम्बन्ध में जनता, जनप्रतिनिधि एवं कार्मिक तन्त्र में सम्बन्ध एवं इच्छा शक्ति जानना।

6. विकास कार्यक्रमों के लाभ की वास्तविक जरूरत मन्द व्यक्तियों तक पहुँच का पता लगाना।
7. जनप्रतिनिधियों एवं कार्मिक तन्त्र की भूमिका का आंकलन करना।
8. ग्रामीण विकास कार्यक्रमों के उद्देश्यों की प्राप्ति की उपलब्धियों को जानना।
9. विभिन्न स्तरों पर ग्रामीण विकास कार्यक्रमों के क्रियान्वयन में संलग्न प्रशासनिक तन्त्र एवं उनके क्रियाकलापों का पता लगाना।
10. अनुभवपरक निष्कर्षों के आधार पर ग्रामीण विकास कार्यक्रमों को अधिक प्रभावी बनाने हेतु सुझाव प्रस्तुत करना।

परिकल्पनाएँ (Hypotheses)

परिकल्पना एक ऐसा कथन है जिसकी सत्यता सिद्ध होना अभी शेष है। यह चरों के बीच के सम्बन्धों के विषय में एक पूर्वानुमान है। यह अनुसन्धान की समस्या की प्रायोगिक (Tentative) व्याख्या है, या अनुसंधान के दौरान अनुसंधानकर्ता को एक दिशा में अग्रसर होने का संकेत करती है। इस शोध अध्ययन में निम्न परिकल्पनाऐं की गयी हैं–

✍ ग्रामीण विकास कार्यक्रम अपने उद्देश्यों एवं लक्ष्यों की प्राप्ति में आंशिक रूप से सफल रहे हैं।

(1) ग्रामीण विकास कार्यक्रमों के अन्तर्गत चयनित निर्माण कार्य, निर्माण स्थल अपारिस्थितिकीय (Unfriendly Environment) हैं।

(2) ग्रामीण विकास कार्यक्रमों के निर्माण एवं क्रियान्वयन में जनसहभागिता का अभाव है।

(3) ग्रामीण विकास कार्यक्रमों का लाभ वास्तविक जरूरतमन्द व्यक्ति तक नहीं पहुँच पा रहा है।

(4) गरीबी रेखा के नीचे जीवनयापन करने वाले परिवारों एवं लाभार्थियों का चयन गलत हो रहा है।

(5) ग्रामीण विकास कार्यक्रमों की जनता में जानकारी नहीं है।

(6) ग्रामीण विकास कार्यक्रमों में प्रत्येक स्तर पर भ्रष्टाचार व्याप्त है तथा जनप्रतिनिधि एवं कार्मिक तन्त्र दोनों ही इसमें लिप्त हैं।

(7) ग्रामीण विकास कार्यक्रमों के क्रियान्वयन में पारदर्शिता, संवेदनशीलता एवं प्रौद्योगिकी विकास की पहुँच का अभाव है।

शोध प्रचना (Research Design)

प्रत्येक शोध अध्ययन को करने के पीछे कुछ उद्देश्य निहित होते हैं और उन उद्देश्यों की प्राप्ति के लिए यह आवश्यक है कि शोध कार्य को योजनाबद्ध तरीके से किया जाये। इसी योजना की रूपरेखा को शोध प्रचना कहते हैं। कर्लिंगर के अनुसार शोध प्रचना अनुसंधान की योजना, संरचना एवं व्यूह रचना है जिसकी मदद से शोध के प्रश्नों का उत्तर प्राप्त किया जाता है तथा विषमता पर नियन्त्रण करते हैं। इस शोध प्रबन्ध में शोध की प्रकृति विवरणात्मक, अनुभवपरक एवं विश्लेषणात्मक है। राजस्थान राज्य ग्रामीण विकास विभाग के प्रशासनिक तन्त्र के माध्यम से केन्द्र प्रवर्तित, राज्य प्रवर्तित एवं बाह्य सहायता प्राप्त ग्रामीण विकास कार्यक्रम संचालित किये जा रहे हैं। ग्रामीण विकास से जुड़े इन कार्यक्रमों की जानकारी तथा प्रशासनिक तन्त्र का उल्लेख इस शोध के विवरणात्मक पक्ष को दर्शाता है।

अनुभवपरक शोध अध्ययन ग्रामीण विकास कार्यक्रमों के क्रियान्वयन को वास्तविक रूप में प्रस्तुत करने का प्रयास है। अनुभवमूलक अध्ययन में क्षेत्र की आम जनता (लाभान्वितों को सम्मिलित करते हुए), जनप्रतिनिधियों एवं ग्रामीण विकास से जुड़े प्रशासनिक तन्त्र को सम्मिलित किया गया है। इस अनुभवपरक अध्ययन में अवलोकन को सम्मिलित करते हुए अध्ययन को वास्तविकताओं के समीप लाने का प्रयास किया गया है।

ग्रामीण विकास कार्यक्रमों से लाभान्वित एवं गैर लाभान्वित जनता, जनप्रतिनिधियों एवं कार्मिक तन्त्र की प्रतिक्रिया जानकर ग्रामीण विकास से जुड़े विविध पहलुओं का विश्लेषण करने का प्रयास किया गया है। इस शोध अध्ययन को मूल्य निरपेक्ष, पूर्वाग्रह रहित, वस्तुनिष्ठ तथा वैज्ञानिक बनाने के लिए अग्र लिखित शोध प्रविधियों को आधार बनाया गया है–

1. आंकड़ों का संकलन (Collection of Data): अनुसंधानकर्ता का मुख्य लक्ष्य ऐसी तथ्य सामग्री का संकलन करना है जो उसकी परिकल्पनाओं (Hypothesis) का या तो समर्थन करती हो या पहले से बनाई गई परिकल्पना को अस्वीकार करती हो। अतः परिकल्पानाऐं ही आंकड़ों के संकलन के

स्रोत का निर्धारण करती हैं। इस शोध में आंकड़ों का संकलन प्राथमिक एवं द्वितीयक दोनों प्रकार के स्रोतों से किया गया है।

(क) प्राथमिक या क्षेत्रीय स्रोत (Primary or field sources) : प्राथमिक स्रोत वे हैं जिनसे अध्ययनकर्ता पहली बार तथ्यों अथवा विभिन्न जानकारी संकलित करता है। प्राथमिक स्रोत भी दो प्रकार के होते हैं (i) प्रत्यक्ष स्रोत एवं (ii) अप्रत्यक्ष स्रोत। इस शोध में प्रत्यक्ष एवं अप्रत्यक्ष दोनों ही स्रोतों से तथ्य संकलित किये गये हैं। प्रत्यक्ष स्रोत–वे हैं जिनमें अनुसंधानकर्ता मूर्त घटनाओं को स्वयं अपने सम्मुख घटित होते देखता है अथवा घटना स्थल पर जाकर अपने अध्ययन विषय सम्बन्धित जानकारी को अवलोकित करता है। इसको दो प्रकार से किया जा सकता है अवलोकन एवं साक्षात्कार अथवा मौखिक छानबीन से। इस अध्ययन में अवलोकन तथा मौखिक छानबीन में प्रश्न–अनुसूचियाँ एवं साक्षात्कार सम्मिलित किया गया है। अप्रत्यक्ष प्राथमिक स्रोत प्रश्नावली के माध्यम से तथ्यों का संकलन किया गया है।

(ख) द्वितीयक स्रोत या प्रलेखीय स्रोत (Secondary or Document Sources): शोध अध्ययन के सैद्धान्तिक पक्षों का विवेचन करने के लिए द्वितीयक स्रोतों से सूचनाऐं एकत्रित की गयी हैं। इन द्वितीयक स्रोतों में सार्वजनिक प्रलेख की प्रकाशित सामग्री में विभिन्न पुस्तकें, संदर्भ–सूचियाँ, सरकारी गजेटियर, आँकड़ों के बुलेटिन, वार्षिक समीक्षा, समाचार–पत्र (राजस्थान पत्रिका, दैनिक भास्कर), पत्रिकाएँ (कुरूक्षेत्र, योजना), वार्षिक प्रतिवेदन, शोध संस्थान, आयोग, परिषदें, पुस्तकालय आदि हैं। अप्रकाशित सार्वजनिक प्रलेख में राज्य ग्रामीण विकास विभाग से प्राप्त सरकारी रिकार्ड, जिला ग्रामीण विकास अभिकरण एवं पंचायत समिति व ग्राम पंचायतों से प्राप्त सूचनाऐं, अप्रकाशित लघु शोध ग्रन्थ, शोध प्रबन्ध, शोध–पत्र एवं लेख आदि सम्मिलित हैं।

2. निदर्शन (Sampling): इस शोध में अनुभवपरक अध्ययन के लिए हिण्डौन पंचायत समिति का चयन किया गया है। इस पंचायत समिति में कुल 51 ग्राम पंचायतें हैं। पंचायत समिति का क्षेत्रफल लगभग 631.50 वर्ग किलोमीटर है। अतः अनुभवमूलक अध्ययन एवं सूचना एकत्रण हेतु दैव निदर्शन **(Random Sampling)** की लॉटरी विधि **(Lottery Method)** से 20 ग्राम पंचायतों का चयन किया गया है। अनुभवमूलक अध्ययन के लिए आम जनता, जनप्रतिनिधि एवं कार्मिक तन्त्र को लिया गया है।

प्रतिदर्श का आकार

इस अध्ययन के लिए चुनी गई 20 ग्राम पंचायतों में ग्रामीण विकास कार्यक्रमों से लाभान्वित एवं गैर लाभान्वित लोगों को सम्मिलित किया गया है। इस हेतु कुल उत्तरदाताओं की संख्या 250 है। इनका चयन सुविधानुसार (जो मिला उसी से) किया गया।

जनप्रतिनिधियों की प्रतिक्रिया जानने के लिए सरपंचों, पूर्व सरपंचों, जिला परिषद सदस्य, पंचायत समिति सदस्य तथा वार्ड पंचों में से कुल 100 का चयन किया गया। इसमें सभी सरपंचों को तथा शेष 49 में पूर्व सरपंच, जिला परिषद सदस्य, पंचायत समिति सदस्य तथा वार्ड पंचों का चयन सुविधानुसार किया गया।

कार्मिक तन्त्र की प्रतिक्रिया जानने के लिए 50 कार्मिकों का चयन किया गया जिनमें विकास अधिकारी, प्रसार आधिकारी, पंचायत समिति कार्यालय में कार्यरत कर्मचारी, ग्राम सेवक सह पदेन सचिवों को सम्मिलित किया गया। इस प्रकार प्रतिदर्श में कुल 250, 100, 50 = 400 लोगों को सम्मिलित किया गया है। यह प्रतिदर्श प्रतिनिधात्मक है एवं समाज के सभी वर्गों का प्रतिनिधित्व करता है।

3. तथ्यों का प्रदर्शन एवं विश्लेषण

प्राथमिक एवं द्वितीयक स्रोतों से प्राप्त सूचनाओं का सारणीयन, चार्ट, मानचित्र द्वारा दर्शाया गया है। तथ्यों के विश्लेषण के लिए सरल सांख्यिकी का प्रयोग किया गया है।

4. सर्वेक्षण वर्ष

अनुभवमूलक अध्ययन तीन बार किया गया। प्रारम्भ में वर्ष 2003 में पायलट टैस्ट के रूप में किया गया। वर्ष 2003–04 में लगभग 250 लोगों से फिर वर्ष 2004–05 में लगभग 150 लोंगों से सूचनाऐं प्राप्त की गई।

5. निष्कर्ष एवं सुझाव

इस शोध अध्ययन से प्राप्त विभिन्न सूचनाओं एवं आंकड़ों के विश्लेषण से निष्कर्ष अन्तिम अध्याय में प्राप्त किये।

अध्ययन की सीमायें

1. शोधकर्ता को ग्रामीण जनता द्वारा शक की निगाह से देखा गया। उत्तरदाता कभी तो वास्तविकता बताने में संकोच कर रहे थे और कभी–कभी कुछ बढ़ चढ़ कर बताने का प्रयास कर रहे थे।
2. जनप्रतिनिधि एवं कार्मिक तन्त्र भी हिचकिचा रहा था वे अपने विरूद्ध जाँच की आशंका कर रहे थे।
3. क्षेत्र की भौगोलिक विषमताओं एवं सम्पर्क साधनों के अभाव के कारण सूचना एकत्रण हेतु कई बार पैदल चल कर सम्पर्क स्थापित किया गया जो काफी कठिन अनुभव रहा।
4. जनप्रतिनिधियों एवं प्रभावशाली लोगों का भय भी उत्तरदाताओं में व्याप्त था।
5. सरकारी अभिकरणों में कार्यरत कई लोगों ने सूचना देने से मना कर दिया कि सही बात का चित्रण सरकार की प्रत्यक्ष रूप से की गई आलोचना है। कुछ लोगों ने यह भी कहा कि मेरी व्यक्तिगत राय अलग है और सरकारी कार्मिक होने के कारण उत्तर देना सम्भव नहीं है।
6. ग्रामीण जनता में अशिक्षा के कारण एक ही प्रश्न को कई प्रकार से समझाने एवं स्थानीय भाषा में बात करके सूचनाएँ प्राप्त की गई।

अध्याय विन्यास

प्रस्तुत अध्ययन का शीर्षक **"राजस्थान में ग्रामीण विकास कार्यक्रमों का प्रशासन : हिण्डौन पंचायत समिति के सन्दर्भ में अनुभवपरक अध्ययन"** है। इस शोध अध्ययन को 8 अध्यायों में बांटा गया है। जिनका क्रमानुसार संक्षिप्त विवेचन निम्नानुसार है :–

अध्याय - 1 विषय प्रस्तावना एवं शोध प्रारूप

प्रथम अध्याय शोध के विषय के परिचयात्मक स्वरूप व अध्ययन योजना से सम्बन्धित है। इस अध्याय में ग्रामीण विकास का अर्थ, समस्या का कथन, अध्ययन की प्रासंगिता, साहित्य का अवलोकन, अध्ययन के

उद्देश्य, शोध परिकल्पनाएँ, शोध प्ररचना, अध्याय विन्यास तथा अध्ययन की सीमाओं का विशद वर्णन किया गया है।

अध्याय-2 भारत में ग्रामीण विकास

द्वितीय अध्याय में भारतीय ग्रामीण परिदृश्य को समझाते हुए ग्रामीण विकास के क्षेत्र की ऐतिहासिक पृष्ठ भूमि को बताने का प्रयास किया गया है। इसमें प्राचीनकाल, वैदिक युग, रामायण एवं महाभारत काल, विभिन्न स्मृति ग्रन्थों, कौटिल्य के अर्थशास्त्र, मौर्य युगीन, गुप्तकालीन, मुगलकालीन, ब्रिटिश कालीन से लेकर वर्तमान तक की ग्रामीण विकास यात्रा का वर्णन किया है। विभिन्न समितियों के प्रतिवेदन, 73 वे संविधान संशोधन के प्रावधान एवं विशेषताएं तथा भारत में ग्रामीण विकास कार्यक्रमों की यात्रा का विस्तृत उल्लेख किया गया है।

अध्याय - 3 राजस्थान में ग्रामीण विकास कार्यक्रमों का प्रशासन

तृतीय अध्याय में प्रारम्भ से लेकर वर्तमान स्वरूप तक आने की ग्रामीण विकास विभाग की ऐतिहासिक यात्रा का वर्णन करते हुए राज्य में वर्ष 1997 से वर्तमान तक के ग्रामीण विकास विभाग द्वारा संचालित कार्यक्रमों का विस्तृत विवेचन किया गया है। ग्रामीण विकास के लिए निर्धारित प्रशासनिक सरंचना में राज्य ग्रामीण विकास विभाग के लिए निर्धारित प्रशासनिक संरचना में राज्य ग्रामीण विकास विभाग के प्रशासनिक तन्त्र का वर्णन करते हुए इसके सभी आठों अनुभागों का विशद विवेचन किया गया है।

अध्याय - 4 जिला एवं पंचायत समिति स्तर पर ग्रामीण विकास कार्यक्रमों का प्रशासन

चतुर्थ अध्याय के प्रारम्भ में करौली जिले का ऐतिहासिक परिचय देते हुए जिले के अन्तर्गत जिला ग्रामीण विकास अभिकरण के माध्यम से संचालित विभिन्न ग्रामीण विकास कार्यक्रमों एवं उनकी उपलब्धियों को बताया गया है। इसमें जिला परिषद की संरचना का 73 वे संविधान संशोधन से पूर्व एवं पश्चात् का तुलनात्मक वर्णन करते हुए जिला ग्रामीण विकास प्रशासन का विस्तृत वर्णन किया गया है।

इसी प्रकार पंचायत समिति हिण्डौन का सामान्य परिचय देते हुए पंचायत समिति की संरचना का 73 वें संविधान संशोधन से पूर्व एवं पश्चात् का तुलनात्मक वर्णन किया गया है। पंचायत समिति में प्रारम्भ से अब तक प्रधान या प्रशासक तथा विकास अधिकारी के पद पर रहे व्यक्तियों का उल्लेख किया गया है। पंचायत समिति हिण्डौन की प्रशासनिक सरंचना तथा कार्यों का स्पष्टीकरण करते हुए ग्राम पंचायत की संरचना एवं प्रशासनिक कार्य प्रणाली का वर्णन किया गया है। अध्याय के अन्त में पंचायत समिति हिण्डौन के प्रशासनिक तन्त्र, जनप्रतिनिधियों की कार्यात्मक समीक्षा की गई है।

अध्याय - 5 हिण्डौन पंचायत समिति एक परिचय

पंचम् अध्याय के अन्तर्गत पंचायत समिति हिण्डौन का परिचयात्मक वर्णन प्रस्तुत करते हुए इसके अन्तर्गत आने वाली ग्राम पंचायतों को बताया गया है। हिण्डौन पंचायत समिति के लोगों की सामाजिक स्थिति का उल्लेख करते हुए साक्षरता, जनसंख्या, कार्यशील, सीमान्त एवं अकार्यशील जनसंख्या को दर्शाया गया है। पंचायत समिति क्षेत्र में लोगों के आर्थिक जीवन पर प्रकाश डालते हुए प्रमुख फसलों और उनके क्षेत्रफल, पशुधन का विस्तार से वर्णन किया गया है। इस क्षेत्र की राजनीतिक स्थिति को स्पष्ट करते हुए वर्ष 1952 से वर्ष 2003 तक के विधान सभा के चुनावों में निर्वाचित विधायकों को सम्मिलित किया गया है। अध्याय के अन्त में जिला परिषद् तथा पंचायत समिति सदस्यों के चुनाव 2000 व 2005 को सारणियों के माध्यम से दर्शाया गया है।

अध्याय - 6 ग्रामीण विकास कार्यक्रमों का क्रियान्वयन : एक विश्लेषण

षष्ठम् अध्याय का पांच भागों में अध्ययन किया गया है। इसके प्रथम भाग में ग्रामीण विकास कार्यक्रमों के अन्तर्गत होने वाले निर्माण कार्यों के मापदण्डों निरीक्षण एवं उसके मापदण्ड, दर निर्धारण, सम्पादन अवधि एवं सामाजिक अंकेक्षण को सम्मिलित किया है। द्वितीय भाग में विकास कार्यों की वास्तविकता को उजागर करने वाले समाचार–पत्रों से कतरन को जोड़ा गया है। तीसरे भाग में विकास कार्यों की वास्तविकता का अवलोकनात्मक वर्णन किया है। चतुर्थ भाग में विकास कार्यों की वास्तविकता को चित्रों के माध्यम से दर्शाया गया है और अन्तिम भाग में हिण्डौन पंचायत समिति में

संचालित ग्रामीण विकास योजनाओं की उपलब्धियों का विश्लेषण किया गया है।

अध्याय 7 ग्रामीण विकास कार्यक्रमों का निष्पादन : एक अनुभवमूलक अध्ययन

इस अध्याय के अन्तर्गत अनुभवमूलक अध्ययन को सम्मिलित किया गया है। अनुभवपरक अध्ययन हेतु कुल 400 लोगों का चयन किया गया और उनसे प्राप्त उत्तरों के आधार पर ग्रामीण विकास कार्यक्रमों का आंकलन किया गया है। उत्तरदाताओं में 250 आम जनता से, 100 जनप्रतिनिधियों से तथा 50 कार्मिक तंत्र से लिये गये हैं। इनसे पूछे गये प्रश्नों के उत्तर के आधार पर विश्लेषण किया गया है।

अध्याय 8 समस्या-समाधान

अन्तिम अध्याय में ग्रामीण विकास कार्यक्रमों से सम्बन्धित की गई परिकल्पनाओं के आधार पर किये गये शोध के निष्कर्ष, समस्याऐं तथा उनके समाधान हेतु उपयुक्त सुझाव दिये गये हैं।

सन्दर्भ

1. आशीष बोस, ***पोपूलेशन ऑफ इण्डिया, 1991, सेन्शस रिजल्टस एण्ड मैथडोलॉजी,*** देहली, बी.आर. पब्लि. 1992, पृष्ठ 131–132
2. जी.पार्थसारथी, ***इन्टीग्रेटेड रूरल डवलपमेन्ट : कनसेप्ट थ्योरिटिकल बेस एण्ड कन्ट्राडक्श इन रूरल डवलपमेन्ट इन इण्डिया*** (एडीटेड), दिल्ली, एग्रीकोल पब्लिशर्स, 1981, पृष्ठ–25
3. एच.आर.स्वामी, बी.पी.गुप्ता, ***ग्रामीण विकास एवं सहकारिता,*** जयपुर, रमेश बुक डिपो, 1994, पृष्ठ–2
4. के.एस. दांगी, ***पंचायती राज और ग्रामीण विकास–एक सैद्धान्तिक विश्लेषण,*** (पंचायती राज एवं ग्रामीण विकास, संपादक श्रीनाथ शर्मा, मनोज कुमार सिंह), बीना (म.प्र.), आदित्य पब्लिशर्स, 2001, पृष्ठ 102
5. सुबह सिंह यादव, सत्यभवन यादव, ***ग्रामीण विकास का आधुनिक दर्शन,*** जयपुर, सबलाइम पब्लिकेशन्स, 1997, पृष्ठ 2
6. साँवर लाल जाट, प्रकाश शर्मा, ***ग्रामीण विकास एक अध्ययन,*** (ग्रामीण विकास के बाधक पहलू), जयपुर, सबलाइम पब्लिकेशन्स, 1991, पृष्ठ 6
7. मिचेल पी.टोरडो, ***इकानॉमिक्स फॉर डवलपिंग वर्ल्ड,*** लन्दन, लॉगमॉन ग्रुप, 1977, पृष्ठ 249

8. जयबाला सरदाना, *'गैर सरकारी संस्थायें और ग्रामीण विकास"*, ग्रामीण विकास समीक्षा, खण्ड–2, अंक – 22, जुलाई–दिसम्बर 1997, एन.आई. आर.डी. हैदराबाद, पृष्ठ–71
9. बी.जी. शर्मा, ***जनसहभागिता से ग्रामीण विकास,*** जयपुर, राजस्थान हिन्दी ग्रन्थ अकादमी, 2000, पृष्ठ–58
10. होशियार सिंह, ***"एप्रोचेज टू रूरल डेवलपमेन्ट एन इवेल्यूएटिव सर्वे"***, होशियार सिंह (एडिटेड) – रूरल डवलपमेन्ट इन इण्डिया, जयपुर, प्रिन्टवेल पब्लिशर्स, 1985, पृष्ठ 9
11. एस.आर. माहेश्वरी, ***"रूरल डेवलपमेन्ट इन इण्डिया,"*** नई दिल्ली, सेज पब्लिकेशन्स, 1985, पृष्ठ – 18
12. इकबाल नारायण, ***पंचायती राज एडमिनिस्ट्रेशन इन राजस्थान,*** आगरा, लक्ष्मीनारायण अग्रवाल, 1973
13. डी.आर. मेहता एण्ड सतीश के बत्रा (एडीटेड), ***एडमिनिस्ट्रेशन फॉर रूरल डवलमेन्ट,*** जयपुर, दी सेन्टर फॉर एडमिनिस्ट्रेटिव चेन्ज, 1981
14. होशियार सिंह, ***पंचायती राज एडमिनिस्ट्रेशन इन हरियाणा,*** गुडगांव, इन्दिरा, 1985
15. एस.आर. माहेश्वरी, ***रूरल डवलपमेन्ट इन इण्डिया ए पब्लिक पॉलिसी एप्रोच,*** न्यू देहली, सेज पब्लिकेशन्स, 1985
16. प्रद्युम्न कुमार एवं बी.एल. फडिया (स0) ***ग्रामीण विकास दिग्बोध की तलाश,*** उदयपुर, सहकारी समिति ओ.टी.एस., 1986
17. राकेश हूजा, ***एडमिनिस्ट्रेटिव इनोवेशन्स इन रूरल डवलपमेन्ट,*** जयपुर, रावत पब्लिकेशन्स, 1987.
18. आनन्द प्रकाश सिंह, ***ग्रामीण शक्ति संरचना के बदलते प्रतिमान,*** देहली, डिस्कवरी, पब्लि. हाउस, 1989
19. के.डी. गौर (एडीटेड), ***डायनामिक्स ऑफ रूरल डवलपमेन्ट,*** न्यू देहली, मित्तल पब्लि., 1992.
20. एच. आर. स्वामी एवं बी.पी.गुप्ता, ***ग्रामीण विकास एवं सहकारिता,*** पूर्वोक्त, 1994
21. पी.सी. माथुर व राकेश हूजा, ***प्रॉजेक्ट्स प्लानिंग एण्ड डवलपमेन्ट एडमिनिस्ट्रेशन,*** जयपुर, रावत पब्लिकेशन्स, 1996
22. सुबह सिंह यादव व सत्यभान यादव, ***ग्रामीण विकास का आधुनिक दर्शन,*** जयपुर, सबलाइम पब्लिकेशन्स, 1997

23. बी.एम. शर्मा. ब्रजभूषण शर्मा एवं आशीष भट्ट, ***जिला सरकार अवधारणा, स्वरूप एवं संभावनाएँ,*** जयपुर, रावत पब्लिकेशन्स, 1999

24. जी.एस. नरवानी, ***पंचायत प्रशासन क्या और कैसे ?*** जयपुर, यूनिवर्सिटी बुक हाउस (प्रा0) लि., 2001

25. पी.पी. गौर एवं आर. के. मराठा (सम्पादक), ***लोकतांत्रिक विकेन्द्रीकरण और ग्रामीण विकास,*** बीना (म.प्र.), आदित्य पब्लिशर्स, 2001

26. श्रीनाथ शर्मा एवं मनोज कुमार सिंह, ***पंचायत राज एवं ग्रामीण विकास,*** बीना (म.प्र.), आदित्य पब्लिशर्स, 2001

27. शमसेर सिंह मलिक, ***दी न्यू पंचायती राज,*** 'जयपुर, आलेख पब्लिशर्स, 2002

28. सुरेन्द्र कटारिया, ***ग्रामीण विकास एवं पंचायती राज,*** जयपुर, आर बी एस ए पब्लिशर्स, 2003

29. गिरवर सिंह राठौड, ***भारत में पंचायती राज,*** जयपुर, पंचशील प्रकाशन, 2004

30. जनक सिंह मीणा, ***मासिक पत्रिका कुरूक्षेत्र, 'ग्रामीण विकास में प्रौद्योगिकी की भूमिका'*** ग्रामीण विकास मंत्रालय, नई दिल्ली, जनवरी 2005

31. प्रीता जोशी एवं जनक सिंह मीणा, ***'राजस्थान में ग्रामीण विकास कार्यक्रम : दानालपुर ग्राम पंचायत (जिला करौली) के संदर्भ में अनुभवपरक अध्ययन'*** जयपुर, इण्डियन जरनल ऑफ एजूकेशन, पॉलिटिक्स एण्ड एडमिनिस्ट्रेशन, वोल्यूम – 2, नं. 3, जुलाई – सितम्बर 2005.

2
भारत में ग्रामीण विकास

भारत गाँवों का देश है और इसकी आत्मा गाँवों में निवास करती है। गाँव ही हमारी प्राचीन सभ्यता एवं संस्कृति के स्रोत एवं केन्द्र रहे हैं। हमारे प्राचीन धर्मग्रन्थों, वेदों, पुराणों, स्मृतियों एवं संहिताओं में ग्रामीण जीवन के विविध पक्षों पर विस्तार से वर्णन मिलता है।

प्राचीन काल में छोटे–छोटे राज्य जन या जनपद कहलाते थे। प्रत्येक जनपद में अनेक विश होते थे जिनका मुखिया विशपति कहलाता था। ग्राम सबसे छोटी इकाई थी और प्रत्येक विश में अनेक ग्राम होते थे, इनका मुखिया ग्रामणी कहलाता था।[1] ग्रामणी ग्राम के श्रेष्ठ और वयोवृद्ध लोगों से सलाह करके अपना काम करता था और यही ग्राम पंचायत का आदिम स्वरूप था।

वैदिक युग में ग्रामीण शासन महत्वपूर्ण माना जाता था। गाँव की पंचायतें गाँव के लोगों द्वारा संगठित होती थी, प्रशासकीय और न्यायिक कार्यों का सम्पादन करती थीं। वैदिक मंत्रों में ग्रामों की समृद्धि के लिए अनेक प्रार्थनाऐं की गई हैं। वेदों में ग्राम के अधिकारी को "ग्रामणी" कहा गया है। वैदिक काल में राज्य छोटे–छोटे होते थे, इस कारण ग्रामों का महत्व और भी बढ़ गया था।[2]

वैदिक युग में राजा का निर्वाचन जनता द्वारा निष्पक्ष रूप में होता था। राजा की शक्ति प्रजा में निहित थी। लोकविरूद्ध कार्य करके कोई भी राजा पद पर बना नहीं रह सकता था। प्रजा का प्रतिनिधित्व सभा और समिति करती थी।

प्राचीन काल में निर्णय सर्वसम्मत हुआ करते थे। पंचायत प्रतिनिधि व पदवाहक जनगण जगत का सदुपयोग निष्काम भाव से त्यागपूर्वक किया करते थे।

रामायण व महाभारत काल में ग्राम का शासन ग्राम के मुखिया के निरीक्षण और निर्देशन में चलता था। ग्राम के मुखिया का पद आनुवांशिक था, परन्तु सरकार को अधिकार था कि यदि उत्तराधिकारी अयोग्य हो तो उसी वंश के किसी दूसरे व्यक्ति को मुखिया बना दे। मुखिया का पद ग्राम शासन में सबसे महत्वपूर्ण होता था तथा उसका कर्त्तव्य ग्राम की रक्षा एवं सरकारी करों को एकत्रित करना था।

महाभारत के शान्तिपर्व में भीष्म का कथन है कि. "राजा प्रत्येक गाँव में एक पुरूष को सबका स्वामी बनाए जिसे ग्रामाधिपति कहा जाए, उसके ऊपर किसी को दस गाँव, किसी को बीस, किसी को सौ और किसी को सहस्र गाँवों की प्रभुता प्रदान करें जिन्हें क्रमशः दशग्रामाधिपति, विंशग्रामाधिपति, शतग्रामाधिपति तथा सहस्रग्रामाधिपति का नाम दिया जाए। ग्रामाधिपतियों को अपने ग्रामों की समस्याओं को दशग्रामाधिपतियों से, दशग्रामाधिपतियों को विंशग्रामाधिपतियों से, विंशग्रामाधिपतियों को शतग्रामाधिपतियों से तथा शतग्रामाधिपतियों को सहस्रग्रामाधिपतियों से कहना चाहिए। इन सभी ग्रामाधिपतियों को सभी कार्य राजा के अधीन रहकर करने चाहिए।[3]

भारतीय इतिहासकार अलतेकर का कथन है कि "संभवतया रामायण युग में ग्रामणी ग्राम प्रशासन का मुखिया था।........ इस पद की बहुत प्रतिष्ठा थी और ऐसा वर्णन मिलता है कि वैश्य की इस पद पर पहुँचने की बहुत महत्वाकांक्षा रहती थी। राजा अपने अधिकारों का गाँव के ऊपर प्रयोग ग्रामणी के माध्यम से ही करता था।"[4] इस युग में भी ग्रामणी ग्राम की रक्षा तथा राज्य के लिए कर एकत्रण करता था।

स्मृति–ग्रन्थों में भी स्थानीय संस्थाओं का वर्णन मिलता है। मनुस्मृति के अनुसार मनु ने शासन व्यवस्था के सुचारू रूप से संचालन के लिए एक गाँव, दस गाँव, सौ गाँव और एक हजार गाँवों के अलग–अलग संगठन बनाए[5], जिन्हें आज के सन्दर्भ में क्रमशः ग्राम, ग्राम पंचायत, तहसील, उपजिला केन्द्र तथा जिला स्तर के समकक्ष माना जा सकता है।

याज्ञवल्क्य स्मृति में ग्राम संस्था को समूह कहा गया है, जिसके कार्यकारी अधिकारी कार्यचिन्तक कहे गए हैं और जो धर्मज्ञ, शुचि (पाप रहित) और अलुब्ध (लोभ रहित) होते थे। समूह के कार्य में जो कुछ उपार्जित किया जाये, उसे यथावत् अर्पित कर देना चाहिए। जो ऐसा नहीं करता उसे धन का ग्यारह गुना दण्ड दिलवाना चाहिए।[6]

कौटिल्य की रचना अर्थशास्त्र में भी स्थानीय शासन का उल्लेख है। प्रशासनिक व्यवस्था की दृष्टि से कौटिल्य ने समग्र राष्ट्र को दो भागों में विभक्त किया है – पुर व जनपद। पुर से कौटिल्य का अभिप्राय नगर या राजधानी से और जनपद का ग्रामों से है। जनपद की सबसे छोटी बस्ती को ग्राम और दस ग्रामों के संघटन से 'संग्रहण' नामक राजकीय कार्यालय की स्थापना का निर्देश किया है। दस–दस ग्रामों के उक्त क्रम से दो सौ ग्रामों का संघटन करके एक क्षेत्र का निर्माण और उसमें 'खार्वटक' नाम की बस्ती (शासन–स्थान) बसाये जाने की व्यवस्था दी गई हैं। चार सौ गांवों का संघटन कर उनके शासन के लिए 'द्रोणमुख' और आठ सौ गांवों के बीच 'स्थानीय' नाम की बस्ती बसाने का कौटिल्य ने आदेश दिया है।

मौर्य युग में स्थानीय शासन

इस युग में ग्रामीण प्रशासन पूर्णतः कृषि से संबद्ध था। इसका काल 324 ई. पू. से 236 ई. पू. माना जाता है। एक गाँव में सौ से पाँच सौ परिवार होते थे। ग्रामीण प्रशासनिक स्टाफ में अध्यक्ष, सांख्यक (लेखाकार), विभिन्न स्तरों के ग्रामीण पदाधिकारी (स्थानिक), पशु चिकित्सक, चिकित्सक एवं अश्वदमक (अश्व प्रशिक्षक) सम्मिलित थे।

ग्रामीण जीवन के सम्बन्ध में मौर्य शासन में प्रत्येक गाँव में एक सभा होती थी जो गाँव के सभी मामलों में तर्क–वितर्क करती थी, पूरे समुदाय के लिए लाभकारी कानूनों का निर्माण किया जाता था, नियमित न्याय–प्रक्रिया एवं जाँचों में अपराधियों को दण्डित किया जाता था। गाँव की विविध गतिविधियों का केन्द्र सभा होती थी जिसमें गाँव के परिवारों के प्रतिनिधि, वृद्ध एवं अनुभवी जन भाग लेते थे।[7]

मौर्यकाल में पंचायतों को न्याय के अधिकार मिलने के कारण तत्कालीन अराजकता और राजकीय न्यायालयों का अभाव था। ग्राम सभाएं या पंचायतें सार्वजनिक हित की योजनाएँ भी बनाती थी। ये सभाएँ सिंचाई की नहरों और तालाबों का निर्माण व देख–रेख का काम भी करती थी। ग्राम सभाओं को अतिरिक्त कर और चुंगी लगाने का भी अधिकार था।

मौर्येत्तर काल (200 ई. पू. से सन् 300 ई. तक) में भी गाँव प्रशासन की सबसे छोटी इकाई बने रहे। अध्यक्ष 'वृद्ध सभा' की सहायता से गाँव के जीवन में अब भी प्रमुख भूमिका निभाता था।[8]

गुप्तकाल

गुप्तकाल में भी ग्राम प्रमुख व लेखाकार सक्रिय थे। 'वाचमैन' से गाँव का शासन चलाने में सहायता मिलती थी। अलतेकर के कथनानुसार "गाँव का प्रशासन 'ग्रामाध्यक्ष' नामक पद धारण करने वाले मुखिया के अधीन था। उसके अधीन एक लिपिक होता था जो रिकार्ड का संधारण करता था। ग्रामाध्यक्ष के कार्य में एक गैर–सरकारी सभा से सहायता मिलती थी....... गुप्त प्रशासन में गाँव की सभाएँ जनपद के रूप में जानी जाती थी।"[9]

इस युग में "ग्राम सभा की सहायता से शाही अधिकारियों द्वारा न्याय किया जाता था। कुछ मामलों में तो सभा ही न्याय–कार्य संपादित करती थी तथा सजा सुना देती थी।"[10]

प्राचीनकाल में पंचायतें अपने आप में एक समग्र संस्थाएँ होती थीं जो ग्रामीणों को प्रतिदिन के कार्यों में मार्गदर्शन प्रदान करती थीं। ग्रामीण जनता की समस्याओं को ये संस्थाएँ भली प्रकार से सुलझाते थे। ए.एस. अलतेकर ने लिखा है कि "भारत में अति प्राचीनकाल से ही ग्राम प्रशासन की धुरी बने रहे हैं। प्राचीन भारतीय जीवन में नगरों की स्थिति नगण्य ही थी।"

उत्तर भारत और दक्षिण के कई भागों में ग्राम समुदाय अधिकांशतः एक प्रशासनिक और सामाजिक इकाई रहा। उत्तर में ग्रामवासी अपने मामलों का ग्रामणी के नेतृत्व में स्वयं प्रबन्ध करते थे, बाद में ग्रामणी का स्थान ग्रामिक ने ले लिया। मध्ययुग में गाँव के मुखिया के कई नाम थे जैसेः–

(i) मालवा प्रदेश में पट्टकील;

(ii) हिन्दुस्तान में ग्रामपति या ग्रामिक और;

(iii) दक्षिण में ग्रामकूट इत्यादि।

पट्टकील से ही आधुनिक शब्द पटेल निकला है और ग्रामकूट का अपभ्रंश गमोट हो गया है। मुखिया के नीचे पंच या गाँव के पाँच अधिकारी थे। महाभारत (सभापर्व) में इनके नाम समाहर्ता, सन्निधाता, गणक, लेखक और साक्षी थे।[11]

मध्य युग में प्रत्येक ग्राम की एक सभा या महासभा होती थी, जो अपने क्षेत्र में शासन का संपूर्ण कार्य संभालती थी। 'शुक्रनीति' में भी ग्राम पंचायत

का वर्णन किया गया है। इसके अनुसार पंचायत के समस्त सदस्य निर्वाचित होते थे। यह पंचायत प्रशासकीय और न्यायिक दोनों शक्तियों से युक्त थी।

मुगलकाल

गाँव प्रशासन की इकाई इस काल में भी थे, किन्तु कतिपय परिवर्तन कर दिये गये थे। प्रत्येक गाँव में परम्परागत स्थानीय अधिकारी होते थे। सर्वाधिक महत्वपूर्ण पद मुखिया का होता था, जिसे प्रायः पटेल कहा जाता था तथा जो राजस्व का संग्रह करता था एवं मद्रास में कनिष्ठ मजिस्ट्रेट व सिविल जज होता था।

एस. वी. सामन्त का पंचायतों के न्यायिक पहलू पर मत है कि गाँव की सभाएँ मुगलकाल में राज्य का समर्थन रखती थीं क्योंकि –"हम यह देखते हैं कि मुगल शासकों के काल में, जब मुस्लिम हित अन्तर्व्याप्त रहते थे, शासकों के द्वारा पंचायत के निर्णयों को लागू किया जाता था। यह एक ऐसा प्रमाण है जो यह सिद्ध करता है कि राज्य की शक्ति हमेशा गांव की सभा में निहित रहती थी।"[12]

राजस्थान से प्राप्त लेखों से ज्ञात होता है कि यहां पर कार्यकारिणी समितियां, जिन्हें ग्राम पंचायत कहना अधिक सही होगा विद्यमान थी।[13] वे 'पंचकुली' कहलाती थीं और ये मुखिया की अध्यक्षता में, जिसे महन्त कहा जाता था, कार्य करती थीं।

राजस्थान के मूल निवासी मीणा, गूजर व भील माने गये थे। छठी व सातवीं शताब्दी में राजस्थान में राजपूत, यौद्धेय और यादव आये। इस क्षेत्र में भील–मीणों व हुल्पों में व्यवस्थित ग्राम सभा की पुरानी परम्पराएं विद्यमान थीं तथा ग्रामसभा एक शक्तिशाली संस्था थी। इसके द्वारा महत्वपूर्ण स्थानीय विषयों पर निर्णय लिए जाते थे। इसके निर्णय सभी लोगों को स्वीकार्य होते थे।[14]

ह्यू टिंकर जैसे लेखकों का मत है कि ग्रामीण प्रशासन के लोकतान्त्रिक स्वरूप के बावजूद, मुगलकाल में गाँव शक्तिशाली मुखिया के द्वारा नियंत्रित किया जाता था, यह एक आदमी का शासन था। पंचायतों का स्वरूप पूर्णतः प्रतिनिध्यात्मक नहीं था। "इसके अधिकांश सदस्य समृद्ध–परिवारों या ब्राह्मणों और श्रेष्ठ कृषकों में से होते थे। भूमि रहित व निर्धनों का लगभग इसमें कोई स्थान नहीं था।"[15]

ब्रिटिशकाल में स्थानीय शासन

हमारा देश प्राचीन काल से ही ''सोने की चिड़िया'' के नाम से जाना जाता रहा है। भारत लगभग 200 वर्ष तक अंग्रेजों की दासता में रहा। इस काल में गाँवों की दशा सुधारने की दिशा में कोई विशेष प्रयास नहीं किये गये, इसलिए गांवों की दशा पहले से अधिक बदतर हो गई।

ब्रिटिश शासन काल से पहले ही भारत के अधिकांश भागों में पंचायतें निर्जीव और निष्क्रिय हो चुकी थीं। ग्रामों की स्वायत्तता तथा स्थानीय प्रशासनिक संस्थाओं की अजस्र धारा अठारवीं शताब्दी के मध्य में आते–आते प्रायः समाप्त हो गई थी। अंग्रेज शासकों ने ग्रामीण स्वशासन के स्थान पर अधिकारी तंत्र को प्रोत्साहित किया, जिसका प्रमुख उद्देश्य अपने शासकों को प्रसन्न रखकर भारतीय जनता का अधिकाधिक शोषण करना था। अंग्रेजी शासन की नीति यहाँ से धन कमा कर ले जाने की रही और उनके द्वारा अपनाई गई आर्थिक नीति से देश में विपरीत प्रभाव पडा।

17वीं शताब्दी में ऐच्छिक प्रयासों के रूप में ग्रामीण विकास भारत में प्रारम्भ हुए थे। सर्वप्रथम 'फ्रेण्ड्स' ऑफ क्वैकर' नाम की एक धार्मिक संस्था का निर्माण सन् 1866 में किया गया, जिसने ग्रामीण विकास के क्षेत्र में यह कार्य करने का बीड़ा उठाया।[16]

सन् 1865–66 में सरकारी प्रयासों के रूप में मद्रास तथा बम्बई के शासकों को यह अधिकार दिया गया कि भूमि पर कर लगायें और उस आय से ग्राम्य विकास कार्य करें।[17]

सन् 1870 में लार्ड मेयो द्वारा स्वशासन की दिशा में एक महत्वपूर्ण कदम उस क्षेत्र में आर्थिक विकेन्द्रीकरण करके उठाया। मेयो के प्रस्ताव में इस बात पर जोर दिया गया कि भारतीयों को प्रशासन से सम्बद्ध किया जाये। इसमें ब्रिटिश शासकों की स्वार्थता निहित थी क्योंकि इससे करों को अधिक सरलता से लगाया और वसूल किया जा सकता था।

सन् 1882 में स्थानीय स्वशासन के विकास में एक नये अध्याय का शुभारंभ हुआ। 18 मई, 1882 को स्थानीय स्वशासन के सन्दर्भ में एक प्रस्ताव आया, जिसको स्थानीय सरकारों का ''मेग्नाकार्टा'' कहा गया और लार्ड रिपन को भारत में 'स्थानीय स्वशासन का जनक' स्वीकारा गया।[18] सन् 1885 में भारत में ग्रामीण विकास के उद्देश्य से बडौदा प्रान्त में

ग्रामीण क्षेत्र विकास कार्यक्रम प्रारम्भ किये गये। 28 दिसम्बर, 1885 को भारतीय राष्ट्रीय कांग्रेस की स्थापना होने से उसने ग्रामीण विकास के लक्ष्यों की ओर प्रतिबद्धता दिखाई।

1921–30 की अवधि ग्रामीण पुनर्निर्माण और विकास के क्षेत्र में सबसे प्रतिकूल अवधि कही जा सकती है क्योंकि इस अवधि में गुरूदेव रविन्द्र नाथ टैगोर द्वारा शांति निकेतन प्रयोग, डॉ. स्पेन्सर हैच द्वारा केरल में वाई.एम.सी.ए. के तत्वाधान में मारतन डेम प्रयोग, इ. एल. ब्रेने द्वारा किया गया गुडगांव आंदोलन से जुडे हुए अन्य प्रयोग तथा 1932 की वी. टी. कृष्णमाचारी का बडौदा ग्रामीण पुनरूत्थान प्रयोग शामिल है। इन सभी प्रयोगों ने स्वतंत्र भारत के लिए ग्रामीण विकास की एक ऐसी नींव डाली जिस पर ग्रामीण विकास रूपी सपनों का महल खडा किया जा सकता है।

भारत शासन अधिनियम 1909, 1919 तथा 1935 में स्वशासन की व्यवस्था को अपनाते हुए प्रान्तों को इस क्षेत्र में पर्याप्त अधिकार दिये गये। विकेन्द्रीकरण पर शाही आयोग (1909 ई.) की सिफारिशों को सन् 1915 के भारत सरकार के स्थानीय–स्वशासन पर प्रस्ताव में स्थान मिला। भारतीय शासन अधिनियम, 1919 द्वारा स्थानीय स्वशासन को राज्यों की "स्थानान्तरित" सूची में रख दिया गया। उसकी पूर्ण जिम्मेदारी मंत्रियों को सौंप दी गई। भारत शासन अधिनियम, 1935 द्वारा राज्यों से प्रान्तीय स्वशासन की व्यवस्था करते हुए उन्हें स्वतंत्र व स्वशासित संवैधानिक आधार प्रदान किया गया। प्रत्येक प्रान्त में ग्राम पंचायतों के विकास हेतु कानून बनाये गये।

ग्रामीण विकास की महत्वता पर बल देते हुए सन् 1938 में बिहार में ग्रामीण विकास विभाग, बम्बई में ग्रामीण पुनर्निर्माण विभाग, उत्तर प्रदेश में प्रान्तीय ग्राम विकास विभाग तथा बंगाल में ग्राम विकास विभाग खोले गये। द्वितीय विश्व युद्ध के पश्चात् 1943 में अधिक अन्न उपजाओ आन्दोलन प्रारम्भ किया गया, जिसका उद्देश्य विभिन्न योजनाओं के माध्यम से लघु अवधि तथा दीर्घावधि सुधार कार्यक्रमों के द्वारा कृषि क्षेत्र में विकास और खाद्य उत्पादन का स्तर सुधारना था।[19]

इस प्रकार स्पष्ट है कि प्राचीनकाल से लेकर स्वतन्त्रता से पूर्व भी ग्रामीण विकास की दिशा में कुछ कदम उठाये गये। विभिन्न कालों एवं परिस्थितियों में ग्रामीण विकास की दर कभी तीव्र तो कभी मन्द रही। इस समयावधि में जनसंख्या का एक बहुत बडा भाग ग्रामीण था। परन्तु ग्रामीण

विकास अपेक्षाकृत कम हुआ। इसके पीछे कारण अनेक हो सकते हैं लेकिन पंचायतों के संबंध में भारत जन आन्दोलन के नेता बी. डी. शर्मा के शब्द इसकी व्याख्या के लिए पर्याप्त कहे जा सकते हैं– "पंचायतों को वास्तविक सत्ता वस्तुतः एक कल्पना मात्र है। दिल से ऐसा कोई नहीं चाहता।" बेल्जियम मूल के भारतीय नागरिक फादर एम. ए. विंडले के अनुसार पंचायतें अपने ग्रामीण तरीकों की बजाय शहरों को आदर्श बनाती जा रही हैं। पंचायतों के विकास के लिए फादर ने एक नारा दिया – "गाँव के लिए, गांव में, गांव की तरह।"[20]

स्वाधीनता आन्दोलन के नेताओं की ग्रामीण विकास में भूमिका

सन् 1910 में अखिल भारतीय राष्ट्रीय कांग्रेस का 50वां वार्षिक अधिवेशन इलाहाबाद में सम्पन्न हुआ। इसमें राष्ट्रीय नेताओं ने पंचायतों की स्थापना की मांग रखी। इसके बाद भी सम्पन्न हुए अधिवेशनों में अनेक ग्रामीण विकास विषयक मुद्दे रखे गये–

(i) बंगाल स्व सरकार अधिनियम, 1919

(ii) मद्रास स्व सरकार अधिनियम, 1920

(iii) मुम्बई ग्राम पंचायत अधिनियम (4), 1920

(iv) उत्तर प्रदेश पंचायत अधिनियम, 1920

(v) बिहार स्व सरकार अधिनियम (5), 1920

(vi) सी. पी. पंचायत अधिनियम (5), 1920 (सेन्ट्रल प्रोवन्स पंचायत अधिनियम V, 1920)

(vii) पंजाब पंचायत अधिनियम (3), 1922

(viii) आसाम स्व सरकार अधिनियम, 1925

(ix) मैसूर ग्राम पंचायत अधिनियम (2), 1926

भारत में स्वाधीनता आन्दोलन के नेताओं में महात्मा गाँधी, पं. जवाहर लाल नेहरू तथा सुभाष चन्द्र बोस प्रमुख थे, ने ग्रामीण विकास के समर्थन तथा किसानों पर बढती हुई मालगुजारी के विरोध में अनेक आन्दोलन किए।[21]

स्वतन्त्ता के पश्चात् भारत में ग्रामीण विकास

सन् 1947 मे देश में स्वतन्त्रता प्राप्ति के साथ ही ग्रामीण विकास एवं किसानों के कल्याण हेतु अनेक कदम उठाये गये। जिन राज्यों में पूर्व में जमींदारी प्रथा प्रचलित थी, उसका उन्मूलन किया गया। नेहरूजी ने पंचायती राज व्यवस्था पर बल देकर इसे नवजीवन प्रदान किया। सामुदायिक विकास कार्यक्रमों के माध्यम से ग्रामीण विकास को बढ़ावा दिया गया तथा इस हेतु गाँवों में सामुदायिक विकास केन्द्रों की स्थापना की गई। ग्रामीण विकास के लिए पंचवर्षीय योजनाओं में अनेक विशेष कार्यक्रमों को स्थान दिया गया। गाँवों में विद्युत, जल, आवास, शिक्षा, स्वास्थ्य तथा ग्रामीण औद्योगीकरण सहित अनेक कार्यक्रम एवं योजनाएं बनायी गयीं।

प्रथम पंचवर्षीय योजना के दौरान ग्रामीण विकास के लिए सामुदायिक विकास कार्यक्रम पहला प्रयास था, जिसका शुभारम्भ 2 अक्टूबर, 1952 को महात्मा गाँधी जयन्ती के दिन पं. जवाहर लाल नेहरू द्वारा किया गया। भारत की प्रथम पंचवर्षीय योजना (सन् 1952–57) में ग्रानीण विकास कार्यक्रम को प्रमुखता प्रदान की गयी थी। इस योजना अवधि में ग्रामीण विकास की संस्थाओं की स्थापना पर योजना आयोग ने विशेष बल प्रदान किया था। इस संबंध में योजना आयोग का विचार था कि– "हमें विश्वास है कि यदि पंचायतें केवल उस विकास की जीवन्त प्रक्रिया से सम्बद्ध रहेंगी, जिसमें स्वयं ग्राम पंचायत को एक फलोत्पादक भागीदारी प्रदान की गई है, तो वे अपने नागरिक कर्त्तव्यों को संतोषजनक ढंग से पूर्ण कर सकेंगी।"[22]

इस प्रकार प्रथम पंचवर्षीय योजना में ग्रामीण स्थानीय स्तर पर प्रशासन एवं विकास के लिए उचित अभिकरणों की स्थापना पर बल दिया गया। इस पंचवर्षीय योजना के दौरान लगभग 34,000 पंचायतों की स्थापना की गई थी। इस योजना के अन्त में ग्राम पंचायतों की संख्या 83,000 से बढकर 1,18,000 हो गयी थी।

सन् 1952 में सामुदायिक विकास कार्यक्रमों का उद्देश्य ग्रामवासियों की सभी बड़ी समस्याओं को हल करना था। भोजन, आवास, स्वास्थ्य, वस्त्र, सांस्कृतिक अथवा नैतिक आचरण आदि कोई पृथक्–पृथक् समस्याएं नहीं हैं, जिन्हें एक–एक करके हल किया जा सके वरन् इन सबको एक साथ हल किया जा सकता है। इन कार्यक्रमों का उद्देश्य स्वयं के जीवन में

गुणात्मक परिवर्तन करना, कृषि के सुधार तथा कुटीर उद्योगों के प्रसार द्वारा गाँवों का आर्थिक पुनरूत्थान करना था। सामुदायिक विकास कार्यक्रम का मुख्य उद्देश्य अधिकतम लोगों के अधिकतम कल्याण का प्रवर्तन करना था।

सामुदायिक परियोजनाओं के साथ–साथ एक वर्ष उपरान्त (सन् 1953 में) ग्रामीण पुनर्निर्माण का एक और कार्यक्रम प्रारम्भ किया गया, जिसे राष्ट्रीय प्रसार सेवा का नाम दिया गया। अधिक आहार उपजाओं जाँच समिति की संस्तुति थी कि हर तालुका या तहसील के पूरे क्षेत्र को लेकर एक विकास खण्ड कायम किया जाये और विद्यमान प्रशासनिक तन्त्र को कल्याणकारी कार्यों के अभिकरण का रूप दिया जाये।

सामुदायिक विकास के खण्ड एवं जिला स्तर के प्रशासन का उत्तरदायित्व नियमित नौकरशाही को ही सौंपा गया था, किन्तु संगठनात्मक संरचना में परिवर्तन कर दिया गया। इस परिवर्तन में ध्यान रखा गया था कि ग्रामीण पुनर्निर्माण के एकीकृत कार्यक्रम पर जो बल दिया गया था वह उसमें प्रतिबिम्बित हो सके और कार्य–नीति को समुचित महत्व दिया जा सके। ग्राम–स्तरीय कार्यकर्ता जो अब ग्राम सेवक कहलाता है, सामुदायिक विकास की प्रशासनिक श्रृंखला की अन्तिम कड़ी है, इसलिए उसे 5 से 10 गाँवों की देखभाल वाले बहुउद्देशीय कार्यकर्ता के रूप में नियुक्त किया गया था। एक खण्ड के अन्तर्गत लगभग 300 गाँव आते थे। उसका प्रमुख एक खण्ड विकास अधिकारी होता था तथा जिले के स्तर पर जिलाधीश नामक अधिकारी होता था।

सामुदायिक विकास के लिए समय–सीमा निर्धारित की गई और ऐसा लगने लगा कि वास्तव में गाँवों का पुनः उद्धार होगा। लेकिन जल्दी ही उत्साह की चिंगारी ठण्डी पडने लगी और योजना आयोग ने इन कार्यक्रमों का आंकलन एवं मूल्यांकन करना शुरू कर दिया।

केन्द्र स्तर पर पंचायती राज पर विभिन्न अध्ययन दल एक नजर में

केन्द्रीय स्तर पर स्थापित किये गये पंचायती राज अध्ययन दलों में प्रमुख निम्नलिखित थे–[23]

(1) कार्यक्रम मूल्यांकन संगठन, 1960 के द्वारा कुछ सफल पंचायतों के उदाहरण या केस स्टेडी।

(2) सामुदायिक विकास मंत्री द्वारा पंचायती राज पर प्रधानमंत्री को रिपोर्ट, 1961 (अध्यक्ष एस. के. डे.)

(3) पंचायती राज से सम्बन्धित अध्ययन दल की रिपोर्ट 1961 (अध्यक्ष वी. ईश्वरन्)

(4) पंचायतों और सहकारी समिति से सम्बन्धित कार्यकारी दल की रिपोर्ट, 1961 (अध्यक्ष एस. डी. मिश्रा)

(5) ग्रामीण समाज में कमजोर वर्ग के लिए कल्याण कार्यों से सम्बन्धित अध्ययन दल, 1961 (अध्यक्ष श्री जयप्रकाश नारायण)

(6) नई पंचायतों के बारे में अध्ययन दल, 1962 (अध्यक्ष श्री सी. आर. राजगोपालाचारी)

(7) भारतीय और राज्य प्रशासनिक सेवाओं और जिला प्रशासन की सेवाओं पर प्रतिवेदन, 1962 (अध्यक्ष वी. टी. कृष्णाचारी)

(8) पंचायती राज संस्थाओं के बजट और लेखा–जोखा प्रबन्ध से सम्बन्धित अध्ययन दल, 1963 (अध्यक्ष एम. रामकृष्णा नैय्यर)

(9) पंचायत राज वित्त व्यवस्था से सम्बन्धित अध्ययन दल, 1963 (अध्यक्ष के. सन्तानम्)

(10) ग्रामीण स्तर पर स्वयं सेवक दल के पुनर्गठन से सम्बन्धित समिति की रिपोर्ट, 1963 (अध्यक्ष राम सुमन सिंह)

(11) सामुदायिक विकास सहभागिता और पंचायती राज से सम्बन्धित अध्ययन दल की रिपोर्ट, 1963

(12) पंचायती राज आन्दोलन में ग्राम सभाओं की स्थिति से सम्बन्धित अध्ययन दल की रिपोर्ट, 1963 (अध्यक्ष अ. आर. आर. दिवाकर)

(13) पंचायती राज संस्थाओं के हिसाब के ऑडिट के बारे में रिपोर्ट, 1965 (अध्यक्ष आर. के. खन्ना)

(14) पंचायती राज चुनावों से सम्बन्धित समिति की रिपोर्ट, 1965 (अध्यक्ष के. सन्तानम)

(15) पंचायती राज के बारे में सलाहकार परिषद् की समिति की रिपोर्ट, 1965 (अध्यक्ष बलवन्त राय मेहता)

(16) पंचायती राज प्रशिक्षण केन्द्रों के कामकाज पर समिति की रिपोर्ट, 1965 (अध्यक्ष जी. रामचन्द्रन)

(17) ग्रामीण राज क्षेत्रों और सहकारी क्षेत्रों के बीच सम्बन्धों के बारे में समिति की रिपोर्ट, 1966 (अध्यक्ष ए. पी. जैन)

(18) पंचायतों द्वारा चलायी जा रही औद्योगिक इकाइयों के अध्ययन दल की रिपोर्ट, 1966 (अध्यक्ष आर. श्रीनिवासन)

(19) प्रशासनिक सुधार आयोग के जिला राज्य प्रशासन से सम्बन्धित अध्ययन दल की रिपोर्ट, 1967 (अध्यक्ष तख्तमल जैन)

(20) प्रशासनिक सुधार आयोग का राज्य प्रशासन से सम्बन्धित प्रतिवेदन, 1969 (अध्यक्ष के. हनुमन्तैया)

(21) पंचायती राज व्यवस्था के पुनर्गठन पर समिति का प्रतिवेदन, (अशोक मेहता समिति, 1978)

बलवन्त राय मेहता समिति 1957

सामुदायिक विकास कार्यक्रम की सफलता संदिग्ध होने के कारण सन् 1957 में श्री बलवन्त राय मेहता की अध्यक्षता में इन कार्यक्रमों के अध्ययन हेतु एक समिति गठित की गई। इस समिति ने अपना प्रतिवेदन दिसम्बर 1957 में भारत सरकार के समक्ष प्रस्तुत किया और दो संस्तुतियां प्रस्तुत की जिनमें प्रथम – पंचायती राज की द्विस्तरीय प्रणाली के स्थान पर त्रिस्तरीय प्रणाली प्रारम्भ की जाय, एवं द्वितीय – निर्वाचित स्थानीय निकायों की स्थापना करना और उनको आवश्यक संसाधन एवं अधिकार प्रदान करना। अध्ययन दल ने अपने प्रतिवेदन में यह भी स्पष्ट किया था कि लोकतान्त्रिक विकेन्द्रीकरण का प्रमुख केन्द्र ऐसी संस्था को बनाया जाय जो आकार–प्रकार तथा अन्य दृष्टिकोणों से मध्यम स्तर की हो। दल का मत था कि ऐसी स्थिति में विकास खण्ड स्तर ही सर्वाधिक उपयुक्त होगा। इस स्तर पर विकास में सभी कार्यों को सम्पादित किया जा सकता है।[24] इस अध्ययन दल ने ग्रामीण स्थानीय सरकार के निर्माण के लिए एक श्रेणीबद्ध त्रिस्तरीय व्यवस्था की संस्तुति की जो पंचायती राज की त्रिस्तरीय व्यवस्था कहलाती है। वे स्तर हैं–

(i) ग्राम स्तर पर – ग्राम पंचायत

(ii) मध्यम स्तर – पंचायत समिति

(iii) शीर्ष स्तर पर – जिला परिषद्।

श्री बी. आर. मेहता समिति की सिफारिश के आधार पर सर्वप्रथम राजस्थान के महल गाँव (जिला नागौर) में 2 अक्टूबर, 1959 को तत्कालीन प्रधानमंत्री पंडित जवाहर लाल नेहरू द्वारा पंचायती राज व्यवस्था का श्री गणेश किया गया। अक्टूबर माह में ही आन्ध्र प्रदेश में भी पंचायती राज व्यवस्था का शुभारम्भ कर दिया गया।

पं0 जवाहर लाल नेहरू पंचायती राज का शुभारम्भ करते हुए ।

पंचायती राज संस्थाओं के विधिवत् कार्यकरण के अध्ययन के लिए सन् 1962 में राजस्थान में सांसद सादिक अली की अध्यक्षता में एक समिति गठित की गई जिसने पंचायतों के कार्यकरण पर एक विस्तृत रिपोर्ट सन् 1964 में प्रस्तुत की। सन् 1963 में नाइक समिति व सन् 1964 में भण्डारी समिति ने भी स्थानीय प्रशासन की इकाइयों के रूप में पंचायती राज संस्थाओं के विकास व प्रगति में महत्वपूर्ण योगदान दिया। सन् 1971 में निर्मित राजस्थान की हाईपावर कमेटी (व्यास कमेटी) ने पंचायती राज संस्थाओं के सम्बन्ध में महत्वपूर्ण सुझाव दिये।

सन् 1965–66 के अन्त तक पंचायती राज व्यवस्था केरल, जम्मू–कश्मीर और नागालैण्ड को छोड़कर अन्य सभी राज्यों में विशेष कानूनों द्वारा लागू कर दी गई। राज्यों में ग्राम सभा की संरचना एक जैसी नहीं थी। बिहार, उड़ीसा तथा राजस्थान में ग्राम पंचायत क्षेत्र के सभी वयस्क निवासी ग्राम सभा के सदस्य माने जाते थे जबकि अन्य राज्यों में पंचायत क्षेत्र के वे मतदाता जिनके नाम राज्य की विधानसभा की मतदाता सूची में होते थे, वे ही ग्राम सभा के सदस्य माने जाते थे।

स्वतन्त्रता के कुछ समय पश्चात् सामुदायिक विकास योजना को अभियान के रूप में लिया गया था। लेकिन कुछ कारणों से वह योजना अपने लक्ष्यों में सफल नहीं हो सकी। संसद सदस्य, विधानसभा एवं विधान परिषद् के

सदस्यों आदि में कुछ कर गुजरने की तमन्ना थी। राजस्थान में ब्लॉक स्तर पर भारतीय प्रशासनिक सेवा, भारतीय पुलिस सेवा एवं राजस्थान प्रशासनिक सेवा के अधिकारी खण्ड विकास अधिकारी (बी.डी.ओ.) के पद पर नियुक्त किए गए थे। कलैक्टर जिला परिषद् का सचिव हुआ करता था।

सादिक अली अध्ययन दल 1964

नव गठित पंचायती राज संस्थाओं द्वारा किये गये कार्य की प्रगति की समीक्षा करने तथा इसमें आई कठिनाइयों व समस्याओं का अध्ययन कर मार्ग सुझाने के लिए सादिक अली अध्ययन दल का गठन किया गया। इस दल ने अपनी रिपोर्ट 1964 में दी जिसमें संस्थाओं की धीमी प्रगति के मुख्य कारण बतलाये (1) साधनों की कमी (2) ग्राम पंचायत स्तर पर ग्राम सेवक एवं सचिवों का अभाव (3) मतदाताओं की नाराजगी के कारण पंचायतें कर लगाने में उदासीन रहीं। इसके लिए समिति ने निम्न सुझाव दिये

(1) अनिवार्य कर लगाने की व्यवस्था

(2) दो पंचायतों के बीच एक ग्रुप सचिव की व्यवस्था

गिरधारी लाल व्यास समिति 1973

इस कमेटी ने भी प्रत्येक ग्राम पंचायत में ग्राम सेवक नियुक्त करने तथा पर्याप्त वित्तीय सहायता उपलब्ध कराने पर जोर दिया। इसके अलावा जिला परिषदों को अधिक शक्तिशाली बनाने की आवश्यकता प्रतिपादित की। इसके लिए यह सुझाव दिया गया कि जिला स्तर पर ग्रामीण क्षेत्रों की सभी योजनाएँ मय स्टाफ व बजट के जिला परिषदों को हस्तान्तरित कर दी जाये।

अशोक मेहता समिति 1977-78

अशोक मेहता की अध्यक्षता में 12 दिसम्बर, 1977 को विभिन्न दलों के 14 सदस्यों की समिति गठित की गई। इसका उद्देश्य पंचायती राज संस्थाओं को सुदृढ़ बनाने के लिए सुझाव देना था। इस समिति ने अगस्त 1978 में 11 अध्यायों तथा 300 पृष्ठों की एक रिपोर्ट पेश की। इस रिपोर्ट में कहा गया कि पंचायती राज प्रणाली भारतीय भूमि पर लोकतांत्रिक बीज डालने की प्रक्रिया बन गई है तथा यह नौकरशाही, अभिजात्यवर्ग और जनता के बीच में खाई पर सेतु का निर्माण करती है। इस समिति ने

त्रिस्तरीय पंचायती राज प्रणाली के स्थान पर द्विस्तरीय पद्धति का सुझाव दिया, जो दो स्तर निम्न हैं–

1. जिला परिषद्, 2. मण्डल पंचायत।

अशोक मेहता समिति की एक अन्य महत्वपूर्ण सिफारिश यह थी कि पंचायती राज के मामलों में राजनीतिक दल खुले रूप में भाग लें। समिति के दृष्टिकोण के अनुसार पंचायती राज संस्थाओं के चुनाव राजनीतिक दलों के आधार पर होने चाहिए। अनु. जातियों और जनजातियों के लिए चुनाव क्षेत्र सुरक्षित हों और उनमें कम से कम दो स्थान महिलाओं के लिए भी होने चाहिए।

मेहता समिति ने अपनी सिफारिशों में ग्राम पंचायतों की जगह मण्डल पंचायत की स्थापना की सिफारिश की, किन्तु ग्राम पंचायत की समाप्ति तो पंचायती राज की कल्पना की मूल इकाई की ही समाप्ति होगी। समिति के सदस्य सिद्ध राज ढड्ढा ने लिखा है कि – "मुझे जिला परिषद् और मण्डल पंचायत से आपत्ति नहीं है, किन्तु समिति ने ग्राम सभा की कोई चर्चा नहीं की है, जबकि पंचायती राज संस्थाओं का धरातल तो ग्राम सभा को ही बनाया जाना चाहिए था।"[25]

अशोक मेहता समिति के प्रतिवेदन के पश्चात् पंचायती राज के पुनर्जीवन का समय प्रारंभ हुआ। पश्चिमी बंगाल में मोर्चा सरकार ने 1978 में राज्य के पंचायती राज अधिनियम, 1973 में संशोधन करके एक सशक्त पंचायती राज व्यवस्था कायम की। सन् 1985 में कर्नाटक में लोकतान्त्रिक विकेन्द्रीकरण एवं विकेन्द्रित योजना को परस्पर जोड़कर एक सशक्त पंचायती राज व्यवस्था की शुरूआत की गई। अशोक मेहता समिति के सुझावों के अनुसार ग्राम पंचायतों के स्थान पर मण्डल पंचायतें (20 से 25 हजार की आबादी पर एक) गठित की गई। इन संस्थाओं में अनुसूचित जातियों एवं जनजातियों और महिलाओं के लिए जनसंख्या के आधार पर (25 प्रतिशत) आरक्षण की व्यवस्था की गयी थी। आन्ध्र प्रदेश में सन् 1986 में तेलगूदेशम सरकार ने भी नया अधिनियम बनाकर मण्डल प्रजा परिषद, जिला प्रजा परिषद् एवं जिला अभिवृद्धि समीक्षा मण्डलों की व्यवस्था प्रारंभ की। यहाँ भी ग्राम पंचायत के स्थान पर मण्डल पंचायत के मॉडल को वरीयता दी गई। राजस्थान में 13 वर्ष के अन्तराल के बाद सन् 1978 में पंचायती राज संस्थाओं के चुनाव हुए।

जिला आयोजना पर कार्यकारी समूह की रिपोर्ट (सन् 1984)

योजना आयोग ने डॉ० सी. एच. हनुमंथाराव के नेतृत्व में सितम्बर 1982 में योजना विशेषज्ञों का एक दल गठित किया, जिसमें जिले के लिए जिला स्तर पर विकास योजनायें बनाने से सम्बन्धित सुझावों पर विचार विमर्श किया गया। इस दल का सोचना था कि अभी तक विकास योजनाएं केन्द्रीकृत रही हैं, जिनमें स्थानीय पारिस्थितिकी, आवश्यकताओं, साधनों एवं स्थानीय जनसहभागिता का अभाव रहा है। अतः क्रियान्वित किए गए विकास कार्यक्रम अपना लक्ष्य पूर्णतः प्राप्त करने में असफल रहे। इस दल ने मई 1984 में अपनी रिपोर्ट प्रस्तुत की और सुझाव दिया कि योजना का विकेन्द्रीकरण होना चाहिए। योजना ऊपर से नीचे नहीं, वरन् नीचे से ऊपर की ओर बननी चाहिए क्योंकि इस आधार स्तर पर समय, स्थान की पारिस्थितिकी भिन्न होती है। अतः आवश्यकता को ध्यान में रखकर विकास योजनाओं का निर्माण एवं क्रियान्वयन किया जाना चाहिए।

जी. वी. के. राव समिति (सन् 1985)

केन्द्र में 1980 में सत्ता परिवर्तन के पश्चात् ग्रामीण स्थानीय सरकार के पुनर्गठन के तरीकों को सुझाने के लिए एक अन्य समिति जी. वी. के. राव की अध्यक्षता में गठित की गई। इस समिति की रिपोर्ट में प्रजातान्त्रिक विकेन्द्रीकरण की सिफारिश की गई। इसमें जिला स्तर का निकाय केन्द्रीय महत्व का बनाया गया। समिति का मत था कि आर्थिक विकास और सामाजिक न्याय की प्राप्ति की जिम्मेदारी केवल सरकारी मशीनरी (नौकरशाही) पर नहीं थोपनी चाहिए। यह आवश्यक है कि स्थानीय लोगों व उनके प्रतिनिधियों को ग्रामीण विकास के कार्यक्रमों को तैयार करने व उनके क्रियान्वयन में प्रभावी रूप से सहभागी बनाया जाये।[26] समिति ने इन संस्थाओं के चुनाव नियमित रूप से कराये जाने की सिफारिश की तथा जिले को नीति नियोजन व कार्यक्रम क्रियान्वयन की आधारभूत इकाई बनाने का सुझाव दिया। इसलिए जिला परिषद् को सभी विकास कार्यक्रमों के प्रबन्ध के लिए प्रमुख निकाय बनाना चाहिए। समिति की यह भी अनुशंसा थी कि जिला ग्रामीण विकास योजना के क्रियान्वयन की मुख्य कार्यकारी संस्था खण्ड स्तर पर हो।

एल. एम. सिंघवी समिति (सन् 1986)

प्रो. एल. एम. सिंघवी समिति ने सन् 1986 में प्रजातान्त्रिक विकेन्द्रीयकरण की वृद्धि और विकास पर दृष्टिपात करके ग्रामसभा को पुनर्जीवित किया जिसमें गाँव के सभी निवासियों को सम्मिलित किया तथा इसे प्रत्यक्ष प्रजातन्त्र के अवतार की संज्ञा दी। इस समिति ने रिपोर्ट में पंचायती राज को संवैधानिक दर्जा देने का सुझाव दिया। समिति ने यह भी सुझाव दिया कि पंचायतों को वित्तीय रूप से व्यवहारिक बनाने के लिए एक पंचायत के अधीन दो–तीन गाँवों को सम्मिलित कर देना चाहिए।

डी. आर. मेहता समिति

समन्वित ग्रामीण विकास कार्यक्रम के बेहतर परिणामों के लिए श्री डी. आर. मेहता की अध्यक्षता में एक विशेष कमेटी का गठन किया गया। इस समिति की सिफारिशों के पश्चात् भारत सरकार ने समूह क्रियाओं पर आधारित स्वर्ण जयन्ती ग्राम स्वरोजगार योजना का शुभारम्भ किया जो कि वर्तमान में ग्रामीण स्वरोजगार की सबसे बड़ी योजना है।

जिला कलेक्टरों की कार्य-शालाएँ

देश में दिसम्बर 1987 से जून 1988 तक भारत सरकार के कार्मिक एवं प्रशासनिक सुझाव (प्रशिक्षण शाखा) विभाग द्वारा सभी जिलों में कार्यरत मजिस्ट्रेट एवं कलेक्टरों के लिए पाँच कार्यशालाएं आयोजित की गयी। ये कार्यशालाएं थी–

(i) भोपाल (दिसम्बर 1987)

(ii) हैदराबाद (फरवरी 1988)

(iii) इम्फाल (अप्रेल 1988)

(iv) जयपुर (अप्रेल–मई 1988), एवं

(v) कोयम्बटूर (जून 1988)।

इन कार्यशालाओं में उभरकर आया कि ग्रामीण क्षेत्रों में विकास कार्यक्रमों को गतिशील बनाने तथा प्रशासनिक व्यवस्था को उत्तरदायी एवं जनाकांक्षाओं के अनुरूप बनाने में पंचायती राज संस्थाओं का आधारभूत महत्त्व है।

सरकारिया आयोग 1988

आयोग ने तर्क दिया कि पंचायतों के सन्दर्भ में कानून बनाने की शक्ति राज्य सूची की प्रविष्टि 5 में पूर्णतया राज्यों में निहित है। सम्पूर्ण भारत में पंचायतों से सम्बन्धित कानूनों में एकरूपता आवश्यक है। पंचायती राज संस्थाओं को संवैधानिक दर्जा दिए जाने के लिए इस आयोग ने भी सिफारिश की।

पी.के. थुंगन समिति 1989

थुंगन समिति ने 1989 में पंचायती राज संस्थाओं को संवैधानिक दर्जा देने, निर्धारित समय पर चुनाव कराने तथा जिला परिषदों को योजना एवं विकास अभिकरण बनाने की सिफारिश की।

हरलाल सिंह खर्रा समिति 1990

इस समिति ने निम्नलिखित सिफारिशें अपने प्रतिवेदन में की–

1. ग्रामीण सुविधाओं से जुड़े सभी प्रशासनिक मामलों में खास कर शिक्षा, आयुर्वेद, स्वास्थ्य, हैन्ड पम्प आदि में पंचायती राज संस्थाओं का नियन्त्रण हो;
2. जिला परिषद् एवं जिला ग्रामीण विकास अभिकरण दोनों को मिला कर एक किया जावे;
3. पंचायती राज संस्थाओं को राजकीय सहायता 4 रूपये से बढ़ाकर 20 रूपये की जाये;
4. पचायतों को जुर्माना करने की शक्ति दो सौ रूपये तक हो तथा अन्य शुल्कों में भी वृद्धि की जाये।

संवैधानिक प्रावधान

केन्द्र सरकार ने 1986 में एल. एम. सिंघवी की अध्यक्षता में एक समिति बनाई जिसने सिफारिश की कि पंचायती राज को संवैधानिक दर्जा दिया जाये। इसी परिप्रेक्ष्य में 1987 व 1988 में तत्कालीन प्रधानमंत्री राजीव गाँधी ने सम्मेलनों की एक श्रृंखला आयोजित की जिसमें जिला कलेक्टरों को आमन्त्रित किया गया था। ''अनुक्रियाशील प्रशासन'' इस सम्मेलन का विषय रखा गया था। इन अधिकारियों के विचारों का पुनः राज्य के मुख्य

सचिवों के साथ विचार–विमर्श हुआ। पंचायती राज को सुधारने की योजना के साथ ही स्थानीय शासन की नगरपालिका शाखा के लिए भी संविधान में संशोधन का निर्णय सरकार ने लिया। अतः भारतीय संसद में संविधान के 64वें व 65वें संशोधन के रूप में दो विधेयक प्रस्तुत किये गये। जुलाई 1989 में लोकसभा में प्रस्तुत संविधान संशोधन विधेयक (64वाँ संशोधन विधेयक) में पंचायती राज संस्थाओं को संवैधानिक स्थिति देने की व्यवस्था की गई थी। लेकिन 64वाँ संशोधन विधेयक राज्य सभा में अपेक्षित बहुमत के अभाव में पारित नहीं हो सका।

पंचायती राज को पुनर्जीवित करने व संवैधानिक दर्जा देने के उद्देश्य से (64वें विधेयक में कुछ संशोधनों के बाद) 16 दिसम्बर, 1991 को 72वां संविधान संशोधन विधेयक पेश किया गया, जिसे संयुक्त संसदीय समिति (प्रवर समिति) को सौंप दिया गया। इस समिति ने विधेयक पर अपनी सम्मति जुलाई 1992 में दी। इस विधेयक के क्रमांक को बदलकर 73वां संविधान संशोधन विधेयक कर दिया गया, जिसे 22 दिसम्बर, 1992 को लोकसभा ने तथा 23 दिसम्बर, 1992 को राज्यसभा ने पारित कर दिया। 17 राज्य विधानसभाओं द्वारा अनुमोदित किये जाने पर इसे राष्ट्रपति की सम्मति के लिए उनके समक्ष प्रस्तुत किया गया। राष्ट्रपति ने 20 अप्रेल, 1993 को इस पर अपनी सम्मति दे दी और 24 अप्रेल, 1993 को प्रवर्तित कर दिया गया। भारतीय संविधान के अनुच्छेद 243 से 243 ण तक पंचायती राज के बारे में व्यवस्था की गई तथा साथ ही एक 11वीं अनुसूची संविधान में जोड़ी गई।

पंचायत व्यवस्था के सम्बन्ध में प्रावधान संविधान के भाग 9 में अनुच्छेद 243 में (अनुच्छेद 243 से 243ण तक) कुल 16 अनुच्छेदों में शामिल किया गया। ये अनुच्छेद निम्नलिखित हैं–

(i) अनुच्छेद 243 – परिभाषायें

(ii) अनुच्छेद 243क – ग्रामसभा

(iii) अनु. 243ख – पंचायतों का गठन

(iv) अनु. 243ग – पंचायतों की संरचना

(v) अनु. 243घ – स्थानों का आरक्षण

(vi) अनु. 243ड. – पंचायतों आदि की अवधि

(vii) अनु. 243च – सदस्यता के लिए अनर्हता

(viii) अनु. 243छ – पंचायतों की शक्तियां, प्राधिकार तथा उत्तरदायित्व

(ix) अनु. 243ज – पंचायतों द्वारा करारोपण की शक्तियां और उनकी निधियाँ

(x) अनु. 243झ – वित्तीय स्थिति के पुनर्विलोकन के लिए वित्तीय आयोग की स्थापना

(xi) अनु. 243ञ – पंचायतों का लेखा परीक्षण

(xii) अनु. 243ट – पंचायतों के निर्वाचन

(xiii) अनु. 243ठ – संघ राज्य क्षेत्रों पर प्रवर्तन

(xiv) अनु. 243ड – कतिपय क्षेत्रों को इस भाग का लागू न होना

(xv) अनु. 243ढ – विद्यमान विधियों और पंचायतों की निरन्तरता

(xvi) अनु. 243ण – निर्वाचकीय मामलों में न्यायालय के हस्तक्षेप का वर्णन।

73वाँ संविधान संशोधन 1992

73वें संविधान संशोधन में यह व्यवस्था की गई थी कि राज्य अपने–अपने यहाँ विधि बनाकर एक वर्ष की अवधि में इसके प्रावधान लागू करेंगे। भारत में मध्य प्रदेश पहला राज्य था जिसने 73वें संविधान संशोधन को अपने राज्य में मध्यप्रदेश पंचायत राज अधिनियम, 1993 बनाकर पंचायती राज की स्थापना की। राजस्थान में 73वें संविधान संशोधन को पंचायती राज अधिनियम, 1994 से राजस्थान पंचायती राज अधिनियम, 1994 के द्वारा प्रवर्तित किया गया। बिहार राज्य में भी बिहार पंचायत राज अधिनियम, 1993 पारित किया गया, जो सबसे पहले पारित हुआ था। लेकिन बिहार ने भारत में सबसे अन्त में (जनवरी 2002 में) 73 वें संविधान संशोधन अधिनियम के अनुसार पंचायती राज की स्थापना की।

73 वाँ संविधान संशोधन अधिनियम और उसकी विशेषताएँ

केन्द्र सरकार ने 1984 में पंचायती राज पर अध्ययन करने के लिए जी. वी. के राव समिति का गठन किया। इस समिति ने जिला परिषद् को महत्वत्ता देते हुए अपना प्रतिवेदन 1985 में प्रस्तुत किया। वर्ष 1986 में श्री

एल.एम. सिंघवी की अध्यक्षता में एक अन्य समिति का गठन किया जिसने पंचायती राज को संवैधानिक दर्जा दिये जाने की सिफारिश की। तत्कालीन प्रधानमंत्री राजीव गाँधी ने स्थानीय शासन के कार्यों, शक्तियों और अधिकारों को विकेन्द्रीकृत कर पंचायतों को सुदृढ़ बनाने की दिशा में कदम उठाये। इसी प्रयास में भारतीय संसद के मानसून सत्र में संविधान के 64 वें व 65 वें संशोधन के रूप में दो विधेयक प्रस्तुत किये गये। जुलाई 1989 में लोकसभा में प्रस्तुत संविधान संशोधन विधेयक (64 वां संशोधन विधेयक) में पंचायती राज संस्थाओं को संवैधानिक स्थिति देने की व्यवस्था की गई थी। लेकिन राज्य सभा में यह विधेयक पारित नहीं हो सका। बाद में सितम्बर, 1991 में संविधान में 72 वां संशोधन करने के लिए विधेयक पेश किया गया। इसे संसद की संयुक्त समिति के पास भेजा गया। संसद की संयुक्त समिति ने अपनी रिपोर्ट दी, जिसे संसद के दोनों सदनों ने पारित कर दिया। 20 अप्रैल, 1993 को भारत के राष्ट्रपति ने इसे अपनी सहमति प्रदान की। संविधान के इस संशोधन को संविधान (73 वाँ संशोधन) अधिनियम, 1992 के नाम से जाना जाता है। इस अधिनियम को एक अधिसूचना द्वारा 24 अप्रैल, 1993 से लागू किया गया।

इस अधिनियम ने लोकतंत्र और सत्ता के हस्तांतरण को पंचायत के जरिए भारतीय संविधान का एक स्थायी भाग बना दिया। इस अधिनियम के प्रावधानों के अनुसार पंचायत को दिए गए अधिकारों, जिम्मेदारियों और धनराशि को कोई भी पंचायतों से अलग नहीं कर सकता।

इस संशोधन से पूर्व पंचायती राज व्यवस्था प्रभावशाली तरीके से कार्य नहीं कर पा रही थी। इसको प्राप्त अधिकार बहुत कम थे और इसे जिला प्रशासन द्वारा भंग किया जा सकता था। इन संस्थाओं के चुनाव भी सही समय पर नहीं हो पाते थे। इन्हीं कमियों को पूरा करने के लिए संविधान में संशोधन किया गया। इस संशोधन का मुख्य उद्देश्य था कि अधिक से अधिक जनता विकास की प्रक्रिया में भाग ले।

भारतीय संविधान में भाग–9 जोड़कर तथा इसमें 16 नये अनुच्छेदों (अनुच्छेद 243 से अनु. 243 ण तक) और संविधान में 11 वीं अनुसूची जोड़कर पंचायत के गठन, पंचायत के सदस्यों के चुनाव, सदस्यों के लिए आरक्षण तथा पंचायत के कार्यों के सम्बन्ध में व्यापक प्रावधान किये गये हैं।

73 वें संविधान संशोधन की मुख्य विशेषताएँ

1. **संवैधानिक मान्यता** – भारतीय संविधान में भाग 9 जोड़कर इसमें 16 नये अनुच्छेद और एक नई अनुसूची 11 वीं अनुसूची जोड़कर पंचायती राज संस्थाओं को संवैधानिक मान्यता दी गई है। इसके माध्यम से पंचायती राज संस्थाओं को संवैधानिक मान्यता दिया जाना लोकतान्त्रिक प्रक्रिया द्वारा शक्तियों का विकेन्द्रीकरण की दिशा में सशक्त कदम है।

2. **ग्राम सभा का प्रावधान** – लोकतांत्रिक अधिकारों का प्राथमिक स्रोत गांवों में ही है। पंचायती राज संस्थाओं का जीवन्त, सुदृढ़, गतिशील तथा शिखर से धरातल तक लोकतंत्र के प्रभाव हेतु ग्राम सभा को संवैधानिक मान्यता दी गई। ग्राम सभाएं स्थानीय आवश्यकताओं को ध्यान में रखकर विकास कार्यों में सक्रिय संस्था की भूमिका अदा करने के उद्देश्य से बनाई गयी।

3. **त्रिस्तरीय व्यवस्था** – अनुच्छेद 243 ख में प्रावधान किया गया है कि प्रत्येक राज्य में ग्राम, मध्यवर्ती और जिला स्तर पर पंचायतों का गठन किया जायेगा। मध्यवर्ती स्तर पर पंचायत समिति का गठन 20 लाख से कम जनसंख्या वाले राज्यों में गठन करने की छूट दी गई है।

4. **पंचायतों का कार्यकाल** – प्रत्येक पंचायती राज इकाई का कार्यकाल, यदि वह, राज्य में तत्समय प्रवर्तित किसी विधि के अधीन पहले भंग नहीं कर दी जाती है, तो 5 वर्ष होगा और इससे अधिक नहीं। यदि ये संस्थाएँ समय से पूर्व भंग की जाती है तो भंग किये जाने की तिथि से 6 माह की अवधि में नये चुनाव कराये जायेंगे।

5. **पंचायतों में आरक्षण प्रावधान** :– अनुच्छेद 243 घ में आरक्षण व्यवस्था की गई है। अनु. 243 घ (1) (क) (ख) में अनुसूचित जातियों और अनुसूचित जनजातियों के लिए निर्वाचन हेतु स्थानों का आरक्षण किया गया है। यह आरक्षण प्रत्येक स्तर पर चक्रानुक्रम (Rotation) से किये जाने का प्रावधान है। इन वर्गों के लिए आरक्षित कुल सीटों में से कम से कम एक तिहाई स्थान अनु. जाति व अनु. जनजाति की महिलाओं के लिए आरक्षित किये जायेंगे।

प्रत्येक पंचायती राज संस्था में कम से कम एक तिहाई स्थानों को महिलाओं के लिए आरक्षित किये जाने का प्रावधान है तथा यह आरक्षण चक्रिय क्रम में होगा। इन संस्थाओं के सभापतियों/अध्यक्षों के पद भी अनु.जाति/जनजाति तथा महिलाओं के लिए उस राज्य में इन वर्गों की जनसंख्या के अनुपात में आरक्षित किये जाने का प्रावधान है।

राज्य विधानमंडल समस्त पंचायतीराज संस्थाओं में पिछड़े वर्गो के लिए भी आरक्षण का प्रावधान, अधिनियम बनाकर कर सकेंगे। राजस्थान में 4 अक्टूबर, 1999 के पश्चात् अन्य पिछड़े वर्ग के लिए 21 प्रतिशत आरक्षण किया गया है।

6. **पंचायती राज संस्थाओं का प्रत्यक्ष निर्वाचन** :– भारतीय संविधान के अनुच्छेद 243 ग (1) में पंचायती राज संस्थाओं के प्रत्येक स्तर पर प्रत्यक्ष निर्वाचन की व्यवस्था की गई है। ग्राम स्तर पर किसी पंचायत के अध्यक्ष का निर्वाचन ऐसी रीति से, जो राज्य विधान मण्डल द्वारा, विधि द्वारा, उपबंधित की जाए, किया जायेगा। मध्यवर्ती स्तर पर, जिला स्तर पर किसी पंचायत का अध्यक्ष का निर्वाचन उसके निर्वाचित सदस्यों द्वारा अपने में से किया जाएगा।

7. **सदस्यता के लिए निरर्हताएँ** :– अनुच्छेद 243 च में यह प्रावधान है कि कोई भी व्यक्ति इन संस्थाओं के लिए अयोग्य होगा यदि वह सम्बन्धित राज्य में अयोग्यता से सम्बन्धित किसी कानून द्वारा अयोग्य घोषित किया गया है। मतदाता सूची में पंजीकृत नहीं होने, 21 वर्ष से कम आयु होने, किसी स्थानीय प्राधिकरण के अधीन वैधानिक, पूर्णकालिक या अशंकालिक नियुक्त होने, नैतिक अद्यमता वाले अपराध के कारण राज्य सेवा से पदच्युत होने, कुष्ठ रोगी तथा मानसिक रोग से ग्रस्त होने पर इन संस्थाओं का सदस्य बनने के अयोग्य होगा। राजस्थान पंचायती राज अधिनियम, 1994 की धारा 19 (ठ) में यह प्रावधान किया गया है कि पंचायती राज संस्थाओं के निर्वाचित जन प्रतिनिधियों; जिनके कि 27.11.1995 से पूर्व दो या उससे अधिक बच्चे थे, के यदि उक्त तिथि के पश्चात् एक और सन्तान हो जाती है तो वे पंचायती राज संस्था के पद एवं सदस्यता के अयोग्य घोषित किये जा सकते हैं।[27]

8. **पंचायतों की शक्तियाँ, प्राधिकार और उत्तरदायित्व** :– अनुच्छेद 243 छ के उपबंधों के अधीन रहते हुए, राज्य का विधान–मण्डल, विधि द्वारा पंचायतों को ऐसी शक्तियाँ और प्राधिकार प्रदान कर सकेगा जो वह उन्हें स्वायत्त शासन की संस्थाओं के रूप में काम करने योग्य बनाने के लिए आवश्यक हों।

9. **पंचायतों के लेखाओं की संपरीक्षा** :– किसी राज्य का विधान–मण्डल विधि द्वारा, पंचायतों द्वारा लेखे रखे जाने और ऐसे लेखाओं की संपरीक्षा करने के बारे में उपबंध कर सकेगा (अनुच्छेद 243 ञ)।

10. **वित्त आयोग का गठन** :– प्रत्येक 5 वर्ष में पंचायतों की आर्थिक स्थिति की समीक्षा करने के लिए अनुच्छेद 243 झ में एक वित्त आयोग की स्थापना का प्रावधान किया गया है। इस संविधान–संशोधन के प्रभाव में आने के बाद एक वर्ष के भीतर तथा आगे भी प्रत्येक 5 वर्ष की समाप्ति पर ऐसे वित्त आयोग का गठन राज्यपाल द्वारा किया जाता रहेगा। आयोग राज्यों की पंचायती राज संस्थाओं की वित्तीय समीक्षा कर वित्तीय स्थिति में सुधार हेतु सुझाव तथा पंचायतों की आय के स्रोतों, अनुदान एवं वितरण आदि के सम्बन्ध में अपनी रिपोर्ट देता है।[28]

11. **पंचायतों के लिए निर्वाचन – राज्य निर्वाचन आयोग की स्थापना** : भारतीय संविधान के अनुच्छेद 243 ट में व्यवस्था की गई है कि राज्य में निर्वाचक नामावलियों की तैयारी, चुनावों के आयोजन और पंचायती राज संस्थाओं के चुनावों से सम्बन्धित समस्त पक्षों का अधीक्षण, निर्देशन और नियत्रंण राज्यपाल द्वारा नियुक्त किये गए एक राज्य निर्वाचन आयोग में निहित होगा।

12. **निर्वाचन सम्बन्धी मामलों में न्यायालयों के हस्तक्षेप का वर्जन** :– संविधान का अनुच्छेद 243 ण यह व्यवस्था करता है कि (i) इसके अधीन निर्वाचन क्षेत्रों का परिसीमन या ऐसे निर्वाचन क्षेत्रों के लिए स्थानों के आवंटन से सम्बन्धित किसी विधि की विधि मान्यता को किसी भी न्यायालय में चुनौती नहीं दी जाएगी और (ii) किसी पंचायत के लिए कोई निर्वाचन, ऐसी निर्वाचन अर्जी पर ही प्रश्नगत किया जाएगा जो ऐसे प्राधिकरण को और किसी रीति

से प्रस्तुत की गई है जिसका किसी राज्य के विधान–मण्डल द्वारा बनाई गई किसी विधि द्वारा या उसके अधीन उपबंध किया जाए, अन्यथा नहीं।

13. **पंचायतों द्वारा कर अधिरोपित करने की शक्तियों और उनकी निधियाँ[29] किसी राज्य के विधान–मण्डल, विधि द्वारा :–**

(क) ऐसे कर, शुल्क, पथकर और फीसें उद्‌गृहीत और विनियोजित करने के लिए किसी पंचायत को, ऐसी प्रक्रिया के अनुसार और ऐसे निर्बन्धनों के अधीन रहते हुए, प्राधिकृत कर सकेगा;

(ख) राज्य सरकार द्वारा उद्‌गृहीत और संगृहीत ऐसे कर, शुल्क, पथकर और फीसें किसी पंचायत को, ऐसे प्रयोजनों के लिए तथा ऐसी शर्तों और निर्बन्धनों के अधीन रहते हुए, समनुदिष्ट कर सकेगा,

(ग) राज्य की संचित निधि में से पंचायतों के लिए ऐसे सहायता–अनुदान देने के लिए उपबंध कर सकेगा; और

(घ) पंचायतों द्वारा उनकी ओर से क्रमशः प्राप्त किए गए सभी धनों को जमा कराने के लिए ऐसी निधियों का गठन करने और उन निधियों में से धनों को निकालने के लिए भी उपबंध कर सकेगा, जो विधि में विनिर्दिष्ट किए जाए।

14. **कतिपय क्षेत्रों को लागू न होना – 73 वाँ संविधान संशोधन की अनुच्छेद 243 ड़ के अनुसार निम्नलिखित पर लागू नहीं होगी :–**

(i) अनुच्छेद 244 के खण्ड (1) में निर्दिष्ट अनुसूचित क्षेत्रों और उसके खंड (2) में निर्दिष्ट जनजाति क्षेत्रों पर।

(ii) नागालैण्ड, मेघालय और मिजोरम राज्य;

(iii) मणिपुर राज्य में ऐसे पर्वतीय क्षेत्र जिनके लिए तत्समय प्रवृत्त किसी विधि के अधीन जिला परिषदें विद्यमान हैं।

(iv) पश्चिमी बंगाल राज्य के दार्जिलिंग जिले के पर्वतीय क्षेत्र जिनके लिए तत्समय प्रवृत्त किसी विधि के अधीन दार्जिलिंग गोरखा पर्वतीय परिषद् विद्यमान हैं। इस भाग की कोई बात दार्जिलिंग गोरखा पर्वतीय परिषद् के कार्यों एवं शक्तियों को प्रभावित नहीं करेगी।

भारत में ग्रामीण विकास कार्यक्रम

भारत में ग्रामीण जनसंख्या का प्रतिशत सदैव ही बहुत अधिक रहा है। ग्रामीणों के विकास हेतु प्राचीन काल से लेकर वर्तमान काल तक अनेक प्रयास किये जाते रहे हैं। भारत में ग्रामीण क्षेत्रों का विकास एक के बाद एक आने वाली सभी पंचवर्षीय योजनाओं के सर्वोच्च लक्ष्यों में से एक रहा है, सरकार द्वारा समय–समय पर ग्रामीण विकास के अनेक कार्यक्रम लागू कर क्रियान्वित किये गये हैं जिनमें प्रमुख कार्यक्रम निम्नानुसार हैं–

(1) **सामुदायिक विकास कार्यक्रम, 1952** :– भारत की स्वतन्त्रता के पश्चात् यह पहला समग्र ग्रामीण विकास कार्यक्रम था। इसके द्वारा गाँवों में बुनियाद विस्तार व विकास सेवाएँ प्रारम्भ की गई। इसी कार्यक्रम के माध्यम से ग्रामीण समुदायों में विकास की नई सम्भावनाएं जागृत हुई।

(2) **गहन कृषि जिला कार्यक्रम, 1961** :– इस कार्यक्रम का उद्देश्य तकनीकी जानकारी, ऋण एवं कृषि अनुदानों की पूर्ति कर कृषि उत्पादन को बढाना था। यह कार्यक्रम पैकेज कार्यक्रम के रूप में प्रारम्भ में केवल तीन जिलों में शुरू किया गया।

(3) **जनजातीय क्षेत्र विकास कार्यक्रम, 1962** :– इस कार्यक्रम को 1962 में जनजातीय क्षेत्रों के विकास के लिए प्रारम्भ किया गया।

(4) **गहन कृषि क्षेत्र कार्यक्रम, 1964** :– इस कार्यक्रम के अन्तर्गत विशिष्ट फसलों का उत्पादन बढ़ाने पर बल दिया गया।

(5) **उन्नत किस्म बीज कार्यक्रम, 1966** :– कृषि उत्पादन में वृद्धि के उद्देश्य से उन्नत किस्म बीज कार्यक्रम प्रारम्भ किया गया।

(6) **लघु कृषक विकास अभिकरण, 1969** :– इस अभिकरण की स्थापना का उद्देश्य छोटे किसानों के विकास से सम्बन्धित विभिन्न मामलों को हल करना था। यह अभिकरण किसानों की दशा में सकारात्मक सुधार लाने के लिए बनाया गया था।

(7) **सीमान्त कृषकों तथा खेतिहर मजदूरों के विकास हेतु अभिकरण, 1969** :– इस अभिकरण का उद्देश्य छोटे और सीमान्त किसानों तथा भूमिहीनों और कृषि कार्यों में लगे श्रमिकों के विकास हेतु विभिन्न कार्यक्रमों का निर्माण एवं क्रियान्वयन करना था।

(8) **ग्रामीण कार्य योजना, 1970** :– इस कार्यक्रम के अन्तर्गत ग्रामीण क्षेत्रों में कुछ विशिष्ट सामुदायिक कार्यों को पूरा करना सम्मिलित किया गया था।

(9) **सूखे की संभावना वाले क्षेत्रों के लिए कार्यक्रम, 1970** :– इस कार्यक्रम को लागू करने के लिए सूखे से प्रभावित रहने वाले क्षेत्रों में उनकी समस्याओं के अनुसार उनके निराकरण हेतु नियोजित ढंग से हल करने के प्रयास किये गये। इसके अन्तर्गत भूमि संरक्षण, वृक्षारोपण, सड़क निर्माण, पीने का पानी उपलब्ध कराने से सम्बन्धित कार्यक्रम चलाये जाते हैं।

(10) **न्यूनतम आवश्यकता कार्यक्रम, 1974** :– इस कार्यक्रम का उद्देश्य सीमित साधनों तथा उनकी आवश्यकताओं के मध्य सन्तुलन स्थापित करना तथा विकास के लिए आधारभूत न्यूनतम आर्थिक ढाँचे का निर्माण करना है।

(11) **बीस सूत्री कार्यक्रम, 1975** :– इस कार्यक्रम के माध्यम से ग्रामीण निर्धनता के उन्मूलन का प्रयास किया गया।

(12) **विशेष पशुधन उत्पादन कार्यक्रम, 1975** :– इसका मुख्य उद्देश्य गांव के कमजोर वर्ग के लोगों के लिए रोजगार के अतिरिक्त अवसर जुटाना तथा आय में वृद्धि के अवसर प्रदान करना तथा पशु उत्पादों में वृद्धि करना है।

(13) **काम के बदले अनाज कार्यक्रम, 1977** :– इसके अन्तर्गत ग्रामीण श्रमिकों को काम के बदले अनाज देने का प्रावधान रखा गया ताकि पोषण की समस्या से निपटा जा सके।

(14) **अंत्योदय कार्यक्रम, 1977** :– यह कार्यक्रम सर्वप्रथम राजस्थान में शुरू किया गया। इसका उद्देश्य प्रत्येक गाँव के निर्धन परिवारों का आर्थिक उत्थान करना था।

(15) **मरू विकास कार्यक्रम, 1977** :– इसका उद्देश्य मरूस्थल पर नियन्त्रण पाना तथा मरूस्थलीय क्षेत्रों में रहने वाले लोगों की आय, रोजगार तथा उत्पादन का स्तर बढाने के लिए अनुकूल परिस्थितियाँ निर्मित करना है।

(16) **समन्वित ग्रामीण विकास कार्यक्रम, 1978** :– इसके अन्तर्गत निर्धनता उन्मूलन के लिए एक नया कार्यक्रम शुरू किया गया। इससे ग्रामीण क्षेत्रों में निर्धन परिवारों का जीवन स्तर ऊंचा उठाने में मदद मिली है।

(17) **ग्रामीण क्षेत्रों में महिला एवं बाल विकास कार्यक्रम** :– यह कार्यक्रम ग्रामीण महिलाओं के विकास से सम्बन्धित है।

(18) **सिंचित क्षेत्र विकास कार्यक्रम, 1978** :– इसका मुख्य उद्देश्य सिंचाई की सृजित क्षमता तथा उसके उपयोग के बीच के अन्तर को कम करना है।

(19) **ग्रामीण युवाओं को स्वरोजगार के लिए प्रशिक्षण, 1979** :– यह कार्यक्रम स्वरोजगार के लिए ग्रामीण युवकों को प्रशिक्षण देने के उद्देश्य से 15 अगस्त, 1979 में प्रारम्भ किया गया।

(20) **राष्ट्रीय ग्रामीण रोजगार कार्यक्रम, 1980** :– इस कार्यक्रम को अक्टूबर 1980 में शुरू किया गया तथा इसके तीन मुख्य लक्ष्य रखे गये – लाभकारी रोजगार के अतिरिक्त अवसर जुटाना, स्थायी सामुदायिक सम्पत्तियों का निर्माण तथा ग्रामीण लोगों को भोजन में पौष्टिक तत्वों को बढाना।

(21) **बायो गैस कार्यक्रम, 1981** :– यह कार्यक्रम ग्रामीण क्षेत्रों में ईंधन की पूर्ति तथा प्रदूषण को रोकने के उद्देश्य से शुरू किया गया।

(22) **शिक्षित बेरोजगार युवकों के लिए स्वरोजगार कार्यक्रम, 1981** :– इस कार्यक्रम का उद्देश्य शिक्षित बेरोजगार युवकों को बैंकों से वित्तीय सहायता दिलाकर उन्हें स्वरोजगार के अवसर प्रदान करना था।

(23) **ग्रामीण भूमिहीन रोजगार गारण्टी कार्यक्रम, 1983** :– इस कार्यक्रम के अन्तर्गत ग्रामीण भूमिहीन लोगों को रोजगार के अवसर बनाना तथा भूमिहीन श्रमिक को एक वर्ष में 100 दिन तक काम उपलब्ध करवाने का प्रयत्न किया गया।

(24) **जवाहर रोजगार योजना, 1989** :– इसका उद्देश्य ग्रामीण क्षेत्रों में बेरोजगार तथा अर्द्ध बेरोजगार व्यक्तियों के लिए अतिरिक्त लाभदायक रोजगार का सृजन करना है।

(25) **रोजगार गारन्टी कार्यक्रम, 1993** :– यह कार्यक्रम ग्रामीण क्षेत्रों में निर्धन लोगों को राहत प्रदान करने के उद्देश्य से शुरू किया गया।

(26) **ग्रामीण महिला बचत कार्यक्रम, 1993** :– यह कार्यक्रम 15 अगस्त, 1993 को महिला कल्याण, ग्रामीण रोजगार तथा साक्षर बेरोजगारों के लिए प्रारम्भ किया गया। इस कार्यक्रम में एक वर्ष में 300 रूपये बचत खातें में जमा कराने वाली ग्रामीण महिला को सरकार की ओर से 75 रूपये देने का प्रावधान किया गया।

(27) **ग्रामीण रोजगार कार्यक्रम, 1993** :– इस कार्यक्रम को ग्रामीण क्षेत्रों में खेती का काम हल्का होने तथा किसानों के निष्क्रिय रहने वाले दिनों में इच्छुक ग्रामीणों को 100 दिन का रोजगार उपलब्ध कराने हेतु शुरू किया गया।

(28) **साक्षर बेरोजगारों को ऋण कार्यक्रम, 1993** :– इसमें लोगों को छोटे–मोटे धन्धें शुरू कराने के लिए एक लाख रूपये का ऋण उपलब्ध कराने की सुविधा का प्रावधान है।

(29) **सांसद स्थानीय क्षेत्र विकास योजना, 1993–94** :– इसमें प्रत्येक सांसद को अपने क्षेत्र में विकास कार्य एवं जनोपयोगी कार्य हेतु 2 करोड़ रूपये प्रतिवर्ष आवंटित किये जाते हैं।

(30) **राष्ट्रीय सामाजिक सहायता कार्यक्रम, 1995** :– इसके अन्तर्गत निर्धन, असहाय एवं वृद्धों के लिए राष्ट्रीय परिवार सहायता योजना, राष्ट्रीय वृद्धावस्था पेंशन योजना लागू की गई।

(31) **बन्धक श्रमिक पुनर्वास योजना, 1995** :– इस योजना के अन्तर्गत ऐसे गरीब व्यक्तियों जिनके द्वारा लिये गये ऋण की अदायगी के रूप में उनकी इच्छा के विरूद्ध मजदूरी के लिए बाध्य किया जाता है, उन्हें मुक्त कराया जाता है।

(32) **इन्दिरा आवास योजना, 1996** :– इस योजना मे ग्रामीण क्षेत्रों में गरीबी रेखा के नीचे जीवनयापन करने वालों को आवास उपलब्ध कराया जाता है। यह योजना 1996 से एक पूर्ण रूप से स्वतन्त्र योजना है।

(33) स्वर्ण जयन्ती ग्राम स्वरोजगार योजना, 1999 :– इस योजना का मुख्य उद्देश्य गरीबी रेखा के नीचे जीवनयापन करने वाले चयनित परिवारों को साख व अनुदान द्वारा आय वृद्धि करने वाली परिसम्पत्तियाँ उपलब्ध कराकर उन्हें गरीबी की रेखा से ऊपर उठाना है।

(34) सम्पूर्ण ग्रामीण रोजगार योजना, 2001 :– यह योजना 15 अगस्त, 2001 को स्वतन्त्रता दिवस के मौके पर घोषित की गई। इसमें ग्रामीण क्षेत्रों में अतिरिक्त मजदूरी के अवसर उपलब्ध कराये जाते हैं तथा खाद्य सुरक्षा के साथ–साथ स्थायी स्वरूप की सामुदायिक परिसम्पत्तियां सृजित की जाती हैं।

ग्रामीण विकास कार्यक्रम एक दृष्टि में

पंचवर्षीय योजना	कार्यक्रम/योजना	वर्ष
प्रथम पंचवर्षीय योजना (1951–52 से 55–56)	1. सामुदायिक विकास कार्यक्रम	1952
	2. राष्ट्रीय विस्तार सेवा	1953
द्वितीय (1956–57 से 60–61)	3. खादी और ग्रामीण उद्योग कार्यक्रम	1957
	4. ग्रामीण आवास योजना	1957
	5. बहुउद्देशीय जनजाति प्रखण्ड विकास कार्यक्रम	1959
	6. पैकेज कार्यक्रम	1960
	7. सघन कृषि जिला कार्यक्रम	1960
तृतीय (1961–62 से 65–66)	8. प्रयुक्त पोषण कार्यक्रम	1962
	9. ग्रामीण उद्योग परियोजना	1962
	10. जनजाति क्षेत्र विकास कार्यक्रम	1962
	11. सघन कृषि क्षेत्र कार्यक्रम	1964
	12. उन्नत किस्म बीज कार्यक्रम	1966
वार्षिक योजना (1966–67)	13. किसान प्रशिक्षण और जिला कार्यक्रम	1966
	14. कुआं निर्माण कार्यक्रम	1966
	15. ग्रामीण कार्य योजना	1967
वार्षिक योजना (1968)	16. आदिवासी विकास खण्ड	1968
	17. ग्रामीण जन शक्ति कार्यक्रम	1969

	18. महिलाओं और पूर्व–स्कूल बच्चों के लिए मिश्रित कार्यक्रम	1969
चतुर्थ	19. सूखा प्रभावित क्षेत्र कार्यक्रम	1970
(1970–71 से 73–74)	20. ग्रामीण नियोजन के लिए क्रैश योजना	1971
	21. लघु किसान विकास एजेंसी	1971
	22. आदिवासी क्षेत्र विकास कार्यक्रम	1972
	23. पायलट परियोजना (आदिवासी विकास)	1972
	24. सघन पायलट ग्रामीण नियोजन कार्यक्रम	1972
	25. आवश्यक जरूरत कार्यक्रम	1972
	26. कमांड एरिया विकास कार्यक्रम	1974
पंचम	27. पहाडी क्षेत्र विकास कार्यक्रम	1975
(1974–75 से 77–78)	28. विशेष मवेशी उत्पादन कार्यक्रम	1975
	29. कार्य के बदले अनाज कार्यक्रम	1977
	30. मरूभूमि विकास कार्यक्रम	1977
	31. सम्पूर्ण गांव विकास कार्यक्रम	1979
	32. ग्रामीण युवकों को स्वनियोजित के लिए प्रशिक्षण	1979
	33. समेकित ग्रामीण नियोजन कार्यक्रम	1979
छठीं योजना	34. प्रधानमंत्री की नई 20 सूत्री योजना	1980
(1978–79 से 82–83)	35. राष्ट्रीय ग्रामीण रोजगार कार्यक्रम	1980
	36. बायोगैस कार्यक्रम	1981
	37. ग्रामीण भूमिहीन रोजगार गारण्टी कार्यक्रम	1983
सप्तम् योजना (1984–85 से 89–90)	38. ग्रामीण क्षेत्र महिला एवं बाल विकास कार्यक्रम	1985
वार्षिक योजनाएँ	39. समेकित ग्रामीण ऊर्जा कार्यक्रम	1985
(1990–91, 91–92,	40. विशेष मवेशी प्रजनन कार्यक्रम	1986
92–93)	41. जवाहर रोजगार योजना	1989
आठवीं योजना	42. रोजगार गारण्टी कार्यक्रम	1993
(1992–93 से 96–97)	43. ग्रामीण महिला बचत कार्यक्रम	1993
	44. ग्रामीण रोजगार कार्यक्रम	1993
	45. राष्ट्रीय सामाजिक सहायता कार्यक्रम	1995
	46. बन्धक श्रमिक पुनर्वास योजना	1995
	47. इन्दिरा आवास योजना	1996

नवीं योजना	48. स्वर्ण जयन्ती ग्राम स्वरोजगार योजना	1999
(1997–98 से 2001–02)	49. पी.एम.जी.वाई.	2000
	50. सम्पूर्ण ग्रामीण रोजगार योजना	2001
	51. राष्ट्रीय पोषाहार मिशन	2001
	52. महिला उद्यमियों के लिए बैंक ऋणों में आरक्षण	2001
दसवीं योजना	53. सम्पूर्ण ग्रामीण रोजगार योजना	2002
(2002–03 से 06–07)	54. निर्मल ग्राम पुरस्कार योजना	2003
	55. ग्रामीण संचार सेवक योजना	2003
	56. हरियाली योजना	2003
	57. मरू विकास कार्यक्रम	2003
	58. एकीकृत बंजर भूमि विकास कार्यक्रम	2003
	59. मरू गोचर योजना	2003
	60. ग्रामीण क्षेत्रों में शहरी आधारभूत सुविधाओं का विस्तार (पूरा)	2004
	61. काम के बदले अनाज का राष्ट्रीय कार्यक्रम	2004
	62. गुरु गोलवलकर जनभागीदारी योजना	2004
	63. सहरिया एवं कथौड़ी जन जाति के परिवारों हेतु विशेष रोजगार योजना	2005

सन्दर्भ

1. मजूमदार, रामचौधरी एवं दत्त, ***एन एडवांस्ड हिस्ट्री ऑफ इण्डिया,*** लन्दन, मैकमिलन एण्ड कं., 1948, पृष्ठ 29
2. परमात्मा शरण, ***प्राचीन भारत में राजनीतिक विचार एवं संस्थाएँ,*** मेरठ, मीनाक्षी प्रकाशन, सातवाँ संस्करण, पृ. 451
3. बी. एम. शर्मा, ब्रजभूषण शर्मा एवं आशीष भट्ट, ***जिला सरकार अवधारणा, स्वरूप एवं संभावनाएँ,*** जयपुर, रावत पब्लिकेशन्स, 1999, पृष्ठ 84
4. ए. एस. अलतेकर, ***स्टेट एण्ड गवर्नमेण्ट इन एनशिएण्ट इण्डिया,*** बनारस, मोतीलाल बनारसी दास, 1955, पृ. 309
5. मनृस्मृति, अध्याय 7, श्लोक 114–115
6. बी. एम. शर्मा, ब्रजभूषण शर्मा एवं भट्ट, पूर्वोक्त, पृष्ठ 86
7. सत्यकेतु विद्यालंकार, ***"मौर्य साम्राज्य का इतिहास",*** इलाहाबाद, इण्डियन प्रेस, 1928, पृष्ठ 210–211

8. ए. एस. अलतेकर, पूर्वोक्त, पृष्ठ 331
9. ए. एस. अलतेकर, पूर्वोक्त, पृष्ठ 342
10. मजूमदार, राम चौधरी. एण्ड दत्त, पूर्वोक्त, पृष्ठ 194
11. परमात्मा शरण, पूर्वोक्त पृष्ठ 452
12. एस. वी. सामन्त, ***विलेज पंचायत्स***, आर. जी. पटेल, मैनेजर, अन्धेरी, लोकल सेल्फ गवर्नमेण्ट प्रेस, 1957, पृष्ठ 15–16
13. ए. एस. अलतेकर, ***प्राचीन भारतीय शासन पद्धति***, प्रयाग, भारती भण्डार, 1959 पृष्ठ 171–173
14. रविन्द्र शर्मा, ***ग्रामीण स्थानीय प्रशासन***, जयपुर, प्रिन्टवैल पब्लिशर्स, 1985, पृष्ठ 2–4
15. ह्यू टिंकर, ***फाउण्डेशन्स ऑफ लोकल सेल्फ–गवर्नमेन्ट इन इण्डिया***, पाकिस्तान एण्ड बर्मा, नई दिल्ली, लालवानी पब्लिशिंग हाऊस, 1967, पृष्ठ–19
16. आई. ए. देसाई, एण्ड बी. एल. चौधरी, ***हिस्ट्री ऑफ रूरल डवलपमेन्ट इन मॉडर्न इण्डिया***, वोल्यूम द्वितीय, न्यू देहली, इम्पेक्स इण्डिया, 1977, पृष्ठ 161–162
17. एच. एच. डांडवेल, ***द केम्ब्रिज हिस्ट्री ऑफ इण्डिया*** (सन् 1850–1918), न्यू देहली, सेज पब्लिकेशन्स, 1985, पृष्ठ132
18. रमेश के. अरोडा, रजनी गोयल, ***इण्डियन पब्लिक एडमिनिस्ट्रेशन इन्स्टीट्यूशन्स एण्ड इश्यू II रिवाइज्ड एडीशन***, न्यू देहली, विले इण्टरनेशनल, 1995, पृष्ठ – 65
19. यू. पी. गोस्वामी, और एस. सी. राय, ***एप्रोचेज टू कम्युनिटी डवलपमेन्ट***, दी हुज 1953, डब्ल्यू वॉन डाल्व लि., पृष्ठ 310–312
20. प्रमोद कुमार मिश्र, (संपादक), ***लोक प्रशासन जर्नल***, भाग–एक, लोक प्रशासन अनुसंधान केन्द्र, इलाहाबाद, जुलाई 2003, पृष्ठ–64
21. जनक सिंह मीणा, ***राजस्थान मे ग्रामीण विकास के विविध आयामः ग्रामीण विकास विभाग का संगठनात्मक एवं कार्यात्मक अध्ययन***, अप्रकाशित लघु शोध ग्रन्थ, 2002, पृष्ठ–20
22. प्लानिंग कमीशन – ***"द फर्स्ट फाइव ईयर प्लान"***, नई दिल्ली, मैनेजर ऑफ पब्लिकेशन, भारत सरकार, 1952, पृष्ठ 133
23. गिरवर सिंह राठौड, ***भारत में पंचायती राज***, जयपुर, पंचशील प्रकाशन, 2004, पृष्ठ 30–32
24. ***रिपोर्ट ऑफ द टीम फोर द स्टडी ऑफ कम्युनिटी प्रोजेक्ट एण्ड नेशनल एक्सटेन्शन सर्विस, वोल्यूम 1***, नई दिल्ली, कमेटी ऑफ प्लान प्रोजेक्ट्स, 1957, पृष्ठ 5

25. ***रिपोर्ट ऑफ दि कमेटी ऑन पी. आर. आईज,*** न्यू देहली, गवर्नमेन्ट ऑफ इण्डिया, 1978, पृष्ठ 173–174
26. ***रिपोर्ट ऑफ द कमेटी ऑन एडमिनिस्ट्रेटिव एरेंजमेण्टस फोर रूरल डवलपमेण्ट एण्ड पावर्टी एलीविएशन प्रोग्राम्स,*** चेयरमेन, जी. वी. के. राव, 1985, नई दिल्ली, ग्रामीण विकास विभाग, कृषि मन्त्रालय, पृष्ठ–1
27. आदेश क्रमांक एफ. 4(3) ग्रा.वि.प/विधि/96/3453 दिनांक 6.11.1996 से प्रभावी।
28. भारत का संविधान, अनुच्छेद 243 झ(1)
29. उपर्युक्त, अनुच्छेद 243 ज

3
राजस्थान में ग्रामीण विकास कार्यक्रमों का प्रशासन

सन् 1937 में अधिकांश प्रान्तों में भारतीय राष्ट्रीय कांग्रेस की सरकार बनने तथा रिपन प्रस्ताव के पारित होने के बाद भारत के विभिन्न प्रान्तों तथा देशी रियासतों में पंचायतों की स्थापना के लिए कदम उठाये गये।

राजस्थान में स्वतन्त्रता से पूर्व बीकानेर ऐसी पहली देशी रियासत (प्रीसलै स्टेट) थी जहाँ पंचायती राज संस्था का प्रादुर्भाव होने के संकेत मिलते हैं। वहाँ सन् 1928 में ही ग्राम–पंचायत अधिनियम पारित करके ग्राम–पंचायतों को वैधानिक आधार प्रदान कर दिया गया था।[1]

सर्वप्रथम राजस्थान में 1949 में मुख्य "पंचायत अधिकारी" के अधीन पंचायत विभाग की स्थापना की गई। 1951 में पंचायत विभाग का सर्वोच्च अधिकारी मुख्य पंचायत अधिकारी था। सन् 1953 तक राजस्थान में एक से अधिक पंचायत अधिनियम लागू होने से राज्य में अनेक प्रशासनिक कठिनाईयाँ उत्पन्न हो गई थी। इन्हीं कठिनाईयों को दूर करने के उद्देश्य से विधानसभा ने राजस्थान पंचायत अधिनियम 1953 पारित किया। सन् 1958 में विभाग के प्रशासनिक ढाँचे में परिवर्तन किये गये और विभाग के शीर्षस्थ अधिकारी मुख्य पंचायत अधिकारी का पदनाम "निर्देशक पंचायत" कर दिया गया।

सामुदायिक विकास कार्यक्रम के आरम्भ के साथ ही राजस्थान में इस कार्यक्रम को गति देने के उद्देश्य से विकास विभाग की स्थापना की गई। विकास कार्यक्रमों में समन्वय स्थापित करने के लिए राज्य स्तर पर विकास आयुक्त, जिला स्तर पर जिला विकास अधिकारी (जिला कलेक्टर), खण्ड स्तर पर विकास अधिकारी (बी. डी. ओ.) और ग्राम स्तर पर बहुउद्देश्य कार्यकर्ता, ग्राम सेवक को उत्तरदायित्व सौंपा गया।[2] राजस्थान सरकार ने

28 मार्च, 1959 को जारी आदेश के माध्यम से पंचायत विभाग का विकास विभाग में विलय कर दिया और पंचायत विभाग के अधीन कार्यरत सचिवालय स्तर पर अधिकारी एवं क्षेत्रीय कर्मचारियों की सेवायें विकास विभाग को स्थानान्तरित कर दी गयी।[3] इन दोनों विभागों के विलय ओदश यद्यपि 1959 में जारी कर दिये थे लेकिन प्रथम विकास आयुक्त की नियुक्ति 17 जनवरी, 1961 को हुई। जबकि विलय की सम्पूर्ण प्रक्रिया 13 अगस्त, 1962 को पूर्ण हुई।

ग्रामीण विकास को प्राथमिकता एवं विशेष महत्व देते हुए वर्ष 1971 में विशिष्ट योजना संगठन की स्थापना की गई। तदन्तर इस विभाग का कार्यक्षेत्र बढ़ाकर वर्ष 1979 में पुनर्गठित कर इसका नाम विशिष्ट योजनाएं एवं एकीकृत ग्रामीण विकास विभाग किया गया। 1 अप्रेल, 1999 से इस विभाग का नाम "ग्रामीण विकास विभाग" कर दिया गया है।[4]

राजस्थान राज्य मंत्रिमण्डल ने एक आदेश प्रसारित करके पंचायत एवं विकास विभाग का नाम जून 1982 में बदल कर ग्रामीण विकास एवं पंचायती राज विभाग कर दिया गया।[5] 73वें संविधान संशोधन की अनुपालना में राजस्थान पंचायती राज अधिनियम 1994 लाया गया और उसके प्रावधानों के अन्तर्गत राजस्थान पंचायती राज नियम 1996, 30 दिसम्बर, 1996 से लागू किये गये तथा ग्रामीण विकास सम्बन्धी कार्य पंचायती राज संस्थाओं के माध्यम से क्रियान्वित कराने के लिए न्यायिक, वित्तीय और प्रशासनिक ढाँचे में परिवर्तन किया गया। दिनांक 19 जून, 2003 के राज्यादेशानुसार पंचायती राज विभाग में ग्रामीण विकास विभाग का विलय किया गया है तथा अब केवल एक ही विभाग पंचायती राज विभाग है।[6]

राज्य में ग्रामीण विकास से सम्बन्धित विभिन्न योजनाएं चल रही हैं। इन योजनाओं में से अधिकांश कार्यक्रम एवं योजनाएं ग्रामीण विकास विभाग द्वारा संचालित की जा रही हैं। इस शोध के अन्तर्गत ग्रामीण विकास विभाग द्वारा संचालित योजनाओं का अध्ययन किया जा रहा है अतः इस अध्याय में इसी से सम्बन्धित प्रशासन तन्त्र की विवेचना की जा रही है। राजनीतिक तन्त्र विभिन्न नीतियों, निर्णयों को लेता है, उनके क्रियान्वयन का कार्य प्रशासन तन्त्र का होता है। कार्यक्रमों /योजनाओं की सफलता इनके क्रियान्वयन पर बहुत कुछ निर्भर करती है। विशेष कर ग्रामीण विकास कार्यक्रमों के क्रियान्वयन में प्रशासन तन्त्र अपनी महत्वपूर्ण भूमिका का निर्वाह

कर सकता है क्योंकि प्रथम तो ग्रामीण जनता में निरक्षरता, जनजागरूकता तथा अधिकारों एवं कर्त्तव्यों की जानकारी का अभाव होता है, द्वितीय ग्रामीण जनता में विभिन्न धारणाएं, कुप्रथाएं तथा कुरितियों की भरमार होती है जिससे वे इन कार्यक्रमों का लाभ उठाने से वंचित रह जाते हैं। इस अध्याय में ग्रामीण विकास कार्यक्रमों के प्रशासन तन्त्र एवं विकास कार्यक्रमों का विस्तार से वर्णन किया जा रहा है।

राजस्थान राज्य ग्रामीण विकास विभाग द्वारा संचालित योजनाएं

राजस्थान के ग्रामीण विकास विभाग का मुख्य उद्देश्य राज्य में ग्रामीण क्षेत्रों के चहुँमुखी विकास कर राज्य को सम्बल आर्थिक विकास एवं कल्याण की ओर अग्रसर करना है। राज्य में ग्रामीण विकास विभाग को अपनी पहचान बनाने में एक लम्बी यात्रा तय करनी पड़ी। इस दिशा में वर्ष 1971 में विशिष्ट योजना संगठन की स्थापना की गई। इस विभाग के कार्य पूर्व में अन्य विभागों में सम्मिलित थे जो पूरी तरह से इस ओर पर्याप्त ध्यान देने में असमर्थ थे। इस विभाग का कार्यक्षेत्र बढ़ाकर वर्ष 1979 में पुनर्गठित कर इसका नाम विशिष्ट योजनाएं एवं एकीकृत ग्रामीण विकास विभाग कर दिया गया। वर्तमान स्वरूप में आते–आते 1 अप्रेल, 1999 से इस विभाग का नाम 'ग्रामीण विकास विभाग' कर दिया गया है। इस विभाग को अलग–अलग सरकारों ने अलग–अलग मंत्रालयों में समायोजित किया है। कभी इसका स्वतन्त्र मंत्री होता है तो कभी पंचायतीराज मंत्री के अधीन कर दिया जाता है। वैसे भी ग्रामीण विकास पंचायती राज की त्रिस्तरीय रचना से जुड़ा हुआ है। ग्रामीण विकास विभाग द्वारा ग्रामीण विकास की तीन प्रकार की योजनाएं संचालित की जाती रही हैं जो आज भी संचालित की जा रही हैं। इनमें हैं–

(अ) केन्द्र प्रवर्तित योजनाएं,

(ब) राज्य प्रवर्तित योजनाएं, तथा

(स) बाह्य सहायता प्राप्त योजनाएं।

इन योजनाओं एवं कार्यक्रमों की संख्या घटती बढ़ती रहती है। वर्ष 2000–01 में केन्द्र प्रवर्तित 15, राज्य प्रवर्तित 9, तथा बाह्य सहायता प्राप्त 1 योजनाएं संचालित थी। इसी प्रकार 2001–2002, 2002–03, 2003–2004 में केन्द्र प्रवर्तित क्रमशः 16, 13, 14 राज्य प्रवर्तित क्रमशः 8, 2, 2 तथा बाह्य सहायता प्राप्त क्रमशः 1, 1, 1 रही हैं।

इस शोध अध्ययन के अन्तर्गत केवल ग्रामीण विकास विभाग द्वारा संचालित योजनाओं का अध्ययन किया जाना प्रस्तावित होने के कारण इन्हीं का विस्तृत उल्लेख किया जा रहा है–

राजस्थान में राज्य ग्रामीण विकास विभाग द्वारा संचालित ग्रामीण विकास कार्यक्रम एवं योजनाएं केन्द्र प्रवर्तित, राज्य प्रवर्तित एवं बाह्य सहायता प्राप्त योजनाएं निम्न चार्ट में दी गई हैं–

चार्ट संख्या – 3.1

ग्रामीण विकास की विविध योजनाएँ

केन्द्र प्रवर्तित योजनाएँ

1. इन्दिरा आवास हेतु ऋण एवं अनुदान योजना (1999)
2. ग्रामीण आवास और पर्यावरण विकास के लिए अभिनव कार्यक्रम
3. समग्र आवास योजना (1999)
4. बन्धक श्रमिकों की खोज, मुक्ति एवं पुनर्वास कार्यक्रम
5. अभिनव (इन्नोवेटिव) योजनाएं (1994–95)
6. स्वर्ण जयन्ती ग्राम स्वरोजगार योजना (1999)
7. सम्पूर्ण ग्रामीण रोजगार योजना (2002)
8. इन्दिरा आवास योजना (1985)
9. प्रधानमंत्री ग्रामोदय योजना (2000)
10. मरू विकास कार्यक्रम (1977–78)
11. सूखा संभावित क्षेत्र कार्यक्रम (1974–75)
12. एकीकृत बंजर भूमि विकास कार्यक्रम (1992)
13. मरू गोचर योजना (2003–2004)
14. सांसद स्थानीय क्षेत्र विकास कार्यक्रम (1993–94)
15. सीमावर्ती क्षेत्र विकास कार्यक्रम (1986–87)
16. बायोगैस कार्यक्रम (1981–82)
17. डी.आर.डी.ए. प्रशासन योजना (1999)
18. ग्रामीण क्षेत्रों में शहरी आधारभूत सुविधाओं का विस्तार (पूरा) (2004–05)
19. काम के बदले अनाज का राष्ट्रीय कार्यक्रम (2004)

राज्य प्रवर्तित योजनाएँ

1. बत्तीस जिला बत्तीस योजना (1991–92)
2. अपना गांव अपना का योजना (1991)
3. सामुदायिक जलोत्थान सिंचाई योजना (1993–94)
4. वान प्रस्थ योजना
5. ग्रामीण विकास केन्द्र/लघु ग्रामीण विकास केन्द्र कार्यक्रम (1995–96)
6. निर्बन्ध राशि योजना (1988–89)
7. विधायक स्थानीय क्षेत्र विकास कार्यक्रम (1999–2000)
8. मेवात क्षेत्रीय विकास योजना (1987–88)
9. डांग क्षेत्रीय विकास कार्यक्रम (1995–96)
10. गुरूगोलवलकर जनभागीदारी योजना (2004–05)
11. सहरिया एवं कथौड़ी जनजाति के परिवारों हेतु विशेष रोजगार योजना (2004–05)

बाह्य सहायता प्राप्त योजनाएँ

1. जिला गरीबी उन्मूलन परियोजना (डी.पी.आई.पी) (25.07.2000 से विश्व बैंक द्वारा संचालित)

राज्य के ग्रामीण विकास विभाग द्वारा क्रियान्वित विभिन्न कार्यक्रमों के माध्यम से ग्रामीण विकास हेतु अधिकतम संसाधन उपलब्ध करवाकर ग्रामीण अंचलों में जन सुविधाओं का विस्तार, रोजगार के अधिकतम अवसर एवं गरीब परिवारों के आर्थिक स्तर में सुधार लाने हेतु अनवरत प्रयास किये जा रहे हैं। यहां केवल वर्ष 2004–05 में संचालित विकास कार्यक्रमों का संक्षिप्त वर्णन किया जा रहा है–

क्र.सं.	कार्यक्रम / योजना का नाम	केन्द्र राज्य वित्तीय स्थिति	कार्यक्रम / योजना का प्रमुख उद्देश्य
1.	स्वर्णजयन्ति ग्राम स्वरोजगार योजना (SGSY) (1 अप्रेल, 1999 से)	75 : 25	गरीबी रेखा के नीचे (बी.पी.एल.) जीवनयापन चयनित परिवारों को साख व अनुदान द्वारा करने वाली परिसम्पत्तियाँ उपलब्ध कराकर उ की रेखा से ऊपर उठाना
2.	सम्पूर्ण ग्रामीण रोजगार योजना (SGRY) (1 अप्रेल, 2002 से)	75 : 25	ग्रामीण क्षेत्रों में मजदूरी रोजगार एवं खाद्य साथ–साथ स्थायी स्वरूप की र परिसम्पत्तियाँ, सामाजिक एवं आर्थिक संस सृजन करना तथा आधारभूत ढांचे का विकास
3.	काम के बदले अनाज का राष्ट्रीय कार्यक्रम (N.F.F.W.P) (नवम्बर, 2004 से)	नकद व गेहूँ : वितरण व्यय	एसजीआरवाई में उपलब्ध संसाधनों के अतिरिक्त संसाधन उपलब्ध कराना है ताकि के ग्रामीण क्षेत्र में आवश्यकता आधारित सामाजिक एवं सामुदायिक परिसम्पत्तियों के माध्यम से पूरक मजदूरी रोजगार के सृजन सुरक्षा मुहैया कराने पर अधिक बल दिया जा
4.	इन्दिरा आवास योजना (IAY) (दिसम्बर, 1985)	75 : 25	अनु.जाति / जनजाति, मुक्त बंधुआ मजूदरों त तथा गैर अनु. जाति / जनजाति के गरीबी रेख के ग्रामीण लोगों को एकमुश्त वित्तीय सहा आवासीय इकाईयों के निर्माण / क्रमोन्नत करना।
5.	प्रधानमंत्री ग्रामोदय योजना (ग्रामीण आवास) (PMGY) (1 अप्रेल, 2000)	शतप्रतिशत केन्द्र प्रवर्तित (70 प्रतिशत ऋण के रूप में एवं 30 प्रतिशत अनुदान के रूप में)	ग्रामीण क्षेत्र में गरीबी रेखा से नीचे के प लिये आवास उपलब्ध कराना तथा इन क्षेत्रों पर्यावरण विकास में मदद करना।
6.	मरू विकास कार्यक्रम (डी.डी.पी) (1977–78) (1 अप्रेल, 2003)	75 : 25	प्राकृतिक संसाधनों के अधिकतम उपयोग समुदाय के आर्थिक विकास को बढ़ावा दे पारिस्थितिक और मरूस्थलीकरण को रोका और पारिस्थितिक संतुलन को बढ़ावा देना।
7.	सूखा संभावित क्षेत्र कार्यक्रम (DPAP) (1974–75)	75 : 25	सूखाग्रस्त क्षेत्र में प्राकृतिक संसाधनों का उपयोग करते हुए आर्थिक विकास करना तथ प्रतिकूल प्रभाव को कम कर पारिस्थितिक बनाए रखना।
8.	एकीकृत बंजरभूमि विकास कार्यक्रम (IWDP) प्रारम्भ 1992 (पुनः 2003 – 04)	11 : 1	गैर वन क्षेत्र में जलाने के लिए लकड़ी लकड़ी, चारा एवं घास पैदा करना तथा बंज उपचारित कर भूमि की उत्पादकता बढ़ाना।
9.	मरू गोचर योजना (MGY) (2003–04)	75 : 25	ओरण एवं गोचर भूमि का विकास क चारागाहों की पुनर्स्थापना करना।

10.	सांसद स्थानीय क्षेत्र विकास कार्यक्रम (MPLAD)	शतप्रतिशत केन्द्र प्रवर्तित	स्थानीय आवश्यकताओं पर आधारित विकासात्मक प्रकृति के निर्माण कार्य एवं टिकाऊ परिसम्पत्तियो का सृजन करना।
11.	सीमावर्ती क्षेत्र विकास कार्यक्रम (BADP) (1993–94)	शतप्रतिशत केन्द्र प्रवर्तित	सीमा क्षेत्र में रहने वाले दुर्गम एवं दूरस्थ क्षेत्रों में रहने वाले लागों की विशिष्ट आवश्यकताओं की पूर्ति करना
12.	बायोगैस कार्यक्रम (1981–82)		ग्रामीण क्षेत्रों में वैकल्पिक ऊर्जा का स्रोत उपलब्ध कराना।
13.	डी.आर.डी.ए. प्रशासन योजना (1 अप्रैल, 1999)	75 : 25	ग्रामीण विकास विभाग के मुख्यालय तथा जिला परिषद के ग्रामीण विकास प्रकोष्ठ के संस्थापन व्यय को वहन किया जाता है।
14.	ग्रामीण क्षेत्रों में शहरी आधारभूत सुविधाओं का विस्तार (पूरा) (15 अगस्त, 2003)	शत प्रतिशत केन्द्र प्रवर्तित	कस्बों की 3 से 10 किलोमीटर तक की परिधि में आने वाले गांवों में शहरी आधारभूत सुविधाओं का विस्तार करना

राज्य प्रवर्तित योजनाएँ

1.	विधायक स्थानीय क्षेत्र विकास कार्यक्रम (MLA LAD) (1999 -2000)	शत प्रतिशत राज्य प्रवर्तित	स्थानीय आवश्यकताओं के अनुरूप जनोपयोगी कार्य कराना एवं क्षेत्रीय असंतुलन को दूर करना।
2.	मेवात क्षेत्रीय विकास योजना (1987–88)	शतप्रतिशत राज्य प्रवर्तित	मेवात क्षेत्र के विकास को गति देना और इस क्षेत्र के लोगों का सामाजिक एवं आर्थिक स्तर ऊंचा उठाना।
3.	गुरू गोलवलकर जनभागीदारी विकास योजना (GGJVY) 2004–05	शतप्रतिशत राज्य प्रवर्तित	सामुदायिक परिसम्पत्तियों का निर्माण, रोजगार के अतिरिक्त अवसर सृजन करना तथा साममुदायिक परिसम्पत्तियों के निर्माण एवं रख रखाव में स्थानीय समुदाय की भागीदारी को प्रोत्साहन देना।
4.	डांग क्षेत्रीय विकास कार्यक्रम (1995–96)	शतप्रतिशत राज्य प्रवर्तित	दस्युओं से प्रभावित डांग क्षेत्र में आधारभूत सुविधाओं के विकास एवं अतिरिक्त रोजगार के अवसर उपलब्ध कराना।
6.	सहरिया एवं कथौडी जनजाति के परिवारों हेतु विशेष रोजगार योजना	शतप्रतिशत राज्य प्रवर्तित	सहरिया एवं कथौड़ी जनजाति क्षेत्रों में सतत् रोजगार एवं विकास हेतु आधारभूत संरचना एवं सामुदायिक परिसम्पत्तियों का सृजन करना।

बाह्य सहायता प्राप्त परियोजना

1.	जिला गरीबी उन्मूलन परियोजना (DPIP) (25 जुलाई 2000 से)	विश्व बैंक द्वारा किय्रान्वित	विश्व बैंक द्वारा क्रियान्वित राज्य के बारां, दौसा, धौलपुर, झालावाड़, राजसमन्द व टोंक जिलों के 7039 गांवों के ग्रामीण गरीबों को गैर सरकारी संस्थओं के माध्यम से समूह में जोड़ना, उनकी क्षमता का विकास कर सशक्तिकरण करना एवं उन समूहों के माध्यम से गांवों में सामुदायिक ढांचागत, भूमिआधारित एवं आय सृजन गतिविधियों हेतु परियोजनाएं स्वीकृत कर उनको गरीबी रेखा से ऊपर उठाना।

प्रमुख केन्द्र प्रवर्तित योजनाएं

राज्य के ग्रामीण विकास विभाग द्वारा केन्द्र प्रवर्तित योजनाओं एवं कार्यक्रमों की संख्या में वृद्धि तो कभी कमी होती रही है। किसी योजना को अन्य योजना के साथ संलग्न कर दिया जाता है तो कभी उसे नया स्वरूप दे दिया जाता है अतः संख्या परिवर्तित होती रहती है। केन्द्र प्रवर्तित राज्य ग्रामीण विकास विभाग द्वारा संचालित मुख्य योजनाएं निम्नानुसार हैं–

स्वर्ण जयन्ती ग्राम स्वरोजगार योजना (एस. जी. एस. वाई.)

यह योजना भारत सरकार द्वारा 1 अप्रेल, 1999 से प्रारम्भ की गई है। इससे पूर्व में क्रियान्वित किये जा रहे विभिन्न 6 कार्यक्रमों/योजनाओं को अलग–अलग नाम से चलाया जा रहा था। इन योजनाओं/कार्यक्रमों में थे–

(i) एकीकृत ग्रामीण विकास कार्यक्रम (आई. आर. डी. पी. Integrated Rural Development programme),

(ii) ग्रामीण युवाओं को स्वरोजगार हेतु प्रशिक्षण योजना (ट्रायसम National Scheme of Training of Rural Development Youth for Self Employment),

(iii) ग्रामीण दस्तकारों को उन्नत औजार किट आपूर्ति योजना (सिट्रा),

(iv) ग्रामीण क्षेत्रों में महिला व बाल विकास कार्यक्रम (द्वाकरा – Development of Women and Children of Rural Areas)

(v) गंगा कल्याण योजना (जी. के. वाई.) तथा

(vi) दस लाख कुओं की योजना (एम. डब्ल्यू. एस.)

स्वर्णजयंती ग्राम स्वरोजगार योजना एक सर्वांगीण कार्यक्रम के रूप में स्वरोजगार के सभी पहलुओं को सम्मिलित करती है। इसका मुख्य उद्देश्य गरीबी रेखा के नीचे (बी. पी. एल.) जीवनयापन कर रहे चयनित परिवारों को साख व अनुदान द्वारा आय–वृद्धि करने वाली परिसम्पत्तियां उपलब्ध कराकर उन्हें गरीबी की रेखा से ऊपर उठाना है। यह केन्द्र प्रवर्तित योजना है जिसमें केन्द्र और राज्य सरकार द्वारा 75:25 के अनुपात में राशि उपलब्ध करायी जाती है। इसके अन्तर्गत लाभान्वित परिवारों में से 50 प्रतिशत परिवार अनुसूचित जाति /जनजाति के होने चाहिए तथा 40 प्रतिशत महिलाएं व 3% शारीरिक रूप से विकलांग होने चाहिए। सामान्य वर्गों हेतु 30% व अ. जा. /ज. जाति के लिए 50% की समान दर पर अनुदान देय है। सामान्य वर्ग हेतु अनुदान की अधिकतम सीमा 7500 रूपये व अजा /अजजा के लिए 10,000 रू. है।

इस योजनान्तर्गत स्वयं सहायता समूहों हेतु अनुदान की सीमा परियोजना लागत की 50% अथवा प्रति बी. पी. एल. सदस्य 10,000 रूपये अथवा 1. 25 लाख रूपये, जो भी न्यूनतम हो अनुदान देय है। लघु सिंचाई परियोजना हेतु अनुदान की कोई अधिकतम सीमा निर्धारित नहीं की गई है।

सम्पूर्ण ग्रामीण रोजगार योजना (एस. जी. आर. वाई.)

यह योजना केन्द्र प्रवर्तित है जिसके अन्तर्गत भारत सरकार एवं राज्य सरकार द्वारा 75:25 के अनुपात में राशि वहन की जाती है। यह योजना पूर्व में चल रही जवाहर रोजगार योजना जिसे 1 अप्रेल, 1999 से जवाहर ग्राम समृद्धि योजना के रूप में लागू किया गया तथा सुनिश्चित रोजगार योजना को मिला कर बनायी गयी है। सम्पूर्ण ग्रामीण रोजगार योजना की घोषणा भूतपूर्व प्रधानमंत्री श्री अटल बिहारी वाजपेयी द्वारा स्वतन्त्रता दिवस के मौके पर 15 अगस्त, 2001 को की गई थी। इस योजनान्तर्गत 5000 करोड़ नकद अंश तथा 5000 करोड़ का खाद्यान्न (50 लाख मैट्रिक टन) के प्रावधान के साथ ग्रामीण क्षेत्रों में जरूरत मन्द लोगों को मजदूरी उपलब्ध कराने की घोषणा की गई थी। इस योजना को 1 अप्रेल, 2002 से भारत सरकार द्वारा विधिवत रूप से लागू कर दिया गया।

इस योजना का मुख्य उद्देश्य ग्रामीण क्षेत्रों में अतिरिक्त मजदूरी रोजगार के अवसर उपलब्ध कराना व खाद्य सुरक्षा के साथ–साथ स्थायी

ग्रामीण विकास विभाग द्वारा संचालित–स्वर्णजयंती ग्राम स्वरोजगार योजना के तहत भारत सरकार द्वारा स्वीकृत विशेष परियोजनाओं की स्थिति

तालिका संख्या 3.1

क्र.सं.	जिले का नाम	स्वीकृत परियोजना का नाम	कार्यकारी एजेन्सी/विभाग	लागत राशि	स्वीकृति दिनांक	प्रारम्भ से अब तक कुल उपलब्ध राशि	व्यय राशि माह मई, 2004 तक
1.	बूंदी	कम्यूनिटी मेनेज्ड सोइल एण्ड वाटर कंजर्वेशन एण्ड ओप्टीमम यूटिलाईजेशन ऑफ वाटर रिसोर्सेज डवलपमेंट प्रोजेक्ट	जलग्रहण विकास एवं भू–सरंक्षण विभाग	222.00	26.3.2002	177.60	164.02
2.	बीकानेर, भरतपुर, भीलवाड़ा, उदयपुर, सिरोही (माउंटआबू) चित्तौडगढ़ जैसलमेर, कोटा, राजसमंद एवं झुंझुनू	सैंटिग अप ऑफ परमानेंट मार्केटिंग सेन्टर (ग्रामीण हाट)	उद्यम प्रोत्साहन संस्थान (उद्योग विभाग)	700.00	04.03.2002	350.00	277.74
3.	कोटा	डवलपमेन्ट ऑफ बी.पी.एल. फेमेलिज थ्रु कन्सट्रक्शन ऑफ वाटर हारवेस्टिंग स्ट्रक्चर (एनीकट निर्माण)	सिंचाई विभाग	1178.002	04.03.200	941.34	675.52
4.	बांरा	वाटर डवलपमेंट	सिंचाई विभाग	1165.00	11.02.2001	990.25	937.62
5.	सीकर	डेयरी विकास	राज. कॉपरेटिव डेयरी फेडरेशन	1100.00	04.03.2002	440.00	396.29

6.	टोंक	कन्सट्रक्शन ऑफ लूज स्टोन चैक डेम	वन विभाग	752.40	04.03.2002	601.89	403.70
7.	भीलवाड़ा	डवलमेंट ऑफ कम्यूनिटी सिल्वीपाश्चर थ्रू पीपुल इनशीशियेटिव	बायफ संस्था	386.55	01.01.2002	328.55	305.77
8.	धौलपुर	कन्सट्रक्शन ऑफ वाटर हारवेस्टिंग स्ट्रक्चर	जिला परिषद्	492.70	18.10.2000	457.75	495.65
9.	झालावाड़	कम्यूनिटी ऑफ मैनेज्ड वाटर रिसोर्सेज डवलपमेंट प्रोजेक्ट	एन.एम. सद्‌गुरु	634.70	03.05.2001	628.99	550.47
10.	बांसवाड़ा	कम्प्रेहेन्सिव कम्यूनिटी डवलपमेंट प्रोजेक्ट फार बीपीएल फेमिलीज इन सलेक्टेड विलेजेज	वन विभाग	241.00	24.10.02	192.80	128.53
11.	भरतपुर	इन्फ्रास्ट्रक्चर डवलपमेंट ऑफ मिल्क यूनियन एण्ड डेयरी प्लांट अंडर को–ऑपरेटिव सेक्टर	रा.का.ड.फे.	1262.29	28.03.03	397.05	241.82
12.	बीकानेर	डेयरी विकास परियोजना	रा.का.ड.फे.	1497.90	31.03.03	450.59	125.29
13.	जयपुर	कम्यूनिटी फेसिलिटी सेन्टर फोर प्रोडक्शन ऑफ वर्मी कम्पोस्ट इन रूरल एरियाज	मेरारका फाउन्डेशन	251.00	31.03.03	100.40	0.55
14.	डूंगरपुर	वाटर हार्वेस्टिंग स्ट्रेक्चर्स का निर्माण	जिला परिषद्	828.74	21.03.03	414.36	283.11

स्वरूप की सामुदायिक परिसम्पत्तियां, सामाजिक एवं आर्थिक संसाधनों का सृजन तथा भौतिक परिसम्पतियों का सृजन करना है। इसमें भारत सरकार द्वारा मजदूरी के आंशिक भुगतान हेतु खाद्यान्न के रूप में गेहूँ राज्य सरकार को निःशुल्क उपलब्ध कराया जाता है।

योजनान्तर्गत कराये जाने वाले कार्य

इसके अन्तर्गत कराये जाने वाले कार्यो की 'वार्षिक कार्य योजना' दो धाराओं में तैयार की जाती है।

प्रथम धारा

इसके अन्तर्गत भूमि एवं नमी संरक्षण के कार्य, लघु सिंचाई, पेयजल स्रोतों के पुनरूद्धार एवं भू–जल वृद्धि के कार्य, परम्परागत जल संग्रहण ढ़ांचों, गाँव के तालाब एवं जोहड में जमी मिट्टी निकालने के कार्य, ग्रामीण सम्पर्क सड़कों का निर्माण एवं खेतों को जोड़ने वाली सड़कों का निर्माण, नालियों का निर्माण एवं वनरोपण, विद्यालय भवन, विद्यालय हेतु रसोई घर शैड, औषधालय, सामुदायिक केन्द्र, पंचायत भवन एवं बाजारों के विकास जैसी स्थायी, सामाजिक एवं आर्थिक परिसम्पत्तियों का सृजन इत्यादि कार्य किये जाते हैं।

द्वितीय धारा

इसके अन्तर्गत किये जाने वाले कार्यों में हैं एस. जी. एस. वाई. योजना के लिये ढ़ांचागत सहायता देना, कृषि कार्यों के लिये आधारभूत ढ़ांचा निर्माण करना, शिक्षा, स्वास्थ्य एवं आन्तरिक तथा सम्पर्क सड़कों हेतु सामुदायिक ढ़ांचा निर्माण करना, परम्परागत तालाब एवं जोहड़ों में जमी मिट्टी निकालना एवं पुनरूद्धार के कार्य करना।

विशेष

इस योजनान्तर्गत दोनों धाराओं में धार्मिक उद्देश्य के लिये भवन, बड़े भवन एवं बड़े पुल, उच्च माध्यमिक विद्यालय एवं कॉलेजों के भवन, स्मारक, मूर्तियां, स्वागत द्वार, स्मृति चिन्ह, सड़कों का डामरीकरण इत्यादि कार्यों की अनुमति नहीं है।

इस योजना की 50% राशि प्रथम धारा के लिये निर्धारित है जिसमें से 40% राशि जिला परिषद तथा 60% राशि जिले की पंचायत समितियों को योजना के प्रावधान अनुसार उपलब्ध कराई जाती है। योजना की शेष 50% राशि द्वितीय धारा के लिये निर्धारित है, जो शत प्रतिशत ग्राम पंचायतों को उपलब्ध कराई जाती है।

इस योजनान्तर्गत कृषि मजदूरों, गैर कृषि के अकुशल मजदूरों, सीमान्त कृषकों, महिलाओं एवं अनु. जाति/अजजा के लोगों को प्राथमिकता देते हुए उन सभी ग्रामीण परिवारों को रोजगार उपलब्ध कराया जा सकता है जो शारीरिक दृष्टि से अक्षम एवं अकुशल हैं। रोजगार अवसरों का 30% महिलाओं के लिए आरक्षित है। इसमें कार्यों पर मस्टररोल से ही मजदूर नियोजित करने का प्रावधान है। मजदूरी का भुगतान साप्ताहिक किये जाने का प्रावधान है।

इन्दिरा आवास योजना (आई.ए.वाई.)

मानव की बुनियादी आवश्यकताओं में रोटी और कपड़ें के बाद आवास (मकान) अहम् आवश्यकता है। स्वतन्त्रता के 58 वर्ष बीत जाने के बाद भी हमारे देश में ऐसे परिवारों की विशाल संख्या है जिनके पास समुचित आवासीय सुविधा उपलब्ध नहीं है। इनमें से आवास–विहीन परिवारों की संख्या ग्रामीण क्षेत्रों में तुलनात्मक रूप से अधिक है। आवास के अभाव में किसी भी गाँव के सामाजिक एवं आर्थिक विकास की परिकल्पना नहीं की जा सकती। विकास के लिये आवास की महत्वता को दृष्टिगत रखते हुए एवं ग्रामीण गरीब लोगों के लिए अच्छे एवं उन्नत किस्म के मकानों की आवश्यकता को महसूस करते हुए देश के 5,80,781 गांवों के लिए मई, 1985 में जवाहर रोजगार योजना की एक उपयोजना के रूप में इन्दिरा आवास योजना शुरू की गई। इस योजना को 1 जनवरी, 1996 से एक स्वतन्त्र योजना के रूप में लागू किया गया।[7]

इस योजना का प्रमुख उद्‌देश्य ग्रामीण क्षेत्रों के गरीबों में निर्धनतम लोगों को रिहायशी मकानों हेतु अनुदान उपलब्ध कराना है। इसके अन्तर्गत लाभार्थी वे हैं जो बेघर हैं या उन्हें आश्रय की आवश्यकता या उनके आश्रय को बेहतर बनाने की जरूरत है और जो किसी अन्य पुनर्वास योजना में सम्मिलित नहीं हैं। यह केन्द्र प्रवर्तित योजना है, जिसमें 75% राशि केन्द्र

सरकार द्वारा व 25% राशि राज्य सरकार द्वारा आवंटित की जाती है। इस योजना का लक्ष्य गरीबी रेखा से नीचे जीवन यापन करने वाले अनु.जाति/अ.ज.जातियों, मुक्त बंधुआ मजदूरों और गैर–अनु.जाति/ज.जाति की श्रेणियों में आने वाले ग्रामीण गरीबों के लिए आवासीय इकाइयों के निर्माण और मौजूदा अनुपयोगी कच्चे मकानों को सुधारने में सहायता प्रदान करना है। इस योजना के अंतर्गत मकान का आवंटन परिवार की स्त्री सदस्य के नाम या पति–पत्नि के संयुक्त नाम पर किया जाता है तथा कम से कम 60% धनराशि का उपयोग अनु.जाति/अ.ज.जातियों के लोगों के लिए करना अनिवार्य बनाया गया है। इस योजना के अन्तर्गत लाभार्थियों का चयन ग्राम पंचायतें करती हैं। इनके चयन के लिए प्राथमिकता का क्रम निम्न प्रकार है–

(i) मुक्त बंधुआ मजदूर

(ii) अनु.जाति/जनजाति परिवार जो अत्याचारों से पीड़ित हैं।

(iii) अनु.जाति/जनजाति परिवार जिनकी मुखिया विधवाएं तथा अविवाहित महिलाऐं हैं।

(iv) अनु.जाति/जनजाति परिवार जो बाढ़, आगजनी, भूकम्प, चक्रवात तथा अन्य प्रकार की प्राकृतिक आपदाओं से पीड़ित हैं।

(v) अनु.जाति/जनजाति के अन्य परिवार।

(vi) युद्ध में मारे गये सुरक्षा सेवाओं के कार्मिक/अर्धसैनिक बलों की विधवाएं/परिवार।

(vii) गैर अनुसूचित जाति/जनजाति।

(viii) शारीरिक रूप से विकलांग।

(ix) सुरक्षा सेवाओं/अर्द्धसैनिक बलों के सेवानिवृत्त कर्मचारी।

(x) विकासात्मक परियोजनाओं के कारण विस्थापित हुए व्यक्ति, खानाबदोश, अर्द्धखानाबदोश तथा निर्दिष्ट आदिवासी, विकलांग सदस्यों वाले परिवार और आन्तरिक शरणार्थी बशर्ते कि ये परिवार गरीबी की रेखा से नीचे हों।

इस योजना के अन्तर्गत पर्वतीय क्षेत्रों सहित दुर्गम क्षेत्रों में मकान निर्माण हेतु 22,000 रूपये तक तथा अन्य क्षेत्रों में 20,000 रूपये तक सहायता दी जाती थी, जिसे बढ़ाकर 1 अप्रेल, 2004 से क्रमशः 27,500 रूपये एवं 25,000

रूपये कर दिया गया है। अर्द्धनिर्मित/कच्चे आवासों को क्रमोन्नत करने के लिए प्रति आवास 10,000 रूपये की सहायता दी जाती थी, जिसे बढ़ाकर 1 अप्रेल, 2004 से 12,500 रूपये कर दिया गया है। इस राशि में स्वच्छ शौचालय एवं निर्धूम चूल्हे के निर्माण की राशि भी सम्मिलित है। इस हेतु जिला परिषद ग्राम पंचायत को पृथक से लक्ष्य आवंटित करती है, जिसके अनुरूप ही ग्राम पंचायत द्वारा निर्धारित प्रक्रिया अपनाकर स्वीकृतियां जारी किये जाने की व्यवस्था है।

इन्दिरा आवास हेतु ''ऋण एवं अनुदान योजना'' (सी.सी.एस.)

यह योजना राष्ट्रीय आवास एवं पुनर्वास नीति 1998 के अनुसार वर्ष 1999–2000 में भारत सरकार ने ग्रामीण आवास हेतु एक नवीन योजना ''ऋण एवं अनुदान योजना'' के रूप में आरम्भ की है।

यह योजना इन्दिरा आवास योजना की उपयोजना के रूप में क्रियान्वित की जा रही है। इसके अन्तर्गत उन गरीब ग्रामीणों को जिनकी वार्षिक आय 32,000 रूपये तक है तथा जो इंदिरा आवास योजना के अन्तर्गत लाभान्वित नहीं किए जा सकते हैं, को लाभान्वित किया जा रहा है। यह योजना वर्ष 2002–03 से इन्दिरा आवास योजना के एक भाग के रूप में क्रियान्वित की जा रही है।

इसका मुख्य उद्देश्य ग्रामीण क्षेत्र के गरीबों जिनके पास आवास निर्माण हेतु पूर्ण राशि उपलब्ध नहीं है परन्तु वे ऋण की अदायगी कर सकते हैं, उन्हें इस योजना के अन्तर्गत आवास निर्माण हेतु ऋण/अनुदान उपलब्ध करवाकर लाभान्वित करना है।

यह केन्द्र प्रवर्तित योजना है जिसमें केन्द्र व राज्य सरकार का वित्तीय अनुपात 75:25 का होता है। इसमें अधिकतम 10,000 रूपये का अनुदान (7,500 रूपये केन्द्र सरकार व 25,00 रूपये राज्य सरकार द्वारा) दिया जाता है तथा लाभार्थी को 40,000 रूपये तक बैंकों द्वारा ऋण के रूप में राशि उपलब्ध करवायी जाती है जिसकी अदायगी लाभार्थी द्वारा किश्तों के रूप में की जाती है। इसके अन्तर्गत लाभार्थी अपनी आवश्यकतानुसार आवास निर्माण तथा आवासों में निर्धूम चूल्हे एवं स्वच्छ शौचालय का भी निर्माण करा सकता है।

राजस्थान में सी.सी.एस. योजना के अन्तर्गत निर्मित आवास

तालिका संख्या 3.2

क्र.स.	वर्ष	व्यय राशि (लाख रूपये में)	निर्मित आवास	अपूर्ण
1	1999—2000	—	—	—
2	2000—2001	82.89	250	759
3.	2001—2002	83.56	642	—
4.	2002—2003	46.05	392	507
5.	2003—2004	57.62	455	—
6.	2004—2005	20.51	100	238

प्रधानमंत्री ग्रामोदय योजना (ग्रामीण आवास)

यह योजना इन्दिरा आवास योजना की तर्ज पर ग्रामीण क्षेत्रों में ग्राम स्तर पर उत्तरोत्तर विकास को बनाये रखने के उद्‌देश्य से भारत सरकार द्वारा 1 अप्रेल, 2000 से एक नवीन योजना "प्रधानमंत्री ग्रामोदय योजना" के नाम से शुरू की गई। इस योजना के प्रारम्भ में कुल 5 सेक्टर यथा ग्रामीण आवास, स्वास्थ्य, प्राथमिक शिक्षा, पेयजल तथा पोषाहार थे परन्तु अगले ही वर्ष इसके अन्तर्गत 6वां सेक्टर ग्रामीण विद्युतीकरण का जोड़ दिया गया। इसमें ग्रामीण आवास इस विभाग द्वारा क्रियान्वित किया जा रहा है। इस योजनान्तर्गत ग्रामीण क्षेत्रों में गरीबी रेखा से नीचे जीवनयापन करने वाले अनु.जाति/जनजाति तथा मुक्त बन्धुआ मजदूर वर्ग के परिवारों एवं गैर अनुसूचित जाति/जनजाति के गरीबी रेखा से नीचे के परिवारों के लिये आवासों के निर्माण हेतु वित्तीय सहायता दी जाती है। इस योजना में कुल आवंटन का कम से कम 60% व्यय अनु.जाति/जनजाति के परिवारों पर किया जाता है।

इस योजना का मुख्य उद्‌देश्य ग्रामीण क्षेत्रों में गरीबी रेखा से नीचे जीवन–यापन करने वाले परिवारों के लिए आवास की कमी को कम करना तथा इन क्षेत्रों में स्वस्थ पर्यावरण विकास में मदद करना है। यह एक केन्द्र प्रवर्तित योजना है जिसका क्रियान्वयन सामान्यतः इन्दिरा आवास योजना के पैटर्न (तरीके) पर किया जाता है। इसमें केन्द्र सरकार द्वारा 70 % राशि ऋण

के रूप में एवं 30% राशि अनुदान के रूप में राज्य को उपलब्ध कराई जाती है। इसके अन्तर्गत मकानों के निर्माण के साथ–साथ खरन्जे, नालियां, ग्रामीण पेयजल, वृक्षारोपण, बस्ती सुधार कार्यक्रम आदि पर कुल प्रावधान का 10% तक व्यय किया जा सकता है।

उपलब्धियां

वर्ष 2000–01 में योनान्तर्गत 5061 नये आवास निर्माण एवं 2892 कच्चे/अर्द्धनिर्मित आवासों को पक्के आवासों में बदलने का लक्ष्य था इसके अतिरिक्त खरन्जे, नालियां, ग्रामीण पेयजल, वृक्षारोपण एवं बस्ती सुधार कार्यक्रम आदि के कार्य भी प्रस्तावित थे, जिसके लिये कुल 1446.00 लाख रूपये का प्रावधान किया गया था। इसके विपरीत भारत सरकार से 723.00 लाख रूपये की प्राप्ति के विरूद्ध 636.28 लाख रूपये व्यय कर 1621 नये आवासों का निर्माण एवं 834 कच्चे आवासों को क्रमोन्नत किया गया।

वर्ष 2001–2002 में भी 5061 नये आवास एवं 2892 कच्चे आवासों/अर्द्धनिर्मित आवासों को पक्के आवासों में बदलने का लक्ष्य था। इसके अतिरिक्त खरन्जे, नालियां, ग्रामीण पेयजल, वृक्षारोपण एवं बस्ती सुधार कार्यक्रम आदि के कार्य भी प्रस्तावित थे। इसमें कुल 1446.00 लाख रूपये का प्रावधान किया गया था। इस अवधि में भारत सरकार से 1446.00 लाख रूपये की प्राप्ति के विरूद्ध 1542.76 लाख रूपये व्यय कर 6101 नये आवासों का निर्माण एवं 3499 कच्चे आवासों को क्रमोन्नत किया गया।

वर्ष 2002–2003 में 3713 नये आवास एवं 2123 कच्चे आवासों/अर्द्धनिर्मित आवासों को पक्का करने का लक्ष्य तथा 1061.00 लाख रूपये का प्रावधान था। माह जनवरी 2003 तक 1076 लाख रूपये की प्राप्ति हुई जिसमें पिछले वर्ष 2001–02 की द्वितीय किश्त के 723.00 लाख रूपये सम्मिलित हैं। जनवरी 2003 तक 953.06 लाख रूपये व्यय कर 4267 नये आवासों का निर्माण एवं 2186 कच्चे आवासों को क्रमोन्नत किया गया एवं 3302 नये एवं 1213 कच्चे आवासों को क्रमोन्नत करने का कार्य प्रगति पर था।

वर्ष 2003–2004 में 3713 नये आवास निर्माण एवं 2123 कच्चे/अर्द्धनिर्मित आवासों को पक्के आवासों में बदलने का लक्ष्य था तथा खरन्जे, नालियां, पेयजल, वृक्षारोपण एवं बस्ती सुधार कार्यक्रम आदि के कार्य भी प्रस्तावित थे,

इस हेतु 1061.00 लाख रूपये का प्रावधान था। भारत सरकार से 1061 लाख रूपये की प्राप्ति के विरूद्ध 1424.13 लाख रूपये व्यय कर 7140 नये आवासों का निर्माण एवं 2720 कच्चे आवासों को क्रमोन्नत किया गया।

ग्रामीण आवास और पर्यावास विकास के लिये अभिनव कार्यक्रम (आर.एच.एच.डी.)

देश के ग्रामीण क्षेत्रों में किफायती, पर्यावरण अनुकूल वैज्ञानिक रूप से परीक्षित और प्रभावी स्वदेशी व आधुनिक डिजाइनों, प्रौद्योगिकियों और सामग्रियों के उपयोग को बढ़ावा देने के लिये 1 अप्रेल, 1999 से ग्रामीण आवास और पर्यावरण विकास का अभिनव कार्यक्रम शुरू किया गया है। इसके अन्तर्गत कम लागत वाली पर्यावरण अनुकूल आवास/भवन निर्माण प्रौद्योगिकियों, डिजाइनों और सामग्री का मानकीकरण करना, उन्हें और लोकप्रिय बनाना/बहुगुणित करना, प्रसार करना तथा कृषि जलवायु के उतार–चढावों और प्राकृतिक आपदाओं का सामना करने में सक्षम ग्रामीण मानव बस्तियों के लिये आदर्श श्रेणियां विकसित करना इस योजना का मूल आधार है।

इस कार्यक्रम का मुख्य उद्‌देश्य ग्रामीण क्षेत्रों में आवासीय इकाइयों के निर्माण में किफायती, पर्यावरण अनुकूल, आधुनिक डिजाइनों, प्रौद्योगिकियों और सामग्रियों के उपयोग को बढ़ावा देना है। इस कार्यक्रम के तहत परियोजना सम्बन्धी सहायता के लिये मान्यता प्राप्त शैक्षिक/तकनीकी संस्थान, प्रौद्योगिकी संवर्धन और प्रयोग का अनुभव रखने वाले निगमित निकाय और स्वायत्त सोसायटियां, राज्य सरकारों तथा विकास संस्थान और ग्रामीण आवास निर्माण तथा पर्यावास आदि क्षेत्र में प्रसिद्ध, अनुभवी तथा विश्वसनीय गैर सरकारी संगठन आवेदन कर सकते हैं। इसमें प्रस्तुत की जाने वाली परियोजनाओं पर मंजूरी देने के लिये एक केन्द्रीय स्तर की जाँच समिति द्वारा विचार किया जाता है जिसके अध्यक्ष ग्रामीण विकास सचिव को बनाया गया है। इसके अन्तर्गत दूरस्थ, दुर्गम, आपदा प्रभावित और सामाजिक तथा आर्थिक संरचना की दृष्टि से अत्यन्त पिछड़े इलाकों से जुडी परियोजनाओं को प्राथमिकता दी जाती है।

इस कार्यक्रम में गैर सरकारी संगठन को अधिकतम 20 लाख रूपये का अनुदान दिये जाने का प्रावधान है। प्रसिद्ध शैक्षणिक/तकनीकी/अनुसंधान

संस्थानों तथा जिला परिषद सहित सरकारी संस्थाओं को अधिकतम 50 लाख रूपये तक का अनुदान दिया जा सकता है। इसमें परियोजना की कुल अवधि सामान्य परिस्थितियों में 2 वर्ष से अधिक नहीं होनी चाहिए। इसके अन्तर्गत परियोजना जाँच समिति द्वारा स्वीकृति के बाद संस्था को राशि तीन किश्तों (प्रथम किश्त 40%, दूसरी किश्त 40%, एवं तीसरी किश्त 20%) में जारी किये जाने का प्रावधान है। दूसरी और तीसरी किश्त में जारी करने की माँग से पहले संस्था को निर्धारित प्रारूप के अनुसार नवीनतम लेखा परीक्षण रिपोर्ट, उपयोगिता प्रमाण–पत्र और प्रगति रिपोर्ट भरकर देनी होती है। परियोजना के आंकलन के बाद ही संस्था को अन्तिम किश्त जारी की जायेगी।

समग्र आवास योजना (एस.ए.वाई.)

मानव जीवन की मूलभूत आवश्यकताओं में रोटी, कपड़ा और मकान हैं। ग्रामीण जनता के लिये पेयजल एवं स्वच्छ शौचालय भी विकास हेतु महत्वपूर्ण हैं। इसी परिपेक्ष्य में भारत सरकार ने राष्ट्रीय आवास एवं पर्यावरण नीति 1999 की घोषणा की जिसमें स्वच्छता, पेयजल एवं ठोस अपशिष्टों के निस्तारण की सुविधाओं की सुलभता पर बल दिया तथा एक व्यापक योजना समग्र आवास योजना प्रारम्भ की।

इस योजना का मुख्य उद्देश्य ग्रामीणों के जीवन स्तर में सुधार एवं ग्रामीण क्षेत्रों का सम्पूर्ण पर्यावरण सुधार करना है। इस योजना के अन्तर्गत विशेष रूप से पूर्व में पृथक रूप से क्रियान्वित कराई जा रही आवास योजनाओं को उचित एवं स्थायी प्रौद्योगिकी, शिक्षा, संचार तथा अभिनव विचारों के द्वारा समन्वित कर प्रभावी रूप से क्रियान्वयन सुनिश्चित करना है।

इस योजना का क्रियान्वयन सम्पूर्ण देश में किये जाने का प्रावधान किया गया परन्तु प्रथम चरण में इसे 24 राज्यों एवं 1 केन्द्र शासित प्रदेश के 25 जिलों के एक–एक ब्लॉक में किया जाना प्रस्तावित किया गया। इस क्रम में राजस्थान के जयपुर जिले के दूदू ब्लॉक का चयन किया गया। इसके अन्तर्गत दूदू पंचायत समिति क्षेत्र की 8 ग्राम पंचायतों का चयन किया गया जिनमें विभिन्न कार्य जैसे सामुदायिक शौचालय, हैण्ड पम्प, नाली निर्माण, वर्षा का पानी एकत्रित करने हेतु टांका निर्माण इत्यादि के कार्य प्रारम्भ किये

गये। इन निर्माण कार्यों की लागत की 10% राशि सहभागिता, जन सहयोग से प्राप्त की जानी चाहिए।

इस योजनान्तर्गत भारत सरकार से 25 लाख रूपये की राशि प्राप्त हुई जिसके विपरीत माह फरवरी, 2001 तक 11.56 लाख रूपये व्यय किये गये। माह जनवरी, 2002 तक 15.88 लाख रूपये व्यय किये गये तथा माह जनवरी, 2003 तक 22.04 लाख रूपये व्यय किये गये।

मरू विकास कार्यक्रम (डी.डी.पी.)

मरू विकास कार्यक्रम मरूस्थलीकरण की प्रक्रिया को रोकने, प्रभावित क्षेत्रों में पारिस्थितिक संतुलन बनाए रखने और इन क्षेत्रों में भूमि की उत्पादकता और जल संसाधनों में वृद्धि करने के उद्देश्य से समेकित क्षेत्र विकास कार्यक्रम के रूप में 1977–78 में शुरू किया गया था। समय–समय पर इस कार्यक्रम में अनेक परिवर्तन किये गये तथा वर्ष 1995–96 से यह कार्यक्रम जल ग्रहण विकास दृष्टिकोण के आधार पर क्रियान्वित किया जा रहा है।

इसका मुख्य उद्देश्य मरूभूमि को बढ़ने से रोकना, मरूभूमि में सूखे के प्रभाव को समाप्त करना, प्रभावित क्षेत्रों में पारिस्थितिकीय संतुलन बहाल करना और इन क्षेत्रों में भूमि की उत्पादकता तथा जल संसाधनों को बढ़ाना है। संसाधनों के समान वितरण के माध्यम से साधनहीन और उपेक्षित वर्गों की स्थिति में सुधार लाने पर विशेष बल दिया गया है।

इस कार्यक्रम के अन्तर्गत 1 अप्रेल, 1999 से नयी परियोजनाओं हेतु 75% सहायता केन्द्र सरकार द्वारा देय है। इसमें पूर्व की स्वीकृत परियोजनाओं के लिए शत–प्रतिशत केन्द्रीय सहायता उपलब्ध रहेगी। प्रो० सी.एच. हनुमन्था राव की अध्यक्षता में तकनीकी समिति की सिफारिशों के अनुसरण में मरू विकास कार्यक्रम के क्रियान्वयन की नीति को 1 अप्रेल, 1995 से पुनर्गठित किया गया है। यह कार्यक्रम राज्य के 16 जिलों यथा अजमेर, बाड़मेर, बीकानेर, चूरू, हनुमानगढ़, जयपुर, जैसलमेर, जालौर, झुन्झुनू, जोधपुर, नागौर, पाली, राजसमन्द, सीकर, सिरोही, एवं उदयपुर के 85 विकास खण्डों में लागू है। इन 85 विकास खण्डों एवं सम्बन्धित जिलों का उल्लेख अग्र तालिका में दिया गया है–

मरु विकास कार्यक्रम के अन्तर्गत चयनित जिले एवं विकास खण्ड[8]

तालिका संख्या 3.3

क्र.स.	जिला	पूर्ण/आंशिक सम्मिलित	योजना के अन्तर्गत सम्मिलित विकास खण्ड
1	2	3	4
1	अजमेर	आंशिक	पीसांगन, किशनगढ़, श्रीनगर (3)
2	बाड़मेर	पूर्ण	बायतु, बाड़मेर, चौहटन, धौरीमन्ना, बालोतरा, शिव, सिन्धरी, सिवाना (8)
3	बीकानेर	पूर्ण	बीकानेर, कोलायत, लूनकरणसर, नोखा, डूंगरगढ़ (5)
4.	चूरू	पूर्ण	राजगढ़, चूरू, रतनगढ़, सरदारशहर, सुजानगढ़, तारागढ़ (6)
5.	हनुमानगढ़	आंशिक	नोहर, भादरा (2)
6.	जयपुर	आंशिक	दूदू (1)
7.	जैसलमेर	पूर्ण	जैसलमेर, सम, सांकड़ा, (3)
8.	जालौर	पूर्ण	आहौर, भीनमाल, जालौर, सायला जसवंतपुरा, रानीवाड़ा, सांचौर (7)
9.	झुन्झुनूं	पूर्ण	अलसीसर, बुहाना, चिड़ावा, झुन्झुनूं, खेतड़ी, नवलगढ़, सूरजगढ़, उदयपुरवाटी (8)
10.	जोधपुर	पूर्ण	बालेसर, बाप, भोपालगढ़, बिलाड़ा, मण्डोर, लूनी, ओसियां, फलौदी, शेरगढ़ (9)
11.	नागौर	पूर्ण	डीडवाना, डेगाना, जायल, कुचामन, लाडनू, मकराना, मूण्डवा, मेड़ता, परबतसर, नागौर, रियां (11)

1	2	3	4
12.	पाली	पूर्ण	बाली, देसूरी, जेतारण, खारची, पाली, रायपुर, रानी स्टेशन, रोहट, सोजत, सुमेरपुर (10)
13.	राजसमंद	आंशिक	भीम, देवगढ़ (2)
14.	सीकर	पूर्ण	दांतारामगढ़, धोद, फतेहपुर, लक्ष्मनगढ़, नीम का थाना, पीपराली, श्रीमाधोपुर, खण्डेला (8)
15.	सिरोही	आंशिक	शिवगंज (1)
16.	उदयपुर	आंशिक	गोगुन्दा (1)
योग			**कुल सम्मिलित विकास खण्ड (85)**

मरू प्रसार रोक (कॉम्बेटिंग)

भारत सरकार द्वारा मरू विकास कार्यक्रम के अन्तर्गत वर्ष 1999–2000 में मरू प्रसार रोक पर एक विशेष परियोजना स्वीकृत की गई है। यह विशेष परियोजना राज्य के 10 मरूस्थलीय जिलों यथा बाड़मेर, बीकानेर, चूरू, जोधपुर, जैसलमेर, जालोर, झुन्झुनू, नागौर, पाली एवं सीकर में क्रियान्वित की जा रही है। इस योजनान्तर्गत मुख्यतया टिब्बा स्थरीकरण, शेल्टरबेल्ट प्लान्टेशन एवं वनारोपण के कार्य करवाये जा रहे हैं। इस परियोजना की क्रियान्विति राज्य सरकार के वन विभाग द्वारा की जा रही है।

हरियाली मार्गदर्शिका

1 अप्रेल, 2003 से योजनान्तर्गत हरियाली मार्गदर्शिका जलग्रहण विकास के लिये प्रभावी है। इसके अन्तर्गत पूर्व मार्गदर्शिका में संशोधन किये गये हैं– कार्यमद में 80% के स्थान पर 85% प्रावधान, प्रशिक्षण एवं सामुदायिक संगठन मद में 10% के स्थान 5% का प्रावधान, प्रशासनिक मद के लिए 10% में से शेष राशि का उपयोग कार्य तथा प्रशिक्षण के लिये किये जाने का प्रावधान किन्तु कार्य तथा प्रशिक्षण मद के लिए निर्धारित सीमा राशि में

से शेष राशि का उपयोग प्रशासनिक मद के लिये अमान्य। इसमें पंचायती राज संस्थाओं की भूमिका विशेष प्राथमिकता के आधार पर जलग्रहण विकास के लिये सुनिश्चित की गई है तथा कार्य निष्पादन केवल सम्बन्धित ग्राम पंचायत के माध्यम से करवाये जाने का प्रावधान है।[9]

सूखा संभावित क्षेत्र कार्यक्रम (डी.पी.ए.पी.)

सूखा संभावित क्षेत्र कार्यक्रम राजस्थान में 1974–75 से प्रारम्भ किया गया था। इसके अन्तर्गत भूमि, जल, पशुधन, मानव संसाधनों का संरक्षण, विकास एवं उन्हें बनाये रखकर भौगोलिक संतुलन रखने के उपाय किये गये।

इस कार्यक्रम में आवश्यकतानुसार समय–समय पर अनेक परिवर्तन किये गये तथा वर्ष 1995–96 से यह कार्यक्रम जल ग्रहण विकास आधारित दृष्टिकोण के आधार पर क्रियान्वित किया जा रहा है।

इस कार्यक्रम का प्रमुख उद्देश्य सूखाग्रस्त क्षेत्र में प्राकृतिक संसाधनों का अधिकतम उपयोग करते हुए आर्थिक विकास करना तथा सूखे के प्रतिकूल प्रभाव को कम कर पारिस्थितिक सन्तुलन बनाए रखना है।

इस कार्यक्रम का संचालन प्रो० हनुमन्था राव कमेटी की सिफारिशों के अनुसार 1995–96 से जल ग्रहण विकास दृष्टिकोण के आधार पर क्रियान्वित किया जा रहा है।

इस कार्यक्रम में राज्य के 11 जिलों यथा बांसवाड़ा, डूंगरपुर, उदयपुर, अजमेर, झालावाड़, कोटा, बारां, टोंक, सवाई माधोपुर, करौली एवं भरतपुर के 32 विकास खण्डों में लागू है। ये 32 विकास खण्ड अग्रानुसार हैं[10]–

सूखा सम्भावित क्षेत्र कार्यक्रम के अन्तर्गत चयनित जिले/विकास खण्ड

तालिका संख्या 3.4

क्र.सं.	जिला	पूर्ण अथवा आंशिक सम्मिलित	योजना के अन्तर्गत सम्मिलित विकास खण्ड
1	2	3	4
1.	अजमेर	आंशिक	जवाजा, मसूदा, भिनाय (3)
2.	बांसवाड़ा	पूर्ण	आनन्दपुरी, बागीडोरा, गढ़ी, घाटोल, कुशलगढ़, पीप्ल खूंट, सज्जनगढ़ तलवाड़ा (8)
3.	बारां	आंशिक	छबड़ा, शाहबाद (2)
4.	भरतपुर	आंशिक	डीग (1)
5.	डूंगरपुर	पूर्ण	आसपुर, बिछीवाडा, डूंगरपुर, सागवाड़ा, सिमलवाड़ा (5)
6.	झालावाड़	आंशिक	डग, झालरापाटन, खानपुर (3)
7.	करौली	आंशिक	नादोती (1)
8.	कोटा	आंशिक	चेचट, सांगोद (2)
9.	सवाई माधोपुर	आंशिक	खण्डार (1)
10.	टोंक	आंशिक	देवली, टोडारायसिंह, उनियारा (3)
11.	उदयपुर	आंशिक	झाडोल, खेरवाड़ा, कोटडा (3)
	योग		कुल सम्मिलित विकास खण्ड (32)

सूखा संभावित क्षेत्र विकास कार्यक्रम (डी.पी.ए.पी.) के अन्तर्गत वर्तमान में क्रियान्वित परियोजनाओं की आरम्भ से दिसम्बर, 2004 तक की प्रगति निम्नानुसार हैं–

तालिका संख्या 3.5

फेज	स्वीकृत वर्ष	भारत सरकार द्वारा स्वीकृत परियोजनाएँ	परियोजना की लागत	प्राप्तियां	व्यय
डी.पी.ए.पी. प्रथम	1995–96	176	35.20	34.41	32.35
डी.पी.ए.पी. द्वितीय	2000–01	289	84.90	57.95	60.38
डी.पी.ए.पी. तृतीय	2001–02	96	28.80	9.82	9.39
डी.पी.ए.पी. चतुर्थ	2002–03	113	33.90	8.81	7.22
डी.पी.ए.पी. पंचम्	2003–04	96	28.80	4.32	1.79
डी.पी.ए.पी. पंचम्	2004–05	96	28.80	4.32	–

स्रोतः वार्षिक प्रतिवेदन, ग्रा.वि.वि. राजस्थान

एकीकृत बंजर भूमि विकास कार्यक्रम (आई.डबल्यू.डी.पी.)

राजस्थान क्षेत्रफल की दृष्टि से देश में प्रथम स्थान पर है। इसका भौगोलिक क्षेत्रफल 342 लाख हैक्टेयर है तथा लगभग 200 लाख हैक्टेयर बंजर भूमि है। राज्य की 58 प्रतिशत बजंरभूमि है जो देश में द्वितीय स्थान पर है। इस योजना की क्रियान्विति वर्ष 1992 से प्रारम्भ हुई थी। दिसम्बर, 1999 तक यह योजना ग्रामीण विकास विभाग द्वारा संचालित की जा रही थी। तत्पश्चात् इस योजना का संचालन सिंचित क्षेत्र विकास विभाग द्वारा किया गया। वर्ष 2003–04 से यह योजना पुनः ग्रामीण विकास विभाग द्वारा क्रियान्वित की जा रही है।

इस योजना का मुख्य उद्देश्य गैर वन क्षेत्र (Non- Forest Area) में जलाने के लिए लकड़ी, इमारती लकड़ी, चारा एवं घास पैदा करना है जिससे स्थानीय निवासियों की दैनिक आवश्यकताओं की पूर्ति की जा सके एवं वन क्षेत्र पर दबाव कम करने के साथ–साथ पर्यावरण को सन्तुलित किया जा

सके तथा बंजरभूमि को उपचारित कर भूमि की उत्पादकता बढ़ाई जा सके। भारत सरकार के नए दृष्टिकोण के अनुसार अब इस योजना की परियोजनाएं जलग्रहण विकास दृष्टिकोण के अनुसार क्रियान्वित करायी जा रही हैं।

एकीकृत बंजर भूमि विकास कार्यक्रम के अन्तर्गत 31 मार्च, 1999 तक स्वीकृत परियोजनाओं पर शत–प्रतिशत केन्द्रीय सहायता उपलब्ध रही एवं 1 अप्रेल, 2000 से स्वीकृत परियोजनाओं के संबंध में 11:1 की दर से क्रमशः केन्द्र तथा राज्य सरकार द्वारा धनराशि उपलब्ध करायी जा रही है अर्थात् निर्धारित लागत इकाई 6000 रूपये प्रति हैक्टेयर में से 5500 रूपये की राशि केन्द्र सरकार द्वारा तथा शेष 500 रूपये राज्य सरकार द्वारा वहन की जा रही है। वर्तमान में एक परियोजना में लगभग 5000 हैक्टेयर क्षेत्र को उपचारित किया जाता है।

मरू गोचर योजना (एम.जी.वाई.)

मरू गोचर योजना का शुभारम्भ राजस्थान के 10 मरू जिलों यथा बीकानेर, बाडमेर, चुरू, जालौर, जैसलमेर, झुन्झुनू, जोधपुर, पाली, नागौर एवं सीकर में वर्ष 2003–04 में किया गया है। इस योजना का उद्देश्य चयनित 10 जिलों में ओरण एवं गोचर भूमि का विकास करना, चारागाहों की पुनर्स्थापना करना तथा परम्परागत ओरणों का पुनरूद्धार कर अकाल की स्थिति से निपटना है। इस योजना के अन्तर्गत चयनित ओरण/गोचर को अग्रलिखित तीन श्रेणियों में विभक्त कर कार्ययोजना बनाने के निर्देश दिये गये हैं–

(i) ऐसे क्षेत्र जहां पशुओं का दबाव कम है तथा स्थानीय निवासी क्षेत्र की सुरक्षा हेतु तैयार हैं, वहां गोचर/ओरण क्षेत्रों का चिन्हीकरण कर वानस्पतिक बाड़ की जाये और मृदा कार्य कर मात्र घास बिजाई (6 किलोग्राम प्रति हैक्टेयर) सीधी अथवा गोलियों से की जाये।

(ii) ऐसे क्षेत्र जिनको बन्द करने (खाई बन्दी/पत्थर की दीवार) की आवश्यकता हो, वहां उक्तानुसार घास बिजाई के अतिरिक्त चारा देने वाले 100 वृक्ष प्रति हैक्टेयर का रोपण किया जाये।

(iii) ऐसे परिभाषित क्षेत्र जहां पशुओं का दबाव अधिक है वहां उपर्युक्तानुसार खाईबन्दी/पत्थर की दीवार, तारबन्दी, वानस्पतिक

बाड कर घास बिजाई के अतिरिक्त 200 चारापयोगी वृक्ष प्रति हैक्टेयर के हिसाब से रोपण कर सघन उपचार किया जाये।

योजना के उचित नियोजन, क्रियान्वयन तथा प्रबोधन (Monitoring) हेतु भारत सरकार ने श्री कमल मोरारका की अध्यक्षता में एक कार्यबल गठित किया है। इस कार्यबल में प्रमुख शासन सचिव, ग्रामीण विकास एवं पंचायती राज विभाग, राजस्थान सरकार भी सदस्य के रूप में सम्मिलित हैं।

सांसद स्थानीय क्षेत्र विकास कार्यक्रम (एम.पी.एल.ए.डी.)

सासंद स्थानीय क्षेत्र विकास योजना वर्ष 1993–94 में प्रारम्भ की गई। इस योजना के अन्तर्गत प्रत्येक लोकसभा व राज्यसभा सदस्य की अभिशंषा पर उनके क्षेत्र में आवश्यकता के आधार पर विकासात्मक प्रकृति की परिसम्पतियों का निर्माण कराने का प्रावधान है। इस योजना के तहत प्रारम्भ में प्रत्येक सांसद/राज्य सभा सदस्य के लिये 1 करोड़ रूपये निर्धारित थे जिसे वर्ष 1998–99 में बढ़ाकर भारत सरकार द्वारा 2 करोड़ रूपये किया गया है।

इस योजना का मुख्य उद्देश्य प्रत्येक सांसद द्वारा अपने संसदीय क्षेत्र में क्षेत्र की आवश्यकतानुसार आधारभूत सुविधाओं का विकास कार्य करवाना है। इस योजना की सम्पूर्ण राशि केन्द्र सरकार वहन करती है। विकास कार्यों के प्रस्ताव सांसद द्वारा कलेक्टर एवं कार्यपालक निर्देशक को प्रस्तुत किये जाते हैं तत्पश्चात् इन कार्यों की कार्यक्रम के दिशा–निर्देशानुसार जांच कर कार्य करवाये जाते हैं। इसमें विकास कार्य सांसद अपनी इच्छानुसार करवा सकते हैं।

सीमावर्ती क्षेत्र विकास कार्यक्रम (बी.ए.डी.पी.)

सीमावर्ती क्षेत्र विकास कार्यक्रम के अन्तर्गत देश की लगभग 1040 किलोमीटर लम्बी अन्तर्राष्ट्रीय सीमा पर राजस्थान के बाड़मेर, जैसलमेर, बीकानेर, एवं गंगानगर जिलों के 13 विकास खण्ड़ों शिव, बाड़मेर, चौहटन, धौरीमन्ना, जैसलमेर, सम, बीकानेर, कोलायत, करणपुर, गंगानगर, पदमपुर, रामसिंह नगर व अनूपगढ़ में सरकार द्वारा एक विशेष कार्यक्रम के रूप में मोडीफाईड सीमावर्ती क्षेत्र विकास कार्यक्रम वर्ष 1993–94 से लागू किया गया। पूर्व में यह योजना वर्ष 1986–87 में लागू की गई परन्तु इसके पश्चात् यह कार्यक्रम बन्द कर दिया गया।

इस कार्यक्रम का मुख्य उद्देश्य राज्य के दूर–दराज सीमावर्ती क्षेत्र जहां सीमापार से आतंककारियों के आवागमन–तस्करी विध्वंसकारी गतिविधियों, तोड़–फोड़ आदि का खतरा एवं दैनिक जरूरत की वस्तुओं की कमी हो, वहां प्रशासनिक तंत्र को मजबूत करना एवं क्षेत्र की आवश्यकतानुसार मूलभूत सुविधाओं का विकास कर इस पिछड़े क्षेत्र का विकास करना है। यह योजना शत प्रतिशत केन्द्र प्रवर्तित योजना है। राज्य स्तर पर लिये गये निर्णय अनुसार कुल प्राप्त होने वाली राशि में से 30–30 प्रतिशत बाडमेर एवं जैसलमेर जिलों को, 25 प्रतिशत राशि बीकानेर जिले को एवं 15 प्रतिशत राशि गंगानगर जिले को आवंटित की जाती है। इस योजना में सामाजिक क्षेत्र, शिक्षा, स्वास्थ्य, कृषि एवं सम्बन्धित कार्यों पर बल दिया जाता है।

बायोगैस कार्यक्रम

बायोगैस कार्यक्रम देश में निरन्तर बढ़ती हुई परम्परागत ऊर्जा की कमी को पूरा किए जाने तथा परम्परागत ऊर्जा का उपयोग देश के आर्थिक विकास के लिए वाणिज्यिक क्षेत्र में लिए जाने के उद्देश्य से गैर पारम्परिक ऊर्जा एवं पुनः प्राप्त होने वाले ऊर्जा के स्रोतों का विकास किया जा रहा है। इस उद्देश्य की पूर्ति के लिए राज्य में वर्ष 1981–82 से बायोगैस कार्यक्रम का क्रियान्वयन किया जा रहा है। यह कार्यक्रम 20 सूत्रीय कार्यक्रम का एक अंग है।

इस कार्यक्रम का उद्देश्य ग्रामीण क्षेत्रों में वैकल्पिक ऊर्जा का स्रोत उपलब्ध करवाना है ताकि ईंधन के रूप में जलावन लकड़ी पर निर्भरता कम हो सके साथ ही वनों का ह्रास कम हो तथा प्रदूषण पर अकुंश लगाया जा सके। बायोगैस संयन्त्र के लाभान्वितों को केन्द्रीय अनुदान दिया जाता है जिसमें अग्रानुसार अनुदान/आर्थिक सहायता प्रदान की जाती है–

(अ) सभी प्रकार के बायोगैस संयन्त्र व सभी श्रेणी के लाभान्वितों को 1000 रूपये प्रति सयन्त्र अनुदान।

(ब) लोहे के ड्रम टाईप के बायोगैस संयन्त्र पर 1000 प्रति संयन्त्र अतिरिक्त अनुदान।

(स) उपरोक्त दोनों के अतिरिक्त अलवर, भरतपुर, सवाई माधोपुर व झालावाड़ जिले में सृजित वन्य क्षेत्र में बायोगैस संयन्त्र स्थापना पर 1500 रूपये प्रति संयन्त्र अतिरिक्त अनुदान।

नये संयन्त्र निर्माण हेतु केन्द्रीय अनुदान एवं प्रोत्साहन राशि (प्रति संयन्त्र)–

(क) अनु.जाति/जनजाति/रेगिस्तानी क्षेत्र, छोटे एवं सीमान्त कृषक, भूमिहीन मजदूर – 2300.00 रूपये

(ख) अन्य सभी – 1800.00 रूपये

(ग) यदि संयन्त्र के साथ घर का शौचालय जोड़ा जाता है तो उस पर 500 रूपये प्रति संयन्त्र अतिरिक्त अनुदान।

डी.आर.डी.ए. प्रशासन योजना

डी.आर.डी.ए. (जिला ग्रामीण विकास अभिकरण) प्रशासन योजना 1 अप्रेल, 1999 से प्रारम्भ की गई है। इस योजनान्तर्गत ग्रामीण विकास विभाग के मुख्यालय तथा जिलों में स्थित जिला परिषद् (ग्रामीण विकास प्रकोष्ठ) के संस्थापन व्यय को वहन किया जाता है।

डी.आर.डी.ए. प्रशासन योजना के दिशा–निर्देशानुसार प्रत्येक वर्ष अनुज्ञेय राशि में केन्द्र एवं राज्य की हिस्सा राशि 75:25 होगी। राज्य मुख्यालय के प्रशासनिक व्यय हेतु कुल अनुज्ञेय राशि की अधिकतम 10 प्रतिशत राशि उपयोग में ली जा सकेगी। योजना के प्रावधानों के अनुसार राज्य मुख्यालय का प्रशासनिक व्यय उक्त राशि से अधिक होने पर अधिक व्यय राशि शत प्रतिशत राज्य सरकार द्वारा वहन की जायेगी।

इस योजना के दिशा निर्देशानुसार राज्य में स्थित जिलों को ब्लॉक की संख्या के आधार पर निम्नांकित चार श्रेणियों में विभक्त किया गया है, जिसके आधार पर ही अनुज्ञेय राशि की गणना की जाती है।

श्रेणी	ब्लॉक संख्या	अनुज्ञेय राशि (वर्ष 1999–2000 के लिये)
ए	5 ब्लॉक तक	46.00 लाख रूपये
बी	6 से 10 ब्लॉक तक	57.00 लाख रूपये
सी	11 से 15 ब्लॉक तक	65.00 लाख रूपये
डी	16 एवं अधिक ब्लॉक	67.00 लाख रूपये

राज्य में ए, बी एवं सी श्रेणी के क्रमशः 11, 15 एव 6 जिले हैं व डी श्रेणी में कोई जिला नहीं है। उक्त राशि में प्रतिवर्ष 5 प्रतिशत की वृद्धि अनुज्ञेय है। डी.आर.डी.ए. प्रशासन योजना ग्रामीण विकास की योजना नहीं है। इस योजनान्तर्गत केवल राज्य मुख्यालय एवं जिला परिषद् (ग्रामीण विकास प्रकोष्ठ) के प्रशासनिक/संस्थापन व्यय को ही वहन किया जाता है।

बन्धक श्रमिकों की खोज, मुक्ति एवं पुनर्वास कार्यक्रम

यह कार्यक्रम गाँवों में जमींदारी एवं जागीरदारी प्रथा समाप्त हो जाने के बावजूद भी जमींदार व साहूकार (प्रभावशाली वर्ग) आज भी कमजोर वर्ग के लोगों को छोटा मोटा कर्जा देकर उन्हें बिना मजदूरी दिये काम के लिये बाध्यकर उनका शोषण करते हैं। स्वतन्त्रता के पश्चात् इस प्रथा के उन्मूलन हेतु अधिनियम 1961 बनाया गया व एक व्यापक कानून लागू किया गया जो श्रम उन्मूलन अधिनियम के नाम से जाना जाता है।

इस कार्यक्रम का मुख्य उद्देश्य बंधक श्रमिकों का सानाजिक एवं आर्थिक शोषण से छुटकारा, मुक्ति एवं जीविकोपार्जन हेतु आर्थिक सहायता प्रदान कर पुनर्वासित करने के साथ–साथ आवासीय सुविधा उपलब्ध करवाना, सम्बन्धित सहकारी समितियों के माध्यम से उत्पादित सामग्री का बेचान करना, बंधक श्रमिकों के बच्चों की शिक्षा हेतु छात्रवृति उपलब्ध करवाना है। इस कार्यक्रम के अन्तर्गत वित्तीय भार का वहन केन्द्र तथा राज्य सरकार द्वारा समअंश के आधार पर किया जाता है।

अभिनव (इन्नोवेटिव) योजनाएं
(जवाहर रोजगार योजना-III)

अभिनव योजनाएं वर्ष 1994–95 में प्रारम्भ की गई। जिन क्षेत्रों में अन्य किसी केन्द्रीय/राज्य योजना से वहां के निवासियों का जीवन स्तर ऊँचा किया जाना सम्भव नहीं है, उन क्षेत्रों के विकास के लिए इन्नोवेटिव योजना बनाई जा सकती थी परन्तु 1 अप्रेल, 1999 से भारत सरकार द्वारा नये प्रोजेक्ट स्वीकृत नहीं किये जा रहे हैं।

इस योजना का मुख्य उद्देश्य सीमान्त तथा पिछड़े क्षेत्रों का सर्वांगीण विकास करना है। जिससे उस क्षेत्र में गरीबी की रेखा से नीचे जीवन यापन करने वाले व्यक्तियों का जीवन स्तर ऊंचा उठ सके तथा उनको रोजगार के अधिकाधिक अवसर प्राप्त हो सकें।

ग्रामीण क्षेत्रों में शहरी आधारभूत सुविधाओं का विस्तार (पूरा) योजना

ग्रामीण जनता को शहरी आधारभूत सुविधाऐं मुहैया कराने के लिए माननीय राष्ट्रपति डॉ0 ए.पी.जे. अब्दुल कलाम की परिकल्पना 'ग्रामीण क्षेत्रों में शहरी आधारभूत सुविधाओं का विस्तार' (Provision of Urban Amenities in Rural Areas) योजना की घोषणा प्रधानमंत्री महोदय ने 15 अगस्त, 2003 को की।

इस योजना का उद्देश्य कस्बों की 3 से 10 कि.मी. तक की परिधि में आने वाले गांवों में शहरी आधारभूत सुविधाओं यथा परिवहन, बिजली, टेलीकॉम, सूचना प्रोद्योगिकी, शिक्षा, बाजार आदि 7 प्रमुख गतिविधियों का विस्तार किया जाना है।

यह योजना शतप्रतिशत केन्द्र प्रवर्तित योजना है। इसके अन्तर्गत राज्य के 32 जिलों में से 28 जिलों के 28 कस्बों का चयन किया गया है। कस्बों के चयन का आधार मैदानी क्षेत्रों में 50,000 से 1,00,000 तथा 30,000 से 50,000 तक आबादी वाले गांवों एवं पहाड़ी क्षेत्रों में 20,000 से 50,000 तक की आबादी के आधार पर राष्ट्रीय स्तर पर किया गया है। ग्रामीण विकास मंत्रालय द्वारा दिनांक 31.03.2004 को 2.00 लाख रुपये प्रति जिले के हिसाब से 56.000 लाख रुपये चयनित जिलों के जिला कलेक्टर्स को कार्यक्रम हेतु ड्राफ्ट परियोजना तैयार करवाने हेतु आवंटित किये गये हैं। राज्य के 3 कस्बों यथा शाहपुरा (भीलवाड़ा), फतेहनगर (उदयपुर) एवं झालावाड़ का चयन कर स्वीकृति हेतु भारत सरकार को प्रस्ताव मय प्रोजेक्ट रिपोर्ट के प्रेषित किये गये। स्टीयरिंग कमेटी की बैठक दिनांक 11.01.2005 में शाहपुरा (भीलवाड़ा) को पायलट प्रोजेक्ट के रूप में प्रारम्भ करने की स्वीकृति प्रदान कर दी गई है।

वित्तमंत्री चिदम्बरम के दूसरे बजट पर राष्ट्रपति डॉ0 कलाम की परिकल्पना पुरा (Provide Urban Facilities to Rural Areas) की स्पष्ट छाप दिखाई दे रही है। कृषि और स्वास्थ्य क्षेत्र के लिए 100 करोड़ की लागत वाला मिशन 2007 इसी दिशा में उठाया गया कदम है। इसके तहत हर गांव में ज्ञान केन्द्र की स्थापना की जाएगी। ग्रामीण दूरसंचार के लिए 1200 करोड़ रुपये का बजटीय प्रावधान भी गांवों को शेष दुनियाँ से जोड़ने का काम करेगा।[11]

राज्य प्रवर्तित कार्यक्रम/योजनाएँ

राजस्थान राज्य ग्रामीण विकास विभाग द्वारा प्रवर्तित योजनाओं में वित्तीय भार का वहन राज्य सरकार द्वारा किया जाता है। ये कार्यक्रम/योजनाएं स्थानीय पारिस्थितिकी को ध्यान में रखकर नियोजित एवं क्रियान्वित किये जाते हैं। राज्य प्रवर्तित कार्यक्रम एवं योजनाओं की संख्या में परिवर्तन होता रहता है। यहां 1997–98 की अवधि से लेकर वर्तमान तक की सभी योजनाओं एवं कार्यक्रमों का उल्लेख किया जा रहा है, जो निम्नानुसार हैं–

बत्तीस जिला बत्तीस काम योजना

इस योजना के अन्तर्गत विभिन्न विकासीय कार्यों में से किसी भी एक प्रवृत्ति का चयन कर जिला ग्रामीण विकास अभिकरण की शासकीय परिषद से अनुमोदन करवाकर सम्बन्धित विभागों/पंचायती राज संस्थाओं के माध्यम से विकास कार्यों का क्रियान्वयन किया जाता है। यह योजना वर्ष 1991–92 से क्रियान्वित की जा रही है।

इस योजना का प्रमुख उद्देश्य जिले में उस प्रवृत्ति का चयन कर विकास करना है जिसकी जिले में अधिकतम आवश्यकता हो। इस योजना से जिले की आवश्यकता के अनुरूप सीमित संसाधनों से त्वरित एवं उपयुक्त विनियोजन सम्भव हो सका है। साथ ही एक वर्ष में एक ही प्रवृत्ति के चयन से सम्पूर्ण जिले में सामान्यतया एक कार्य का निर्माण पूर्ण हो जाता है। यह योजना शतप्रतिशत राज्य सरकार की योजना है जिसका वित्तीय वहन राज्य आयोजना मद से किया जाता है। इस योजनान्तर्गत क्षेत्रीय विधायक अपने विधानसभा क्षेत्र में 5 लाख रूपये तक के कार्य करवा सकते थे। परन्तु अब वर्ष 1999–2000 से "विधायक स्थानीय क्षेत्र विकास कार्यक्रम" के नाम से एक नवीन योजना प्रारम्भ की जा चुकी है।

इस योजनान्तर्गत मुख्य रूप से शाला भवन निर्माण, सड़क निर्माण, एनीकट निर्माण व लघु सिंचाई कार्य, क्षारीय भूमि विकास, पेयजल, चिकित्सालय भवन निर्माण, पर्यटन विकास, विद्युतीकरण एवं गाँव की आबादी में सड़क/खरन्जा/नाली निर्माण के कार्य कराए जा सकते हैं।

अपना गांव अपना काम योजना

इस योजना को सामाजिक स्वावलंबन सुदृढ़ करने और कार्यों में गुणात्मकता वृद्धि तथा समाज का सम्पत्ति से लगाव में वृद्धि की भावना से राज्य सरकार ने 1 जनवरी, 1991 से ग्रामीण क्षेत्रों में "अपना गांव अपना काम" नाम देकर प्रारम्भ किया। विकास से स्थानीय समुदाय की क्षमता एवं स्वावलंबन में वृद्धि तभी संभव है, जबकि

(i) विकास कार्य जनता व सरकार की भागीदारी पर आधारित हों।

(ii) विकास कार्यों का चयन जन समुदाय की आवश्यकताओं एवं वहां की पारिस्थितिकी पर आधारित हों।

(iii) कार्यक्रम स्थानीय जनता के द्वारा क्रियान्वित हों।

इस योजना का उद्देश्य गांव के विकास के लिए आवश्यक सामुदायिक परिसम्पत्तियों का निर्माण, अल्प व बेरोजगार परिवारों के लिए रोजगार के अतिरिक्त अवसरों का सृजन करना, स्थानीय समुदाय में स्वावलंबन और आत्म निर्भरता को प्रोत्साहन देना एवं सामुदायिक परिसम्पत्तियों के निर्माण व रख–रखाव में स्थानीय समुदाय की भागीदारी को प्रोत्साहन देना। यह योजना राज्य वित्त पोषित है। इसमें प्रस्तावित कार्य का वित्त पोषण निम्नानुसार होता है–

(क) जन सहयोग – न्यूनतम 30%

(ख) योजनापद – अधिकतम 50%

(ग) अन्य योजना पद – अन्तर राशि

इस योजना में जनसहयोग की राशि सामग्री के रूप में दी जा सकती है तथा कराये जाने वाले कार्यों का चयन स्थानीय समुदाय अथवा दानदाता द्वारा किया जाता है। इस योजना के संचालन हेतु जिला स्तर पर जिला परिषद को नोडल संस्था बनाया गया है तथा कार्यों का सम्पादन ग्राम पंचायत एवं कार्यकारी विभागों के माध्यम से कराया जाता है। इस योजनान्तर्गत सड़क नीति के अनुसार सड़क निर्माण, शालाभवन निर्माण, राजकीय आयुर्वेदिक, एलोपेथिक व पशु चिकित्सालय का निर्माण, गांवों को जोड़ने वाली पुलिया, बालवाडी भवन, आंगनवाडी भवन, महिला मण्डल भवन, वाचनालय, सामुदायिक केन्द्र भवन, आबादी की सीमा में सड़क/खरंजा/नाली निर्माण, जनस्वास्थ्य

अभियांत्रिकी विभाग द्वारा सक्षम स्तर से अनुमोदित पेयजल कार्य तथा जे. आर.वाई./ई.ए.एस. में अनुमत होने वाले कार्य कराये जा सकते हैं।

सामुदायिक जलोत्थान सिंचाई योजना

यह योजना राज्य में सतही जल के सदुपयोग के लिए नदी, नालों, एनीकट के समीपस्थ कृषि योग्य भूमि में सिंचाई सुविधा उपलब्ध करवाकर कृषि उत्पादन बढ़ाने के उद्देश्य से सामुदायिक जलोत्थान सिंचाई योजना राज्य के दक्षिणी पूर्वी 14 जिलों (बांसवाड़ा, बारां, भीलवाड़ा, बूंदी, चित्तौड़गढ़, धौलपुर, डूंगरपुर, झालावाड़, कोटा, राजसमंद, सवाईमाधोपुर, सिरोही, टोंक एवं उदयपुर) में क्रियान्वित की जा रही है।

इस योजना का उद्देश्य राज्य के सिंचित क्षेत्र का विस्तार करना, कृषि उत्पादन में वृद्धि करना, कृषि की आय में वृद्धि करना तथा सतही जल का सदुपयोग करना है। यह योजना वर्ष 1993–94 से विश्व बैंक की सहायता से कृषि विकास परियोजना के अन्तर्गत संचालित थी, जो सितम्बर, 2000 तक पूर्ण हो गई। राज्य मद के अन्तर्गत अवशेष राशि से योजनाएं स्वीकृत की जा रही थी, वर्ष 2001–2002 में इस योजना में राज्य मद के अन्तर्गत कोई प्रावधान नहीं रखा गया। इस योजना की लागत की 80% राशि लाभार्थियों को अनुदान के रूप में उपलब्ध करायी जाती है। इस योजना का संचालन एवं रख रखाव कृषकों की समिति द्वारा किया जाता है।

जलोत्थान के परिपेक्ष्य में राजस्थान पत्रिका ने अमृतम् जलम् का कार्य प्रारम्भ किया है। गीता के तीसरे अध्याय के चौदहवें श्लोक में भगवान श्री कृष्ण कहते हैं–

अन्नाद्भवन्ति भूतानि पर्यन्यादन्नसंभवः।
यज्ञाद्भवति पर्यन्यो यज्ञः कर्म समुद्भवः।।

यानी सम्पूर्ण प्राणी अन्न से उत्पन्न होते हैं। अन्न की उत्पत्ति वृष्टि से और वृष्टि (बरसात) यज्ञ से होती है। यज्ञ से उत्पन्न जल पावन, पवित्र है। हम उसका सम्मान करें। जीवन का आधार है। हमारे किसी कर्म से जाने अनजाने जल का अपमान न हो।[12] राजस्थान पत्रिका ने वर्षा से पूर्व जलस्रोतों को दुरस्त करने के लिए जनता को जागरूक किया है।

निरन्तर गिरता भू–जल स्तर हमें सावधान कर रहा है। इस हेतु बरसात

का पानी गांव कस्बे के तालाब में खेतों की मेड़ के सहारे, खड्ड़ों में अधिकाधिक जमा हो इसके प्रयास करने होंगे। गांव–कस्बे के तालाबों को गहरा करने, उसके पेट की मिट्‌टी खोदकर खेतों में खाद् की तरह काम लेने या तालाब की पाल बनाकर पानी जमा करने की सलाह दी है। हर मानसून में वर्षा पर्याप्त होती है, हम इस विपुल जलराशि को सहेज नहीं पाते। छत का पानी एकत्रित करें, टैंक बनाएँ। हर बारसात के अधिकतम पानी को ढंग से सहेजें और भूजल स्तर बढ़ाने में योगदान करें। (राजस्थान पत्रिका सुझाव)

वानप्रस्थ योजना

वानप्रस्थ योजना राज्य प्रवर्तित योजना है। यह वर्ष 1996–97 में प्रारम्भ की गई थी। यह योजना समाज सेवा के क्षेत्र में सेवानिवृत्त लोगों के ज्ञान एवं अनुभव का लाभ जन–जन तक पहुंचाती है।

इस योजना में रचनात्मक कार्यों में स्वरूचिनुसार कार्य व क्षेत्र का चयन करना, समाज सेवा के अपने सपनों को साकार करने का अवसर, राज्य सरकार की ओर से समय–समय पर प्रशिक्षण व्यवस्था करना तथा राज्य सरकार की ओर से पहचान पत्र देना सम्मिलित किया गया। इस योजना का कार्य क्षेत्र साक्षरता, अस्पताल के मरीजों की देखभाल, उपभोक्ता संरक्षण, विकास योजनाओं की जन सामान्य को जानकारी देना, विज्ञान की जनसामान्य को जानकारी देना तथा सामाजिक कुरूतियों का विनाश आदि निर्धारित किया गया।

इसमें सभी सेवानिवृत्त राज्य/केन्द्र/रक्षाकर्मी व अन्य संस्थाओं से सेवानिवृत्त व्यक्ति या अपने व्यवसाय व अन्य कार्यों से निवृत्त व्यक्ति जो समाज सेवा के इच्छुक हों और गरीबों के कल्याणार्थ व विकास में सहभागी बनना चाहते हों वे इस योजना में भाग ले सकते हैं।

ग्रामीण विकास केन्द्र/लघु ग्रामीण विकास केन्द्र कार्यक्रम

राज्य की अधिकांश जनसंख्या गांवों में निवास करती है। ग्रामीणों को अपनी सामाजिक एवं आर्थिक आवश्यकताओं की पूर्ति के लिए दूर ना जाना पड़े, इस बात को ध्यान में रखते हुए राज्य सरकार द्वारा ग्रामीण विकास केन्द्रों का चयन कर ''लघु ग्रामीण विकास केन्द्र कार्यक्रम'' 1995–96 में प्रारम्भ किये गये।

इस योजना का उद्देश्य विकास केन्द्रों पर मूलभूत आर्थिक संरचना/सुविधाएं, सामाजिक सुविधाएं उपलब्ध कराना, क्षेत्र की आर्थिक गतिविधियों के विकास को प्रोत्साहन देना, क्षेत्र के व्यक्तियों के जीवन स्तर में गुणात्मक सुधार लाना तथा ग्रामीणों का शहरों की ओर पलायन रोकना आदि रखा गया। यह योजना पूर्णतः राज्य प्रवर्तित है। ग्रामीण विकास केन्द्र योजना का प्रारम्भ तो 1995–96 में ही हो चुका था परन्तु यह योजना इसके एक वर्ष पश्चात् शुरू हुई।

इस कार्यक्रम में राज्य की प्रत्येक पंचायत समिति के 5–5 गांवों का ग्रामीण विकास केन्द्र के रूप में चयन किया गया तथा प्रत्येक पंचायत समिति के 8–8 गांवों को लघु ग्रामीण विकास केन्द्र के रूप में चयनित किया गया। इन चयनित गांवों में आधारभूत सुविधाओं का विकास किया गया तथा इस कार्यक्रम के अन्तर्गत राज्य की 237 पंचायत समितियों के कुल 3081 गांवों का ग्रामीण विकास केन्द्र/लघु ग्रामीण विकास केन्द्र हेतु चयन किया गया। इस योजना में वर्ष 1999–2000 तक वित्तीय प्रावधान रखे गये, इसके पश्चात् वर्ष 2000–2001 से इस योजनान्तर्गत बजट का प्रावधान नहीं रखा गया।

निर्बन्ध राशि (अनटाइड फण्ड) योजना

निर्बन्ध राशि योजना शत प्रतिशत राज्य पोषित योजना है जो वर्ष 1988–89 में प्रारम्भ की गई। सामान्यतया यह देखने में आया कि कुछ कार्य आवश्यक होते हुए भी किसी भी योजनान्तर्गत स्वीकृत नहीं हो पाते। निर्बन्ध राशि योजना में जिन कार्यों के लिए अन्य योजनाओं से या तो धन राशि उपलब्ध नहीं होती अथवा राशि अपर्याप्त होती है, राशि उपलब्ध करवाकर जनोपयोगी कार्य करवाए जाते हैं।

इस योजना का प्रमुख उद्देश्य जिला स्तर पर स्थानीय संसाधनों का उचित उपयोग करते हुए विभिन्न क्षेत्रों के विकास में समरूपता प्राप्त करने एवं विकास कार्यों के लिए योजनान्तर्गत निवेश के विकेन्द्रीकरण की दृष्टि से स्थानीय आवश्यकपरक जनोपयोगी कार्य करवाना है। इस योजना में मुख्यतः पेयजल, सम्पर्क सड़क, गांवों की सम्पर्क सड़कों के लिए पुलिया, पर्यटन स्थलों हेतु आधारभूत सुविधाओं का निर्माण, राजकीय शिक्षण संस्थानों के भवन, श्मशान एवं कब्रिस्तान की चारदीवारी एवं चिकित्सा भवन आदि

का निर्माण करवाया जाता है। वर्ष 2000–2001 से इस योजनान्तर्गत राज्यमद से कोई प्रावधान नहीं किया गया।

राज्य ग्रामीण विकास विभाग के वर्तमान कार्यक्रम/योजनाएं

राजस्थान राज्य ग्रामीण विकास विभाग का स्वरूप सदैव एक समान न रहकर परिवर्तित होता रहा है। यह विभाग अनेक नामों के चक्र से होता हुआ 1 अप्रेल, 1999 से ''ग्रामीण विकास विभाग'' के नाम से जाना जाता है। इस विभाग को कभी स्वतन्त्र रूप से राजनीतिक अध्यक्ष के रूप में मंत्री मिल जाता है तो कभी किसी अन्य विभाग के मंत्री के साथ जोड़ दिया जाता है। वर्तमान में यह विभाग पंचायतीराज एवं ग्रामीण विकास मंत्री के दिशा निर्देशन में कार्यरत है। ग्रामीण विकास विभाग द्वारा ग्रामीण विकास कार्यक्रमों/योजनाओं की संख्या, नीतियों, क्रियान्वयन एवं मूल्यांकन में समय–समय पर परिवर्तन होता रहता है। इस विभाग द्वारा केन्द्र प्रवर्तित, राज्य प्रवर्तित एवं बाह्य सहायता प्राप्त कार्यक्रम/योजनाएं संचालित एवं प्रशासित की जाती हैं। वर्ष 2001–02 तक इस विभाग द्वारा ग्रामीण विकास की राज्य प्रवर्तित योजनाओं की संख्या कभी 7, कभी 8 तो कभी 9 रही है परन्तु वर्ष 2002–03 से इन कार्यक्रमों योजनाओं को दो योजनाओं में सीमित कर दिया गया है। इससे पूर्व प्रत्येक योज़ना के लिये अलग से लक्ष्य/उद्देश्य निर्धारित कर बजट का प्रावधान किया जाता था परन्तु अब ग्रामीण विकास को निम्नलिखित पाँच योजनाओं के माध्यम से करने का निश्चय किया गया है। ये योजनाएं निम्नलिखित हैं–

(i) विधायक स्थानीय क्षेत्र विकास कार्यक्रम

(ii) मेवात क्षेत्रीय विकास योजना।

(iii) डांग क्षेत्रीय विकास कार्यक्रम।

(iv) गुरु गोलवलकर जनभागीदारी विकास योजना।

(v) सहरिया एवं कथौडी जनजाति के परिवारों हेतु विशेष रोजगार योजना।

विधायक स्थानीय क्षेत्र विकास कार्यक्रम (एम.एल.ए.एल.ए.डी.)

विधायक स्थानीय क्षेत्र विकास कार्यक्रम राज्य में प्रत्येक विधान सभा क्षेत्र में स्थानीय आवश्यकतानुसार स्थानीय विधायकगण की अभिशंसा पर

जनोपयोगी कार्यों का निर्माण कराने हेतु वर्ष 1999–2000 में प्रारम्भ किया गया। इस योजना के तहत प्रत्येक विधायक अपने–अपने विधानसभा क्षेत्र में स्थानीय पारिस्थितिकी एवं आवश्यकतानुसार वर्ष 1999–2000 में 25.00 लाख रूपये तक के कार्य स्वीकृत कराने के लिये अभिशंसित थे। वर्ष 2000–2001 के लिए राज्य सरकार द्वारा प्रत्येक विधायक को 40.00 लाख रूपये की लागत के कार्य स्वीकृत कराने हेतु अभिशंसित किया था। वर्ष 2001–02 से सरकार ने इस राशि में वृद्धि करते हुए प्रत्येक विधायक के लिए 60.00 लाख रूपये की लागत के कार्य स्वीकृत कराने हेतु अभिशंसित करने के लिये अधिकृत किया है।

इस कार्यक्रम के उद्देश्य स्थानीय आवश्यकतानुसार जनोपयोगी परिसम्पत्तियों का निर्माण कराना, क्षेत्रीय विकास में असन्तुलन दूर करना तथा स्थानीय समुदाय में स्वावलम्बन एवं आत्म विश्वास को प्रोत्साहन देना है। यह कार्यक्रम शत प्रतिशत राज्य सरकार द्वारा पोषित है। इसके अन्तर्गत कराये जाने वाले निर्माण कार्य पंचायती राज/स्वायत्तशासी निकाय/राज्य सरकार के सम्बन्धित विभाग एवं विशेष विधि के तहत गठित निगम, बोर्ड आदि द्वारा कराये जाते हैं। इसमें वार्षिक आवंटन के 20% राशि के प्रस्ताव पूर्व निर्मित सामुदायिक उपयोग की परिसम्पत्तियों के मरम्मत कराने हेतु प्रस्तावित किये जा सकते हैं।

योजनान्तर्गत कराए जाने वाले कार्य

जिला स्तर के राजकीय चिकित्सालय भवन/विस्तार एवं इनके लिये चिकित्सा उपकरण/एम्बूलेन्स राजकीय कॉलेज भवन/विस्तार विश्वविद्यालय भवन/विस्तार एवं इनके लिये शिक्षण कार्य हेतु कम्प्यूटर, जिले को जोड़ने वाली मुख्य सडकें जिनसे जिले के समुचित क्षेत्र की जनता लाभान्वित होती है एवं जिला स्तरीय कार्यालय भवन/विस्तार के निर्माण हेतु जिले के कोई भी विधायक इस योजना के तहत अपने कोटे की राशि से कार्य कराने हेतु प्रस्ताव दे सकते हैं, बशर्ते कि स्थानीय विधायक की सहमति/भागीदारी हो।

राज्य के ग्रामीण/शहरी क्षेत्र में सामुदायिक उपयोग में लिये जाने वाले निम्न प्रकृति के पंचायतीराज संस्था/स्थानीय स्वायत्तशाषी निकाय/राजकीय स्वामित्व के निर्माण कार्य निष्पादित कराये जा सकेंगे :–

1. सम्पूर्ण ग्रामीण रोजगार योजना की मार्ग दर्शिकाओं के अन्तर्गत स्वीकृत हो सकने वाले सामुदायिक उपयोग के कार्य।
2. पेयजल के कार्य।
3. किसी ग्राम/नगर की आबादी सीमा में सड़क/खरंजा एवं नाली निर्माण।
4. शहरी क्षेत्र में सिवरेज का कार्य।
5. (अ) चिकित्सालय/स्वास्थ्य केन्द्र/उप स्वास्थ्य केन्द्र के भवन।
   (ब) शिक्षण संस्थाओं के लिए भवन/कम्प्यूटर शिक्षा हेतु कम्प्यूटर/अध्ययन–अध्यापन सामग्री/स्काउट सामग्री/खेल सामग्री/फर्नीचर/दरी।
   (स) सहायता प्राप्त शिक्षण संस्थाओं तथा गैर सहायता प्राप्त परन्तु मान्यता प्राप्त शिक्षण संस्थाओं के लिये भवन बशर्ते वे शिक्षण संस्थायें कम से कम दो वर्ष से अस्तित्व में हों।
   (द) सहायता प्राप्त शिक्षण संस्थाओं की शिक्षा के लिये कम्प्यूटर।
6. ग्राम/शहर में तालाबों की सफाई का कार्य।
7. पारम्परिक जलस्रोतों के विकास कार्य।
8. गांवों में सम्पर्क सड़क/रास्तों के लिये पुलिया/रपट का कार्य।
9. पर्यटन स्थलों के लिए आधारभूत सुविधाओं का कार्य।
10. पशुधन के लिये पीने के पानी की सुविधा विकसित करने का कार्य।
11. पशु स्वास्थ्य के लिये चिकित्सालय/डिस्पेन्सरी भवन का निर्माण कार्य।
12. (अ) चिकित्सालय हेतु चिकित्सा उपकरण/एम्बूलेन्स।
   (ब) पंचायती राज संस्थाओं द्वारा आदिवासी क्षेत्रों में चलते फिरते दवाखानों की व्यवस्था।
   (स) रेड क्रास/राम कृष्ण मिशन जैसी प्रतिष्ठित संस्थाओं के लिये एम्बूलेन्स।

13. श्मशान/कब्रिस्तान आदि की चार दीवारी एवं सुविधाऐं विकसित करने का कार्य।
4. पुस्तकालय भवन/बस स्टेण्ड/धर्मशाला/विश्रामगृह/स्टेडियम/वाल्मिकी भवन/सामुदायिक भवन।
15. विद्युतीकरण।
16. सार्वजनिक/सरकारी स्वामित्व के भवन निर्माण के मरम्मत कार्य।
17. चारदीवारी निर्माण।
18. स्पोर्ट्स कॉम्पलेक्स।
19. जनोपयोगी कार्य।
20. अन्य योजना में स्वीकृत किन्तु राशि के अभाव में अपूर्ण कार्य।
21. जिला ग्रामीण विकास अभिकरणों/पंचायती राज संस्थाओं हेतु फैक्स मशीन/कम्प्यूटर।
22. सामुदायिक जलोत्थान सिंचाई योजना।
23. राजस्थान सरकार के स्वीकृत अदालत भवन/कार्यालय भवन/पंचायत राज संस्थाओं के भवन निर्माण का कार्य।
24. इलेक्ट्रोनिक परियोजनायें :–
    (अ) सूचना फुटपाथ
    (ब) माध्यमिक विद्यालयों में हैम क्लब
    (स) सिटीजन बैण्ड रेडियो
    (द) ग्रंथ सूची–डाटा बेस परियोजनायें
25. स्थानीय निकाय में नाइट सोयल डिस्पोजल सिस्टम
26. जयपुर मुख्यालय पर सूचना केन्द्र परिसर में निर्मित होने वाले स्वतंत्रता सेनानियों के लिये स्मृति भवन व अनुसंधान केन्द्र का निर्माण।
27. राजस्थान सरकार द्वारा अनुमोदित स्ववित्त पोषित योजनान्तर्गत विद्यमान महाविद्यालयों में नवीन विषय प्रारंभ करने के लिये सम्बन्धित कॉलेज विकास समिति द्वारा 3 वर्ष के लिए आवश्यक आवर्ती व्यय हेतु इकट्ठी राशि की व्यवस्था की जानी है। परन्तु इसमें

यदि कोई कमी हो तो विधायक स्थानीय क्षेत्र विकास योजना मद की राशि भी उपयोग में ली जा सकेगी।

28. राजस्थान सरकार द्वारा अनुमोदित स्ववित्त पोषित योजनान्तर्गत विद्यमान राजकीय उच्च माध्यमिक विद्यालयों में नवीन संकाय/विषय प्रारम्भ करने के लिये सम्बन्धित विद्यालय विकास समिति द्वारा 3 वर्ष के लिये आवश्यक आवर्ती व्यय हेतु इकट्ठी राशि की व्यवस्था की जाती है। परन्तु इसमें यदि कोई कमी हो तो विधायक स्थानीय क्षेत्र विकास योजना मद की राशि भी उपयोग में ली जा सकेगी।

30. जयपुर मुख्यालय पर हज हाऊस का निर्माण।

विधायक स्थानीय क्षेत्र विकास कार्यक्रम में व्यय राशि

तालिका संख्या 3.6

क्र.स.	वर्ष	स्वीकृत राशि (लाख रूपये)	व्यय राशि (लाख रूपये)	विशेष
1.	1999–2000	4000.00	1288.15	–
2.	2000–2001	8000.00	6827.67	8107 कार्य पूर्ण करवाये
3.	2001–2002	13125.00	13795.67	13191 कार्य पूर्ण करवाये
4.	2003–2004	12000.00	13778.75	16579 कार्य पूर्ण करवाये
5.	2004–2005	12000.00	दिस. 2004 6186.90	6945 कार्य पूर्ण करवाये

स्रोतः वार्षिक प्रतिवेदन, ग्रा.वि.वि. जयपुर, 1999-2000, 2000-01, 2001-02, 2002-03, 2003-04, 2004-05)

मेवात क्षेत्रीय विकास योजना

मेवात क्षेत्रीय विकास योजना के अन्तर्गत राजस्थान के दो जिले अलवर एवं भरतपुर आते हैं। इन जिलों का मेवात क्षेत्र सामाजिक एवं आर्थिक दृष्टि से काफी पिछड़ा हुआ है। इस क्षेत्र के विकास हेतु अलवर जिले की 8

पंचायत समितियों (लक्ष्मणगढ़, रामगढ़, तिजारा, मुण्डावर, किशनगढ़, कोटकासिम, कठूमर एवं उमरैन) एवं भरतपुर जिले की 3 पंचायत समितियों (नगर, डीग, कामां) में यह कार्यक्रम वर्ष 1987–88 से क्रियान्वित किया जा रहा है।

इस योजना का मुख्य उद्देश्य मेवात क्षेत्र के विकास को गति देना तथा इस क्षेत्र के लोगों का सामाजिक एवं आर्थिक स्तर ऊंचा उठाना है। इस योजनान्तर्गत कृषि, चिकित्सा एवं स्वास्थ्य, पशुपालन, सड़क निर्माण, शिक्षा, पेयजल, सिंचाई आदि से सम्बन्धित कार्य किए जा रहे हैं। यह योजना शतप्रतिशत राज्य सरकार के सहयोग से संचालित है। इसके अन्तर्गत चयनित पंचायत समितियों के ऐसे ग्राम जिनमें कम से कम 10% या इससे अधिक मेव परिवार रह रहे हैं उन ग्रामों में आधारभूत सुविधाऐं एवं सामाजिक विकास के कार्य करवाना है। जिला स्तर पर इस योजना के संचालन हेतु जिला परिषद को नोडल संस्था बनाया गया है।

डांग क्षेत्रीय विकास कार्यक्रम

विकास की दृष्टि से क्षेत्रीय असमानता को ध्यान में रखकर डांग क्षेत्रीय विकास कार्यक्रम वर्ष 1995–96 से प्रारम्भ किया गया। इस कार्यक्रम के अन्तर्गत राज्य के 8 जिलों सवाईमाधोपुर, करौली, धौलपुर, बारां, झालावाड़, भरतपुर, कोटा व बूंदी के शुरू में 20 विकास खण्डों को तथा बाद में अटरू को भी सम्मिलित कर कुल 21 विकास खण्डों – खण्डार, करौली, सपोटरा, गंगापुर, हिण्डौन, धौलपुर, राजाखेडा, बाड़ी, बसेडी, शाहबाद, छबडा, किशनगंज, अन्ता, छीपाबडौद, अटरू, मनोहरथाना, बकानी, रूपवास, बयाना, ईटावा व केशोरायपाटन को शामिल किया गया।

इस योजना का मुख्य उद्देश्य डांग क्षेत्र के विकास को गति देना तथा इस क्षेत्र के लोगों का सामाजिक एवं आर्थिक स्तर ऊपर उठाना है। इस हेतु क्षेत्र में विभिन्न आर्थिक, सामाजिक एवं आधारभूत सुविधाओं के निर्माण हेतु कार्य करवाये जाते हैं। यह शत प्रतिशत राज्य सरकार द्वारा पोषित योजना है तथा विकास के प्रस्ताव क्षेत्र की आवश्यकता के अनुसार जिले से प्राप्त किये जाते हैं। जिला स्तर पर इस योजना के संचालन हेतु जिला परिषद को नोडल संस्था बनाया गया।

डांग क्षेत्रीय विकास कार्यक्रम वर्ष 2001–02 में बन्द कर दिया गया था परन्तु डांग क्षेत्र के सर्वांगीण विकास को दृष्टिगत रखते हुए माननीय

मुख्यमंत्री महोदया द्वारा पुनः 2004–05 में प्रारम्भ कर दिया गया है। इसमें दस्युओं से प्रभावित डांग क्षेत्र में आधारभूत सुविधाओं के विकास एवं अतिरिक्त रोजगार के अवसर उपलब्ध कराने के प्रयास किये जा रहे हैं। इस परियोजना के सम्बन्ध में रिमोट सेन्सिंग ऐजेन्सी, जोधपुर द्वारा बीहड क्षेत्र में किये गये सर्वे को दृष्टिगत रखते हुए 8 जिलों के स्थान पर 12 जिलों यथा जयपुर, भरतपुर, दौसा, बूंदी, कोटा, धौलपुर, झालावाड़, सवाई माधोपुर, करौली, बारां, अलवर एवं झुन्झुनू में परियोजना क्रियान्वित किये जाने का प्रस्ताव है।

गुरु गोलवलकर जनभागीदारी विकास योजना (जी.जी.जे.वी.वाई.)

राज्य सरकार ने प्रदेश के विकास में जनसहभागिता बढ़ाने के उद्देश्य से भारत में ग्रामीण क्षेत्रों में जन सहयोग को प्रेरित करने वाले प्रणेता श्री माधवराव सदाशिव गोलवलकर के नाम से वर्ष 2004–2005 में गुरू गोलवलकर जनभागीदारी विकास योजना का शुभारंभ कर एक नये युग का सूत्रपात किया है।

उद्देश्य –

(i) गांव के विकास के लिए आवश्यक सामुदायिक परिसम्पत्तियों का निर्माण

(ii) रोजगार के अतिरिक्त अवसरों का सृजन

(iii) स्थानीय समुदाय में स्वावलम्बन एवं आत्म–निर्भरता को प्रोत्साहन

(iv) सामुदायिक परिसम्पत्तियों के निर्माण एवं रख–रखाव में स्थानीय समुदाय की भागीदारी को प्रोत्साहन

(v) ग्रामीण क्षेत्र के परिवारों के जीवन–स्तर में सुधार

यह योजना राज्य वित्त पोषित है। इसके अन्तर्गत सामान्य क्षेत्रों में न्यूनतम 30 प्रतिशत एवं अनुजाति/जनजाति बाहुल्य क्षेत्रों में न्यूनतम 20 प्रतिशत राशि जनसहयोग से सामग्री अथवा श्रम के रूप में या नकद प्राप्त करने तथा शेष क्रमशः 70 एवं 80 प्रतिशत राशि राज्य बजट से उपलब्ध कराने का प्रावधान किया गया है। इसमें विकास कार्यों का चयन स्थानीय ग्राम पंचायतों द्वारा क्षेत्र की आवश्यकता एवं प्राथमिकता के आधार पर किया जाता है। इस योजना का क्रियान्वयन पंचायती राज संस्थाओं के माध्यम से किया जाता है। योजनान्तर्गत वर्ष 2004–05 हेतु राज्य मद में 200.00 लाख रूपये का प्रावधान रखा गया है।

सहरिया एवं कथौड़ी जनजाति के परिवारों हेतु विशेष रोजगार योजना

राज्य के बारां जिले की सहरिया जनजाति एवं उदयपुर ज़िले की कथौड़ी जनजाति के परिवारों को वर्ष में प्रति परिवार कम से कम 100 दिवस की मजदूरी रोजगार उपलब्ध कराने हेतु वर्ष 2004–2005 से विशेष रोजगार योजना प्रारम्भ की गई है। इस योजना का मुख्य उद्देश्य सहरिया एवं कथौड़ी जनजाति क्षेत्रों में सतत् रोजगार एवं विकास हेतु आधारभूत संरचना एवं सामुदायिक परिसम्पत्तियों का सृजन करना है।

यह योजना बारां जिले की शाहबाद एवं किशनगंज पंचायत समितियों में निवास कर रहे सहरिया जनजाति के परिवार एवं उदयपुर जिले की झाड़ौल एवं कोटड़ा पंचायत समिति की कथौड़ी जनजाति के परिवारों के लिए हैं। प्रति परिवार वर्ष में सौ दिन का रोजगार इन जातियों के उन व्यक्तियों को दिया जा सकेगा जो 18 वर्ष से अधिक एवं 60 वर्ष से कम आयु के होंगे तथा निवास वाली पंचायत समिति क्षेत्र में मजदूरी रोजगार करने के इच्छूक होंगे।

सहरिया एवं कथौड़ी जनजाति क्षेत्र में परिवारों को रोजगार उपलब्ध करवाने हेतु विभिन्न योजनाओं के अन्तर्गत माह दिसम्बर, 2004 तक 425.00 लाख रुपये व्यय किये जाकर 2.50 लाख मानव दिवस सृजित किये गये हैं।

बाह्य सहायता प्राप्त परियोजना

जिला गरीबी उन्मूलन परियोजना (डी.पी.आई.पी.)

विश्व बैंक की सहायता से राजस्थान राज्य के सात जिलों में 25 जुलाई, 2000 से गरीबी उन्मूलन की एक विशिष्ट परियोजना संचालित की जा रही है। यह छः वर्षीय परियोजना राज्य के निर्धनतम जिलों के तुलनात्मक रूप से अधिक गरीब खण्डों एवं गाँवों में प्राथमिकता अनुसार चरणबद्ध रूप से चलाई जा रही है। इस योजना का उद्देश्य राज्य के सात जिलों के 42 विकास खण्डों के 7039 गाँवों के गरीबों को गैर सरकारी संस्थाओं के माध्यम से समूह में जोड़ना, उनकी क्षमता का विकास करना एवं उन समूहों के माध्यम से गॉवों में सामुदायिक ढ़ांचागत, भूमि आधारित एवं आय सृजन गतिविधियों हेतु परियोजनाएँ स्वीकृत कर उनको गरीबी रेखा से ऊपर उठाना है। यह

राज्य बारां, चुरू, दौसा, झालावाड़, राजसमन्द व टोंक जिलो में क्रियान्वित है।

गरीबी उन्मूलन की अन्य योजनाओं की तुलना में डी.पी.आई.पी. में निम्नलिखित नवीनताएँ समावेशित हैं—

(i) यह योजना मात्र लक्ष्य प्राप्त करने पर आधारित न होकर आवश्यकता पर आधारित है।

(ii) डी.पी.आई.पी. में किसी प्रकार की औपचारिकता (कागजी खानापूर्ति अथवा प्रमाण—पत्र आदि) की कोई आवश्यकता नहीं है।

(iii) यह योजना व्यक्ति विशेष के स्थान पर समूह की सहभागिता पर आधारित है।

(iv) डी.पी.आई.पी. योजना में राशि सीधे समान रूचि समूह के बैंक खाते में हस्तांतरित की जाती है।

(v) इस योजना के अन्तर्गत लाभान्वित परियोजना के प्रारम्भ से ही भागीदार रहे ऐसा यह पहला प्रयास है। वित्तीय प्रबन्धन और कार्य का क्रियान्वयन सभी कार्य समान रूचि समूह स्वयं करेगा। इस प्रकार समान रूचि समूह एक खिड़की से धन प्रवाह की तरह कार्य करता है।

परियोजना की क्रियान्विति

(i) जनता को परियोजना के बारे मे विस्तृत जानकारी देना।

(ii) गरीब परिवारों की पहचान।

(iii) गरीब परिवारों को समुदाय के रूप में संगठित करना।

(iv) सामूहिक गतिविधि करने के लिए समान रूचि समूह को गतिविधि के चयन में उपलब्ध विकल्प बनाना एवं गतिविधि करने के लिये समान रूचि समूह बनाना।

(v) स्वयं सहायता समूह बनाना।

(vi) समान रूचि समूह को गतिविधि के चयन में सहायता करना।

(vii) उप—परियोजना की स्वीकृति की जाना एवं समान रूचि समूह को राशि उपलब्ध कराना।

(viii) समान रूचि समूह में दक्षता के लिए प्रशिक्षण आयोजन करना।

समान रूचि समूह

समान रूचि समूह किसी एक ही प्रकार के कार्य को संपादित करने के लिए तैयार गरीब परिवारों का समूह है। इसकी सदस्य संख्या कम से कम 10 व अधिकतम 20 होनी चाहिए लेकिन परिस्थिति अनुसार 10 से कम परिवारों का समूह भी लाभ ले सकता है लेकिन 5 परिवार से नीचे का समूह गठन उचित नहीं है।

परियोजना में कराये जाने वाले कार्य

समान रूचि समूह के सदस्य समान रूचि समूह की गतिविधि के चयन में उपलब्ध विकल्पों पर विचार करेंगे। मुख्यतया गतिविधियों को चार श्रेणियों में विभक्त किया गया है–

(अ) आय सृजन गतिविधियाँ, जैसे– चर्म उद्योग, साबुन बनाना, दरी बनाना, मुर्गीपालन इत्यादि।

(ब) भूमि आधारित गतिविधियाँ, जैसे– जल ग्रहण विकास, ऐनीकट निर्माण, बंजर भूमि सुधार इत्यादि।

(स) आधारभूत सामुदायिक कार्य, जैसे– सम्पर्क सड़क निर्माण, पशु विकास केन्द्र इत्यादि।

(द) सामाजिक सेवाओं से संबंधित गतिविधियाँ, जैसे– महिलाकर्मी, दाई प्रशिक्षण, पशु नस्ल सुधार कार्यक्रम इत्यादि।

ग्रामीण विकास कार्यक्रमों की प्रशासनिक संरचना

सरकार ग्रामीण जनता को देश की मुख्यधारा से जोड़ने हेतु ग्रामीण विकास के लिए प्रयत्नशील है। विकास कार्यों, सरकारी नीतियों अथवा ग्रामीण विकास कार्यक्रमों/योजनाओं के क्रियान्वयन हेतु अभिकरण महत्त्वपूर्ण भूमिका का निर्वाह करता है। लोककल्याणकारी विकास कार्यक्रमों/योजनाओं के निर्माण में, पर्यवेक्षण तथा समीक्षा के लिए एक व्यवस्था की आवश्यकता होती है जो इन कार्यक्रमों/योजनाओं से सम्बन्धित तन्त्र की आवश्यकता का द्योतक है।

ग्रामीण विकास कार्यक्रमों के सफल क्रियान्वयन हेतु राज्य स्तर पर एक अभिकरण है जो जिला, खण्ड़ तथा ग्राम पंचायत स्तर तक विभिन्न

कार्यक्रमों/योजनाओं के मध्य समन्वय की स्थापना करता है। इस अध्ययन में राजस्थान राज्य ग्रामीण विकास विभाग द्वारा संचालित केन्द्र प्रवर्तित, राज्य प्रवर्तित एवं बाह्य सहायता प्राप्त कार्यक्रमों/योजनाओं को सम्मिलित किया गया है। अतः राज्य के ग्रामीण विकास विभाग द्वारा संचालित इन कार्यक्रमों/योजनाओं से सम्बन्धित प्रशासन तन्त्र का विवेचन इस अध्याय में समाविष्ट किया जा रहा है।

ग्रामीण विकास प्रशासन का तात्पर्य प्रशासन के उस रूप से है जो ग्रामीण विकास से सम्बन्धित हों। इसमें उन समस्त क्रियाओं को सम्मिलित किया जाता है जो ग्रामीण विकास के लिए सम्पन्न की जाती हैं। ग्रामीण विकास प्रशासन "ऐसी व्यवस्था है जिसमें ग्रामीण क्षेत्रों के सर्वांगीण विकास के लिए उपलब्ध मानवीय एवं भौतिक साधनों का नियोजन, संगठन, समन्वय, निर्देशन एवं नियन्त्रण किया जाता है।[13] देश में ग्रामीण विकास कार्यक्रमों का प्रशासनिक तन्त्र के संगठनात्मक एवं प्रबन्धात्मक क्षेत्र के पाँच स्तर हैं, जो निम्नलिखित हैं–

1. केन्द्रीय स्तर, 2. राज्य स्तर, 3. जिला स्तर, 4. खण्ड स्तर, तथा 5. ग्राम पंचायत स्तर।

यह शोध अध्ययन राजस्थान राज्य के संदर्भ में है अतः यहां राज्य स्तरीय प्रशासनिक तन्त्र के संगठनात्मक एवं प्रबन्धात्मक क्षेत्र का विस्तृत वर्णन किया जाना प्रस्तावित है। जिला स्तरीय, खण्ड स्तरीय एवं ग्राम पंचायत स्तर के प्रशासनिक तन्त्र की संरचना एवं कार्यों का वर्णन आगे के अध्यायों में किया गया है। राजस्थान राज्य ग्रामीण विकास विभाग की संरचना में दो स्तर विद्यमान हैं प्रथम राजनीतिक स्तर, द्वितीय सचिवालय स्तर (नौकरशाही तन्त्र)।

राजनीतिक स्तर

ग्रामीण विकास का सम्पूर्ण कार्यभार एवं उत्तरदायित्त्व राजनीतिक स्तर पर एक कैबिनेट स्तर के मंत्री पंचायतीराज एवं ग्रामीण विकास मंत्री के पास है। कभी–कभी ग्रामीण विकास का अलग से कैबिनेट मंत्री बना दिया जाता है जैसा कि गहलोत सरकार में बनाया गया था। परन्तु वर्तमान में भारतीय जनता पार्टी सरकार ने ग्रामीण विकास एवं पंचायती राज मंत्री एक ही व्यक्ति को बनाया हुआ है। इस मंत्री की सहायता के लिए राज्य मंत्री होता है। यह

राजनीतिक कार्यपालिका अस्थायी होती है। यह कार्यपालिका ही ग्रामीण विकास विभाग की नीतियों के निर्धारण का कार्य करती हैं। वर्तमान में श्री कालू लाल गुर्जर ग्रामीण विकास एवं पंचायतीराज मंत्री हैं।

सचिवालय स्तर

सचिवालय स्तर पर स्थायी कार्यपालिका (नौकरशाही) होती है। इस स्थायी कार्यपालिका के शीर्ष पर एक सचिव होता है। यह सचिव 'विकास आयुक्त' के नाम से जाना जाता है। आयुक्त की सहायता के लिए एक प्रमुख शासन सचिव होता है। ग्रामीण विकास आयुक्त ही ग्रामीण विकास विभाग की समस्त क्रियाकलापों को नियन्त्रित एवं संचालित करता है।

राजस्थान राज्य ग्रामीण विकास विभाग की प्रशासनिक संरचना को चार्ट द्वारा दर्शाया गया हैं, तत्पश्चात् इनके विस्तृत कार्यों का उल्लेख किया गया है।

विकास आयुक्त

विकास आयुक्त का पद एक ऐसा पद है जो ग्रामीण विकास एवं पंचायती राज विभाग के शीर्ष पर सचिवालय संरचना का अनन्य अंग है। यह पद इतना महत्त्वपूर्ण है कि राज्य प्रशासनिक संरचना के वरिष्ठतम भारतीय प्रशासनिक सेवा के अधिकारियों में से इस पद पर नियुक्ति की जाती है।

विकास आयुक्त पंचायती राज एवं ग्रामीण विकास विभाग का सर्वोच्च प्रशासनिक अधिकारी होता है। वह ग्रामीण विकास एवं पंचायती राज विभाग का ऐसा प्रभारी वरिष्ठ प्रशासनिक अधिकारी है जो इस विभाग के सम्बन्ध में मन्त्री का प्रमुख परामर्शदाता होता है। ग्रामीण विकास की नीतियों के निर्धारण और पंचायती राज संस्थाओं में कुशल कार्यकरण हेतु आवश्यक नीतियां बनाने और उसके बारे में मंत्री को सलाह तथा परामर्श उपलब्ध कराना और समय–समय पर चाही गयी सूचनाएं, तथ्य एवं आकड़े उपलब्ध कराना उसका प्रमुख कार्य होता है। इस पद पर आसीन अधिकारी अन्य सम्बन्धित विभागों के साथ समन्वय स्थापित कर विकास की योजनाएं तैयार करता है। दूसरे विभाग जैसे सिंचाई, परिवहन, कृषि, खाद्य, संचार, यातायात, चिकित्सा आदि विकासात्मक गतिविधियों में विकास आयुक्त से परामर्श करते हैं। सरकार का प्रमुख परामर्शदाता होने के नाते ग्रामीण विकास के सम्बन्ध में मुख्यमंत्री भी उससे परामर्श की अपेक्षा रखते हैं।

राजस्थान राज्य स्तर पर ग्रामीण विकास प्रशासनिक संरचना

चार्ट 3.2

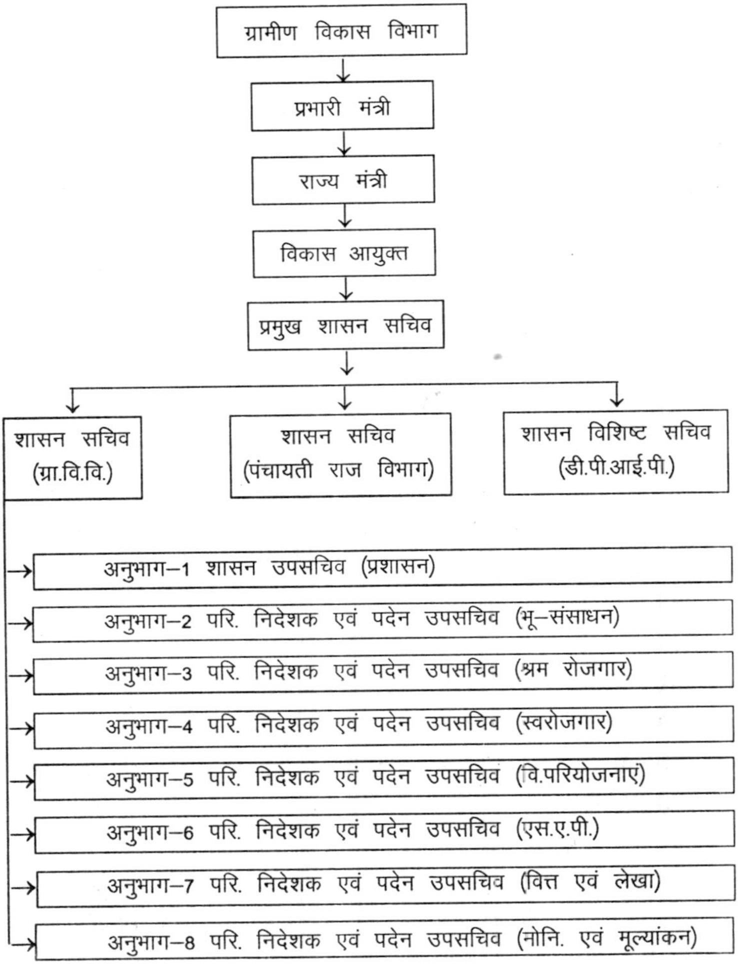

पंचायती राज एवं ग्रामीण विकास विभाग का आयुक्त इन विभागों द्वारा संचालित ग्रामीण विकास कार्यक्रमों/योजनाओं के निर्माण, क्रियान्वयन एवं मूल्यांकन में महत्वपूर्ण भूमिका निभाता है। वह विभाग की सभी गतिविधियों के लिए उत्तरदायी होता है। यह पद इतना अधिक जिम्मेदारी एवं जवाबदेयी होता है कि वह सदैव इन विकास कार्यों में व्यस्त रहता है। यह अधिकारी विशेष क्षेत्रों में व्यस्त रहता है। यह अधिकारी विशेष क्षेत्रों के लिए नवीन परियोजनाओं का सृजन करवाता है तथा क्रियान्वयन का दायित्व वहन करता है। विभाग द्वारा संचालित योजनाओं के व्यापक प्रचार और प्रसार की व्यवस्था करता है। सभी वित्तीय मामले लेखांकन तथा लेखा परीक्षा, विभागीय अनियमितताओं आदि पर नजर रखता है और इस सम्बन्ध में आवश्यक कार्यवाही कर मामलों का निपटान करता है। बजट निर्माण, नीति और बजट में आवश्यक परिवर्तन, अधिनियमों में संशोधन, विधानसभा मे पूछे गये प्रश्नों व पूरक प्रश्नों के उत्तर तैयार करवाने और विभाग के अत्यन्त महत्त्वपूर्ण मामलों के निपटारे के लिए जिम्मेदार होता है और इसकी व्यवस्था करवाता है।

प्रमुख शासन सचिव

ग्रामीण विकास विभाग की प्रशासनिक संरचना में प्रमुख शासन सचिव, विकास आयुक्त के नीचे का सर्वाधिक महत्वपूर्ण पद है। इस पद पर राज्य प्रशासनिक संरचना के वरिष्ठतम भारतीय प्रशासनिक सेवा के अधिकारियों में से नियुक्त किया जाता है। यह ग्रामीण विकास विभाग में विकास आयुक्त के निर्देशन में कार्य करता है एवं विकास आयुक्त की सहायता करता है।

प्रमुख शासन सचिव अपने अधीन तीनों शासन सचिवों (शासन सचिव– ग्रा. वि. वि., शासन सचिव–पंचायती राज एवं शासन विशिष्ट सचिव– डी. पी. आई. पी.) को आवश्यक निर्देश एवं कार्य का विभाजन करता है। इन तीनों शासन सचिवों के कार्यों में दिशा, सलाह एवं सहायता करता है। इन तीनों शासन सचिवों के कार्य के लिए ही अन्तोगत्वा जिम्मेदार होता है।

प्रमुख शासन सचिव भी मंत्री को आवश्यक सलाह, सहायता एवं आवश्यक जानकारी दे सकता है। नीति क्रियान्वयन में यह महत्वपूर्ण भूमिका निभाता है। अपने अधीन तीनों शासन सचिवों के कार्यों पर नियन्त्रण, पर्यवेक्षण एवं समन्वय का कार्य भी करता है। विकास

आयुक्त द्वारा चाही गई सूचनाएं, आंकड़े एवं अन्य जानकारी समय–समय पर उपलब्ध करवाता है।

शासन सचिव (ग्रामीण विकास विभाग)

राज्य सरकार के स्तर पर ग्रामीण विकास से सम्बन्धित सभी प्रकार की प्रशासनिक–व्यवस्थाओं का उत्तरदायित्व शासन सचिव (ग्रा.वि.वि.) का होता है। यह प्रमुख शासन के अधीन कार्य करता है। ग्रामीण विकास विभाग में कुल आठ अनुभाग हैं जो क्रमशः प्रशासन, भू–संसाधन, श्रम रोजगार, स्वरोजगार, विशिष्ट परियोजनाएं, एस.ए.पी., वित्त एवं लेखा तथा मोनिटरिंग एवं मूल्यांकन हैं। इन सभी अनुभागों में परियोजना निदेशक एवं पदेन उपसचिव कार्यरत हैं। इन सभी को शासन सचिव के अधीन रह कर कार्य करना होता है। शासन सचिव सभी अनुभागों में समन्वय, नियन्त्रण, आवश्यकतानुसार कार्य संचालन, नियमों में संशोधन, प्रशिक्षण, अनुशासनात्मक कार्यवाही आदि करनी होती है। राज्य सरकार एवं उच्च अधिकारियों के समय–समय पर दिये गये निर्देशों का पालन करना एवं चाही गयी सूचनाएें देने के लिए शासन सचिव उत्तरदायी होता है।

अनुभाग – 1 (प्रशासन)

शासन उप सचिव (प्रशासन)

↓

	प्रशासनिक शाखा	भुगतान शाखा	विधि शाखा
1.	परियोजना अधिकारी (1)	लेखाकार (1)	मुख्य विधि सहायक (1)
2.	अनुभाग अधिकारी (1)	कनिष्ठ लेखाकार(1)	विधि सहायक (1)
3.	कार्यालय निरीक्षक (1)	कार्यालय सहायक (1)	कनिष्ठ लिपिक (1)
4.	सांख्यिकी सहायक (1)	वरिष्ठ लिपिक (1)	
5.	वरिष्ठ लिपिक (1)	कनिष्ठ लिपिक (2)	
6.	निजी सहायक (1)	चतुर्थश्रेणी कर्मचारी (2)	
7.	कनिष्ठ लिपिक (2)		
8.	चतुर्थ श्रेणी कर्मचारी (5)		

शासन उप सचिव (प्रशासन)

राजस्थान राज्य ग्रामीण विकास विभाग का प्रशासन अनुभाग शासन उपसचिव के निर्देशन एवं नियन्त्रण में कार्य करता है। प्रशासन अनुभाग तीन शाखाओं में विभक्त किया गया है ये हैं प्रशासनिक, भुगतान एवं विधि शाखा। ये तीनों अनुभाग प्रत्यायोजित एवं सौंपे गये कार्यों का क्रियान्वयन करते हैं। शासन उप सचिव को आबंटित कार्य निम्नलिखित हैं–

अनुभाग-1 प्रशासनः

इस अनुभाग का अधिकारी शासन उपसचिव (प्रशासन) होता है जो शासन विशिष्ट सचिव (ग्रा. वि. वि.) के नियंत्रण में कार्य करता है। नीतियों के क्रियान्वयन में शासन उपसचिव (प्रशासन) निर्दिष्ट कार्यों के लिए उत्तरदायी होता है। उपसचिव (प्रशासन) डी.आर.डी.ए/आर. डी. विभागों को विभिन्न जिलों में स्थापित करता है तथा सम्बन्धित राजपत्रित एवं अराजपत्रित कर्मचारियों की व्यवस्था करता है। यह न्यायालय से सम्बन्धित विवादों के समाधान हेतु महत्त्वपूर्ण भूमिका निभाता है। विवादों से सम्बन्धित तथ्य, आवश्यक आंकड़ें, सूचनाएं एकत्रित कर न्यायालय को अपने पक्ष हेतु साक्ष्य जुटाता है। प्रशासन से सम्बन्धित सभी शिकायतों एवं सुझावों के बारे में आवश्यक कार्यवाही एवं नियोजित कार्यक्रम तैयार करता है। ग्रानीण विकास हेतु प्रशासन से सम्बन्धित सभी कार्यों को करने में यह अपना सहयोग एवं कार्यक्रम क्रियान्वित करता है।

ग्रामीण विकास से सम्बन्धित नीतियों का पूरी सावधानीपूर्वक समय की आवश्यकता को ध्यान में रखते हुए शासन उपसचिव (प्रशासन) आवश्यक कार्यवाही करता है। भारत में पंचवर्षीय योजनाओं के प्रारम्भ से लेकर वर्तमान समय तक अनेक ग्रामीण विकास कार्यक्रमों का उद्‌भव हुआ है। ग्रामीण विकास कार्यक्रमों का लाभ वास्तविक जरूरमन्द लोगों तक पहुँचाने के लिए, सही ढंग से संचालन करने के लिए कुशल, योग्य एवं प्रशिक्षित अधिकारियों एवं कर्मचारियों की आवश्यकता पड़ती है अतः इस आवश्यकता की पूर्णता के लिए उपसचिव प्रशासन समय–समय पर प्रशिक्षण की व्यवस्था करता है ताकि ग्रामीण विकास के उद्‌देश्यों की प्राप्ति में कोई अडचन उत्पन्न नहीं हो। विधानसभा तथा संसद सम्बन्धित मामलों के लिए भी उपसचिव (प्रशासन)

जिम्मेदार होता है तथा सामान्य प्रभागों स्टोर्स एवं हाउसकीपिंग के कार्यों के लिए भी उत्तरदायी होता है।

1. प्रमुख शासन सचिव एवं शासन सचिव ग्रामीण विकास विभाग को प्रशासनिक कार्यों में सहायता करता है;
2. विभाग में राज्य सरकार द्वारा जारी नियमों एवं निर्देशों की पालना सुनिश्चित करना;
3. विभिन्न अनुभागों एवं अभिकरणों से राजस्थान सेवा नियमों की समीक्षा हेतु प्राप्त पत्रों/पत्रावलियों पर टिप्पणी अंकित करना;
4. अनुभाग की तीनों शाखाओं पर नियन्त्रण, निर्देशन एवं पर्यवेक्षण करना;
5. ग्रामीण विकास विभाग/जिला परिषद् की ग्रामीण विकास इकाई का संस्थापन कार्य करना;
6. ग्रा. वि. विभाग के कोर्ट केश के मामलों को प्रशासन अनुभाग की विधि शाखा द्वारा निपटाया जाता है;
7. ग्रा. वि. विभाग से सम्बन्धित सूचनाएं एवं आंकडों का संकलन कम्प्यूटर में किया जाता है। इस हेतु उपशासन सचिव (प्रशासन) आवश्यक दिशा एवं निर्देश देता है तथा समय–समय पर शासन सचिव एवं प्रमुख शासन सचिव (ग्रा. वि. वि.) को चाही गयी सूचनाएं उपलब्ध करवाता है;
8. अन्य विविध प्रकार के मामलों में भी उप शासन सचिव (प्रशासन) महत्वपूर्ण भूमिका का निर्वहन करता है।

अनुभाग – 2 (भू–संसाधन)

1. परियोजना निदेशक एवं पदेन उपसचिव (1)
2. परियोजना अधिकारी (1)
3. सांख्यिकी सहायक (2)
4. कनिष्ठ लेखाकार (1)
5. सांख्यिकी निरीक्षक (2)
6. कनिष्ठ अभियन्ता (1)

7. वरिष्ठ लिपिक (2)
8. कनिष्ठ लिपिक (1)
9. स्टेनो सह लिपिक (1)
10. निजी सहायक (1)
11. चतुर्थ श्रेणी कर्मचारी (2)

परियोजना निदेशक सह पदेन उपसचिव (भू-संसाधन)

शासन सचिव (ग्रामीण विकास विभाग) के अधीन 8 अनुभाग हैं, उनमें से भू–संसाधन दूसरे क्रम का अनुभाग है। इस अनुभाग का मुख्य प्रशासनिक अधिकारी परियोजना निदेशक सह पदेन उपसचिव होता है। यह अधिकारी ग्रामीण विकास के निम्नलिखित कार्यक्रमों/योजनाओं को नियन्त्रित, निर्देशित, समन्वित एवं पर्यवेक्षण करता है– मरू विकास कार्यक्रम, सूखा संभावित क्षेत्र विकास कार्यक्रम, एकीकृत बंजरभूमि विकास कार्यक्रम, मरू गोचर योजना, ग्रामीण क्षेत्रों में राष्ट्रीय बंजरभूमि विकास परियोजना तथा रोजगार गारन्टी कार्यक्रम का अवशेष कार्य।

भू–संसाधन अनुभाग के अन्तर्गत योजनाओं/कार्यक्रमों में परिवर्तन के साथ परियोजना निदेशक सह पदेन उपसचिव के उत्तरदायित्व भी उसी क्रम में परिवर्तित हो जाते हैं। इस अनुभाग में कोई नई योजना/कार्यक्रम जुड़ने पर उसके दायित्व भी जुड़ जाते हैं। इस अनुभाग में करौली जिला बनने के पश्चात् नादौती खण्ड में 12 परियोजनाएं वर्ष 2000–01 में चलायी गयी, जिनमें प्रत्येक परियोजना की लागत राशि 30 लाख थी जो 6000 हैक्टेयर भूमि पर चलाये गये थे। प्रत्येक परियोजना में 500 हैक्टेयर भूमी थी। इन परियोजनाओं हेतु कुल 161 लाख रूपये प्राप्त हुए जिनमें से 97 लाख खर्च किये गये। इसी प्रकार वर्ष 2001–02 में 03 परियोजनाएं नादौती खण्ड में चलायी गई, जिनके लिए 30 लाख रूपये की राशि प्राप्त हुई और 23 लाख खर्च किये गये। वर्ष 2002–03 में कोई परियोजना नहीं चलाई गई परन्तु 2003–04 हेतु नादौती खण्ड में ही 3 परियोजनाएं चलाई गई हैं।

अनुभाग - 3 (श्रम रोजगार)

1. परियोजना निदेशक सह पदेन उपसचिव (1)
2. परियोजना अधिकारी (2)

3. सांख्यिकी सहायक (3)
4. कनिष्ठ लेखाकार (2)
5. कनिष्ठ अभियन्ता (1)
6. वरिष्ठ लिपिक (2)
7. कनिष्ठ लिपिक (2)
8. स्टेनो सह टाइपिस्ट (2)
9. चतुर्थ श्रेणी कर्मचारी (3)

परियोजना निदेशक सह पदेन उपसचिव (श्रम रोजगार)

परियोजना निदेशक सह पदेन उपसचिव (श्रम रोजगार), ग्रामीण विकास विभाग के शासन सचिव के दिशा निर्देशन में कार्य करता है। यह अधिकारी श्रम रोजगार अनुभाग से सम्बन्धित चल रही विभिन्न ग्रामीण विकास योजनाओं का पर्यवेक्षण, नियन्त्रण एवं समन्वय करता है। इस अनुभाग के कार्यक्षेत्र के लिए यह अधिकारी उत्तरदायी होता है। इस अनुभाग के अन्तर्गत योजनाओं एवं कार्यक्रमों की संख्या में समय–समय पर परिवर्तन होता रहता है।

वर्तमान में इसके अन्तर्गत निम्न कार्यक्रम/योजनाएं हैं– स्वर्णजयंती ग्राम स्वरोजगार योजना, सीमावर्ती क्षेत्र विकास कार्यक्रम, ग्रामीण कार्य निर्देशिका, अभिनव योजनाएं (JRY- III) का अवशेष कार्य, आंगनबाडी केन्द्र, कृषि सेवा केन्द्र, उप स्वास्थ्य केन्द्र आदि।

उपरोक्त सभी कार्यक्रम/योजनाओं के प्रशासन के लिए परियोजना निदेशक सह पदेन उपसचिव (श्रम रोजगार) जबावदेय होता है। अपने अधीन कर्मचारियों पर नियन्त्रण, पर्यवेक्षण एवं समन्वय का कार्य भी करता है।

अनुभाग – 4 (स्वरोजगार)

अनुभागीय-तन्त्र

1. परियोजना निदेशक
   सह उपसचिव (1)
2. परियोजना अधिकारी (3)
3. लेखाकार (1)

4. सांख्यिकी सहायक (2)
5. कार्यालय सहायक (1)
6. वरिष्ठ लिपिक (2)
7. कनिष्ठ लेखाकार (1)
8. संगणक (1)
9. स्टेनो (2)
10. कनिष्ठ लिपिक (2)
11. चतुर्थ श्रेणी कर्मचारी (2)

परियोजना निदेशक एवं पदेन उपसचिव (स्वरोजगार)

परियोजना निदेशक एवं पदेन उपसचिव स्वरोजगार अनुभाग का सर्वेसर्वा अधिकारी होता है। यह स्वरोजगार अनुभाग से सम्बन्धित कार्यों के लिए उत्तरदायी होता है। प्रमुख शासन सचिव एवं शासन सचिव ग्रा. वि. विभाग द्वारा दिये गये दिशा निर्देशों की अनुपालना अपने विभाग में करवाता है तथा इनके द्वारा समय–समय पर मांगी गई सम्बन्धित सूचनाएं एवं आंकड़े इनके समक्ष प्रस्तुत करता है। स्वरोजगार अनुभाग का प्रमुख प्रशासनिक अधिकारी होने के नाते अपने अनुभाग की गतिविधियों पर नियन्त्रण, पर्यवेक्षण एवं समन्वय करता है।

इसके अधीन ग्रामीण विकास की स्वर्णजयन्ती ग्राम स्वरोजगार योजना आती है। इस योजना के अन्तर्गत पूर्व में क्रियान्वित कार्यक्रम/योजनाएं यथा एकीकृत ग्रामीण विकास कार्यक्रम (आई.आर.डी.पी.), ग्रामीण युवाओं को स्वरोजगार हेतु प्रशिक्षण (ट्रायसम) योजना, ग्रामीण दस्तकारों को उन्नत औजार–किट आपूर्ति (सिट्रा) योजना, ग्रामीण क्षेत्रों में महिला व बाल विकास कार्यक्रम (ड्वाकरा), गंगा कल्याण योजना (जी.के.वाई.) तथा दस लाख कुओं की योजना (एम.डब्ल्यू.एस.) आती हैं।

इसके अन्तर्गत किये जाने वाले कार्य हैं – चयनित मुख्य गतिविधियों का क्लस्टर बनाने, गरीबी रेखा से नीचे जीवनयापन करने वाले परिवारों को स्वयं सहायता समूहों के रूप में संगठित करने, व्यक्तिगत लाभार्थियों का चयन करने, उनकी क्षमता विकसित करने के साथ ही प्रशिक्षण, अवसंरचना, प्रौद्यौगिकी साख एवं विपणन के क्षेत्रों को विकसित किये जाने से सम्बन्धित

नीतियों के निर्माण में सहायता करना एवं क्रियान्वित करना। स्वर्णजयन्ती रोजगार योजना के अन्तर्गत आने वाले विशेष प्रोजेक्टों को पूर्ण करना।

अनुभाग - 5 विशिष्ट परियोजनाएं

अनुभागीय-तन्त्र

1. परियोजना निदेशक एवं पदेन उपसचिव (1)
2. परियोजना अधिकारी (1)
3. सांख्यिकी सहायक (3)
4. कनिष्ठ लेखाकार (1)
5. स्टेनो (1)
6. कनिष्ठ लिपिक (2)
7. चतुर्थश्रेणी कर्मचारी (2)

परि. निदेशक एवं पदेन उपसचिव (विशिष्ट परियोजनाएं)

वह विशिष्ट परियोजना अनुभाग का प्रमुख अधिकारी होता है तथा प्रमुख शासन सचिव व शासन सचिव के दिशा निर्देशन में कार्य करता है। इस अनुभाग में राज्य सरकार के नियमों की अनुपालना एवं आबंटित कार्य के क्रियान्वयन के लिए उत्तरदायी होता है। वह अपने अनुभाग के क्रियाकलापों पर एवं कर्मचारियों पर नियन्त्रण, उनका मार्गदर्शन, पर्यवेक्षण एवं समन्वय स्थापित करता है। उच्चाधिकारियों द्वारा चाही गयी सूचनाएं वं आंकड़े समय–समय पर प्रस्तुत/उपलब्ध करवाता है।

परि. निदेशक सह पदेन उपसचिव (विशिष्ठ परियोजनाएं) के कार्य क्षेत्र में आवासीय योजनाएं यथा इन्दिरा आवास योजना, प्रधानमंत्री ग्रामोदय योजना (ग्रामीण आवास), ग्रामीण आवास हेतु ऋण एवं अनुदान योजना, बायोगैस कार्यक्रम, ग्रामीण आवास और पर्यावास विकास के लिये अभिनव कार्यक्रम तथा नये प्रोजेक्टों से सम्बन्धित कार्यक्रम आते हैं। इन सभी कार्यक्रमों/योजनाओं का क्रियान्वयन एवं दिशा निर्देशन इसी अधिकारी के अधीन होता है। इनके लिए वही उत्तरदायी एवं जवाबदेय होता है। वह सरकारी तथा गैरसरकारी संगठनों यथा अरावली, कपार्ट आदि में भी महत्वपूर्ण भूमिका निभाता है।

अनुभाग - 6 (एस.ए.पी.)
(State Approach Programme)

अनुभागीय तंत्र

1. परियोजना निदेशक एवं पदेन उपसचिव (1)
2. परियोजना अधिकारी (1)
3. सांख्यिकी सहायक (3)
    1) विधायक स्थानीय क्षेत्र विकास कार्यक्रम, ग्रामीण प्रौद्योगिकी, मासिक प्रगति प्रतिवेदन
    2) सांसद स्थानीय क्षेत्र विकास कार्यक्रम, डांग क्षेत्र विकास कार्यक्रम, नियोजन, समन्वय, मासिक प्रतिवेदन
    3) मेवात योजना, विधान सभा सम्बन्धी कार्य, गुरू गोलवलकर, जन सहभागिता, मासिक प्रगति प्रतिवेदन

परियोजना निदेशक एवं पदेन उपसचिव (SAP)

परियोजना निदेशक एवं पदेन उपसचिव (SAP) अपने अनुभाग में चल रही विभिन्न योजनाओं का प्रशासक एवं प्रबन्धक होता है। इस अनुभाग के अन्तर्गत निम्न विकास कार्यक्रम/योजनाएं हैं–

सांसद स्थानीय क्षेत्र विकास कार्यक्रम, विधायक स्थानीय क्षेत्र विकास कार्यक्रम, मेवात क्षेत्रीय विकास योजना, डांग क्षेत्रीय विकास कार्यक्रम, अपना गांव अपना काम योजना, बत्तीस जिला बत्तीस कार्य, निर्बन्ध राशि, ग्रामीण विकास केन्द्र/लघु ग्रामीण विकास केन्द्र कार्यक्रम, मुख्यमंत्री जन भागीदारी विकास योजना (2004–05 बजट में इसकी घोषणा कर दी गई है तथा इसको 'गुरू गोलवलकर जनसहभागिता' का नाम दिया गया है।) पूरा (Provision of Urban Amenities in Rural Areas), ग्रामीण प्रौद्योगिकी, आंगनबाडी केन्द्र तथा गोदाम (ICDS III) इत्यादि।

✡ यह उपरोक्त कार्यक्रमों/योजनाओं के प्रशासक के रूप में कार्य करता है तथा शासन सचिव ग्रा. वि. विभाग की सहायता करता है।

- ✡ इन कार्यक्रमों/योजनाओं को राजस्थान के विभिन्न जिलों एवं खण्डों में क्रियान्वयन हेतु रूपरेखा का निर्धारण करता है।
- ✡ विभाग में राज्य सरकार द्वारा जारी नियमों एवं निर्देशों को अनुभाग में पालना कराना।
- ✡ योजना प्रभारियों से योजनाओं के क्रियान्वयन के संबंध में चाहे गये मार्गदर्शन हेतु टिप्पणी अंकित करना।
- ✡ इस अनुभाग के अन्तर्गत क्रियान्वित योजनाओं/कार्यक्रमों की मासिक प्रगति प्रतिवेदन तैयार करवाना।
- ✡ योजनाओं/कार्यक्रमों के सफल संचालन हेतु पर्यवेक्षण, नियंत्रण, समन्वय करना।

अनुभाग – 7

वित्त एवं लेखा अनुभाग का प्रशासन

ग्रा. वि. विभाग

1. परियोजना निदेशक एवं पदेन उपसचिव (1)
   (वित्त एवं लेखा)
   (मुख्य अधिकारी स्तर)
2. परियोजना अधिकारी लेखा (1)
3. सहायक लेखाधिकारी (2)
4. लेखाकार (3)
5. कनिष्ठ लेखाकार (3)
6. अन्य अनुभागों में कार्यरत कनिष्ठ लेखाकार (8)
7. शीघ्र लिपिक (2)
8. वरिष्ठ लिपिक (2)
9. कनिष्ठ लिपिक (1)
10. चतुर्थ श्रेणी कर्मचारी (2)

पंचायती राज विभाग में

1. मुख्य लेखाधिकारी (1)

2. लेखाधिकारी (1)
3. स. लेखाधिकारी (5)
4. स. लेखाधिकारी अन्य अनुभागों में कार्यरत (1)
5. लेखाकार (2)
6. कनिष्ठ लेखाकार (23)
7. कनिष्ठ लेखाकार (अन्य अनुभाग में) (6)
8. शीघ्र लिपिक (1)
9. वरिष्ठ लिपिक (1)
10. कनिष्ठ लिपिक (2)
11. चतुर्थ श्रेणी कर्मचारी (4)

लेखा अनुभाग ग्रामीण विकास विभाग को आबंटित कार्य-

परियोजना निदेशक वित्त एवं लेखा

1. प्रमुख शासन सचिव, ग्रा. वि. विभाग एवं पंचायती राज विभाग के वित्तीय सलाहकार के रूप में कार्य करना।
2. मुख्य सर्तकता अधिकारी ग्रा. वि. विभाग के रूप में कार्य करना।
3. विभाग में बजट नियंत्रक के रूप में कार्य करना।
4. विभाग में राज्य सरकार द्वारा जारी नियमों एवं निर्देशों की पालना सुनिश्चित करना।
5. विभिन्न अनुभागों एवं अभिकरणों से सामान्य वित्तीय एवं लेखा नियम राजस्थान सेवा/सी.सी.ए. रूल्स की समीक्षा हेतु प्राप्त पत्रों/पत्रावलियों पर टिप्पणी करना।
6. योजना प्रभारियों से योजना के क्रियान्वयन के सम्बन्ध में चाहे गये मार्गदर्शन हेतु टिप्पणी अंकित करना।
7. महालेखाकार राज. जयपुर से प्राप्त समस्त अभिकरणों के निरीक्षण प्रतिवेदनों तथ्यात्मक प्रतिवेदनों, ड्राफ्ट पैराज, सी.ए.जी. पैराज की अनुपालना तैयार करवाना, अनुपालना पर इस विभाग की समीक्षा टिप्पणी अंकित कराकर महालेखाकार को भिजवाना एवं CAG

पैराज की अनुपालना की महालेखाकार से समीक्षा कराने के पश्चात् जन लेखा समिति को भिजवाना।

8. जिला ग्रा. वि. अभिकरण प्रशासन योजना के प्रभारी अधिकारी के रूप में कार्य करना।
9. अभिकरण स्तर पर नियमानुसार लेखों का संधारण एवं अंकेक्षण कार्य सुनिश्चित करना एवं उनसे लेखे अंकेक्षित कराना।
10. जन लेखा समिति की सिफारिशों की क्रियान्विति एवं उनके निर्देशों की पालना सुनिश्चित कराना तथा जन लेखा समिति की बैठकों में उपस्थित होना।
11. Local Fund Audit Department (स्थानीय निधि अंकेक्षण विभाग) द्वारा की गई विशेष जांच प्रतिवेदनों की पालना सुनिश्चित करना।
12. समस्त अभिकरणों के उपयोगिता प्रमाण पत्रों के समायोजना कार्य की मोनीटरिंग करना।
13. राज्य स्तरीय आडिट कमेटी की बैठकें आयोजित करवाना।
14. परियोजना अधिकारी लेखा की राज्य स्तरीय बैठकें आयोजित कराना।

अनुभाग - 8 (मोनिटरिंग एवं मूल्यांकन)

1. परियोजना निदेशक एवं पदेन उपसचिव (1)
2. सहायक निदेशक (1)
3. मूल्यांकन अधिकारी (1)
4. अन्वेषण सहायक (1)
5. सांख्यिकी सहायक (1)
6. सांख्यिकी निरीक्षक (2)
7. अन्वेषक (1)
8. वरिष्ठ लिपिक (1)
9. स्टैनो (2)
10. कनिष्ठ लिपिक (1)
11. चतुर्थ श्रेणी कर्मचारी (3)

परियोजना निदेशक एवं पदेन उपसचिव

राजस्थान के ग्रामीण विकास विभाग में यह अनुभाग बहुत उपयोगी एवं महत्त्वपूर्ण है। इस अनुभाग का अधिकारी परियोजना निदेशक एवं पदेन उपसचिव (मोनिटरिंग एवं मूल्यांकन) होता है। यह अधिकारी राज्य में ग्रामीण विकास योजनाओं एवं कार्यक्रमों के प्रचार–प्रसार का कार्य करता है जिससे गांवों में जनचेतना का विकास होता है और जनसहभागिता बढ़ती है। यह अनुभाग राज्य स्तरीय ग्रामीण विकास हेतु सम्मेलन, गोष्ठियां आयोजित करता है तथा मन्त्रियों के विचार विमर्श हेतु मीटिंग (सभा) आयोजन की व्यवस्था करता है।

यह अनुभाग परियोजना निदेशकों की सभाओं के आयोजन की व्यवस्था करता है। विभिन्न परियोजनाओं के निदेशकों की बैठक बुलाकर विकास कार्यों एवं योजनाओं पर चर्चा की जाती है। ग्रामीण विकास कार्यों की लोकप्रियता हेतु भी यही अनुभाग कार्य करता है।

ग्रामीण विकास कार्यक्रमों की समीक्षा

हमारे देश में अंग्रेजों से सत्ता प्राप्ति के बाद से ग्रामीण विकास पर विशेष बल दिया गया क्योंकि हमारे देश की लगभग 85 प्रतिशत जनसंख्या गांवों में निवास करती थी। वर्ष 2001 की जनगणना के अनुसार भी लगभग 73 प्रतिशत जनसंख्या गांवों में निवास करती है। ग्रामीण जनता के विकास के लिए गरीब लोगों के सामाजिक–आर्थिक स्तर में सुधार आवश्यक था। अतः इस दिशा में सरकार ने कदम उठाते हुए अनेक ग्रामीण विकास कार्यक्रम/योजनाऐं प्रारम्भ की जो कि वर्तमान में भी समय की आवश्यकतानुसार क्रियान्वित की जा रही हैं। यहाँ ग्रामीण विकास कार्यक्रमों के दोनों पक्षों सफल और निष्फल पर प्रकाश डाला जा रहा है। ग्रामीण विकास कार्यक्रमों की व्यूह रचना राजस्थान में सफल मानने के लिए निम्नलिखित तर्क दिये जा सकते हैं–

(i) ग्रामीण विकास कार्यक्रमों के क्रियान्वयन से निर्धन ग्रामीण लोगों तक सहायता पहुँची है जिससे उनकों आय के साधन लगाने, आत्मनिर्भरता लाने के अवसर प्राप्त हुए हैं।

(ii) ग्रामीण जनता में उपभोग की वस्तुओं में निरन्तर वृद्धि हो रही है। ग्रामीण जनता फोन, पंखे, कूलर, टी.वी., स्कूटर, मोटर साइकिल, कार इत्यादि का लाभ प्राप्त कर रही है।

(iii) ग्रामीण जनता के लिए सुविधा उपलब्ध कराने के उद्देश्य से गांवों को सड़कों से जोडा गया है।

(iv) गांवों में परिवहन एवं संचार की सुविधाएं बढ़ाई गई हैं तथा विद्युतीकरण पर विशेष ध्यान दिया जा रहा है।

(v) राज्य में साक्षरता दर में निरन्तर वृद्धि हो रही है। पिछले दशक में दर्ज की गई वृद्धि उत्साहवर्द्धक रही।

(vi) ग्रामीण विकास कार्यक्रमों की जानकारी ग्रामसभा/वार्ड सभाओं में होने लगी है। योजनाएं वार्ड सभा/ग्राम सभाओं में बनने से नियोजन धरातल तक होने लगा है।

(vii) ग्रामीण जनता में राजनीतिक जागृति आई है और जनता अपने अधिकारों को जानने लगी है।

(viii) राज्य में ग्रामीण जनता में धर्म, वर्ग, जाति का भेद कम हुआ है। अनेक कुप्रथाओं एवं कुरीतियों पर नियन्त्रण के लिए सामाजिक प्रयास हो रहे हैं जैसे बाल विवाह, मृत्यु भोज, लिंग भेद, पर्दा प्रथा इत्यादि।

उपरोक्त सकारात्मक तर्क ग्रामीण विकास की सफलता के पक्षकार हैं परन्तु अनेक विद्वान ग्रामीण विकास कार्यक्रमों की असफलता के समर्थन में निम्नलिखित तर्क देते हैं–

(i) राज्य में ग्रामीण विकास कार्यक्रमों का प्रशासन तन्त्र अब भी माई बाप की अवधारणा पर कार्य करता है।

(ii) ग्रामीण विकास कार्यक्रमों में भ्रष्टाचार इस कदर व्याप्त है कि इनका लाभ वास्तविक जरूरतमन्द व्यक्ति तक न पहुंच कर धनी, प्रभुत्व सम्पन्न व्यक्ति ही उठा रहे हैं।

(iii) ग्रामीण विकास कार्यक्रमों को क्रियान्वित कराने के पीछे जनप्रतिनिधियों का उद्देश्य जनता को लाभ न होकर, प्राप्त राशि को हड़पने का रहता है। अतः इनके उद्देश्य नकारात्मक एवं स्वार्थसिद्ध के कारण कार्यक्रम सफल नहीं हो पाये हैं।

(iv) देश के वर्तमान उपराष्ट्रपति श्री भैरोसिंह शेखावत ने ग्रामीण विकास के लिए भ्रष्टाचार को समूल नष्ट करने की बात कही है। इससे स्पष्ट है कि हमारे तन्त्र में भ्रष्टाचार व्याप्त है जो ग्रामीण विकास में बाधक है। भ्रष्टाचार के सम्बन्ध में हमारे देश के भूतपूर्व प्रधानमंत्री श्री राजीव गांधी ने कहा था कि "ग्रामीण निर्धनों के लिए चलाए जा रहे विभिन्न कार्यक्रमों पर जो व्यय किया जाता है उसका केवल 10 या 15 प्रतिशत हिस्सा ही ग्रामीण जनता तक पहुँच पाता है। शेष 90 या 85 प्रतिशत राशि मध्यस्थों द्वारा भ्रष्ट तरीकों से हड़प ली जाती है।

(v) ग्रामीण जनता का शहरों की ओर पलायन इस बात का द्योतक है कि ग्रामीण विकास कार्यक्रमों की व्यूह रचना असफल रही है।

(vi) राज्य में अब भी निरक्षरता विद्यमान है। ग्रामीण जनसंख्या में निरक्षरता का प्रतिशत काफी है, विशेषकर महिलाओं में।

(vii) राज्य की जनता में खासकर ग्रामीण जनता में सामाजिक कुरूतियाँ, रूढ़ियाँ एवं कुप्रथाएं जैसे दहेज, बालविवाह, मृत्युभोज, जादू–टोना, भूत प्रेत इत्यादि में विश्वास ग्रामीण जनता में असफलता की कहानी है।

(viii) ग्रामीण जनता को प्रशासनिक भ्रष्टाचार का सामना आज भी सर्वत्र करना पड़ता है। प्रशासन में पारदर्शिता, संवेदनशीलता एवं जबावदेयता का अभाव ग्रामीण विकास कार्यक्रमों की असफलता का प्रतीक है।

(ix) राज्य में बढ़ती बेरोजगारी एवं बढ़ती अनैतिक घटनाएं ग्रामीण विकास के लिए एक चुनौती है।

(x) ग्रामीण विकास के अनेक कार्यक्रमों की ग्रामवासियों को खबर तक नहीं होती इससे ग्रामीण जनता की उपेक्षा व अज्ञानता के अतिरिक्त आधुनिक संचार प्रणाली का अभाव भी है।[14] अतः ग्रामीण विकास की संस्थाओं का विज्ञान एवं प्रौद्योगिकी से दूर होना असफलता की कहानी है।

राजस्थान में ग्रामीण विकास कार्यक्रम केन्द्र सरकार, राज्य सरकार एवं बाह्य सहायता प्राप्त कार्यक्रम चल रहे हैं। कार्यक्रम/योजनाओं की संख्या काफी है परन्तु आज भी राज्य में गरीबी रेखा के नीचे जीवनयापन करने वाली

जनसंख्या काफी है। ग्रामीण विकास योजनाओं के उद्देश्य सैद्धान्तिक रूप से तो आदर्श हैं परन्तु इनकी क्रियान्विति उद्देश्यों के अनुरूप नहीं हो पाती। वास्तविक जरूरतमन्द जनता तक तो इन विकास कार्यक्रमों की जानकारी ही नहीं हो पाती। पंचायतीराज के ग्रासरूट स्तर ग्रामसभा/वार्ड सभाओं में केवल औपचारिकताएं पूरी की जाती हैं। ग्राम सेवक सह पदेन सचिव एवं सरपंच मिलकर कागजी पूर्ति कर गरीब ग्रामीण जनता के साथ अन्याय कर रहे हैं।

सन्दर्भ

1. एच.डी.मालवीया, *''विलेज पंचायत इन इण्डिया,''* 1965, उद्धत, डॉ. रविन्द्र शर्मा, "ग्रामीण स्थानीय प्रशासन," प्रिन्टवैल पब्लिशर्स, जयपुर, 1985, पृष्ठ– 105
2. डॉ. गिरवर सिंह राठौड, *"भारत में पंचायती राज,"* पंचशील प्रकाशन, जयपुर, 2004, पृष्ठ– 313
3. राजस्थान सरकार, सामान्य प्रशासन विभाग, आदेश संख्या एफ (13) जी/ए/ए/59, दिनांक 28 मार्च, 1959
4. वार्षिक प्रतिवेदन, 2003–2004, ग्रामीण विकास विभाग, राजस्थान सरकार, जयपुर
5. राजस्थान सरकार, आदेश संख्या एफ 24(2) मन्त्रीमण्डल (82) जयपुर, दिनांक 22 जून, 1982
6. पंचायती राज विभाग, क्रमांक एफ 4(66) परास/पी.सी./2002/565, दिनांक 19.06.2003
7. डॉ. उमेश चन्द्र अग्रवाल, *ग्रामीण आवासीय योजनाएं : एक आकलन,* कुरूक्षेत्र, ग्रामीण विकास मंत्रालय नई दिल्ली, अगस्त 2003, पृष्ठ– 8
8. वार्षिक प्रतिवेदन, ग्रामीण विकास विभाग, राजस्थान, जयपुर, 2003–04, पृष्ठ– 74
9. उपर्युक्त पृष्ठ– 38
10. उपर्युक्त पृष्ठ– 75
11. राजस्थान पत्रिका, केसरगढ़, जे.एल.एन. मार्ग, जयपुर, 1 मार्च, 2005
12. उपर्युक्त, 1 मई, 2005
13. एच.आर. स्वामी, बी.पी. गुप्ता, *"ग्रामीण विकास एवं सहकारिता,"* रमेश बुक डिपो, जयपुर, 1994, पृष्ठ– 68
14. जनक सिंह मीणा, *ग्रामीण विकास में प्रौद्योगिकी की भूमिका,* कुरूक्षेत्र, ग्रामीण विकास मंत्रालय नई दिल्ली, जनवरी 2005, पृ. 16

4

जिला एवं पंचायत समिति स्तर पर ग्रामीण विकास कार्यक्रमों का प्रशासन

करौली जिला मत्स्य प्रदेश का ही भाग है। महाभारत काल में इस क्षेत्र की राजधानी विराट नगर थी। वर्तमान में विराट नगर जयपुर जिले में है। करौली जिले की नादौती तहसील के गढ़मोरा, कमेडी तथा गार्जीपुर खावदा से काले तथा लाल बरतनों एवं चित्रकलायुक्त सलेटी उपकरणों की प्राप्ति हुई है। ये बरतन इस क्षेत्र में पूर्व इतिहास काल में मानव अधिवास की पुष्टि करते हैं।[1]

करौली जिला मुख्यालय पूर्व में इस राज्य की राजधानी थी। करौली कस्बे की स्थापना सन् 1348 ई. में यादव वंश के राजा अर्जुनपाल ने की थी। इसका मूलतः नाम कल्याणपुरा था जो कल्याणजी के मन्दिर के नाम से प्रसिद्ध था। भद्रावती नदी के किनारे होने के कारण इसे भद्रावती नगरी भी कहा जाता था। करौली की गद्दी पर बैठने वाला अन्तिम शासक गणेश पाल था जो 19 अप्रेल 1947 को राजा बना। उसके गद्दी पर बैठने के 4 माह बाद ही देश आजाद हो गया था। करौली शहर चारों ओर से लाल पत्थर से बना हुआ है, जिसकी परिधि 3.7 कि.मी. है तथा जिसमें 6 दरवाजे एवं 12 खिड़कियां हैं।

19 जुलाई, 1997 को राजस्थान के पूर्व मुख्यमंत्री श्री भैरोंसिंह शेखावत ने सवाई माधोपुर से डांग क्षेत्र को पृथक कर करौली जिले का निर्माण किया। यह क्षेत्र लम्बे समय से डाकुओं से संत्रस्त रहा है। करौली जिला राजस्थान का 32वां जिला बना, जिसमें प्रीतम सिंह को जिले का प्रथम कलक्टर बनाया गया। जिला करौली प्राचीन करौली राज्य तथा जयपुर राज्य की गंगापुर एवं हिण्डौन निजामतों में आता था। करौली राज्य मई,

1949 को मत्स्य संघ में सम्मिलित हुआ तत्पश्चात् जयपुर के साथ मिलाकर वृहत्त संयुक्त राज्य राजस्थान का भाग बना।

इस जिले में पाये जाने वाले किले एवं गढ़ इसके पुराने गौरवशाली इतिहास के साक्षी हैं। इसमें तिमनगढ़ (मण्डरायल) के किलों का देश के मध्यकालीन इतिहास में प्रमुख स्थान रहा है। सन् 1093 से 1159 में राजा तिमनपाल यादव वंश का शक्तिशाली राजा था, जिसने अपनी शक्ति को बढ़ा कर तिमनगढ़ का निर्माण कराया। ऐतिहासिक महापुरूषों एवं मनीषियों के नाम की अनेक छतरियां यहाँ आज भी मौजूद हैं। मध्य युग के मूर्तिकला एवं वास्तुकला के नमूने पुराने समय में भव्य मन्दिरों के होने के प्रमाण हैं। कुड़गांव की मस्जिद में एक शिलालेख है तथा अरबी लिपि के कुरान की ''आयतें'' लिखी हैं।

राजस्थान का मानचित्र

करौली जिला राजस्थान प्रदेश के पूर्वी भू–भाग में स्थित है। यह जिला 26°1′ से 27°3′ उत्तरी अक्षांशों एवं 76°5′ से 77°4′ पूर्वी देशान्तरों के

मध्य स्थित है। इसके उत्तर में अलवर, उत्तरपूर्व में भरतपुर तथा उत्तर प्रदेश, पूर्व में धौलपुर, दक्षिण–पूर्व में मध्य प्रदेश, दक्षिण तथा दक्षिण –पश्चिम में सवाई माधोपुर, पश्चिम तथा उत्तर पश्चिम में दौसा जिले की सीमायें स्थित हैं। इस प्रकार करौली जिले से उत्तर प्रदेश तथा मध्य प्रदेश दो राज्यों तथा अलवर, भरतपुर, धौलपुर, सवाई माधोपुर तथा दौसा पाँच जिलों की सीमायें मिलती हैं।

करौली जिला अरावली पर्वत के पूर्वी ढ़ाल पर स्थित है। इस उपखण्ड़ में अरावली की ऊंची व सघन पहाड़ियां हैं। ये पहाड़ियां ग्रेनाइट तथा बलुई पत्थर से निर्मित हैं जिनमें कहीं–कहीं काला व सफेद पत्थर तथा अभ्रक भी निकलता है। ये दुनिया की सबसे पुरानी चट्‌ानें हैं क्योंकि इनमें किसी जैविक संरचना के जीवाश्म प्राप्त नहीं हुए हैं। जिले में बाण गंगा, गम्भीर तथा चम्बल नदियां बहती हैं। यहाँ कोई प्राकृतिक झील नहीं है। इसमें नाग तलाई, जग्गर, ममचेडी, नीन्दर, कालीसिल तथा खिरखिरी नामक जलाश्म मुख्य हैं।[2]

करौली जिले का कुल क्षेत्रफल 5,014 वर्ग किलोमीटर है। वर्ष 2001 की जनगणना के अनुसार जिले की कुल जनसंख्या 12,05,631 है, जिनमें 6,48,837 पुरूष तथा 5,56,794 महिलाएं हैं। करौली जिले का जनसंख्या घनत्व 218 प्रतिवर्ग किलोमीटर हैं। जिले की 64.59% जनसंख्या साक्षर है जिसमें 80.93% पुरूष तथा 45.44% महिलाएं साक्षर हैं। जिले में लिंगानुपात एक हजार पुरूषों पर स्त्रियों की संख्या 858 है। दशकीय (1991–2001) जनसंख्या वृद्धि दर 29.96 है।

प्रशासनिक दृष्टि से जिला करौली कोटा संभाग के अन्तर्गत आता है। यह जिला दो उपखण्डों करौली व हिण्डौन, 6 तहसीलों यथा करौली, सपोटरा, हिण्डौन, टोडाभीम, नादौती तथा मण्डरायल एवं 2 उपतहसील करणपुर व मासलपुर में विभाजित है। प्रजातान्त्रिक विकेन्द्रीकरण के अन्तर्गत वर्तमान में 5 पंचायत समितियां हैं।

प्रशासनिक व्यवस्था के अन्तर्गत जिला कलेक्टर जिले का प्रशासनिक प्रमुख होने के साथ–साथ जिला मजिस्ट्रेट भी है। उपखण्ड स्तर पर उपखण्ड अधिकारी होता है। प्रत्येक तहसील का कार्यभार एवं निगरानी के लिए तहसीलदार होता है।

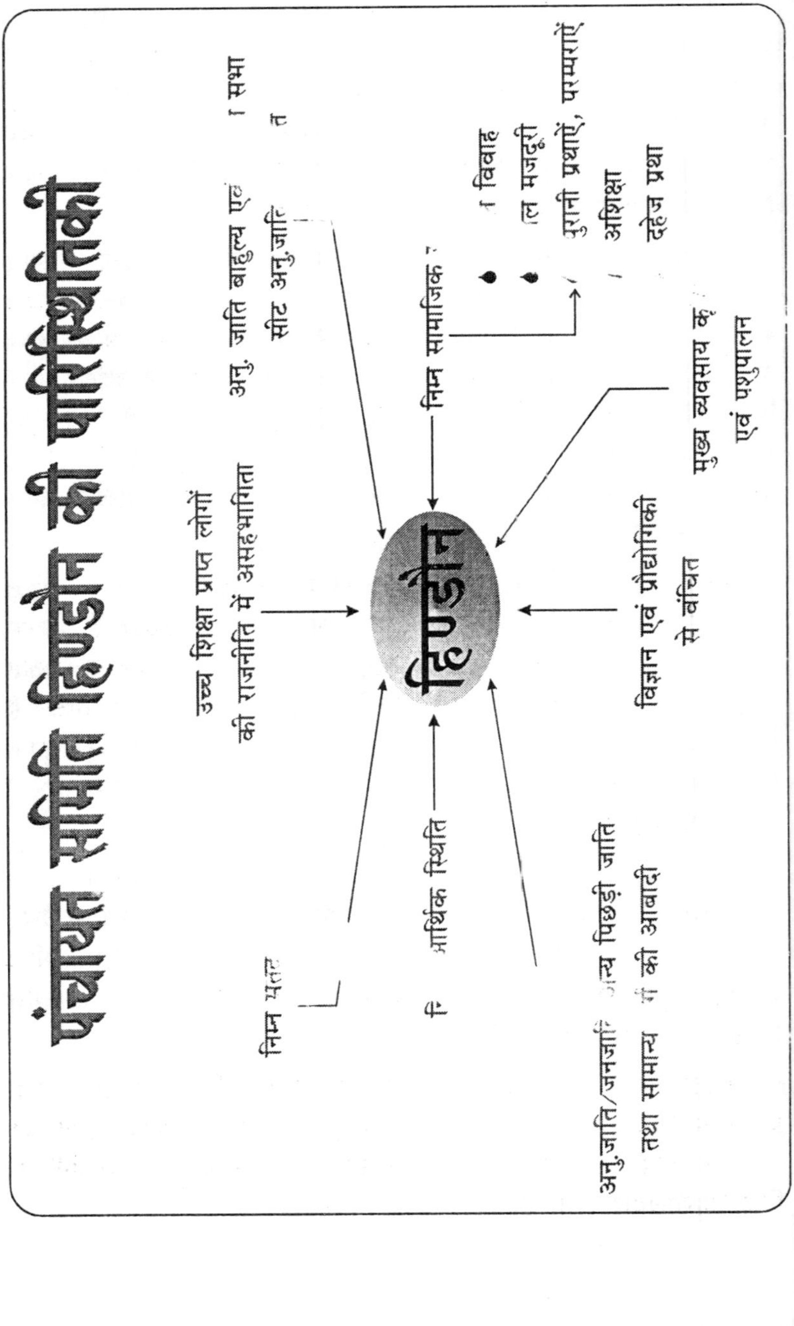
पंचायत समिति हिण्डौन की पारिस्थितिकी
हिण्डौन
उच्च शिक्षा प्राप्त लोगों की राजनीति में असहभागिता
अनु. जाति बाहुल्य एवं सभा
सीट अनु.जाति
निम्न सामाजिक
विवाह
मजदूरी
पुरानी प्रथाऐं, परम्पराऐं
अशिक्षा
दहेज प्रथा
मुख्य व्यवसाय
एवं पशुपालन
विज्ञान एवं प्रौद्योगिकी से वंचित
अनु.जाति/जनजाति अन्य पिछड़ी जाति तथा सामान्य की आबादी
आर्थिक स्थिति
निम्न

ग्रामीण क्षेत्रों में विकास कार्यों के लिए नियन्त्रण एवं परिवीक्षण हेतु जिला ग्रामीण विकास अभिकरण है यहाँ अतिरिक्त कलेक्टर (विकास) एवं पदेन मुख्य कार्य अधिकारी जिला परिषद का पद स्वीकृत है। अभिकरण की एक शासकीय निकाय समिति गठित है जिसका प्रमुख "जिला प्रमुख" होता है तथा जिला कलेक्टर पदेन कार्यपालक निदेशक होते हैं।

जिले में संचालित ग्रामीण विकास कार्यक्रम/योजनाएं

करौली जिले की 46.87 प्रतिशत ग्राम पंचायतें डांग क्षेत्र के अन्तर्गत आती हैं। यह क्षेत्र काफी पिछड़ा एवं प्रशासन की प्रभावशीलता से परे रहने के कारण यहां डाकुओं, चोरों एवं लुटरों की संख्या में बढ़ोत्तरी हो गई। इस क्षेत्र में पहाड़ियां, घने वृक्ष, ऊँचे–नीचे गड्ढों की भरमार, इनके लिए अनुकूल परिस्थितियां प्रदान करती थी। स्थानीय जनता की समस्याऐं दिनों–दिन बढ़ती जा रही थी। पत्थर की खानों से माल ढोने वाले वाहनों के ड्राइवर, व्यापारी, मालिक आदि सभी लोगों को आये दिन इनसे सामना करना पड़ता था। यह क्षेत्र एक तरह से **'डाकुओं का घर'** बन गया था। आये दिन घटित होने वाली इन घटनाओं से क्षेत्र में भय व्याप्त था और क्षेत्र की आम जनता सहमी हुई थी। ये डाकू, लुटेरे, लूट खसौट तथा डकेती की वारदातों को आये दिन, दिन दहाड़े अन्जाम देते थे। पुलिस प्रशासन इन घटनाओं को मूक दर्शक बनकर देखता रहा।

क्षेत्र की जनता ने सरकार, राजनीतिज्ञों एवं प्रशासन का ध्यान इस ओर आकृष्ट किया और क्षेत्र की जनता को भयमुक्त वातावरण उपलब्ध कराने की ओर ध्यान दिलाया। पिछड़ेपन से विकास की ओर बेहतर प्रशासन व्यवस्था मुहैया कराने एवं क्षेत्र की जनता में अमन चैन, विश्वास की बहाली के लिए करौली को 1997 में जिला बनाया गया। करौली जिले की लगभग 86 प्रतिशत जनता गांवों में निवास करती है। यह जिला अन्य जिलों की तुलना में काफी पिछड़ा हुआ है। इस क्षेत्र के विकास के लिए सरकार द्वारा विविध ग्रामीण विकास कार्यक्रम समय–समय पर संचालित किये जाते रहे हैं। वर्तमान में ग्रामीण विकास के निम्नलिखित कार्यक्रम चलाये जा रहे हैं:–

(1) स्वर्णजयन्ती ग्राम स्वरोजगार योजना

यह योजना जिले में 1 अप्रेल, 1999 से एकीकृत ग्रामीण विकास कार्यक्रम, ग्रामीण युवा स्वरोजगार प्रशिक्षण कार्यक्रम, ग्रामीण दस्तकारों को

उन्नत औजार किट आपूर्ति योजना, ग्रामीण क्षेत्रों में महिला व बाल विकास कार्यक्रम, गंगा कल्याण एवं जीवनधारा योजना में उपलब्ध राशि का पूल बनाकर स्वर्णजयन्ती ग्राम स्वरोजगार योजना के नाम से प्रारम्भ की गई है।

इस योजना के अन्तर्गत व्यक्तिगत स्वरोजगार अथवा स्वयं सहायता समूहों को बैंक ऋण तथा सरकार अनुदान देकर आय सृजक परिसम्पत्तियाँ उपलब्ध करवाकर उन्हें तीन वर्ष में गरीबी की रेखा से ऊपर उठाना चाहती है। यह योजना एक ऋण युक्त अनुदान कार्यक्रम है। ऋण ही इस योजना का महत्वपूर्ण अंग है जबकि अनुदान लाभार्थियों को सक्षम बनाने के लिए दिया जाता है।

(2) सम्पूर्ण ग्रामीण रोजगार योजना (एस.जी.आर.वाई.)

यह योजना जवाहर ग्राम समृद्धि योजना एवं सुनिश्चित रोजगार योजना को मिलाकर 1 अप्रेल, 2002 से सम्पूर्ण ग्रामीण रोजगार योजना के रूप में विधिवत लागू कर दी गई है। इसका मुख्य उद्देश्य ग्रामीण क्षेत्रों में अतिरिक्त मजदूरी, रोजगार के अवसर उपलब्ध कराना व खाद्य सुरक्षा के साथ–साथ स्थायी स्वरूप की सामुदायिक परिसम्पत्तियाँ, सामाजिक एवं आर्थिक संसाधनों का सृजन तथा भौतिक परिसम्पत्तियों का सृजन करना है।

(3) सांसद क्षेत्रीय विकास योजना

इस योजना के अन्तर्गत प्रत्येक लोकसभा एवं राज्य सभा सदस्य को अपने क्षेत्र में विकास कार्य करवाने के लिए अधिकृत किया जाता है। इसके अन्तर्गत प्रारम्भ में एक वित्तीय वर्ष हेतु 1 करोड़ रूपये तक के कार्य अधिकृत थे परन्तु 1998–99 से इसे बढ़ाकर यह राशि 2 करोड़ रूपये कर दी गई है। इस विकास योजनान्तर्गत करौली जिले का नोडल जिला सवाई माधोपुर है। अतः राशि सवाई माधोपुर से प्राप्त होती है। इसमें सांसद प्रस्ताव जिला कलेक्टर को प्रस्तुत करते हैं जिनका परीक्षण कर स्वीकृत जारी करा दी जाती है।

(4) बायोगैस योजना

ग्रामीण क्षेत्रों में ईंधन व खाद की समस्या से निजात पाने के लिए बायोगैस संयंत्र एक उत्तम उपाय है। इससे जहाँ एक ओर उत्तम खाद

प्राप्त होती है, वहीं दूसरी ओर बिजली भी प्राप्त होती है जिससे घरों में रोशनी की जा सकती है।

(5) इन्दिरा आवास योजना

इस योजना का उद्देश्य गरीबी की रेखा से नीचे जीवनयापन करने वाले परिवारों को आवास हेतु सहायता उपलब्ध कराना है। जिनके पास पक्के आवास हैं वे इसके पात्र नहीं हैं। इसमें बन्दुआ मजदूर अत्याचार से पीड़ित, अनु. जाति/जनजाति, विधवाओं को यह सुविधा प्राथमिकता से उपलब्ध कराई जाती है।

(6) ग्रामीण आवास हेतु ''ऋण एवं अनुदान योजना''

यह योजना इन्दिरा आवास योजना की उपयोजना है। इसके अन्तर्गत गरीब ग्रामीणों को जिनकी वार्षिक आय 32000रू. तक है एवं इन्दिरा आवास योजना के अन्तर्गत लाभान्वित नहीं किए जा सकते हैं, उनको लाभान्वित किया जा रहा है।

(7) प्रधानमंत्री ग्रामोदय योजना (ग्रामीण आवास)

यह योजना भारत सरकार ने 1 अप्रेल, 2000 से प्रारम्भ को। इसमें 6 सेक्टर ग्रामीण आवास, स्वास्थ्य, प्राथमिक शिक्षा, पेयजल, ग्रामीण विद्युतीकरण एवं पोषाहार सम्मिलित किये हैं।

(8) समग्र आवास योजना

भारत सरकार ने राष्ट्रीय आवास एवं पर्यावरण नीति 1999 की घोषणा में स्वच्छता, पेयजल एवं ठोस अपशिष्ट के निस्तारण की सुविधाओं की सुलभता पर बल दिया हैं।

(9) सूखा संभावित क्षेत्र कार्यक्रम

इसके अन्तर्गत भूमि, जल, पशुधन, मानव संसाधनों का संरक्षण, विकास एवं उन्हें बनाये रखकर भौगोलिक संतुलन के उपाय किये गये। वर्ष 1995–96 से यह कार्यक्रम जल ग्रहण विकास आधारित दृष्टिकोण के आधार पर क्रियान्वित किया जा रहा है।

(10) ग्रामीण विकास केन्द्र/लघु विकास केन्द्र

गाँवों को आधारभूत सुविधाएँ उपलब्ध कराने के उद्देश्य से प्रत्येक पंचायत समिति में 5 ग्रामीण विकास केन्द्र तथा 8 लघु विकास केन्द्र खोले गये हैं। यह योजना वर्ष 1995–96 से प्रारम्भ की गई। इसके अन्तर्गत प्राथमिकता के आधार पर पानी, बिजली, डाकघर, पुलिस स्टेशन, बस स्टैण्ड, सहकारी समिति, चिकित्सा उपकेन्द्र, पशु चिकित्सालय एवं बैंक आदि की सुविधाएं उपलब्ध कराई जाती हैं। इस योजना के लिए जिला परिषद उत्तरदायी है। इसमें विकास अधिकारी मद एवं योजनावार पूर्वानुमान बजट प्रस्तावित करते हैं तथा मुख्य आयोजना अधिकारी इनकी रिपोर्ट तैयार करते हैं।

जिला करौली की पंचायत समितियों में ग्रामीण विकास केन्द्र एवं लघु विकास केन्द्र निम्नानुसार हैं–

पंचायत समिति	ग्रामीण विकास केन्द्र	लघु ग्रामीण विकास केन्द्र	
1. करौली	1. परीता	1. चैनपुर	2. सीलौती
	2. मासलपुर	3. डंडा	4. गुबरेडा
	3. महोली	5. ससेडी	6. रामपुर
	4. करसाई	7. कोटा	8. मनोहरपुरा
	5. कैलादेवी		
2. सपोटरा	1. नारौली	1. भांकरी	2. रोधई
	2. सपोटरा	3. खिरखिड़ी	4. जोड़ली
	3. लांगरा	5. गोठड़ा	6. बहादुरपुर
	4. मण्डरायल	7. अटोरा	8. बड़ौदा
	5. करणपुर		
3. टोडाभीम	1. बौंल	1. पाडला खालसा	2. खेड़ी
	2. नांगल शेरपुर	3. नांगल मांडल	4. कमालपुरा
	3. निसूरा	5. मूंडिया	6. अहमदपुर
	4. पदमपुरा	7. किरवाड़ा	8. रानौली
	5. बालघाट		
4. हिण्डौन	1. सूरौठ	1. खेड़लीगूजर	2. शेरपूर

	2. कटकड़	3 महु दलालपुर	4. लहचौड़ा
	3. काचरौली	5. खरेटा	6. अकबरपुर
	4. करसौली	7. गांवड़ा मीना	8. बजेड़ा
	5. कोटरी		
5. नादौती	1. गुढाचन्द्रजी	1. धौलेटा	2. कैमरी बुजुर्ग
	2. कैमला	3. रलावता	4. जीतकीपुर
	3. नादौती	5. चिरांवडा	6. गढ़खेडा
	4. गढ़मोरा	7. बागोर	8. सोप
	5. शहर		

राजस्थान में राज्य प्रवर्तित ग्रामीण विकास कार्यक्रम/योजनाओं की संख्या परिवर्तित होती रहती है। यहां केवल करौली जिले में संचालित ग्रामीण विकास योजनाओं की चर्चा की जा रही है। करौली जिले का निर्माण 1997 में होने के कारण यहां 1997–98 से प्रवर्तित योजनाओं/कार्यक्रमों का उल्लेख किया जाना आवश्यक है। इस समयावधि में संचालित ग्रामीण विकास कार्यक्रमों/योजनाओं में हैं– बत्तीस जिला बत्तीस काम योजना, अपना गांव–अपना काम योजना, डांग क्षेत्रीय विकास कार्यक्रम, सामुदायिक जलोत्थान सिंचाई योजना, निर्बन्ध राशि योजना, वानप्रस्थ योजना, ग्रामीण विकास केन्द्र/लघु विकास केन्द्र तथा विधायक स्थानीय क्षेत्र विकास कार्यक्रम। वर्तमान में करौली जिले में राज्य ग्रामीण विकास विभाग द्वारा संचालित योजनाओं में केवल स्थानीय विधायक क्षेत्र कार्यक्रम, डांग क्षेत्रीय विकास कार्यक्रम तथा गुरू गोलवलकर जनभागीदारी विकास योजना संचालित हैं। विधायक स्थानीय क्षेत्र विकास कार्यक्रम का शुभारम्भ 1999–2000 में किया गया और एक वित्तीय वर्ष में 25 लाख रूपये तक के कार्यों हेतु अधिकृत किया गया परन्तु वर्ष 2000–2001 में यह राशि बढ़ाकर 40 लाख रूपये एवं वर्ष 2001–2002 से प्रति विधायक 60 लाख रूपये कर दी गई है। करौली जिला डांग क्षेत्र को ध्यान में रखकर बनाया गया। जिले में कुल 224 ग्राम पंचायते हैं जिनमें से 105 ग्राम पंचायतें डांग क्षेत्र के अन्तर्गत आती हैं। 105 डांग क्षेत्रीय ग्राम पंचायतों में सर्वाधिक सपोटरा पंचायत समिति की कुल 55 ग्राम पंचायतों में से 51, करौली पंचायत समिति की कुल 45 ग्राम पंचायतों में से 44 तथा

ग्रामीण विकास की आदर्श स्थिति का पथ

वर्तमान स्थिति

- क्षेत्र की विधानसभा सीट अनु.जाति के लिए आरक्षित एवं अब तक चुने गये विधायकों की विधान सभा में लगभग उदासीन भूमिका, किसी समिति, राज्य मंत्री एवं केबिनेट मंत्री पद से वंचित, क्षेत्र की समस्याओं की ओर ध्यान आकृष्ट कराने में असफल।
- क्षेत्र की महिला साक्षरता दर निम्न, विशेषकर अनु.जाति वर्ग में।
- पंचायती राज संस्थाओं में चक्रीय प्रणाली शुभ संकेत तथा महिलाओं के आरक्षण से महिला सशक्तिकरण की ओर बढ़ते कदम।
- ग्रा. विकास योजनाऐं पर्याप्त परन्तु नकारात्मक हस्तक्षेप (प्रशासनिक, राजनीतिक)
- कार्यक्रमों/योजनाओं के क्रियान्वयन में भ्रष्टाचार का बोलवाला।
- विकास कार्यों का निर्धारण अपारिस्थितिकीय।
- ग्राम सभा/वार्ड सभा की बैठकों में केवल औपचारिकताऐं
- लाभार्थियों का गलत चयन
- विज्ञान एवं प्रौद्योगिकी पँहुच से दूर
- पारदर्शिता, उत्तरदायित्व, नैतिकता एवं जबावदेयता का अभाव
- उच्च वर्ग, निम्न वर्ग पर हाबी
- जनप्रतिनिधियों की स्वार्थपूर्ण नीति
- ग्राम सेवक सह पदेन सचिवों एवं प्रशासन तंत्र में सम्बन्धित विषय के ज्ञान का अभाव, जनप्रतिनिधियों में प्रशिक्षण का अभाव।
- न केवल ग्राम पंचायतें अपितु पंचायत समिति भी कम्प्यूटरों के प्रयोग से वंचित।
- समतल, सिंचित, असिंचित क्षेत्र एवं डांग क्षेत्र का समावेश।

वर्तमान स्थिति से विकसित स्थिति के लिए आवश्यक घटक →

आदर्श स्थिति

- अनु.जाति/जनजाति/अन्य पिछड़ावर्ग तथा सामान्य वर्ग के शिक्षित, प्रशिक्षित, सूचना प्रौद्योगिकी में प्रशिक्षित युवकों को ग्रामपंचायत स्तर पर नियुक्त कर ग्रामीणों का सलाहकार, सहायक के रूप में नियुक्त किया जाये। प्रत्येक ग्राम पंचायत को कम्प्यूटर से जोड़ा जाये।
- विधानसभा/लोकसभा सीट को चक्रिय क्रम में परिवर्तित किया जाये।
- अनु.जाति/जनजाति/अन्यपिछड़ा वर्ग के उच्च शिक्षा प्राप्त लोगों को राजनीति में आगे लाना।
- शिक्षा का प्रचार–प्रसार एवं महिला शिक्षा हेतु विशेष व्यवस्था।
- विकास हेतु सकारात्मक हस्तक्षेप।
- योजनाओं के क्रियान्वयन, निर्माण में स्पष्टता एवं ईमानदारी
- विकास कार्यों का निर्धारण क्षेत्र की आवश्यकतानुसार एवं पारिस्थितिकीय को ध्यान में रखकर किया जाये।
- वार्ड सभा/ग्राम सभा की बैठकों को नियमित एवं व्यवहारिकता का रूप दिया जाये।
- लाभार्थियों का सही चयन
- पारदर्शिता, संवेदनशीलता, उत्तरदायित्व एवं जबावदेयता का समावेश हो।
- कार्मिक वर्ग को उचित प्रशिक्षण दिया जाये।
- जनता में चेतना के लिए संगोष्ठियों का आयोजन किया जाये।
- ऐसे विषयों पर शोध करने वालों को प्रोत्साहन एवं आवश्यक सहायता प्रदान की जाये।
- जनप्रतिनिधियों को प्रशिक्षित किया जाये।

हिण्डौन पंचायत समिति की कुल 51 ग्राम पंचायतों में से 10 पंचायतें डांग क्षेत्र के अन्तर्गत आती हैं।

जिला स्तरीय विकास तन्त्र

राजस्थान में जिला स्तरीय विकास तन्त्र में जिला परिषद (जिला ग्रामीण विकास अभिकरण) महत्वपूर्ण भूमिका निभा रहा है। जिला स्तरीय प्रशासनिक संरचना का अध्यक्ष, जिला प्रमुख होता है। यह पंचायती राज संस्था की त्रिस्तरीय व्यवस्था का शीर्षस्थ होता है तथा जिले के सम्पूर्ण विकास पर नजर रखता है। जिला प्रमुख जिला ग्रामीण विकास अभिकरण के अध्यक्ष के रूप में जिले में ग्रामीण विकास की योजनाओं के क्रियान्वयन की पर्यवेक्षकीय जिम्मेदारियां निभाता है। जिला परिषद की 73वें संविधान संशोधन से पूर्व एवं पश्चात् संरचना को निम्नानुसार वर्णित किया गया है–

जिला परिषद – जिला परिषद को विधिक स्वरूप प्रदान किया गया है। इस हेतु व्यवस्था की गई है कि प्रत्येक जिला परिषद–

(i) निगमित निकाय (Corporate Body) होगी,

(ii) उसे शाश्वत उत्तराधिकार प्राप्त होगा,

(iii) उसकी एक सामान्य मोहर होगी,

(iv) उसे क्रय अथवा दान द्वारा अन्यथा चल और अचल सम्पत्ति अर्पित, धारित, प्रशस्ति एवं अन्तरित करने का उत्तराधिकार प्राप्त होगा,

(v) वे संविदा कर सकेंगी,

(vi) वह अपने नाम से वाद ला सकेगी,

(vii) या उसके विरूद्ध वाद लाया जा सकता है।[3]

73वें संविधान संशोधन से पूर्व जिला परिषद की संरचना

राजस्थान में राजस्थान पंचायत समिति एवं जिला परिषद् अधिनियम 1959 के अनुसार जिला परिषद् की संरचना में जिले की सभी पंचायत समितियों के प्रधान और जिले में रहने वाले राज्य सभा के सदस्य, जिले के निर्वाचित लोकसभा के सदस्य, जिले के समस्त निर्वाचन क्षेत्रों से निर्वाचित

जिला परिषद् (ग्रा0वि0प्र0) करौली में संचालित योजनाओं में अर्जित की गई उपलब्धियों का वर्षवार विवरण

क्र. सं.	योजना का नाम	इकाई	1997–98.		1998–99		1999–2000		2000–01		2001–02		2002–03		2003–04		2004–05	
			लक्ष्य	प्राप्ति	लक्ष्य	प्राप्ति	लक्ष्य	प्राप्ति	लक्ष्य	प्राप्ति	लक्ष्य	प्राप्ति	लक्ष्य	प्राप्ति	लक्ष्य	प्राप्ति	लक्ष्य	प्राप्ति
1	2	3	4	5	6	7	8	9	10	11	12	13	14	15	16	17	18	19
1	SGSY	राशि	89.78	–	52.84	99.52	76.23	50.92	85.89	42.73	24.85	57.07	200.00	204.13	300.00	263.88	250.00	265.63
		लाभान्वित संख्या	–	–	–	350	–	181	–	511	–	553	0	627	0	764	0	764
2	SGRY	राशि	362.02	–	200.00	381.28	259.42	191.98	166.09	21.67	175.33	342.45	461.38	398.65	268.64	230.67	530.46	482.75
		लाभान्वित संख्या	–	–	–	148	–	139	–	103	307	184	655	425	562	435	719	673
3	EAS (WS)	राशि	–	–	–	–	17.36	39.03	17.35	4.93	74.78	101.16	107.79	86.53	0.00	0	0.00	0.00
		लाभान्वित संख्या	–	–	–	–	–	–	–	19	–	19	19	763.2	0	0	0	0
4	IAY (NEW)	राशि	81.81	–	199.32	177.92	27.76	72.52	27.77	–	27.47	112.00	63.2	43.05	69.69	61.9	99.69	92.62
		लाभान्वित संख्या	–	–	–	179	–	862	–	939	680	538	281	260	377	353	463	359
5	IAY (UP)	राशि	–	–	–	–	13.88	9.04	11.11	–	6.87	21.72	43.43	8.89	15.58	14.08	21.31	19.81
		लाभान्वित संख्या	–	–	–	–	–	139	–	107	292	254	128	101	153	139	162	167
6	CCS	राशि	–	–	–	–	2.46	–	–	–	–	1.80	2.83	1.3	1.28	0.00	1.80	1.80
		लाभान्वित संख्या	–	–	–	–	–	–	–	12	50	19	13	13	14	7	15	15
7	PMGY (NEW)	राशि	–	–	–	–	–	–	8.20	–	16.40	18.30	1.82	28.95	24.83	21.2	32.99	29.25
		लाभान्वित संख्या	–	–	–	–	–	–	–	–	164	83	201	160	101	94	50	53
8	PMGY (UP-GR)	राशि	–	–	–	–	–	–	2.35	–	4.70	5.15	11.89	8.17	7.21	6.13	10.26	8.36
		लाभान्वित संख्या	–	–	–	–	–	–	–	–	94	54	75	55	55	50	25	28
9	DPAP (NEW)	राशि	–	–	–	–	–	–	36.00	–	31.50	33.79	111.65	62.21	0.00	0	60.00	58.30
		लाभान्वित संख्या	–	–	–	–	–	–	–	–	12	12	15	15	0	0	15	15
10	MPLAD	राशि	121.15	–	109.00	82.20	102.50	14.64	100.00	–	200.00	180.50	428.53	352.25	2.00	297.87	200.00	180.13
		लाभान्वित संख्या	–	–	–	54	–	250	–	74	336	99	183	85	357	65	100	54
11	MLA LAD	राशि	–	–	–	–	–	–	130	36.91	320.00	231.13	493.94	226.78	240.00	248.12	240.00	291.15
		लाभान्वित संख्या	–	–	–	–	–	–	–	52	144	72	383	172	362	220	333	231

विधानसभा के सदस्य तथा जिला विकास अधिकारी कलेक्टर, जिला परिषद के पदेन सदस्य होते थे और इनके अतिरिक्त महिलाओं, अनु. जातियों व अनु. जनजातियों के लोगों का चुनाव में प्रतिनिधित्व नहीं होने पर सहवरण किया जाता था, कुछ सह सदस्य और अपर सदस्य भी जिला परिषद् की संरचना में संयोजित किये हुए थे।[4]

73वें संविधान संशोधन के पश्चात् जिला परिषद की संरचना

23 अप्रेल, 1994 को राजस्थान पंचायती राज अधिनियम 1994 के प्रवर्तन के साथ ही राज्य में परिवर्तित सभी पंचायती राज अधिनियम निरस्त हो गये। वर्ष 1999 में एक संशोधन द्वारा पंचायत समितियों के प्रधान को भी जिला परिषद का सदस्य बनाया गया है।

वर्तमान में जिला परिषद की संरचना को तीन भागों में बाँटा जा सकता है ये तीन हैं–

1. परिषद,
2. समितियाँ,
3. प्रशासन तन्त्र।

जिला परिषद की संरचना के अन्तर्गत जिला प्रमुख, उपजिला प्रमुख, निर्वाचित सदस्य तथा अन्य सदस्य सम्मिलित किए जाते हैं।

जिला परिषद की समितियाँः नवीन पंचायती राज अधिनियम 1994 की धारा 57, 58, 59, 60 में जिला परिषद के अन्तर्गत स्थायी समितियों की व्यवस्था की गई है। प्रत्येक जिला परिषद चार स्थायी समितियाँ तथा आवश्यक हुआ तो पाँचवीं समिति का भी गठन कर सकती है, ये समितियाँ हैं–

1. प्रशासन एवं स्थापना समिति
2. वित्त और कराधान समिति
3. उत्पादन कार्यक्रम, जिसमें कृषि, पशुपालन, लघु सिंचाई, सहकारिता लघु उद्योग और अन्य सम्बन्धित विषय सम्मिलित हैं,
4. शिक्षा, जिसमें समाज शिक्षा सम्मिलित है और

73 वें संविधान संशोधान से पूर्व एवं पश्चात् जिला परिषद् की तुलनात्मक संरचना

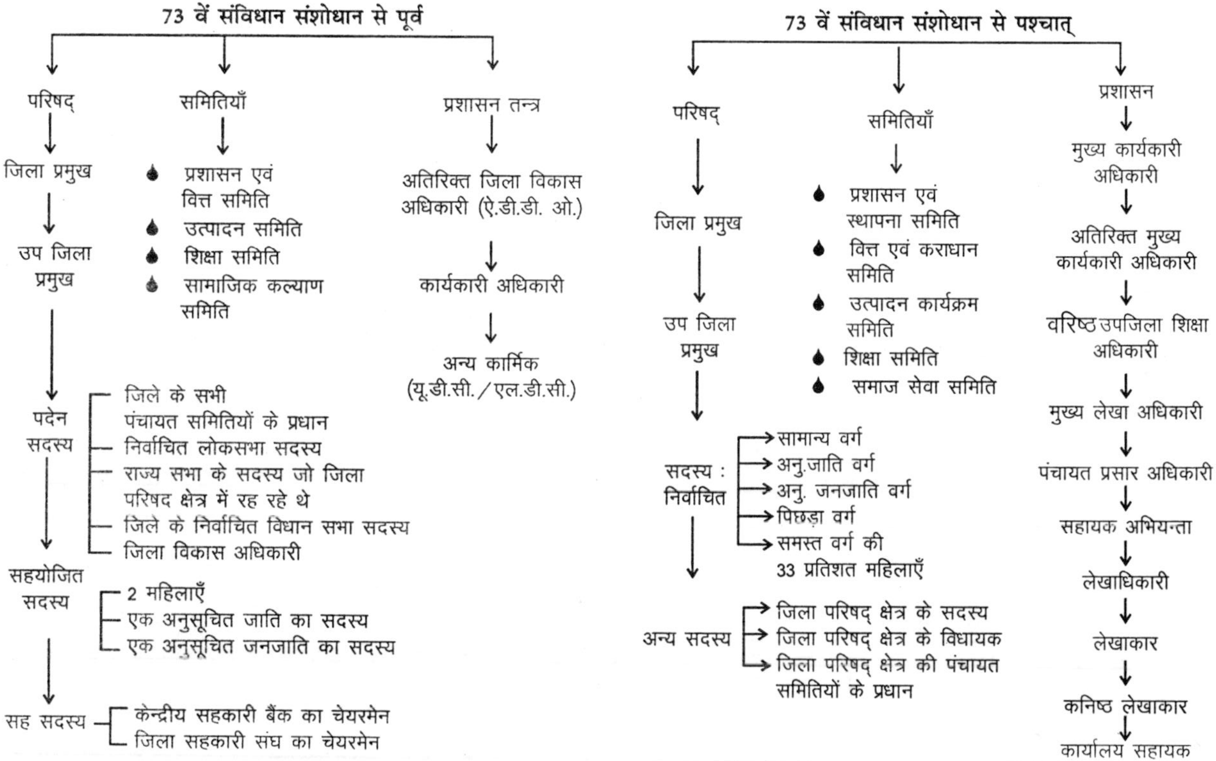

5. समाज सेवाएँ और सामाजिक न्याय, जिसमें जल प्रदाय स्वास्थ्य और सफाई, ग्रामदान, संचार, कमजोर वर्गों का कल्याण और सम्बन्धित विषय सम्मिलित हैं।

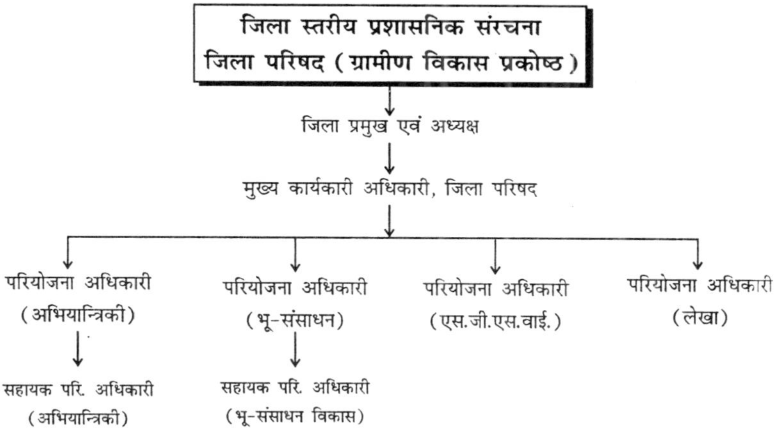

नोटः उक्त जिला स्तरीय प्रशासनिक संरचना के अन्तर्गत परियोजना अधिकारियों/सहायक परियोजना अधिकारियों के पद जिला परिषद (ग्रामीण विकास प्रकोष्ठ) की आवश्यकता एवं संस्थापना व्यय हेतु उपलब्ध निधियों के अनुसार स्वीकृत हैं अर्थात् सभी जिला परिषदों (D.R.D.A.) में सभी उल्लिखित पद स्वीकृत नहीं हैं।[5]

जिला प्रमुख-शक्तियाँ, कृत्य एवं कर्त्तव्य

जिला प्रमुख के कार्यों, शक्तियों एवं कर्त्तव्यों का वर्णन राजस्थान पंचायती राज अधिनियम, 1994 की धारा 35 एवं राजस्थान पंचायती राज नियम, 1996 के नियम 36 में किया गया है। उसके कार्य, शक्ति एवं कर्तव्य निम्नलिखित हैं–

(1) जिला परिषद् की बैठकें बुलाना, बैठकों की अध्यक्षता एवं उनका संचालन करना।

2) (मुख्य कार्यपालक अधिकारी और जिला शिक्षा अधिकारी और उसके माध्यम से)[6] जिला परिषद के सभी अधिकारियों और अन्य कर्मचारियों और ऐसे अधिकारियों और कर्मचारियों जिनकी सेवाएँ

राज्य सरकार द्वारा जिला परिषद् के नियन्त्रण में रखी जायें, पर प्रशासनिक पर्यवेक्षण और नियन्त्रण रखेगा और उसके अभिलेखों तक पूर्ण पहुँच रखेगा।

(3) जिले में प्राकृतिक आपदाओं से निपटने के लिए वर्ष में 1 लाख रूपये तक की मंजूरी देना।

(4) जिले की पंचायत समितियों के क्रिया कलापों कार्यक्रमों तथा समस्याओं का पता लगाने के लिए जिले के विकास खण्डों का निरीक्षण करना।

(5) पंचायतों की योजनाओं तथा उत्पादन कार्यक्रमों में मार्गदर्शन करना।

(6) प्रत्येक वर्ष की समाप्ति पर उस वर्ष के दौरान मुख्य कार्यपालक अधिकारी के कार्य के बारे में एक रिपोर्ट निदेशक, पंचायती राज और ग्रामीण विकास को भेजना, जो टिप्पणियों को मुख्य कार्यपालक अधिकारी की गोपनीय रिपोर्ट के साथ संलग्न करता है।

(7) मुख्य कार्यपालक अधिकारी की आकस्मिक छुट्टी प्रमुख द्वारा मंजूर की जाती है।

मुख्य कार्यकारी अधिकारी (जिला परिषद्)

जिला परिषद् में शीर्ष प्रशासनिक अधिकारी मुख्य कार्यकारी अधिकारी होता है। वह जिला प्रमुख को उसके कार्यों में सहायता, सलाह एवं कार्यक्रमों के क्रियान्वयन का मुख्य प्रशासक होता है।

इसके कार्य एवं शक्तियाँ निम्नलिखित हैं–

1. वह जिला परिषद् की नीतियों, निर्णयों और निर्देशों को क्रियान्वित करवाता है तथा जिला परिषद् के सभी कार्यों एवं विकास कार्यक्रमों के निष्पादन के लिए आवश्यक संसाधन जुटाता है।
2. वह जिला परिषद् के सामान्य अधीक्षण एवं नियन्त्रण के ऐसे नियमों के जो बनाये जाये, अधीन रहते हुए सभी अधिकारियों एवं कर्मचारियों पर नियन्त्रण रखता है।
3. वह जिला परिषद् से सम्बन्धित सभी कागजपूर्ति तथा दस्तावेजों की अभिरक्षा करता है।

4. जिला परिषद् निधियों में से धन आहरित और संवितरित करेगा तथा ऐसी शक्तियों का प्रयोग और ऐसे कृत्यों का पालन करेगा, जो विहित किये जायें।[7]
5. वह प्रमुख के निर्देशों से जिला परिषद और स्थायी सनितियों की प्रत्येक बैठक के लिए अधिसूचना जारी करेगा।
6. जिला परिषद तथा उसकी स्थायी समितियों की बैठकों में उपस्थित होगा तथा चर्चा में भाग ले सकेगा परन्तु उसे कोई भी संकल्प प्रस्तुत करने या मत देने का अधिकार नहीं होगा।
7. यदि मुख्य कार्यपालक अधिकारी की राय में जिला परिषद् के समक्ष का कोई भी प्रस्ताव इस अधिनियम या किसी भी अन्य विधि अथवा तद्धीन बनाये गये नियमों या आदेशों के उपबन्धों अथवा राज्य सरकार द्वारा जारी किये गये अनुदेशों के उल्लंघन में दिया हो या उसके असंगत हो तो उसका यह कर्त्तव्य होगा कि वह उसे जिला परिषद् के ध्यान में लाये।[8]
8. मुख्य कार्यपालिका अधिकारी जिला परिषद् की या उसकी किसी भी समिति की बैठक की तारीख से 15 दिन के अन्दर राज्य सरकार को जिला परिषद् या उसकी किसी भी समिति का ऐसा प्रत्येक संकल्प प्रस्तुत करेगा जो उसकी राय में इस अधिनियम या किसी भी अन्य विधि के उपबन्धों से असंगत और वह ऐसे संकल्प को सरकार के निदेशों से भिन्न रूप में कार्यान्वित नहीं करेगा।[9]
9. मुख्य कार्यपालक अधिकारी निम्नलिखित पर प्रवेश कर सकेगा और उनका निरीक्षण कर सकेगा–
   (क) किसी भी पंचायत या पंचायत समिति के नियन्त्रणाधीन कोई भी स्थावर सम्पत्ति या कोई भी चालू कार्य,
   (ख) किसी भी पंचायत या पंचायत समिति द्वारा चलाया ज। रहा या उसके नियन्त्रणाधीन कोई भी विद्यालय, अस्पताल, औषधालय, टीका केन्द्र, कुक्कुटशाला या अन्य संस्था और ऐसी संस्थाओं में रखा गया कोई भी अभिलेख, रजिस्टर और अन्य दस्तावेज, और

(ग) किसी भी पंचायत या पंचायत समिति के कार्यालय और उसमें रखे गये कोई भी अभिलेख, रजिस्टर या अन्य दस्तावेज।[10]

10. पंचायत या पंचायत समिति मुख्य कार्यपालक अधिकारी को सभी युक्तियुक्त समयों पर अपनी सम्पत्ति या परिसर तक और सभी दस्तावेजों तक ऐसी पहुँच उपलब्ध कराने के लिए आबद्ध होगी जो उसकी राय में उसे उप–धारा (4) के अधीन के उसके कर्त्तव्यों का निर्वहन करने में समर्थ बनाने के लिए आवश्यक हो।[11]

11. मुख्य लेखाधिकारी जिला परिषद् को वित्तीय नीति के विषयों में सलाह देगा और वार्षिक लेखों तथा बजट की तैयारी सहित जिला परिषद् के लेखें से सम्बन्धित समस्त विषयों के लिए उत्तरदायी होगा।[12]

12. मुख्य लेखाधिकारी यह सुनिश्चित करेगा कि ऐसा व्यय उचित मंजूरी के और इस अधिनियम तथा तदधीन बनाये गये नियमों और विनियमों के अनुसार के सिवाय उपगत नहीं किया जाये और ऐसा कोई भी व्यय अनुज्ञात नहीं करेगा जो इस अधिनियम या नियमों और विनियमों द्वारा अपेक्षित नहीं हो या जिसके लिए बजट में कोई उपबन्ध नहीं किया गया हो।[13]

13. मुख्य आयोजन अधिकारी जिला परिषद् को योजना–निर्माण के विषयों में सलाह देना और जिले की आर्थिक विकास और सामाजिक न्याय की योजनाओं और वार्षिक योजना की तैयारी सहित जिला परिषद् के आयोजन से सम्बन्धित सभी विषयों के लिए उत्तरादायी होगा।[14]

14. मुख्य कार्यकारी अधिकारी किसी भी ऐसे व्यक्ति को बकाया कोई भी धन उसी रीति से और उन्हीं उपबन्धों के अधीन रहते हुए वसूल करने की कार्यवाही भी कर सकेगा जो व्यक्तिक्रमियों से भू–राजस्व अधिनियम में है और किसी पंचायती राज संस्था से सम्बन्धित लेखों, अभिलेखों, या अन्य सम्पत्ति की वसूली के लिए प्रयोजन के लिए उसके सम्बन्ध में कोई भी तलाशी वारंट जारी कर सकेगा और ऐसी शक्तियों का प्रयोग कर सकेगा जो किसी

मजिस्ट्रेट के द्वारा दण्ड प्रक्रिया संहिता 1973 के अधीन की जा सकती है।[15]

जिला परिषद् में पद स्थापित मुख्य कार्यकारी अधिकारी, जिला परिषद् को वर्ष 2003–04 से वार्षिक कार्य मूल्यांकन प्रतिवेदन में प्रतिवेदन अधिकारी जिला प्रमुख बनाया गया है तथा समीक्षक अधिकारी निदेशक पंचायती राज को नियत किया गया है।[16]

इस प्रकार मुख्य कार्यकारी अधिकारी जिला परिषद् ग्रामीण विकास कार्यक्रमों/योजनाओं की नीतियों, निर्णयों एवं निर्देशों के कार्यान्वयन में शीर्षस्थ अधिकारी की भूमिका निभाता है।

परियोजना अधिकारी (अभियान्त्रिकी)

1. जिला परिषद् द्वारा क्रियान्वित की जा रही भू–संसाधन सम्बन्धी योजनाओं के अतिरिक्त शेष सभी कार्यक्रमों/योजनाओं से सम्बन्धित समस्त कार्यों का निष्पादन करता है।
2. सभी कार्यक्रमों/योजनाओं के अन्तर्गत कराये जाने वाले कार्यों के लिए तकनीकी पर्यवेक्षण एवं मार्ग–दर्शन प्रदान कर गुणवत्ता से कार्यों का निष्पादन करना।
3. ग्रामीण कार्य निर्देशिका, 2004 में वर्णित प्रावधानों के अनुसार तकनीकी स्वीकृतियाँ जारी करना, कार्यो का निरीक्षण करना, कार्यों के मूल्यांकन एवं उपयोगिता प्रमाण पत्र, पूर्णता प्रमाण पत्र जारी करना एवं अन्य कार्य जो ग्रामीण कार्य निर्देशिका में निर्देशित हैं, उनका निर्वहन करना।
4. समस्त योजनाओं की प्रगति की मॉनिटरिंग करना एवं जिले को आवंटित संसाधनों का समय पर सदुपयोग सुनिश्चित कराते हुए योजनाओं के संसाधनों को प्राप्त करने के लिए प्रस्ताव इत्यादि प्रस्तुत करना।
5. सभी योजनाओं के मासिक प्रगति प्रतिवेदन, अन्य सामयिक/वार्षिक प्रगति प्रतिवेदन निर्धारित तिथि तक सभी सम्बन्धितों को प्रेषित करना।

6. विभिन्न योजनाओं से सम्बन्धित शिकायतों की जांचों के लिए सभी प्रकार की कार्यवाही सुनिश्चित करना।
7. जिले के सम्पूर्ण विकास के लिए इन्फ्रास्ट्रक्चर विकसित करने के लिए एकीकृत कार्य योजना तैयार कर योजना एवं समन्वय से सफलतापूर्वक वांछित इन्फ्रास्ट्रक्चर विकसित करने की कार्यवाही करना।
8. तकनीकी आंकलन जैसे किसी स्थान की प्राकृतिक दशा का अध्ययन करना, सामाजिक एवं आर्थिक सर्वे इत्यादि सहित कार्यों के विवरण तैयार करना।
9. ग्रामीण कार्य निर्देशिका में उल्लेखित अनुसार जिला स्तरीय दर अनुसूची तैयार करना एवं जिला स्तरीय दर निर्धारण समिति की समय पर बैठकें आयोजित करना तथा सभी प्रकार के तत्सम्बन्धी रिकार्ड संधारण करना।
10. विभिन्न योजनाओं से सम्बन्धित अंकेक्षण आक्षेप तथ्यात्मक विवरण, सीएजी रिपोर्ट, विधानसभा प्रश्न, लोकसभा प्रश्न, विधानसभा समितियों द्वारा चाहे गये विवरण इत्यादि के जवाब/ टिप्पणी तैयार करने में सहयोग करना।
11. जिला परिषद/पंचायत समितियों में पदस्थापित तकनीकी कर्मचारियों पर नियन्त्रण रखते हुए कार्यों को सम्पादित करना।
12. ग्रामीण विकास एवं पंचायती राज विभाग तथा मुख्य कार्यकारी अधिकारी, जिला परिषद द्वारा समय–समय पर निर्देशित कार्यों का सम्पादन करना।

सहायक परियोजना अधिकारी (अभियान्त्रिकी)

सहायक परियोजना अधिकारी (अभियान्त्रिकी) परियोजना अधिकारी (अभि.) के अधीन रहते हुए उसके सभी कार्यों में मदद करता है।

परियोजना अधिकारी (भू-संसाधन)

1. जिला परिषद द्वारा क्रियान्वित की जा रही भू–संसाधन सम्बन्धी सभी योजनाएं यथा सूखा संभावित क्षेत्र कार्यक्रम, मरू गोचर

योजना, मरू प्रसार रोक योजना, प्रधानमंत्री ग्रामीण जल संवर्द्धन योजना इत्यादि से सम्बन्धित कार्यों का निष्पादन करना।

2. जिला जलग्रहण विकास समिति की निर्धारित समय पर बैठकें आयोजित करना, भू–संसाधन के विकास परियोजनाओं की सी. पी.आर., डी.पी.आर. का अनुमोदन कराना तथा जिला जलग्रहण विकास समिति द्वारा दिये गये निर्देशों की पालना सुनिश्चित करना।
3. इसमें योजनाओं के अन्तर्गत कराये जाने वाले कार्यों के लिए तकनीकी पर्यवेक्षण एव मार्गदर्शन प्रदान कर, गुणवत्ता से कार्यों का निष्पादन कराना।
4. ग्रामीण कार्य निर्देशिका, 2004 में परियोजना अधिकारी (अभियान्त्रिकी) के लिए वर्णित प्रावधानों के अनुसार कार्यों का निरीक्षण करना, कार्यकारी संस्थाओं से प्राप्त मूल्यांकन एवं उपयोगिता प्रमाण पत्रों की जांच कर राशि का समायोजन कराना।
5. योजनाओं की प्रगति की मॉनिटरिंग करना एवं जिले को आवंटित संसाधनों का समय पर सदुपयोग सुनिश्चित कराते हुए योजनाओं के संसाधनों को प्राप्त करने के लिए प्रस्ताव प्रस्तुत करना।
6. जिले में भूमि एवं जल संरक्षण के लिए ऐसी कार्य योजना तैयार करना जिससे कि उपलब्ध जल का अधिकतम उपयोग सुनिश्चित हो सके तथा कृषि उत्पादन में वृद्धि के साथ–साथ पशु संसाधन एवं अन्य प्रकार के संसाधनों का सर्वांगीण विकास हो सके, रिमोर्टस सेन्सिंग एवं सेटेलाइट के वैज्ञानिक ज्ञान का उपयोग करते हुए जिले के भू–संसाधन संबंधी विकास की एक योजना तैयार कर विभिन्न स्रोतों से प्राप्त संसाधनों का समन्वय करते हुए लागू कराने के लिए आवश्यक कार्यवाही करना।
7. निर्दिष्ट विभिन्न बैठकों में भाग लेना तथा दिये गये निर्देशों एवं निर्णयों की अनुपालना कराना।
8. पूर्ण भू–संसाधन विकास परियोजनाओं का निर्धारित प्रक्रिया अनुसार बहिर्गमन व्यवस्था की पालना करना।

9. भारत सरकार से प्राप्त भौतिक एवं वित्तीय लक्ष्यों से परियोजना क्रियान्वयन एजेन्सी (P.I.A) को अवगत कराना तथा P.I.A.। एवं कार्यकारी एजेन्सी/जलग्रहण समिति को नियमानुसार राशि समय पर उपलब्ध करवाना।
10. योजनाओं की मासिक प्रगति/वार्षिक प्रगति प्रतिवेदन तैयार करवाना तथा योजनाओं से सम्बन्धित शिकायतों, जांचों इत्यादि के लिए सभी कार्यवाही सुनिश्चित करना।

सहायक परियोजना अधिकारी (भू-संसाधन)

सहायक परियोजना अधिकारी (भू–संसाधन), परियोजना अधिकारी (भू–संसाधन) के अधीन रहते हुए उन सभी कार्यों में सहायता करता है जो परियोजना अधिकारी करता है।

परियोजना अधिकारी (एस. जी. एस. वाई.)

1. जिला परिषद् द्वारा क्रियान्वित योजना से सम्बन्धित कार्यों का निष्पादन करना।
2. इसके अन्तर्गत कराये जाने वाले कार्यों के लिए पर्यवेक्षण तथा मार्ग दर्शन प्रदान कर गुणवत्ता से कार्यों का निष्पादन कराना।
3. ग्रामीण कार्य निर्देशिका, 2004 में वर्णित प्रावधानों के अनुसार तकनीकी स्वीकृतियां जारी करना, कार्यों का निरीक्षण करना, कार्यों के मूल्यांकन एवं उपयोगिता प्रमाणपत्रों की जांच कर राशि का समायोजन कराना।
4. योजना की प्रगति की मॉनिटरिंग करना।
5. मासिक, त्रैमासिक, वार्षिक प्रगति प्रतिवेदन तैयार करवाना।
6. अपने अधीन कर्मचारियों पर नियन्त्रण करना तथा आवश्यकतानुसार निर्देश देना।
7. निर्दिष्ट विभिन्न बैठकों में भाग लेना तथा बैठकों में दिये गये निर्देशों एवं निर्णयों की अनुपालना करना।
8. ग्रामीण विकास एवं पंचायती राज विभाग तथा मुख्य कार्यकारी अधिकारी, जिला परिषद द्वारा समय–समय पर निर्देशित सभी कार्यों का सम्पादन करना।

9. इसके अन्तर्गत कराये गये कार्यों का ब्यौरा रखना।
10. पंचायत समितियों/ग्राम पंचायतों को आवश्यक दिशा निर्देश देना।

सहायक परियोजना अधिकारी (स्व-रोजगार)

सहायक परियोजना अधिकारी (एस.जी.एस.वाई.) परियोजना अधिकारी के अधीन रहते हुए उन सभी कार्यों में सहायता करता है जो परियोजना अधिकारी करता है।

परियोजना अधिकारी (लेखा)

1. डी.आर.डी.ए. प्रशासन योजना से सम्बंधित समस्त कार्यों का पर्यवेक्षण करना।
2. बजट से सम्बंधित समस्त कार्य।
3. उपयोगिता प्रमाण पत्रों के समायोजन के कार्य की मोनिटरिंग करना।
4. वेतन से सम्बन्धित कार्य।
5. जन लेखा समिति की बैठकों हेतु तैयारी करवाना।
6. अंकेक्षण से सम्बंधित कार्यों को करवाना।

जिला विकास तन्त्र करौली एक अवलोकन

राजस्थान का सबसे अन्त में बनने वाला करौली 32वाँ जिला है जिसकी स्थापना 19 जुलाई, 1997 को हुई। पिछले पंचायत चुनावों में जिला प्रमुख श्रीमती नर्बदा देवी को चुना गया जिनकी शैक्षिक योग्यता नगण्य रही है। वर्तमान में देश में ही नहीं अपितु समूचे विश्व में वैश्वीकरण, निजीकरण तथा उदारीकरण की नीति के चर्चे हैं और ऐसे में जिले के मालिक की शैक्षिक अनभिज्ञता एक निराशाजनक बिन्दु है। जिला ग्रामीण विकास अभिकरण (DRDA) का अध्यक्ष जिला प्रमुख को ही बनाया गया है दूसरी ओर मुख्य कार्यकारी अधिकारी एवं अन्य प्रशासन तन्त्र उच्च शिक्षायुक्त है। ऐसे में अशिक्षित जिला प्रमुख अपनी महत्वपूर्ण भूमिका कैसे निभा पायेगा ? ऐसी स्थिति में जिला प्रमुख अपने जिले के ग्रामीण विकास में उदासीन ही नजर आयेगा। फरवरी 2005 में सम्पन्न पंचायती राज संस्थाओं के चुनावों में

करौली जिले में जिला प्रमुख एवं अध्यक्ष जिला ग्रामीण विकास अभिकरण के पद पर श्री भरोसी लाल जाटव निर्वाचित हुए हैं। इससे पूर्व ये गहलोत सरकार में हिण्डौन विधानसभा क्षेत्र से विधायक थे परन्तु हाल ही के विधानसभा चुनावों में ये पराजित हुए और स्थानीय राजनीति में प्रवेश किया। विधायक रहते हुए भी इनके विरूद्ध कई मुकदमे दर्ज रहे। अब देखना है कि ये उच्च राजनीति के अनुभव का स्थानीय राजनीति में कैसे उपयोग करते हैं। इनके जिला प्रमुख एवं अध्यक्ष जि.ग्रा.वि. अभिकरण के पद पर रहते हुए ग्रामीण विकास के कार्यक्रमों से सम्बन्धित सम्पूर्ण जानकारी रखना बड़ा ही कठिन कार्य है। ऐसा अध्यक्ष प्रशासन तन्त्र पर प्रभावपूर्ण भूमिका नहीं निभा सकता और नौकरशाही हावी रहती है।

करौली जिले के ग्रामीण विकास प्रकोष्ठ में जब प्रशासन तन्त्र की स्थिति देखी गई तो परियोजना अधिकारी (अभियान्त्रिकी) का पद 1 माह से, परियोजना अधिकारी (भू–संसाधन) का पद लगभग 3 वर्ष से, सहायक परियोजना अधिकारी (भू–संसाधन) का पद लगभग 3 वर्ष से, सहायक परियोजना अधिकारी (स्वरोजगार) का पद 1 महिने से तथा परियोजना अधिकारी (लेखा) का पद लगभग 3 वर्ष से रिक्त पड़े हुए हैं। ऐसे में जनता कैसे सरकार के ग्रामीण विकास कार्यक्रमों का लाभ उठा सकती है। एक ही अधिकारी पर इतना अधिक कार्यभार कि वह सही तरीके से कार्य कर ही नहीं सकता।

जिले में ग्रामीण विकास की विविध योजनाओं का लाभ इसलिए भी जरूरतमन्द व्यक्ति को नहीं मिल पाता क्योंकि प्रभावशाली सरपंच, पंचायत समिति सदस्य, जिला परिषद सदस्य, जिला प्रमुख, प्रधान, विधायक, लोकसभा एवं राज्य सभा सदस्य नकारात्मक हस्तक्षेप करते हैं। जिला ग्रामीण प्रकोष्ठ में पारदर्शिता का अभाव है, भवन निर्माण एवं संरचना ऐसी है कि उससे पारदर्शिता केवल कहने की बात ही लगती है। इन योजनाओं में लाभ मिलने से पूर्व विभिन्न स्तर के पदाधिकारी एवं कर्मचारी अपना हिस्सा निर्धारित कर लेते हैं। प्रशासनिक संरचना में पारदर्शिता, जवाबदेयता के लिए आवश्यक है कि कार्यक्रमों/योजनाओं की जानकारी एवं प्रक्रिया के लिए आवेदन समाचार पत्रों के माध्यम से मांगे जाये तथा कार्यक्रम प्रसार अधिकारी का पद सृजित किया जाये जो जनता को सभी कार्यक्रमों से सम्बन्धित आवश्यक जानकारी दे सके।

जिला विकास तंत्र

73वें संविधान संशोधन से पूर्व		73वें संविधान संशोधन के बाद	
सैद्धान्तिक स्वरूप	**व्यवहारिक स्वरूप**	**सैद्धान्तिक स्वरूप**	**व्यवहारिक स्वरूप**
(i) जिला ग्रामीण विकास अभिकरण का अध्यक्ष जिला कलेक्टर। (ii) जिला कलेक्टर एवं जिला प्रमुख में समन्वयात्मक, सहयोगात्मक सम्बन्ध। (iii) संस्थाऐं संवैधानिकता से वंचित। (iv) कार्मिक तन्त्र/प्रशासन तन्त्र की कमी के कारण विकास कार्यों में व्यवधान। (v) प्रशिक्षित, ईमानदार एवं जबावदेय कार्मिक वर्ग। (vi) जिले के सम्पूर्ण विकास का पारिस्थितिकी के अनुसार निर्धारण। (vii) जन प्रतिनिधियों को पर्याप्त अधिकार, शक्तियों एवं प्रशासन का सहयोग।	(i) जिला ग्रामीण विकास अभिकरण का अध्यक्ष जिला कलेक्टर। (ii) इनके मध्य विकासात्मक सम्बन्धों का अभाव। (iii) संवैधानिकता का अभाव (iv) कार्मिक तन्त्र/प्रशासन तन्त्र आवश्यकता से अधिक। (v) अप्रशिक्षित, भ्रष्ट एवं कार्य के प्रति जबावदेयता का अभाव। (vi) जिले के विकास में राजनीतिक नकारात्मक हस्तक्षेप एवं अपारिस्थितिकीय विकास। (vii) जन प्रतिनिधियों एवं प्रशासन तंत्र में समन्वय का अभाव एवं कार्यों के श्रेय की ललक।	(i) जिला ग्रामीण विकास अभिकरण का अध्यक्ष जिला प्रमुख। (ii) प्रशासन तन्त्र एवं जनप्रतिनिधियों में विकासात्मक, सहयोगात्मक सम्बन्ध। (iii) संस्थाओं को संवैधानिक दर्जा प्राप्त होने से प्रशासन की ग्रास रूट लेवल तक सकारात्मक भूमिका। (iv) प्रशासन तन्त्र के कार्यों में नैतिकता, ईमानदारी, जबावदेयता, संवेदनशीलता एवं पारदर्शिता। (v) कार्मिकों में कार्य की दृढ़ इच्छाशक्ति। (vi) सकारात्मक राजनीतिक हस्तक्षेप। (vii) प्रशासन तन्त्र की दलीय स्थिति से ऊपर उठकर कार्य करने की इच्छाशक्ति। (viii) जिले में सूचना एव प्रौद्योगिकी की पहुँच।	(i) जिला ग्रामीण विकास अभिकरण का अध्यक्ष, जिला प्रमुख। (ii) इनके मध्य सम्बन्धों में अस्पष्टता एवं असन्तुष्टि। (iii) संस्थाओं को संवैधानिक दर्जा प्राप्त होने के पश्चात् भी औपचारिकताओं का पूर्ण करना। (iv) प्रशासन तन्त्र के कार्यों में इनका अभाव। (v) दृढ़ इच्छा शक्ति का अभाव। (vi) नकारात्मक राजनीतिक हस्तक्षेप। (vii) प्रशासन तन्त्र स्थानीय राजनीति में लिप्त रहकर कार्य करता है। (viii) जिले में सूचना एवं प्रौद्योगिकी का अत्यन्त न्यून मात्रा में विस्तार। यहाँ तक कि पंचायत समिति कार्यालय भी इससे वंचित।

पंचायत समिति

पंचायत समिति की रचना खण्ड स्तर पर की जाती है। पंचायती राज के प्रवर्तन के पश्चात्, ग्रामीण विकास को गति देने की दृष्टि से प्रत्येक जिले को कुछ विकास खण्डों में बांटा गया। विकास खण्ड नामक इकाई, राजस्व इकाई तहसील के भौगोलिक क्षेत्र से मिलती जुलती है, यद्यपि दोनों का क्षेत्राधिकार और भौगोलिक आकार एक जैसा नहीं है। तहसील नामक इकाई नागरिकों के राजस्व सम्बन्धी कार्यों के सम्पादन के लिए उत्तरदायी होती है, वहीं विकास खण्ड को नागरिको के बहुमुखी विकास के लिए नियोजन और योजनाओं को कार्यान्वित करने वाला तन्त्र बनाया गया है। वर्तमान में राजस्थान में तहसीलों की संख्या 241 है, वहीं पंचायत समितियों की कुल संख्या 237 है। हिण्डौन पंचायत समिति में कुल 29 वार्ड हैं, जिसमें प्रत्येक से एक सदस्य चुना जाता है। ये वार्ड सदस्य प्रधान और उपप्रधान का चुनाव करते हैं।

पंचायत समिति हिण्डौन में प्रधान, प्रशासकों के कार्यकाल, सूची

1. रामजीलाल बैनीवाल–प्रधान	02.10.59	से	17.03.61
2. रामजीलाल जैन – प्रधान	18.03.61	से	23.09.77
3. चन्द्रपाल सिंह वि.अ. प्रशासक	24.09.77	से	22.05.78
4. बृजमोहन शर्मा कार्य	23.05.78	से	28.06.78
5. अमर सिंह वि.अ.	29.06.78	से	04.09.79
6. ओम प्रकाश बंसल	05.09.79	से	25.12.81
7. शिवचरण लाल मीना प्रधान	26.12.81	से	03.07.88
8. शिवचरण लाल मीना प्रधान	03.07.88	से	09.07.91
9. राजेन्द्र किशन वि.अ. प्रशासक	10.07.91	से	18.02.92
10. शिवराम शर्मा वि.अ. कार्य प्रशासक	19.02.92	से	07.04.92
11. हरि प्रकाश दर्मा वि.अ.	08.04.92	से	11.02.93
12. शिवराम वि.अ. कार्य	12.02.93	से	13.05.93
13. राधेश्याम गुप्ता वि.अ.	14.05.93	से	21.05.94

14. शिवराम शर्मा वि.अ. कार्य	22.05.94	से	05.06.94
15. भंवर लाल शर्मा वि.अ. कार्य	06.06.94	से	04.02.95
16. बुद्धराम जाटव वि.अ. कार्य	05.02.95	से	17.12.97
17. शिवराज सिंह मीना	18.12.97	से	10.02.2000
18. श्रीमती रज्जो देवी प्रधान	11.02.2000	से	28.08.2003
19. श्री राधेश्याम गुर्जर (कार्य)	29.08.2003	से	08.02.2004
20. श्रीमती रज्जो देवी	09.02.2004	से	05.02.2005
21. श्रीमती शकुंतला मीणा	09.02.2005	से	लगातार

पंचायत समिति की संरचना

पंचायत समिति ग्रामीण स्थानीय शासन की पंचायती राज व्यवस्था का मध्यवर्ती स्तर है। पंचायती राज की वर्तमान व्यवस्था के अधीन पंचायत समिति ही वह धुरी है जिसके चारों ओर पंचायती राज की सारी प्रवृत्तियाँ केन्द्रित हैं क्योंकि कार्यपालिका अधिकार और कर्त्तव्य अब भी पंचायत समितियों में निहित हैं।[17] पंचायत समिति को राज्यों में विविध नामों से जाना जाता है। बिहार, हरियाणा, हिमाचल प्रदेश, महाराष्ट्र, उड़ीसा, पंजाब, राजस्थान, त्रिपुरा व पश्चिमी बंगाल में पंचायत समिति, आन्ध्र प्रदेश में मण्डल परिषद, अरूणाचल–प्रदेश में अंचल समिति, गुजरात में तालुका–पंचायत, कर्नाटक में तालुक पंचायत, मध्यप्रदेश में जनपथ पंचायत के नाम से जाना जाता है जबकि जम्मू–कश्मीर, केरल में लोक–पंचायत के नाम से जाना जाता है। भारत के कुछ राज्य ऐसे हैं जहां पंचायत समिति की व्यवस्था नहीं है उनमें हैं–गोवा, मणिपुर, मिजोरम, मेघालय, नागालैण्ड, सिक्किम। इस मध्यवर्ती स्तर का गठन ऐसे राज्यों में नहीं किया गया है जिनकी जनसंख्या 20 लाख से अधिक नहीं है।[18]

पंचायत समिति की संरचना को अध्ययन की दृष्टि से 3 भागों में विभाजित किया जा सकता है–

1. पंचायत समिति की परिषद्
2. पंचायत समिति में समिति व्यवस्था
3. पंचायत समिति का प्रशासन

पंचायत समिति की परिषद

पंचायत समिति की परिषद् में निम्न को सम्मिलित किया जाता है–

(1) प्रधान

(2) उप प्रधान

(3) निर्वाचित सदस्य एवं

(4) अन्य सदस्य।

प्रधान

प्रधान पंचायत समिति का अध्यक्ष होता है। भारत के विभिन्न राज्यों में इसे अलग–अलग नामों से जाना जाता है। राजस्थान में प्रधान, आन्ध्र प्रदेश, कर्नाटक, आसाम, गुजरात, मध्यप्रदेश राज्यों में अध्यक्ष, अरूणाचल प्रदेश, हिमाचल प्रदेश, जम्मू कश्मीर, महाराष्ट्र, उड़ीसा व पश्चिमी बंगाल राज्यों में सभापति के नाम से जबकि बिहार में प्रमुख के नाम से जाना जाता है।

प्रधान का निर्वाचन पंचायत समिति के निर्वाचित सदस्यों में से किया जाता है। राजस्थान पंचायती राज संशोधन अधिनियम 1994 के माध्यम से ग्राम पंचायतों के सरपंचों को यद्यपि पंचायत समिति का सदस्य बनाया गया है तथापि उन्हें प्रधान के निर्वाचन या हटाये जाने की प्रक्रिया में भाग लेने का अधिकार नहीं दिया गया है।[19]

प्रधान के अधिकार

प्रधान के मुख्य अधिकार निम्नानुसार हैं–

(1) पंचायत समिति की बैठकें बुलाने का अधिकार प्रधान को है। प्रधान ही ऐसी बैठकों की अध्यक्षता एवं संचालन करता है।

(2) पंचायत समिति के सभी अभिलेखों का निरीक्षण करने का अधिकार है।

(3) पंचायत समिति क्षेत्र में आने वाली ग्राम पंचायतों का विकास सुनिश्चित करना प्रधान की अधिकारिता में है।

(4) अपने क्षेत्र में स्वैच्छिक संगठनों को विकसित करना तथा उन्हें सहयोग करना प्रधान का ही कार्य है।

(5) पंचायत समिति एवं उसकी स्थाई समितियों के संकल्पों की क्रियान्विति सुनिश्चित करना।

(6) पंचायत समिति के अधिकारियों, कर्मचारियों, विकास अधिकारी एवं खण्ड प्रारम्भिक शिक्षा अधिकारी पर पर्यवेक्षण एवं नियन्त्रण रखता है।

(7) पंचायत समिति के कार्यपालक एवं वित्तीय प्रशासन पर प्रधान का ही पर्यवेक्षण रहता है।

(8) प्राकृतिक आपदाओं से निपटने के लिए विकास अधिकारी के परामर्श से एक वित्तीय वर्ष में 25,000 रूपये तक की राशि मंजूर कर सकता है। परन्तु प्रधान पंचायत समिति की आगामी बैठक में, उसके अनुसमर्थन के लिए, मंजूरियों का ब्यौरा रखेगा।

प्रधान के कर्त्तव्य और कृत्य

राजस्थान पंचायती राज नियम 1996 के नियम 35 के अनुसार –

1. पर्यवेक्षण कृत्य

(क) पंचायतों के कृत्यकरण का पुनर्विलोकन और मॉनिटरिंग करना।

(ख) नवनिर्वाचित विशेष रूप से महिला, अनुसूचित जाति, जनजाति के सरपंचों और पंचों को प्रशिक्षण देना और उनका मार्गदर्शन करना।

(ग) सरपंचों और पंचायत समिति के सदस्यों में समन्वय।

(घ) सरपंचों की ऐसी बैठकें बुलाना जो आवश्यक हों।

(ङ) राजस्थान पंचायती राज अधिनियम, 1994 के उपबंधों के अनुपालना को सुनिश्चित करने के लिये नियंत्रण रजिस्टर का संधारण करना।

(च) पंचायत समिति बैठकों और स्थायी समितियों के विनिश्चयों के अनुपालन को नियन्त्रण रजिस्टर के माध्यम से सुनिश्चित करना।

(छ) प्रति वर्ष निर्वाचन और पुनर्गठन के तीन मास के भीतर स्थायी समितियों के बनाये जाने की बात को ध्यान में रखते हुए सुनिश्चित करना कि किसी स्थायी समिति का कोई भी सदस्य दूसरी समिति में केवल तभी निर्वाचित किया जाये जब पंचायत समिति के सभी सदस्य कम से कम एक ऐसी स्थायी समिति में निर्वाचित हो गये हों।

(ज) कार्य स्थल एवं पंचायत मुख्यालय पर वास्तविक व्यय दर्शाने वाले बोर्ड लगवाना।

2. संधारण कृत्य

पेयजल, विद्युत, सिंचाई, सार्वजनिक विकास प्रणाली, राजस्व भूमियों, मानव और पशु रोगों, फसल रोगों आदि से संबंधित स्थानीय समस्याओं की पहचान और संबंधित जिला स्तरीय अधिकारियों को चर्चा हेतु और सार्वजनिक शिकायतों को दूर करने के लिये अगली पंचायत समिति बैठक में आमन्त्रित करना।

3. विकास कृत्य

स्थानीय जनता की आवश्यकताओं की पहचान करना तथा विकास योजनाओं में जनता की भागीदारी के लिए स्थानीय जनता और स्वैच्छिक संगठनों को प्रोत्साहित करना।

4. स्वयं के स्रोतों का जुटाया जाना

प्रधान अन्य सदस्यों के परामर्श से

(क) अभियान के आधार पर शिक्षा उपकर का समय पर संग्रहण,

(ख) पंचायत समिति के स्वामित्व की दुकानों को नीलाम करना या उन्हें किराये पर देना,

(ग) पंचायत समिति के स्वामित्व की कृषि फार्मो के विकास,

(घ) हड्डी ठेकों इत्यादि पर प्रतियोगी नीलामी बोलियाँ,

(ड) पशु मेलों के उचित आयोजन,

(च) तालाब तल खेती से आय और पंचायत समिति के प्रभाराधीन तालाबों के सिंचाई प्रभारों का संग्रहण,

(छ) बेकार मदों और पुराने अभिलेखों आदि के निपटारे के माध्यम से कर राजस्व और गैर कर राजस्व जुटाने के सभी प्रयास करेगा।

राजस्थान पंचायती राज नियम, 1996 के नियम 38 के अनुसार

प्राकृतिक आपदाओं में सहायता –

(1) बजट प्रावधानों के अधीन रहते हुए प्रधान अधिनियम की धारा 33 और 35 में अन्तर्विष्ट शक्तियों के अनुसार पीड़ितों को भोजन और आश्रय इत्यादि के लिये तुरन्त सहायता मंजूर कर सकेगा किन्तु वह प्रभावित परिवारों को राज्य सरकार की मार्फत सहायता पहुंचाने के लिये कलेक्टर को तुरन्त सूचित करेगा।

(2) वह इस हेतु स्वैच्छिक अंशदान जुटा सकेगा।

राजस्थान पंचायती राज नियम 1999 के नियम 333 के अनुसार प्रधान की प्रशासनिक शक्तियां और विकास अधिकारी के कर्तव्य -

1. प्रधान, विकास अधिकारी को पंचायत समिति की प्रत्येक बैठक के पश्चात् पंचायत समिति के विनिश्चयों और संकल्पों के क्रियान्वयन से संबंधित ऐसे अनुदेश दे सकेगा जो ऐसे विनिश्चयों और संकल्पों के त्वरित क्रियान्वयन को सुनिश्चित करने के लिए आवश्यक समझे जायें।
2. विकास अधिकारी प्रधान को उस स्थायी समिति के जिसका वह सदस्य नहीं है, विनिश्चयों और संकल्पों की यथाशक्य शीघ्र सूचना देगा जिससे वह ऐसे विनिश्चयों और संकल्पों के त्वरित क्रियान्वयन से सम्बन्धित अनुदेश दे सके।
3. विकास अधिकारी, पंचायत समिति और उसकी स्थायी समितियों के विनिश्चयों और संकल्पों के क्रियान्वयन की प्रगति पर एक रिपोर्ट प्रधान को पंचायत समिति या यथास्थिति, समितियों की अगली बैठक के पूर्व प्रस्तुत करेगा, जिससे प्रधान इसे पंचायत समिति के समक्ष रख सके।
4. विकास अधिकारी को आकस्मिक छुट्टी प्रधान के द्वारा मंजूर की जायेगी।
5. विकास अधिकारी प्रधान की नियम 35 में उल्लिखित उसके कर्त्तव्यों के दक्ष निर्वहन में सहायता करेगा।
6. विकास अधिकारी पंचायत समिति और उसकी स्थायी समितियों की बैठकों की कार्यसूची में ऐसी मदों को सम्मिलित करेगाा जो प्रधान द्वारा निर्दिष्ट की जायें।

7. विकास अधिकारी और सभी प्रसार अधिकारियों के दौरे के कार्यक्रम की प्रति प्रधान की सूचना के लिए प्रस्तुत करेगा।
8. कर्मचारियों के स्थानान्तरणों के सम्बन्ध में प्रधान से परामर्श करेगा।
9. पंचायत और जिला परिषद् सेवा के कर्मचारियों पर छोटी शास्तियां अधिरोपित करने के पूर्व प्रधान का अनुमोदन प्राप्त करेगा।
10. विपत्तियों के मामले में पीड़ितों को खाद्य और आश्रय की और पशुओं के लिए चारे की तथा मनुष्यों, पशुओं या फसलों की महामारियों के नियन्त्रण की व्यवस्था करने के लिए प्रधान के साथ कार्य करेगा।
11. सभी महत्वपूर्ण कागजात और परिपत्र इत्यादि नियमित रूप से प्रधान के समक्ष रखेगा और कार्यक्रमों के त्वरित निष्पादन और नीतियों के सफल क्रियान्वयन के लिए उठाये जाने वाले कदमों के बारे में विचार त्रिमर्श करेगा।
12. प्रधान, प्रत्येक वर्ष के अप्रेल माह में, मुख्य कार्यपालक अधिकारी को विकास अधिकारी के कार्यों की टिप्पणियाँ भेजेगा, जो उन्हें निदेशक ग्रामीण विकास और पंचायती राज को भेजे जाने वाले वार्षिक कार्य मूल्यांकन के साथ संलग्न करेगा।

उप प्रधान की शक्तियाँ, कार्य और कर्त्तव्य : प्रधान की अनुपस्थिति में उप–प्रधान पंचायत समिति के सभी कार्यों को करता है। उप–प्रधान की शक्तियाँ, कार्य एवं कर्त्तव्य निम्नलिखित हैं–[20]

1. प्रधान की अनुपस्थिति में पंचायत समिति की बैठकों की अध्यक्षता करेगा।
2. पंचायत समिति के प्रधान की ऐसी शक्तियों का प्रयोग और ऐसे कर्त्तव्यों का पालन करेगा, जो प्रधान, समय–समय पर, इस निमित सरकार द्वारा बनाये गये नियमों के अध्यधीन रहते हुए लिखित आदेश द्वारा उसे प्रत्यायोजित करें, और
3. प्रधान का निर्वाचन होने तक या तीस दिन से अधिक की कलावधि की छुट्‌टी के कारण प्रधान की पंचायत समिति क्षेत्र से अनुपस्थिति के दौरान प्रधान की शक्तियों का प्रयोग और कर्त्तव्यों का पालन करेगा।

परिषद के सदस्य – राज्य सरकार नियम बनाकर प्रत्येक पंचायत समिति क्षेत्र में प्रत्यक्ष रूप से चुने जाने के लिए एकल सदस्य निर्वाचन क्षेत्रों का इस प्रकार विभाजन करती है कि प्रत्येक प्रादेशिक निर्वाचन क्षेत्र की जनसंख्या जहाँ तक व्यवहारिक हो सम्पूर्ण पंचायत समिति क्षेत्र में समान होगी। इसी सन्दर्भ में 1 लाख तक की जनसंख्या वाले पंचायत समिति क्षेत्र में 15 निर्वाचन क्षेत्र होंगे और एक लाख से अधिक प्रत्येक 15 हजार के लिए 2 निर्वाचन क्षेत्रों की वृद्धि कर दी जाती है।

सदस्यों की भूमिका

1. पंचायत समिति सदस्य उन पंचायतों की बैठकों में भाग ले सकता है, जिसमें वह साधारणतया निवास करता है।
2. सदस्य ऐसी किसी पंचायत की, जिसमें ऐसा सदस्य निवास करता है, ग्राम सभा द्वारा सतर्कता समिति में नाम निर्देशित किये जा सकेंगे।
3. ऐसा पंचायती राज संस्था के सदस्य या स्थायी समिति के सदस्य के रूप में प्रदत्त कार्यों को सम्पन्न करेगा।

पंचायत समिति में समिति व्यवस्था

स्थायी समितियाँ – पंचायत समिति के कुशल कार्य संचालन हेतु राजस्थान पंचायती राज अधिनियम 1994 में पंचायत समितियों की स्थायी समितियों के गठन के प्रावधान किये गये हैं। निम्नलिखित विषय समूह में से प्रत्येक के लिए एक–एक स्थायी समिति गठित करेगा–

1. प्रशासन, वित्त और कराधान समिति।
2. उत्पादन कार्यक्रम समिति–जिसमें कृषि, पशुपालन, लघु सिंचाई, सहकारिता, लघु उद्योग और अन्य सह सम्बद्ध विषय सम्मिलित हैं।
3. शिक्षा समिति – इसमें समाज शिक्षा शामिल है।
4. समाज सेवायें एवं सामाजिक न्याय समिति – इसमें ग्रामीण जल प्रदाय, स्वास्थ्य और सफाई, ग्रामदान संचार, कमजोर वर्ग का कल्याण और सह सम्बद्ध विषय सम्मिलित हैं।[21]

73 वें संविधान संशोधन से पूर्व एवं पश्चात पंचायत समिति की तुलनात्मक संरचना

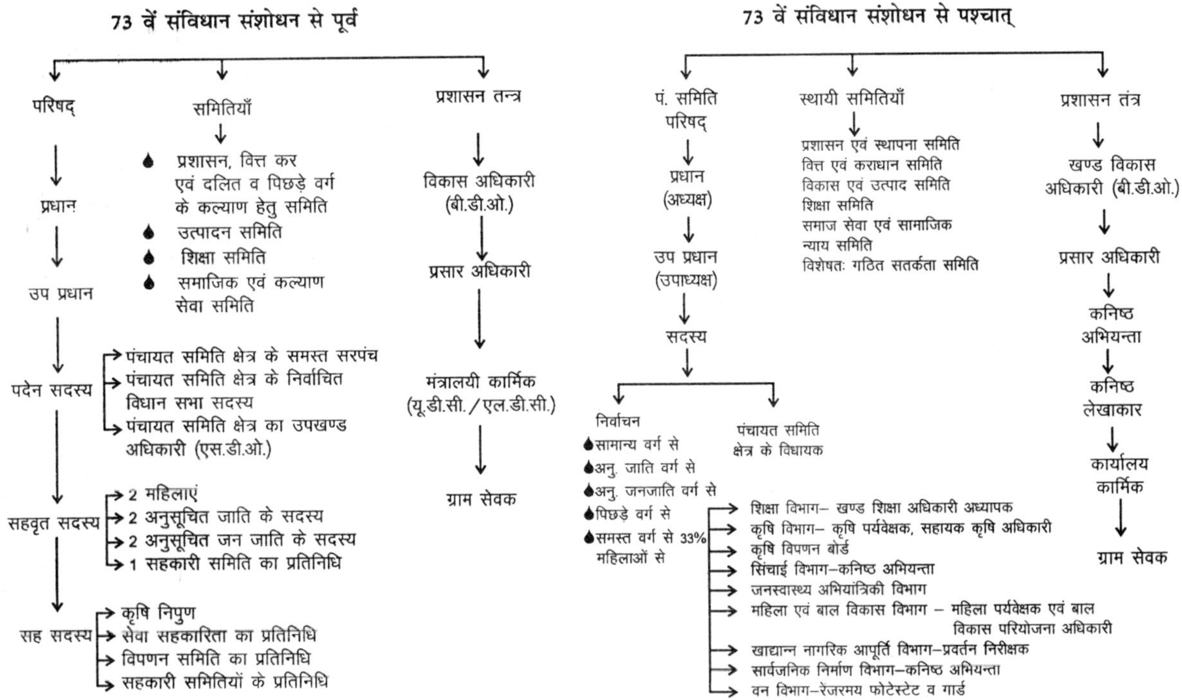

5. पाँचवी समिति का प्रावधान – पंचायत समिति को यह अधिकार दिया गया है कि वह चाहे तो किसी ऐसे विषय या किन्हीं अन्य ऐसे विषयों पर एक और पृथक समिति का गठन कर सकती है जिनके बारे में पहले कोई समिति गठित नहीं की गई है।[22]

पंचायत समिति की स्थाई समितियों के सदस्यों का निर्वाचन राजस्थान पंचायती राज (निर्वाचन) नियम, 1994 के नियम 64 के अनुसार किया जावेगा। स्थायी समितियों में पदेन एवं निर्वाचित अध्यक्ष होंगे। प्रधान, प्रशासन, वित्त और कराधान स्थाई समिति का पदेन अध्यक्ष होगा। उप प्रधान, यदि किसी स्थायी समिति में सदस्य के रूप में निर्वाचित होता है तथा प्रधान उसमें सदस्य के रूप में निर्वाचित नहीं होता है तो उपप्रधान पदेन उस स्थायी समिति का अध्यक्ष होगा। यदि स्थायी समिति में प्रधान या उप प्रधान को सदस्य के रूप में निर्वाचित नहीं किया गया हो, वहाँ अध्यक्ष का निर्वाचन उन पाँच सदस्यों में से किया जायेगा।

स्थायी समितियाँ उन शक्तियों का प्रयोग तथा उन कर्तव्यों का निर्वहन करेगी जो उन्हें समय–समय पर सौंपी जावे। इन स्थायी समितियों का कार्यकाल एक वर्ष का होगा। यह अवधि उनके गठन की तिथि से गिनी जाएगी।

स्थायी समिति के सदस्य को यदि वह पंचायत समिति की क्रमवर्ती चार बैठकों में अनुपस्थित रहता है तो उसे एक नोटिस दिया जाएगा। इसमें निम्न उल्लेख होगा कि–

(i) वह लगातार चार बैठकों में अनुपस्थित रहा है,

(ii) वह उस स्थायी समिति की अगली बैठक में उपस्थित नहीं होगा तो उसका स्थान रिक्त घोषित कर दिया जाएगा।[23]

(iii) स्थायी समिति के निर्णय को पंचायत समिति दो–तिहाई बहुमत से ही बदल सकती है।

सतर्कता समितियाँ – राजस्थान पंचायती राज अधिनियम 1994 में संशोधन 2000 के माध्यम से यह प्रावधान किया गया है कि प्रत्येक पंचायत समिति क्षेत्र के लिए एक सतर्कता समिति का गठन राज्य सरकार द्वारा किया जायेगा। ऐसी समिति 5 सदस्यों से मिलकर बनेगी जिसमें से 3 सदस्य सम्बन्धित पंचायती राज संस्थाओं के निर्वाचित प्रतिनिधित्व होंगे

तथा शेष राज्य सरकार द्वारा मनोनीत होंगे। इस प्रकार गठित सतर्कता समिति सम्बन्धित पंचायती राज संस्था के संकर्मो, योजनाओं और क्रियाकलापों का पर्यवेक्षण करेंगी। यह समिति सम्बन्धित पंचायत राज संस्था के अध्यक्ष को अपना प्रतिवेदन प्रस्तुत करती है।

पंचायत समिति का प्रशासन तन्त्र

राजस्थान पंचायती राज 1994 की धारा 79 एवं 80 में पंचायत समिति के लिए अधिकारियों एवं कर्मचारी वृन्दों के बारे में प्रावधान किया गया है। प्रत्येक पंचायत समिति के लिए निम्न अधिकारियों की नियुक्ति राज्य सरकार द्वारा की जायेगी–

1. विकास अधिकारी
2. प्रसार अधिकारी – शिक्षा प्रसार अधिकारी, पंचायत प्रसार अधिकारी, सहकारिता प्रसार अधिकारी, कृषि प्रसार अधिकारी, पशु पालन प्रसार अधिकारी, समाज कल्याण अधिकारी आदि।
3. खण्ड प्रारंभिक शिक्षा अधिकारी
4. लेखाकार
5. कनिष्ठ लेखाकार

ये नियुक्तियाँ सम्बन्धित विभागों से प्रतिनियुक्ति के आधार पर की जाएँगी। राज्य सरकार इनका स्थानान्तरण अन्यत्र भी कर सकती है।

विशेष – प्रत्येक पंचायत समिति धारा 79 में वर्णित पदों पर अतिरिक्त कर्मचारियों की भी नियुक्ति कर सकती है लेकिन ऐसी नियुक्ति के लिए उसे राज्य सरकार की पूर्व अनुमति लेनी होगी। विकास अधिकारी पंचायत समिति में चतुर्थ श्रेणी कर्मचारियों की नियुक्ति कर सकता है।

पंचायत समिति की कार्यप्रणाली

पंचायत समिति की कार्य प्रणाली में इसकी बैठकों और स्थायी समितियों के कार्यों को सम्मिलित किया जाता है। बैठकें दो प्रकार की होती हैं सामान्य बैठकें–पंचायत समिति कारबार का संव्यवहार करने के लिए एक मास में कम से कम एक बार बैठक आयोजित करेगी।[24] पंचायत समिति की प्रत्येक बैठक सामान्यतः पंचायत समिति के मुख्यालय पर आयोजित

की जायेगी।[25] प्रथम बैठक की तारीख प्रधान और उप–प्रधान के निर्वाचन के पश्चात् प्रधान द्वारा नियत की जायेगी।[26] और प्रत्येक पश्चात्वर्ती सामान्य बैठक की तारीख पूर्व की बैठक में नियत की जायेगी, परन्तु प्रधान पर्याप्त कारणों से बैठक का दिन परिवर्तित कर सकेगा या उसे पश्चात्वर्ती तारीख के लिए स्थगित कर सकेगा। प्रधान जब कभी वह उचित समझे विशेष बैठक बुला सकेगा और सदस्यों की कुल संख्या के एक तिहाई से अन्यून के लिखित निवेदन पर और ऐसे निवेदन में ऐसा उद्देश्य विनिर्दिष्ट किया जायेगा जिसके लिए बैठक का बुलाया जाना प्रस्तावित है। यदि प्रधान कोई विशेष बैठक बुलाने में विफल रहता है तो उप–प्रधान या सक्षम प्राधिकारी उसके पश्चात् के 15 दिन से अनाधिक के किसी दिन को विशेष बैठक बुला सकेगा और विकास अधिकारी से सदस्यों को नोटिस देने और ऐसी कार्रवाही करने की अपेक्षा कर सकेगा जो बैठक बुलाने के लिए आवश्यक हो।[27] किसी सामान्य बैठक के लिए पूर्ण 10 दिन का नोटिस और किसी विशेष बैठक के लिए पूर्ण 7 दिन का नोटिस ऐसी बैठक आयोजित किये जाने का समय और स्थान तथा उसमें किया जाने वाला कारबार विनिर्दिष्ट करते हुए, सदस्यों को भेजा जायेगा और पंचायत समिति के सूचना पट्ट पर चिपकाया जायेगा। ऐसे नोटिस में विशेष बैठक के मामले में ऐसी बैठक के लिए किये गये लिखित निवेदन में उल्लिखित कोई भी प्रस्ताव या प्रतिपादना सम्मिलित होगी।[28]

गणपूर्ति एवं प्रक्रिया

पंचायत समिति की बैठक हेतु कुल सदस्य संख्या के एक तिहाई सदस्यों की उपस्थिति अनिवार्य है। बैठकों की अध्यक्षता प्रधान तथा उसकी अनुपस्थिति में उप–प्रधान और दोनों की अनुपस्थिति में उपस्थित सदस्यों में से किसी एक को उसे बैठक की अध्यक्षता करने के लिए चुनते हैं किन्तु ऐसा सदस्य हिन्दी पढ़ने और लिखने में समर्थ होना चाहिए।[29] सभी प्रश्नों का निर्णय उपस्थित एवं मतदान करने वाले सदस्यों के बहुमत से होगा। पंचायत समिति में कार्यवाही का अभिलेखन कार्यवृत्त पुस्तक में विकास अधिकारी के पास होता है। पंचायत समिति की बैठकों में यदि किसी जिला स्तरीय सरकारी अधिकारी की उपस्थिति आवश्यक प्रतीत हो तो विकास अधिकारी बैठक से कम से कम 15 दिन पूर्व ऐसे अधिकारी को सम्बोधित

पत्र द्वारा बैठक में उपस्थित होने के लिए निवेदन करेगा और अधिकारी बैठक में आवश्यक रूप से उपस्थित होगा।

पंचायत समितियों के कृत्य और शक्तियाँ

राजस्थान पंचायती राज अधिनियम 1994 की धारा 51 एवं इस अधिनियम की द्वितीय अनुसूची में विनिर्दिष्ट कृत्यों का निर्वहन करने एवं शक्तियों का प्रयोग करने के लिए अधिकृत किया गया है। इस अनुसूची में निम्न 30 बिन्दुओं का उल्लेख है–[30]

1. साधारण कृत्य :

(1) अधिनियम के आधार पर सौपें गये और सरकार या जिला परिषद् द्वारा समनुदेशित स्कीमों के सम्बन्ध में वार्षिक योजनाएँ तैयार करना और उन्हें जिला योजना के साथ एकीकृत करने के लिए विहित समय के भीतर जिला परिषद् को प्रस्तुत करना।

(2) पंचायत समिति क्षेत्र की सभी पंचायतों की वार्षिक योजनाओं पर विचार करना और उन्हें समेकित करना और जिला परिषद् को समेकित योजना प्रस्तुत करना।

(3) पंचायत समिति का वार्षिक बजट तैयार करना।

(4) ऐसे कृत्यों का पालन और ऐसे कार्यो का निष्पादन करना जो उसे सरकार या जिला परिषद् द्वारा सौपें जायें।

(5) प्राकृतिक आपदाओं में सहायता उपलब्ध कराना।

2. कृषि विस्तार को सम्मिलित करते हुए कृषिः

(1) कृषि और बागवानी की प्रोन्नति और विकास करना।

(2) बागवानी पौधशालाओं का रख–रखाव।

(3) रजिस्ट्रीकृत बीज उगाने वालों को बीजों के वितरण में सहायता करना।

(4) खादों और उर्वरकों को लोकप्रिय बनाना और उनका वितरण करना।

(5) खेती के समुन्नत तरीकों का प्रचार करना।

(6) पौध संरक्षण, राज्य सरकार की नीति के अनुसार नकदी फसलों का विकास करना।

(7) सब्जियों, फलों और फूलों की खेती को प्रोन्नत करना।

(8) कृषि के विकास के लिए साख सुविधाएँ उपलब्ध कराने में सहायता करना।

(9) कृषकों का प्रशिक्षण और प्रसार क्रिया–कलाप।

3. भूमि सुधार और मृदा संरक्षण :– सरकार के भूमि सुधार और मृदा संरक्षण कार्यक्रमों के कार्यान्वयन में सरकार और जिला परिषद् की सहायता करना।

4. लघु सिंचाई, जल–प्रबन्ध और जल–विभाजक विकास :

(1) लघु सिंचाई कार्यों, एनिकटों, लिफ्ट सिंचाई, सिंचाई कुओं, बंधों, कच्चे बंधों का निर्माण और रख–रखाव।

(2) सामुदायिक और वैयक्तिक सिंचाई कार्यों का कार्यान्वयन।

5. गरीबी उन्मूलन कार्यक्रम :– गरीबी उन्मूलन कार्यक्रमों और स्कीमों, विशेषत : एकीकृत ग्रामीण युवा स्वरोजगार प्रशिक्षण, मरू विकास कार्यक्रम, सूखा संभाव्य क्षेत्र कार्यक्रम, जनजाति क्षेत्र विकास, परावर्तित क्षेत्र विकास उपागमन, अनुसूचित जाति विकास निगम स्कीमों आदि का आयोजन और कार्यान्वयन।

6. पशुपालन, डेयरी और कुक्कट पालन :–

(1) पशु चिकित्सा और पशुपालन सेवाओं का निरीक्षण और रख–रखाव।

(2) पशु, कुक्कट और अन्य पशुधन की नस्ल का सुधार करना।

(3) डेयरी उद्योग, कुक्कुट पालन और सुअर पालन की प्रोन्नति।

(4) महामारी और सांसर्गिक बीमारियों की रोकथाम।

(5) समुन्नत चारे और दाने का स्थापन पुन : स्थापना।

7. मत्स्य पालन :– मत्स्य पालन विकास प्रोन्नत करना।

8. खादी ग्राम और कुटीर उद्योग :

(1) ग्राम और कुटीर उद्योग को प्रोन्नत करना

(2) सम्मेलनों, गोष्ठियों और प्रशिक्षण कार्यक्रमों, कृषि और औद्योगिक प्रदर्शनियों का आयोजन :

(3) मास्टर शिल्पी से, और तकनीकी प्रशिक्षण संस्थाओं में, बेरोजगार ग्रामीण युवाओं का प्रशिक्षणः

(4) बढ़ी हुई उत्पादकता लेने के आधुनिक वैज्ञानिक तरीकों को लोकप्रिय बनाना।

9. ग्रामीण आवासन :– आवासन स्कीमों का कार्यान्वयन और आवास उधार किस्तों की वसूली।

10. पेयजल

(1) हैंड पम्पों और पंचायतों की पम्प और जलाशय स्कीमों को मोनीटर करना, उनकी मरम्मत और रख–रखाव।

(2) ग्रामीण जल प्रदाय स्कीमों का रख–रखाव ।

(3) जल प्रदूषण का निवारण और नियंत्रण ।

(4) ग्रामीण स्वच्छता स्कीमों का कार्यान्वयन।

11. सामाजिक और फार्म वानिकी, ईंधन और चारा ।

(1) अपने नियंत्रण के अधीन की सड़कों के पार्श्वों और अन्य लोक भूमियों पर, विशेषतः चरागाह भूमियों पर वृक्षों का रोपण और परिरक्षण ।

(2) ईंधन रोपण और चारा विकास ।

(3) फार्म वानिकी की प्रोन्नति ।

(4) बंजर भूमि विकास।

12. सड़कों, भवन, पुलियाएँ, पुल, नौघाट, जलमार्ग और अन्य संचार साधन।

(1) ऐसी लोक सड़कों, नालियों, पुलियाओं और अन्य संचार साधनों का जो किसी भी अन्य स्थानीय प्राधिकरण या सरकार के नियंत्रण के अधीन नहीं हैं, निर्माण और रख–रखाव।

(2) पंचायत समिति में निहित किसी भी भवन या अन्य सम्पत्ति का रख–रखाव।

(3) नावों, नौघाटों और जलमार्गों का रख–रखाव।

13. गैर–परम्परागत ऊर्जा स्रोतों, विशेषतः सौर प्रकाश, और ऐसी ही अन्य युक्तियों की प्रोन्नति और रख–रखाव।

14. प्राथमिक विद्यालयों सहित शिक्षा :

(1) सम्पूर्ण साक्षरता कार्यक्रमों को सम्मिलित करते हुए प्राथमिक शिक्षा, विशेषतः बालिका शिक्षा का संचालन।

(2) प्राथमिक विद्यालय भवनों और अध्यापक आवासों का निर्माण, मरम्मत और रख–रखाव।

(3) युवा क्लबों और महिला मण्डलों के माध्यम से सामाजिक शिक्षा की प्रोन्नति।

(4) अनुसूचित जाति/अनुसूचित जनजाति/अन्य पिछड़े वर्गों के गरीब विद्यार्थियों को पाठ्य पुस्तकों, छात्रवृत्तियों, पौशाकों और अन्य प्रोत्साहनों का वितरण।

15. तकनीकी प्रशिक्षण और व्यावसायिक शिक्षा :– ग्रामीण शिल्पी और व्यावसायिक प्रशिक्षण की प्रोन्नति।

16. प्रौढ़ और अनौपचारिक शिक्षा :–

(1) सूचना, सामुदायिक मनोरंजन केन्द्रों और पुस्तकालयों की स्थापना।

(2) प्रौढ़ – साक्षरता का क्रियान्वयन।

17. सांस्कृतिक क्रियाकलाप :–सामाजिक और सांस्कृतिक क्रियाकलापों, प्रदर्शनियों की प्रोन्नति।

18. बाजार और मेले :– पशु मेलों सहित मेलों और उत्सवों का विनियमन।

19. स्वास्थ्य और परिवार कल्याण:–

(1) स्वास्थ्य और परिवार कल्याण कार्यक्रमों का क्रियान्वयन।

(2) प्रतिरक्षीकरण और टीकाकरण कार्यक्रमों को मानीटर करना।

(3) मेलों और उत्सवों पर स्वास्थ्य और स्वच्छता।

(4) औषधालयों (एलोपैथिक और आयुर्वेदिक, यूनानी, होम्योपैथिक) सामुदायिक और प्राथमिक स्वास्थ्य केन्द्रों, उप–केन्द्रों आदि का निरीक्षण और नियंत्रण।

20. महिला और बाल विकास :–

(1) महिला और बाल विकास से सम्बन्धित कार्यक्रमों का क्रियान्वयन।

(2) एकीकृत बाल विकास योजनाओं के माध्यम से विद्यालय स्वास्थ्य और पौषाहार कार्यक्रमों का कार्यान्वयन।

(3) महिला और बाल विकास कार्यक्रमों में स्वैच्छिक संगठनों के भाग लेने को प्रोन्नत करना।

(4) आर्थिक विकास के लिए ग्रामीण क्षेत्रों में महिला और बाल विकास समूह और सामग्री के उपापन तथा विपणन में सहायता करना।

21. विकलांगों और मंदबुद्धि वालों के कल्याण सहित समाज कल्याण

(1) विकलांगों और मंदबुद्धि वालों और निराश्रितों के कल्याण सहित समाज कल्याण कार्यक्रम।

(2) वृद्ध और विधवा पेंशन और विकलांग पेंशन मंजूर करना।

22. कमजोर वर्गों और विशिष्टतः अनुसूचित जातियों, अनुसूचित जनजातियों और पिछड़े वर्गों का कल्याणः

(1) अनुसूचित जातियों, जनजातियों और अन्य कमजोर वर्गों के कल्याण की प्रोन्नति

(2) ऐसी जातियों और वर्गों का सामाजिक अन्याय और शोषण से संरक्षा करना।

23. सामुदायिक आस्तियों का रख–रखाव :–

(1) अपने में निहित या सरकार द्वारा या किसी भी स्थानीय प्राधिकरण या संगठन द्वारा अन्तरित सभी सामुदायिक आस्तियों का रख–रखाव।

(2) अन्य सामुदायिक आस्तियों का परिरक्षण और रख–रखाव।

24. सांख्यिकी :– ऐसी सांख्यिकी का संग्रहण और संकलन जो पंचायत समिति, जिला परिषद् या राज्य सरकार द्वारा आवश्यक पायी जाये।

25. आपात सहायता :– अग्नि, बाढ़, महामारी या अन्य व्यापक आपदाओं के मामले में।

26. सहकारिता :– सहकारी गतिविधियों को, सहकारी सोसाइटियों की स्थापना और सुदृढ़ीकरण में सहायता करके प्रोन्नत करना।

27. पुस्तकालय :– पुस्तकालयों की प्रोन्नति।

28. पंचायतों का उनके सभी क्रियाकलापों और गांव और पंचायत योजनाओं के निर्माण पर्यवेक्षण और मार्गदर्शन।

29. प्रकीर्ण :

(1) अल्प बचतों और बीमा के माध्यम से मितव्ययिता को प्रोत्साहित करना।

(2) पशु बीमा सहित दुर्घटना, अग्नि, मृत्यु आदि के मामलों में सामाजिक बीमा दावे तैयार करने और उनके संदाय में सहायता करना।

30. पंचायत समितियों की साधारण शक्तियाँ :– इस अधिनियम के अधीन सौंपे गये, समनुदिष्ट या प्रत्यायोजित किये गये कृत्यों के क्रियान्वयन के लिए आवश्यक या आनुषंगिक सभी कार्य करना और विशिष्टतम और पूर्वगामी शक्ति पर प्रतिकूल प्रभाव डाले बिना, इसके अधीन विनिर्दिष्ट की गयी सभी शक्तियों का प्रयोग करना।

राज्य सरकार द्वारा पंचायत समिति को नये सौंपे गये कार्य/दायित्व

सरकार किसी पंचायत समिति को किन्हीं भी मामलों से सम्बन्धित ऐसे कार्य जो राज्य सरकार की कार्यपालिका शक्तियों के अन्तर्गत हैं या ऐसे कार्य जो केन्द्रीय सरकार राज्य सरकार को सौंपे गये हैं को प्रदत्त कर सकेगी। राज्य सरकार अधिसूचना द्वारा इन प्रदत्त कार्यों को वापस या रूपान्तरित कर सकेगी।[31]

पंचायती राज विभाग के आदेश[32] द्वारा निम्नलिखित अतिरिक्त कार्य पंचायत समिति को हस्तान्तरित किये गये–

(i) प्रारम्भिक शिक्षा पूर्णरूपेण पंचायत समिति के अधीन कर खण्ड शिक्षा अधिकारी को पंचायत समिति के अधीन किया गया है।

(ii) कृषि विस्तार के वे सभी कार्य–कलाप जो कृषि विभाग के कृषि पर्यवेक्षकों द्वारा क्रियान्वित किए जा रहे हैं, मय कृषि पर्यवेक्षकों एवं सहायक कृषि अधिकारियों के पंचायत समिति को हस्तान्तरित किये गये हैं।

(iii) 300 हैक्टेयर तक की क्षमता के तालाबों को पंचायत समिति को मय प्रोरेटा बजट हस्तान्तरित किया गया।

(iv) पंचायत समितियाँ तालाबों के रख रखाव/मरम्मत हेतु सम्पूर्ण ग्रामीण रोजगार योजना के अन्तर्गत प्राप्त राशि को प्राथमिकता देते हुए व्यय कर सकती है।

(v) सी श्रेणी के मत्स्य तालाब पंचायत समितियों के अधीन कर इनकी नीलामी व आय का उपयोग पंचायत समिति को दिया गया है।

(vi) नकारा हैण्डपम्पों के स्थान पर नये हैण्डपम्पों के निर्माण का कार्य पंचायत समिति को मय बजट के हस्तान्तरित किया गया है।

(vii) पम्प एवं टैंक तथा पाईप योजनाओं का संधारण मय बजट पंचायत समिति को हस्तान्तरित किया गया।

(viii) आंगनबाड़ी कार्यक्रम के पर्यवेक्षण के लिए महिला पर्यवेक्षक तथा बाल विकास परियोजना अधिकारियों को पंचायत समिति के अधीन किया गया।

(ix) सार्वजनिक वितरण प्रणाली के तहत राशन की दुकानों के आबंटन एवं अनुज्ञापत्र निरस्त करने का अधिकार पंचायत समिति को दिया गया।

(x) ग्रामीण क्षेत्रों में हस्तान्तरित योजनाओं को उपखण्ड स्तर पर और उससे नीचे के स्थानों पर निर्मित होने वाले समस्त नये राजकीय भवनों का निर्माण कार्य एवं वर्तमान में स्थित राजकीय भवनों की मरम्मत/संधारण का कार्य सार्वजनिक निर्माण विभाग के स्थान पर पंचायत समिति को दिया गया है। साथ ही बजट व स्टाफ का स्थानान्तरण भी किया गया है।

(xi) सामाजिक वानिकी, फार्म वानिकी से जुड़े समस्त कार्यकलापों को वन विभाग से पंचायत समिति को हस्तान्तरित किया गया।

(xii) पंचायत समिति को लोक कलाकारों को प्रोत्साहित करने हेतु चिह्नित करने व प्रशिक्षण देने तथा विभिन्न मेलों आदि में प्रचार–प्रसार का दायित्व दिया गया है।

पंचायत समिति हिण्डौन (जिला-करौली) का प्रशासनिक तन्त्र

हिण्डौन पंचायत समिति में निम्नलिखित स्टाफ कार्यरत है:–

1. खण्ड़ विकास अधिकारी (1)
2. प्रसार अधिकारी (2)
3. सहायक अभियन्ता (1)
4. कनिष्ठ अभियन्ता (5)
5. कनिष्ठ लेखाकार (2)
6. वरिष्ठ लिपिक (1)
7. कनिष्ठ लिपिक (3)
8. चतुर्थ श्रेणी कर्मचारी (5)

पंचायत समिति कार्यालय हिण्डौन में वर्तमान में खण्ड विकास अधिकारी के पद पर श्री रमेश चन्द्र वर्मा आसीन हैं। इनके अधीन दो प्रसार अधिकारी हैं जिनमें श्री बाबूलाल मीणा (प्रगति प्रसार अधिकारी) तथा श्री श्रीपत जाट (पंचायत प्रसार अधिकारी) के रूप में कार्यरत हैं। एक सहायक अभियन्ता (A.En.), 5 कनिष्ठ अभियन्ता (J.En.), 2 कनिष्ठ लेखाकार, 1 वरिष्ठ लिपिक, 3 कनिष्ठ लिपिक तथा 5 चतुर्थ श्रेणी कर्मचारियों सहित कुल 20 अधिकारी एवं कर्मचारी कार्यरत हैं। पंचायत समिति की 51 ग्राम पंचायतों में 51 ग्राम सेवक सह पदेन सचिव कार्यरत हैं।

खण्ड़ विकास अधिकारी (B.D.O.)

प्रत्येक पंचायत समिति में एक मुख्य कार्यकारी अधिकारी होता है जो विकास अधिकारी अथवा खण्ड़ विकास अधिकारी कहलाता है। विकास अधिकारी पंचायत समिति के कार्मिकों का मुखिया होता है तथा पंचायत समिति प्रशासन का अध्यक्ष भी होता है जो पंचायत समिति के दैनिक प्रशासनिक कार्यों का संचालन करता है। विकास अधिकारी प्रधान के प्रशासनिक नियन्त्रण में कार्य करता है। वह पंचायत समिति के कार्यक्रमों/ योजनाओं को कार्यान्वित करता है। उसका मुख्य कार्य पंचायत समिति द्वारा पारित संकल्प का क्रियान्वयन कराना है।

विकास अधिकारी की नियुक्ति

राजस्थान में विकास अधिकारी की नियुक्ति का कोई निश्चित आधार नहीं रहा है। इसमें समय–समय पर परिवर्तन होता रहा है। इसकी नियुक्ति राज्य सरकार में विभिन्न विभागों में पहले से नियुक्त और कार्यरत व्यक्तियों से पदोन्नति अथवा स्थानान्तरित या प्रतिनियुक्ति पर खण्ड़ विकास अधिकारी के रूप में की जाती है।

राजस्थान सरकार द्वारा, राजस्थान पंचायत समिति विकास अधिकारियों का चयन नियम, 1968 विनिर्मित और प्रकाशित किए गए हैं। इन नियमों में विकास अधिकारी की नियुक्ति के लिए राजस्थान पशुपालन सेवा के समूह ग–II में पद धारण करने वाले अधिकारियों, जिन्हें 5 वर्ष का सेवा अनुभव हो, जिसमें 2 वर्ष पशु प्रसार अधिकारी के रूप में कार्य किया हो। नियमों में राज्य सरकार को यह अधिकार दिया गया है कि यदि वह आवश्यक समझे, तो राजस्थान प्रशासनिक सेवा के अधिकारियों को विकास अधिकारी के पदों पर अस्थायी रूप से नियुक्त कर सकती है।

राजस्थान में विकास अधिकारियों के पद पर नियुक्ति के लिए राजस्थान सरकार ने 1960 से 1970 के दशक में राजस्थान प्रशासनिक सेवा के अधिकारियों को भी कुछ समय तक नियोजित किया था और शेष पदों पर कृषि, पशुपालन, सहकारिता, शिक्षा आदि विभागों के अधिकारियों से नियुक्ति की जा रही थी। पंचायत समिति में पद स्थापित विकास अधिकारी के वार्षिक कार्य मूल्यांकन प्रतिवेदन को अब प्रधान पंचायत समिति द्वारा भरा जायेगा तथा समीक्षा अधिकारी मुख्य कार्यकारी अधिकारी (जिला परिषद्) को बनाया गया है।[33]

पंचायत समिति हिण्डौन में खण्ड़ विकास अधिकारी

हिण्डौन पंचायत समिति की स्थापना राजस्थान में पंचायती राज के शुभारम्भ के साथ ही 2 अक्टूबर, 1959 को हुई। इसमें प्रारम्भ से लेकर वर्तमान तक विकास अधिकारियों की सूची निम्नलिखित है–

क्र.स.	नाम खण्ड़ विकास अधिकारी	कार्यकाल
1.	श्री लक्ष्मी चन्द अग्रवाल R.A.S.	02.10.1959 से 11.05.1960
2.	श्री रतन चन्द माहेश्वरी R.A.S.	12.05.1960 से 28.12.1961

3.	श्री सुरेश चन्द गोयल (कार्य.)	29.12.1961	से	28.01.1962
4.	श्री गणपत सिंह साखला R.A.S.	29.01.1962	से	11.03.1963
5.	श्री रमाकान्त A.E.O.	12.03.1963	से	21.05.1963
6.	श्री पी.सी.जैन R.A.S.	22.05.1963	से	28.11.1963
7.	श्री सुरेश चन्द श्रीवास्तव	29.11.1963	से	11.02.1964
8.	श्री पी.सी.जैन R.A.S.	12.02.1964	से	17.07.1964
9.	श्री एस.सी. श्रीवास्तव	18.07.1964	से	01.05.1964
10.	श्री ऐ.एन.पंडित R.A.S.	06.05.1964	से	22.09.1965
11.	श्री रामदीप सिंह (कार्य)	23.09.1965	से	07.03.1966
12.	श्री आशकरण अग्रवाल R.A.S.	08.03.1966	से	19.04.1966
13.	श्री रामदीप सिंह (कार्य)	20.04.1966	से	29.07.1966
14.	श्री रूपनारायण शर्मा R.T.S.	30.07.1966	से	27.07.1967
15.	श्री रामदीप सिंह (कार्य)	28.07.1967	से	13.08.1967
16.	श्री मुरारी लाल शर्मा	14.08.1967	से	15.06.1969
17.	श्री भगवती प्रसाद त्रिवेदी	16.06.1969	से	10.07.1970
18.	श्री रोशन लाल मोदी (कार्य)	11.07.1970	से	26.07.1970
19.	श्री कल्याण सिंह सोलंकी	27.07.1970	से	09.06.1972
20.	श्री भूषण कुमार जैन	10.06.1972	से	24.09.1973
21.	श्री विक्रम सिंह	25.09.1973	से	07.11.1973
22.	श्री चन्द्रपाल सिंह	08.11.1973	से	30.04.1977
23.	श्री गिर्जाशंकर त्रिपाठी	01.05.1977	से	23.09.1977
24.	श्री चन्द्रपाल सिंह	24.09.1977	से	22.05.1978
25.	श्री बृजमोहन शर्मा (कार्य)	23.05.1978	से	28.06.1979
26.	श्री अमर सिंह	29.06.1979	से	04.09.1979
27.	श्री ओम प्रकाश बंसल	05.09.1979	से	13.10.1982
28.	श्री खलकि अहमद	14.10.1982	से	16.03.1983

29.	श्री कन्हैया लाल गर्ग	17.03.1983	से	08.06.1983
30.	श्री बाके बिहारी लाल गुप्ता	09.06.1983	से	07.08.1983
31.	श्री अजय पाल सिंह	08.08.1983	से	17.01.1984
32.	श्री राम सिंह	18.01.1984	से	31.05.1986
33.	श्री नरेन्द्र कुमार	28.05.1986	से	20.05.1987
34.	श्री शिवराज शर्मा (R.A.S. कार्य)	21.05.1987	से	06.08.1987
35.	श्री जगदीश चन्द्र देशाई R.A.S.	07.08.1987	से	25.02.1989
36.	श्री शिवराम शर्मा	26.02.1989	से	12.03.1989
37.	श्री किशन सिंह सेंगर	13.03.1989	से	08.05.1990
38.	श्री के.वी.पंडया R.A.S.	09.05.1990	से	16.01.1991
39.	श्री राजेन्द्र किशन R.A.S.	16.01.1991	से	18.02.1992
40.	श्री शिवराम शर्मा (कार्य)	19.02.1992	से	07.04.1992
41.	श्री हरि प्रकाश शर्मा R.A.S.	08.04.1992	से	11.02.1993
42.	श्री शिवराम शर्मा (कार्य)	12.02.1993	से	14.05.1993
43.	श्री राधेश्याम गुप्ता	14.05.1993	से	21.05.1994
44.	श्री शिवराम शर्मा (कार्य)	22.05.1994	से	05.06.1994
45.	श्री भंवर लाल शर्मा	06.06.1994	से	31.07.1995
46.	श्री शिवराम शर्मा (कार्य)	01.08.1995	से	26.09.1995
47.	डॉ. गिर्राज प्रसाद गुप्ता	27.09.1995	से	17.05.1996
48.	श्री शिवराम शर्मा (कार्य)	18.05.1996	से	19.07.1996
49.	डॉ. गौरीनन्दन गोयल	20.07.1996	से	07.03.1998
50.	डॉ. गिर्राज प्रसाद गुप्ता	07.03.1998	से	25.07.1998
51.	डॉ. के.सी.शर्मा	25.07.1998	से	05.04.1999
52.	श्री डाल चन्द वर्मा R.E.S.	05.04.1999	से	03.03.2001
53.	श्री संजय शर्मा R.T.S.	04.03.2001	से	19.06.2001
54.	श्री डाल चन्द वर्मा R.E.S.	20.06.2001	से	07.10.2002

55.	श्री श्याम सिंह मीना R.E.S.	08.10.2002	से	26.01.2003
56.	श्री भागमल चौधरी E.E.O. (कार्य)	27.01.2003	से	27.02.2003
57.	श्री डाल चन्द वर्मा	28.02.2003	से	21.07.2003
58.	श्री अतर सिंह R.T.S. (कार्य)	22.07.2003	से	07.08.2003
59.	श्री सुबद्धी सिंह BEEO (कार्य)	08.08.2003	से	09.09.2003
60.	श्री भागमल चौधरी (कार्य) E.E.O.	10.09.2003	से	20.01.2004
61.	श्री रमेश चन्द वर्मा	21.01.2004	से	16.07.2004
62.	श्री भागमल चौधरी (कार्य)	16.07.2004	से	05.10.2004
63.	श्री रामधन मीणा	06.10.2004	से	24.06.2005
64.	श्री नन्द लाल शर्मा	25.06.2005	से	03.07.2005
65.	श्री रमेश चन्द्र वर्मा	04.07.2005	से	लगातार

विकास अधिकारी के कार्य एवं शक्तियाँ

विकास अधिकारी पंचायत समिति का मुख्य कार्यकारी होता है। सभी कार्यरत प्रसार अधिकारी प्रशासनिक दृष्टि से इसके नियन्त्रण में होते हैं। यद्यपि ये प्रसार अधिकारी तकनीकी विषयों में अपने जिला स्तरीय विभागीय अधिकारी के निर्देशन और पर्यवेक्षण में कार्य करते हैं। यहाँ ऐसा लगता है कि ''आदेश की एकता'' के सिद्धान्त का उल्लंघन हो रहा है परन्तु काफी लम्बे समय से अब इस प्रक्रिया ने सहजता की स्थिति पा ली है। समिति का मुख्य कार्यकारी होने के नाते विकास अधिकारी के निम्नलिखित कार्य होते हैं–

1. विकास अधिकारी[34]

(क) पंचायत समिति और उसकी स्थायी समितियों की बैठकों के लिए प्रधान और स्थायी समिति के अध्यक्ष के अनुदेशों से सूचना जारी करना,

(ख) ऐसी समस्त बैठकों में उपस्थित होगा और उनका कार्यवृत्त अभिलिखित करेगा और रखेगा,

(ग) ऐसी बैठकों में होने वाले विचार–विमर्श में भाग लेगा. और

(घ) पंचायत समिति निधि में से धन आहरित और संवितरित करेगा

(ड़) ऐसी अन्य शक्तियों का प्रयोग और ऐसे अन्य कृत्यों का पालन करेगा जो उसे इस अधिनियम के द्वारा या अधीन प्रदत्त किये या उस पर अधिरोपित किये जायें अथवा उसे प्रत्यायोजित किये जायें।

2. वह पंचायत समिति के समस्त अभिलेखों या प्रमाण–पत्रों पर अपने हस्ताक्षर कर प्रमाणित करेगा।

3. वह पंचायत समिति में कार्यरत कर्मचारी तन्त्र तथा अधिकारियों का एवं पंचायत समिति द्वारा निष्पादित सेवाओं में संलग्न कर्मचारियों पर पर्यवेक्षण एवं नियन्त्रण करता है।

4. वह पंचायत समिति के अन्तर्गत आने वाली सभी ग्राम पंचायतों के कर्मचारियों, प्रतिनिधियों और स्वैच्छिक संस्थाओं में सामन्जस्य स्थापित करता है जिससे विभिन्न योजनाओं का अधिकतम लाभ जनता को मिल सके।

5. पंचायत समिति में पद स्थापित प्रवर्तन निरीक्षकों के लिए सम्बन्धित पंचायत समिति के विकास अधिकारी को कार्यालयाध्यक्ष की शक्तियाँ हैं, जिसके परिणाम स्वरूप वह प्रवर्तन निरीक्षकों के संस्थान सम्बन्धी कार्य भी सम्पादित करता है। उसे नियम 17 के अन्तर्गत कार्यवाही करने का अधिकार है।[35]

6. जिला अधिकारियों/कर्मचारियों को पंचायत समिति में हस्तान्तरित किया गया है, उनके वेतन भत्तों इत्यादि का भुगतान विकास अधिकारी द्वारा कोष कार्यालय के माध्यम से आहरित किया जाता है।[36]

7. पंचायत समिति के प्रस्तावों की क्रियान्विति व सचिव के रूप में कार्य वह न केवल पंचायत समिति व उसकी स्थायी समिति की बैठकों का नियमित रिकार्ड रखता है बल्कि इन बैठकों में

निर्धारित नीतियों एवं पारित प्रस्तावों की क्रियान्विति का कार्य भी करता है।

8. राज्य सरकार एवं केन्द्र सरकार द्वारा पंचायत समिति में प्रवर्तित कार्यक्रमों एवं योजनाओं की क्रियान्विति करता है।
9. विकास अधिकारी या उसके द्वारा नाम निर्देशित अधिकारी ग्राम सभा की बैठकों में उपस्थित होकर बैठकों के कार्यवृत्तों का पंचायत सचिव द्वारा अभिलेखन किये जाने के लिए उत्तरदायी होता है।
10. विकास अधिकारी की आपात शक्तियाँ[37] :– मुख्यालय से प्रधान की अनुपस्थिति में विकास अधिकारी आग, बाढ़, महामारी जैसे या ऐसी ही अन्य आपात के मामले में, ऐसे किसी भी कार्य के निष्पादन का या ऐसे किसी भी कार्य के किये जाने का निर्देश दे सकेगा जिसके लिए सामान्यतः सम्बन्धित पंचायती राज संस्था की या उसकी किसी स्थायी समिति की मंजूरी अपेक्षित है और जिसका निष्पादन किया जाना उसकी राय में, जनता के कल्याण या सुरक्षा के लिए अथवा सम्पत्ति के होने वाले नुकसान के नियन्त्रण के लिए आवश्यक है तथा यह भी निर्देश दे सकेगा कि ऐसे कार्य के निष्पादन या ऐसा कार्य करने के व्यय सम्बन्धित पंचायती राज संस्था की निधि में से संदत्त किये जायेंगे। ऐसे प्रत्येक मामले में, वह की गयी कार्यवाही और उसके कारणों की रिपोर्ट ऐसे कार्य की मंजूरी देने या ऐसा कार्य करने के लिए सक्षम प्राधिकारी को तुरन्त करेगा।

खण्ड़ विकास अधिकारी के कार्यो एवं शक्तियों के विवेचन से स्पष्ट है कि वह अपने कार्यालय का प्रमुख है, वह खण्ड़ स्तर पर कार्य करने वाले प्रसार अधिकारियों के दल का अगुवा है, और वह पंचायत समिति का सचिव है। विकास अधिकारी पंचायत समिति में संचालित सभी ग्रामीण विकास कार्यक्रमों/योजनाओं के क्रियान्वयन के लिए उत्तरदायी होता है तथा पंचायत समिति के अन्तर्गत आने वाली ग्राम पंचायतों के सरपंचों एवं सचिवों का मार्ग दर्शन कर लोक कल्याणकारी कार्य करवाता है।

प्रसार अधिकारी
↓

शिक्षा प्रसार अधिकारी	उद्योग प्रसार अधिकारी	पंचायत प्रसार अधिकारी	सहकारिता प्रसार अधिकारी	प्रगति (सांख्यिकी) अधिकारी	कृषि प्रसार अधिकारी

इन पदों पर राज्य सेवा कैडर अथवा राज्य सरकार के अधीन पद धारण करने वाले व्यक्तियों को प्रतिनियुक्ति पर लिया जाता है। ये व्यक्ति अपने–अपने विषय के विशेषज्ञ होते हैं। इन पर विकास अधिकारी का प्रशासनिक नियन्त्रण होता है किन्तु तकनीकी विषयों में अपने जिला स्तरीय अधिकारियों का नियन्त्रण होता है। ये अधिकारी दोहरी नियन्त्रण व्यवस्था में कार्य करते हैं।

पंचायत प्रसार अधिकारी के कर्तव्य और कार्य

पंचायत प्रसार अधिकारी अपनी अधिकारिता के अधीन की पंचायतों के लिए मित्र, मार्गदर्शक और दार्शनिक के रूप में कार्य करता है। वह निम्नलिखित कार्य करता है–

(i) पंचायत अभिलेख, लेखों, फाइलों, सम्पत्तियों, ग्राम सभा और पंचायत बैठकों की कार्यवाही, सचिव के द्वारा अनुपालन, करों का निर्धारण वसूली, चराई के मैदानों इत्यादि का प्रति पंचायत दो दिन विस्तृत निरीक्षण करना,

(ii) सरपंच और ग्राम सेवक के कर्तव्य पालन का पर्यवेक्षण करना,

(iii) संपरीक्षा रिपोर्ट, सतर्कता समिति और ग्राम सभा के विनिश्चयों का पालन करना,

(iv) सभी पंचायतों का एक वर्ष में दो बार निरीक्षण करना,

(v) ग्रामीण स्वच्छता, ग्रामीण आवासन, उन्नत चूल्हा, बायो गैस और राष्ट्रीय/राज्य राज मार्गों के किनारे की सुविधाओं के विकास को मॉनीटर करना,

(vi) ऋण के दुरूपयोग के मामलों की विकास अधिकारी को सूचना देना,

(vii) ग्राम सभा की बैठकों में उपस्थित होना,

(viii) सौंपी गयी प्रारम्भिक जांचे करना,

(ix) समय–समय पर विकास अधिकारी/पंचायत समिति/जिला परिषद्/राज्य सरकार के द्वारा समनुदेशित सभी अन्य कर्तव्यों का पालन करना।

सहकारिता प्रसार अधिकारी

सहकारिता प्रसार अधिकारी पंचायत समिति के ग्रामीण क्षेत्रों में सहकारिता आन्दोलन को बढ़ावा देने के लिए उत्तरदायी होता है। वह निम्न कार्य करता है–

(i) सहकारी समितियों की सदस्यता में वृद्धि करने के प्रयास करता है,

(ii) डेयरी सहकारी समितियों का निर्माण, बैलों के बन्ध्यकरण, कृत्रिम गर्भाधान, गायों और भैंसों की उन्नत नस्लों की खरीद को प्रोत्साहित करना,

(iii) संभावित क्षेत्रों में फलों और सब्जियों के लिये सहकारी विपणन समितियों का निर्माण,

(iv) चयनित परिवारों का रजिस्टर रखना, ऋण प्ररूपों को सही–सही तैयार करने की व्यवस्था करना, ऋणों की मंजूरी करना,

(v) ट्राइसम प्रशिक्षण युवाओं को स्वरोजगार ऋण उपलब्ध करवाना,

(vi) विकास अधिकारी को ऋण मेला शिविरों में सहायता करना,

(vii) क्षेत्र की सहकारिता समितियों का निरीक्षण करना,

(vii) ग्रामीण आवासन परियोजनाओं और ऐसी योजनाओं से संबंधित ऋण लेखों के बारे में संव्यवहार करना

(ix) ग्राम सभा की बैठकों में उपस्थित होना,

(x) समय–समय पर विकास अधिकारी/पंचायत समिति/जिला परिषद्/राज्य सरकार द्वारा निर्देशित सभी अन्य कार्य करना,

प्रगति प्रसार अधिकारी (सांख्यिकी)

प्रगति प्रसार अधिकारी मुख्यतः पंचायत समिति के द्वारा संचालित कार्यक्रमों की प्रगति का पुनर्विलोकन और मूल्यांकन करने के लिए उत्तरदायी

होता है। वह अग्र लिखित कार्य करता है–

(i) सांख्यिकी का संकलन और विश्लेषण करना,

(ii) स्थायी सांख्यिकी अभिलेख रखना,

(iii) योजनाओं और अन्य विकासीय क्रियाकलापों की प्रगति के मूल्यांकन में सहायता करना,

(iv) प्रगति के पुनर्विलोकन के लिए रिपोर्ट और विवरणियाँ तैयार करना,

(v) सर्वेक्षण प्रतिवेदन तैयार करना,

(vi) सन्देह के मामले में प्रगति प्रतिवेदनों का स्थल पर सत्यापन करना,

(vii) प्रगति प्रतिवेदनों का प्रकाशन करना,

(viii) जिला और राज्य स्तर के अधिकारियों को मासिक/त्रैमासिक/वार्षिक प्रगति प्रतिवेदनों को समय पर प्रस्तुत करना,

(ix) पंचायतों के ग्राम सेवक एवं सचिवों को सांख्यिकी तैयार करने में मार्गदर्शन और प्रशिक्षण देना,

(x) ग्राम सभा की बैठकों में उपस्थित होना,

(xi) समय–समय पर विकास अधिकारी/पंचायत समिति/जिला परिषद्/राज्य सरकार द्वारा दिये गये सभी अन्य कार्यो का पालन करना।

शिक्षा प्रसार अधिकारी

शिक्षा प्रसार अधिकारी मूलतः पंचायत समिति के ग्रामीण क्षेत्रों में लड़कों और लड़कियों की सर्वव्यापी प्राथमिक शिक्षा के लिये और विद्यालयों में शिक्षा की गुणवत्ता को सुधारने के लिए उत्तरदायी है। वह निम्नकार्य करता है–

(i) नये विद्यालय खोलने के प्रस्ताव तैयार करना,

(ii) विद्यालय न आने वाले 6–11 और 11–14 आयु समूह वाले बच्चों को प्रत्येक वर्ष के जुलाई माह में सर्वेक्षण संचालित करना,

(iii) शत प्रतिशत बच्चों को विद्यालयों में लाने के लिये ग्राम शिक्षा समितियों का निर्माण करना,

(iv) विस्तृत समावेश के लिए बच्चों को अनौपचारिक शिक्षा केन्द्र में भेजने की व्यवस्था करना,

(v) ऐसी ढाणियों/गांवों में सरस्वती योजना के लिए महिला शिक्षकों को तैयार करना जिनमें एक किलोमीटर के अन्तर्गत कोई भी विद्यालय नहीं है,

(vi) वर्ष में दो बार विद्यालयों का निरीक्षण करना, जिसमें निम्न सम्मिलित हैं–

(अ) शिक्षा की गुणवत्ता निर्धारित करने के लिए

(ब) आपरेशन ब्लैक बोर्ड योजना के अधीन प्रदायित उपस्करों का उपयोग सुनिश्चित करने के लिए।

(स) मंजूरशुदा संख्या के अनुसार और शिक्षक छात्र अनुपात के अनुसार शिक्षकों के पदस्थापन की जाँच करने के लिए।

कृषि प्रसार अधिकारी

कृषि प्रसार अधिकारी अपने अधीन कार्य क्षेत्र में कृषि से सम्बन्धित विभिन्न जानकारियाँ देता है। ग्राम पंचायतों में जाकर किसानों को उन्नत किस्म में बीजों फसलों की जानकारी, विभिन्न रोगों के रोकथाम के उपायों एवं नई तकनीकी के उपकरणों की जानकारी समय–समय पर देता रहता है। कृषि समस्याओं से सम्बन्धित प्रशिक्षण भी किसानों को देता रहता है। भूमि की जाँच, पानी की जाँच एवं अन्य सम्बन्धित परीक्षण में किसानों की सहायता करता है।

उद्योग प्रसार अधिकारी

उद्योग प्रसार अधिकारी क्षेत्र में उद्योगों से सम्बन्धित विभिन्न जानकारियाँ एवं प्रशिक्षण देता है। ग्रामीण लघु उद्योग लगाने से सम्बन्धित प्रावधानों की जानकारी देकर वहां की जनता की सहायता करता है। क्षेत्र में चल रहे उद्योगों का समय–समय पर निरीक्षण किया जाता है। अपने उच्चअधिकारियों एवं राज्य सरकार द्वारा समय–समय पर सौंपे गये अन्य दायित्वों का निर्वहन करता है।

खण्ड़ प्रारम्भिक शिक्षा में कार्यरत तन्त्र

पंचायत समिति हिण्डौन में खण्ड़ प्रारम्भिक शिक्षा कार्यालय पंचायत समिति कार्यालय से पृथक एवं अन्यत्र स्थान पर स्थित है। इसमें निम्नलिखित अधिकारी एवं कर्मचारी विभिन्न पदों पर कार्यकरत हैं–

(1) खण्ड़ प्रारम्भिक शिक्षा अधिकारी (BEEO) – (1)

(2) शिक्षा प्रसार अधिकारी (3)

(3) कार्यालय सहायक (1)

(4) लेखाकार (1)

(5) कनिष्ठ लेखाकार (4)

(6) चतुर्थ श्रेणी कर्मचारी (3)

ब्लॉक स्तर पर प्रारम्भिक शिक्षा के संचालन का मुख्य अधिकारी खण्ड प्रारम्भिक शिक्षा अधिकारी होता है। शिक्षा प्रसार अधिकारी एवं अन्य कर्मचारी इनके दिशा निर्देशन में कार्य करते हैं। इस कार्यालय में कुल 13 अधिकारी एवं कर्मचारी कार्यरत हैं।

सहायक अभियन्ता पंचायत समिति

1. जिला परिषद द्वारा क्रियान्वित की जा रही समस्त योजनाएं–यथा संपूर्ण ग्रामीण रोजगार योजना MPLAD, MLALAD, IAY, DDP, DPAP, IWDP, NWDPRA, मरू गोचर योजना, मरू प्रसार रोक योजना, प्रधानमंत्री जल संवर्द्धन योजना, TFC, EFC, SFC, डांग विकास योजना, मेवात विकास योजना, सीमांत क्षेत्र विकास योजना, SGSY (स्पेशल प्रोजेक्ट्स) सम विकास योजना एवं अन्य योजनाओं से संबंधित समस्त कार्यों का निष्पादन करना।
2. उपरोक्त वर्णित सभी योजनाओं के अंतर्गत कराये जाने वाले कार्यों के लिए तकनीकी सुपरविजन एवं मार्ग–दर्शन प्रदान कर, गुणवत्ता से कार्यों को निष्पादन कराना।
3. ग्रामीण कार्य निर्देशिका, 2004 में वर्णित प्रावधानों के अनुसार तकनीकी स्वीकृतियां जारी करना, कार्यों का निरीक्षण करना, कार्यों के मूल्यांकन एवं उपयोगिता प्रमाण पत्र, पूर्णता प्रमाण पत्र जारी

करना एवं अन्य कार्य जो ग्रामीण कार्य निर्देशिका में निर्देशित हैं, उनका निर्वहन करना। भू–संसाधन परियोजनाओं की सी.पी.आर., डी.पी.आर. तैयार करवाना, उनको स्वीकृत कराना तथा डी.पी. आर. अनुसार कार्यों को क्रियान्वित करवाना। मूल्यांकन एवं उपयोगिता प्रमाण पत्र जारी करना, पूर्णता प्रमाण पत्र जरी करना, भू–संसाधन परियोजनाओं की बहिर्गमन व्यवस्था की पालना करना।

4. ऊपर वर्णित समस्त योजनाओं की प्रगति की मॉनिटरिंग करना एवं पंचायत समिति को आवंटित संसाधनों का समय पर सदुपयोग सुनिश्चित कराते हुए योजनाओं के संसाधनों को प्राप्त करने के लिए प्रस्ताव इत्यादि प्रस्तुत करना।
5. ऊपर वर्णित सभी योजनाओं के मासिक प्रगति प्रतिवेदन, अन्य सामयिक/वार्षिक प्रगति प्रतिवेदन निर्धारित तिथि तक सभी संबंधितों को प्रेषित करना।
6. ऊपर में उल्लेखित योजनाओं से संबंधित शिकायतों जांचों इत्यादि के लिए सभी प्रकार की कार्यवाही सुनिश्चित करना।
7. पंचायत समिति क्षेत्र के संपूर्ण विकास के लिए इन्फ्रास्ट्रक्चर विकसित करने के लिए एकीकृत कार्य योजना तैयार कर प्लानिंग एवं समन्वय से सफलता–पूर्वक वांछित इन्फ्रास्ट्रक्चर विकसित कराने की कार्यवाही करना।
8. उपरोक्त के लिए परियोजनाएं तैयार करना, प्रतिवेदन तैयार करना तथा तकनीकी आंकलन सहित कार्यों के विवरण तैयार करना एवं अन्य प्रकार की चाही गई सूचना।
9. पंचायत समिति क्षेत्र में भूमि एवं जल संरक्षण के लिए ऐसी कार्य योजना तैयार करना जिससे कि उपलब्ध जल का अधिकतम उपयोग सुनिश्चित हो सके तथा कृषि उत्पादन में वृद्धि के साथ–साथ पशु संसाधन एवं अन्य प्रकार के संसाधनों का सर्वांगीण विकास हो सके। रिमोट्स सेन्सिंग एवं सेटेलाइट के वैज्ञानिक ज्ञान का उपयोग करते हुए पंचायत समिति के भू–संसाधन संबंधी विकास की एक योजना तैयार कर विभिन्न स्रोतों से प्रान्त संसाधनों का समन्वय करते हुए लागू करने के लिए आवश्यक कार्यवाही करना।

10. उपरोक्त के लिए परियोजनाएं तैयार कराना, प्रतिवेदन तैयार करना तथा तकनीकी आंकलन सहित कार्यों के विवरण तैयार करना एवं अन्य प्रकार की चाही गई सूचना।
11. ग्रामीण कार्य निर्देशिका में उल्लेखित अनुसार जिला स्तरीय दर अनुसूची तैयार करवाने एवं जिला स्तरीय दर निर्धारण समिति की बैठकों के लिए अपेक्षित सूचना उपलब्ध करवाना तथा समस्त प्रकार की तत्संबंधी रिकार्ड का पंचायत समिति स्तर पर संधारण करवाने में सहयोग करना।
12. निर्दिष्ट विभिन्न बैठकों में भाग लेना तथा उपरोक्त योजनाओं से संबंधित विभिन्न बैठकों में दिये गये निर्देशों एवं निर्णयों की अनुपालना कराना।
13. ऊपर वर्णित योजनाओं से संबंधित ऑडिट आक्षेप, तथ्यात्मक विवरण तथा ड्रॉफ्ट पैरा, सीएजी रिपोर्ट, विधान सभा प्रश्न, लोकसभा प्रश्न, विधान सभा की समितियों के द्वारा चाहे गये विवरण इत्यादि के जवाब/तथ्यात्मक टिप्पणी तैयार करने में वांछित सहयोग करना।
14. पंचायत समितियों में पदस्थापित तकनीकी स्टॉफ पर नियंत्रण रखते हुए, उपरोक्त योजनाओं के कार्यों को संपादित करना। योजनान्तर्गत उपलब्ध संसाधनों का त्वरित गति से उपयोग सुनिश्चित कराना।
15. अन्य सभी कार्य जो ऊपर वर्णित सभी योजनाओं की सफल क्रियान्विति के लिए आवश्यक हो, का निर्वहन करना।
16. ग्रामीण विकास एवं पंचायती राज विभाग, जिला परिषद तथा विकास अधिकारी, पंचायत समिति द्वारा समय–समय पर निर्देशित सभी कार्यों का संपादन करना।

कनिष्ठ अभियंता

राजस्थान पंचायती राज नियम 1996 की धारा 346 में वर्णित कनिष्ठ अभियन्ताओं के कर्तव्य एवं दायित्वों को दृष्टिगत रखते हुए निम्न वर्णित गतिविधियां सम्पादित करेंगे। पंचायत समिति क्षेत्र में कार्य के कुशल निष्पादन

सुनिश्चित करने की दृष्टि से कनिष्ठ अभियन्ताओं को 10–10 पंचायतों का दायित्व दिया गया है। तद्नुसार कनिष्ठ अभियन्ता आवंटित पंचायतों में निम्न दायित्व निर्वहन करने के लिये उत्तरदायी होंगे।

विकास अधिकारी एवं सहायक अभियंता पंचायत समिति के अधीन निम्नानुसार कर्तव्य एवं दायित्वों का निर्वाहन करेंगे :

1. पंचायत समितियों द्वारा क्रियान्वित की जा रही समस्त योजनाएं तथा–संपूर्ण ग्रामीण रोजगार योजना, **MPLAD, MLALAD, IAY, DDP, DPAP, IWDP, NWDPRA,** मरू गोचर योजना, मरू प्रसार रोक योजना, प्रधानमंत्री ग्रामीण जल संवर्द्धन योजना, TFC, EFC, SFC डांग विकास योजना, मेवात विकास योजना, सीमांत क्षेत्र विकास योजना, SGSY, (स्पेशल प्रोजेक्ट्स), सम विकास योजना, एवं अन्य योजनाओं से संबंधित समस्त कार्यों का निष्पादन करना।
2. उपरोक्त वर्णित सभी योजनाओं के अंतर्गत कराये जाने वाले कार्यों के लिए तकनीकी सुपरविजन एवं मार्ग–दर्शन प्रदान कर, गुणवत्ता से कार्यों को निष्पादन कराना।
3. ग्रामीण कार्य निर्देशिका, 2004 में वर्णित प्रावधानों के अनुसार तकनीकी स्वीकृतियां जारी करना, कार्यों का निरीक्षण करना, कार्यों के मूल्यांकन एवं उपयोगिता प्रमाण पत्र, पूर्णता प्रमाण पत्र जारी करना एवं अन्य कार्य जो ग्रामीण कार्य निर्देशिका में हैं, उनका निर्वहन करना। भू–संसाधन परियोजनाओं की सी.पी.आर., डी.पी. आर. तैयार करवाना, उनको स्वीकृत करवाना। मूल्यांकन एवं उपयोगिता कार्यों को क्रियान्वित करवाना। मूल्यांकन एवं उपयोगिता प्रमाण पत्र जारी करना, पूर्णता प्रमाण पत्र जारी करना, भू–संसाधन परियोजनाओं की बहिर्गमन व्यवस्था की पालना करना।
4. ऊपर वर्णित समस्त योजनाओं की प्रगति की मॉनिटरिंग करना एवं पंचायत समिति को आवंटित संसाधनों का समय पर सदुपयोग सुनिश्चित कराते हुए योजनाओं के संसाधनों को प्राप्त करने के लिए प्रस्ताव इत्यादि प्रस्तुत करना।
5. ऊपर वर्णित सभी योजनाओं के मासिक प्रगति प्रतिवेदन, अन्य सामयिक / वार्षिक प्रगति प्रतिवेदन निर्धारित तिथि तक सभी संबंधितों को प्रेषित करना।

6. ऊपर उल्लेखित योजनाओं से संबंधित शिकायतों जांचों इत्यादि के लिए सभी प्रकार की कार्यवाही सुनिश्चित करना।
7. पंचायत समिति क्षेत्र में आवंटित ग्राम पंचायत के संपूर्ण विकास के लिए इन्फ्रास्ट्रक्चर विकसित करने के लिए एकीकृत कार्य योजना तैयार कर प्लानिंग एवं समन्वय से सफलता–पूर्वक वांछित इन्फ्रास्ट्रक्चर विकसित कराने की कार्यवाही करना।
8. उपरोक्त के लिए परियोजनाएं तैयार करना, प्रतिवेदन तैयार करना तथा तकनीकी आंकलन सहित कार्यों के विवरण तैयार करना एवं अन्य प्रकार की चाही गई सूचना।
9. पंचायत समिति में आवंटित ग्राम पंचायत क्षेत्र में भूमि एवं जल संरक्षण के लिए कार्य योजना तैयार करना जिससे कि उपलब्ध जल का अधिकतम उपयोग सुनिश्चित हो सके तथा कृषि उत्पादन में वृद्धि के साथ–साथ पशु संसाधन एवं अन्य प्रकार के संसाधनों का सर्वांगीण विकास हो सकें। रिर्मोट्स सेन्सिंग एवं सेटेलाइट के वैज्ञानिक ज्ञान का उपयोग करते हुए पंचायत समिति में आवंटित ग्राम पंचायत क्षेत्र के भू–संसाधन संबंधी विकास की एक योजना तैयार कर विभिन्न स्रोतों से प्राप्त संसाधनों का समन्वय करते हुए लागू कराने के लिए आवश्यक कार्यवाही करना।
10. उपरोक्त के लिए परियोजनाएं तैयार करना, प्रतिवेदन तैयार करना तथा तकनीकी आंकलन सहित कार्यों के विवरण तैयार करना एवं अन्य प्रकार की चाही गई सूचना।
11. निर्दिष्ट विभिन्न बैठकों में भाग लेना तथा उपरोक्त योजनाओं से संबंधित विभिन्न बैठकों में दिये गये निर्देशों एवं निर्णयों की अनुपालना कराना।
12. ग्रामीण कार्य निर्देशिका के अनुसार जिला स्तरीय दर अनुसूची तैयार करने एवं इसका जिला स्तरीय दर निर्धारण समिति से अनुमोदन करवाने में सहयोग करना।
13. ऊपर वर्णित योजनाओं से संबंधित ऑडिट आक्षेप, तथ्यात्मक विवरण तथा ड्राफ्ट पैरा, सीएजी रिपोर्ट, विधान सभा प्रश्न, लोक सभा प्रश्न विधान सभा की समितियों के द्वारा चाहे गये विवरण इत्यादि

के जवाब/तथ्यात्मक टिप्पणी तैयार करने में वांछित सहयोग करना।

14. अन्य सभी कार्य जो ऊपर वर्णित सभी योजनाओं की सफल क्रियान्विति के लिए आवश्यक हो, का निर्वहन करना।
15. ग्रामीण विकास एवं पंचायती राज विभाग, जिला परिषद तथा पंचायत समिति के विकास अधिकारी एवं सहायक अभियंता द्वारा समय–समय पर निर्देशित सभी कार्यों का संपादन करना।

कनिष्ठ लेखाकार

पंचायत समिति कार्यालय में 2 कनिष्ठ लेखाकार कार्यरत हैं। लेखाकार डी.आर.डी.ए. प्रशासन योजना से सम्बन्धित समस्त कार्य करते हैं। बजट बनाना, मासिक, त्रिमासिक, अर्द्धवार्षिक या वार्षिक प्रगति विवरण अभिकरणों से प्राप्त करना तथा विभिन्न स्तरों पर पत्राचार करना। अंकेक्षण के समय मांगी गयी सूचना एवं लेखा की जाँच विकास अधिकारी द्वारा सौंपे गये कार्य एवं समय–समय पर मांगी गयी सूचनाएं एवं आंकडें प्रस्तुत करना।

ग्राम पंचायत

ग्राम पंचायत पंचायती राज की आधारशिला है। ग्राम पंचायतें वार्डों में विभाजित होती हैं, जो नागरिकों के स्थानीय स्वशासन के अधिकार को धरातल (ग्रासरूट स्तर) तक पहुँचाने का उत्कृष्ट उदाहरण है।

पंचायत की संरचना

प्रत्येक पंचायत में एक सरपंच तथा उतने पंच होते हैं जितने उस पंचायत क्षेत्र के लिए निर्धारित वार्डों से प्रत्यक्ष रूप से निर्वाचित होकर आते हैं। वार्डों की संख्या का निर्धारण राज्य सरकार द्वारा किया जाता है। 3000 तक की जनसंख्या वाले किसी पंचायत क्षेत्र में 9 वार्ड और यदि किसी पंचायत क्षेत्र की जनसंख्या 3000 से अधिक हो तो प्रत्येक एक हजार या उसके भाग के लिए वार्डों की संख्या में 2 की वृद्धि कर दी जाती है।

ग्राम पंचायत का मुखिया सरपंच होता है। वह ग्रामीण जनता द्वारा प्रत्यक्ष रूप से चुना जाता है। पंचायती राज के शीर्ष एवं मध्य स्तर के अध्यक्षों का निर्वाचन अप्रत्यक्ष रूप से होता है जबकि सदस्य के रूप में

प्रत्यक्ष रूप से चुने जाते हैं। हिण्डौन पंचायत समिति में कुल 51 ग्राम पंचायतें हैं जहाँ प्रत्येक में सरपंच एवं उपसरपंच हैं।

पंचायत के प्रशासन में मुख्य कार्मिक सचिव होता है। एक पंचायत के लिए एक सचिव या पंचायतों के समूह के लिए एक ही सचिव की नियुक्ति की जा सकती है जिसे 'समूह पंचायत सचिव' का नाम दिया जा सकता है।[38]

ग्रामीण विकास के कार्यक्रमों/योजनाओं को ग्राम स्तर पर समन्वय प्रदान करने के लिए ग्राम सेवक के पद का सृजन राजस्थान में 1952 में किया गया था। यह एक बहुउद्देशीय विस्तार कार्यकर्ता था जिसे वी.एल. डब्ल्यू. (ग्राम स्तर कार्यकर्त्ता) भी कहा जाता था। राजस्थान सरकार ने अगस्त, 1982 में ग्राम सेवक और समूह सचिवों के अलग–2 पदों को खत्म कर इनके स्थान पर 'ग्राम सेवक एवं पदेन सचिव ग्राम पंचायत' के पद का सृजन किया।

(1) प्रत्येक पंचायत के सचिव का, सरपंच के नियन्त्रण के अध्यधीन रहते हुए निम्नलिखित कर्तव्य होगा–[39]

(क) पंचायत के अभिलेख और रजिस्टर अपनी अभिरक्षा में रखना,

(ख) पंचायत के निमित प्राप्त धनराशियों के लिए अपने हस्ताक्षर से रसीदें जारी करना,

(ग) पंचायत निधि के लेखे रखने के लिए उत्तरादायी होना,

(घ) पंचायत निधि की सुरक्षित अभिरक्षा के लिए उत्तरदायी होना,

(ड.) इस अधिनियम या तद्धीन बनाये गये नियमों के द्वारा या अधीन अपेक्षित समस्त विवरण एवं रिपोर्ट तैयार करना,

(च) समस्त ऐसे संदाय करना, जो पंचायत द्वारा मंजूर किये जाये और

(छ) ऐसे अन्य कृत्य और कर्तव्य करना, जो इस अधिनियम के अधीन विहित या प्रत्यायोजित किये जायें।

2. पंचायत की बैठकों की कार्यवाही लिखना उसका लेखा रखना तथा उसकी प्रतिलिपियां सरपंच के हस्ताक्षर से पंचायत समिति को भेजना।

3. पंचायत कार्यालय के दैनिक कार्य करना।
4. जन्म–मरण के आंकडे रखना।
5. पंचायत का बजट तैयार करना।

कार्यकारी कर्त्तव्य–सचिव के कार्यकारी कर्त्तव्य निम्नलिखित हैं।[40]

1. पंचायत के निर्माण कार्यों को चलाना तथा उनकी देखभाल करना।
2. पंचायत की बकाया राशि की वसूली करना।
3. जन स्वास्थ्य सबन्धी कार्यक्रमों की देखभाल करना।
4. पंचायत की भूमि या अन्य सम्पत्ति पर किसी प्रकार के अतिक्रमण की जानकारी सरपंच को देना।
5. सरपंच व पंच द्वारा बताये हुए अन्य कर्त्तव्यों का पालन करना।

ग्राम पंचायत की संगठनात्मक संरचना

73वें संविधान संशोधन से पूर्व	73 वें संविधान संशोधन के बाद
(A) ग्राम पंचायत की परिषद	(A) ग्राम पंचायत परिषद्
(a) सरपंच (अध्यक्ष)	(a) सरपंच (अध्यक्ष)
(b) उपसरपंच	(b) उपसरपंच
(c) सदस्य (वार्डपंच)	(c) वार्ड पंच
(d) सहवृत सदस्य	(d) सचिव (पंचायत समिति)
(B) समितियॉ	(B) समितियाँ
(a) उत्पादन समिति	(a) प्रशासन और स्थापना
(b) शिक्षा एवं सामाजिक शिक्षा	(b) वित्त और कराधान समिति
(c) समाज कल्याण समिति	(c) विकास और उत्पादन
	(d) कार्यक्रम
	(e) शिक्षा
	(f) स्वास्थ्य, स्वच्छता
	(g) ग्रामीण जलप्रदाय

(C) प्रशासन	(C) प्रशासन तन्त्र
(a) ग्राम सचिव (ग्राम सेवक)	(a) पंचायत सचिव
	(b) प्राथमिक शाला के प्रधान
	(c) ए.एन.एम. (नर्स)
	(d) पटवारी
	(e) ग्राम स्तर के विद्युत व जलप्रदाय से सम्बधित कार्मिक

पंचायत समिति हिण्डौन के ग्रामीण विकास प्रशासन की कार्यात्मक समीक्षा

हिण्डौन पंचायत समिति की स्थापना राजस्थान में पंचायती राज के शुभारम्भ के साथ ही 2 अक्टूबर, 1959 को हो गई थी लेकिन फिर भी विकास में पिछड़ी हुई है। सर्वप्रथम हिण्डौन पंचायत समिति कार्यालय का अवलोकन किया जाये तो ऐसा लगता है कि ये कोई खण्ड़हर हो। पिछले 5 वर्षों में प्रधान, विकास अधिकारी कार्यालय एवं सभा भवन का निर्माण होने से जरूर ऐसा लगता है कि कोई कार्यालय है वरन् इसका शेष भाग ऐसा प्रतीत होता है कि जैसे ये स्वयं ही विकास की प्रतीक्षा कर रहा हो। पूर्व विकास अधिकारी एक छोटे से कमरे में बैठता था जिसमें पर्याप्त स्थान भी नहीं था, अब उस कमरे को कनिष्ठ लेखाकार का बना दिया गया है तथा साथ वाला कमरा स्थापना कक्ष बनाया गया है। प्रसार अधिकारियों एवं अन्य स्टॉफ के लिए भी हाल ही में एक अलग छोटे से भवन का निर्माण किया गया है जिसमें 4 कमरें हैं। पंचायत समिति कार्यालय की बनावट ऐसी है कि जहाँ पारदर्शिता नाम की कोई चीज नहीं है। कनिष्ठ अभियन्ता एवं अन्य कई कर्मचारी ऐसे भवन में कार्यरत हैं जहाँ वर्षात के दिनों में तो पहुँचना भी दुभर हो जाता है। ये कार्यालय सुविधाओं से वंचित हैं। सर्वप्रथम कार्यालय का विकास करना होगा तभी कार्मिक वर्ग कुछ कार्य कर सकेगा।

ग्रामीण विकास कार्यक्रमों के प्रशासन तन्त्र में खण्ड़ विकास अधिकारी, प्रसार अधिकारी, ग्राम सेवक एवं पदेन सचिव कार्यरत होते हैं। विकास अधिकारी की नियुक्ति अन्य विभागों से प्रतिनियुक्ति पर की जाती है। राज्य

सरकार इनका स्थानान्तरण अन्यत्र भी कर सकती है। पंचायत समिति का इन पर बहुत कम प्रत्यक्ष नियन्त्रण होता है, मात्र इतना ही कि वह उनकी गोपनीय रिपोर्ट लिखती है। हिण्डौन पंचायत समिति में जहाँ तक खण्ड़ विकास अधिकारी की नियुक्ति एवं योग्यता का प्रश्न है, इस पद पर एक 10 वीं कक्षा उत्तीर्ण से लेकर स्नातकोत्तर तक शिक्षा प्राप्त व्यक्ति रहे हैं। इस पद पर 1959 से वर्तमान 2005 तक कुल 65 वाँ खण्ड विकास अधिकारी है। इसमें राज्य प्रशासनिक सेवा तक के व्यक्ति भी समय–समय पर आसीन रहे हैं। लगभग 45 वर्षों के दौरान 65 विकास अधिकारी परिवर्तित होते रहे। इससे स्पष्ट है कि इस पद पर स्थानान्तरण या अन्य ऐसे कारण रहे हैं जिससे विकास अधिकारी लम्बे समय तक इस पद पर कार्य नहीं कर सके। कारण जो भी हो इसने ग्रामीण विकास कार्यक्रमों को निश्चित रूप से प्रभावित किया है। जब तक एक व्यक्ति पंचायत समिति की पारिस्थितिकी को समझता है तब तक दूसरे व्यक्ति की नियुक्ति तैयार रहती है, ऐसे में कोई भी व्यक्ति रूचि नहीं लेना चाहता। पंचायत समिति में अन्य कर्मचारियों पर नजर डाली जाये तो इस समय केवल 2 प्रसार अधिकारी पंचायत प्रसार अधिकारी एवं प्रगति प्रसार अधिकारी कार्यरत हैं। ग्रामीण विकास कार्यक्रमों से सम्बन्धित सभी कार्य एवं अन्य कार्य प्रगति प्रसार अधिकारी को सौंपे हुए हैं। ऐसी हालत में जबकि पंचायत समिति में एक भी कम्प्यूटर नहीं है, विकास की उम्मीद करना सरासर गलत होगा। न तो उनके पास पर्याप्त आंकड़े हैं ना ही कार्यक्रमों की विस्तृत जानकारी। यहाँ जो भी कार्य होते हैं उनमें ग्राम सरपंच, पंचायत समिति सदस्य एवं अन्य राजनीतिक स्तर के व्यक्ति हस्तक्षेप कर अपना कार्य करवा लेते हैं। कार्यो के लिए न तो कोई निश्चित प्रक्रिया है और न ही कोई निश्चित मापदण्ड हैं। कार्मिक वर्ग की कमी ने एक ही कर्मचारी के पास इतना अधिक भार डाल दिया है कि वह प्रक्रियागत कार्य कर ही नहीं सकता।

प्रसार अधिकारी दोहरे नियन्त्रण का भी शिकार हैं। प्रशासनिक आदेश विकास अधिकारी से और तकनीकी आदेश जिला तकनीकी अधिकारी से प्राप्त करते हैं। यहाँ आदेश की एकता का उल्लंघन होता है। अतः कार्य में देरी एवं गलतफहमी भी पैदा हो जाती है।

यहाँ का कार्मिक वर्ग औपचारिकताऐं पूर्ण करने पर अधिक ध्यान देता है। ग्राम सचिवों की मीटिंग में कुछ ऐसे तथ्य सामने आये कि इनमें

अनुशासन नाम की कोई चीज नहीं है। विकास अधिकारी के निर्देशों को न तो कोई गम्भीरतापूर्वक ले रहा था और न ही कोई उत्सुक था। पंचायत समिति में प्रशासनिक समितियाँ तो बनी हुई हैं परन्तु इनकी कोई खास भूमिका नहीं है। पंचायत समिति सदस्यों की नियमित बैठकें नही हो रही। पंचायत समिति की पूर्व प्रधान श्रीमती रज्जोदेवी डागुर स्वयं भ्रष्टाचार के आरोपों के कारण निलम्बित रही परन्तु राजनीतिक नकरात्मक हस्तक्षेप ने बहाल करवा दिया। इनके कार्यकाल के दौरान प्रधान अधिकतर अपने कार्यालय में न बैठकर घर पर ही रहती थी। इनके साक्षर भर होने से पति ही सभी कार्यों में निर्णय लेते थे। जब मैं स्वयं इनसे साक्षात्कार लेने पहुँचा तो 5 मिनट तक ही इनसे बात हो पायी बाकी के प्रश्नों के उत्तर इनके पति ने दिये और कहा कि एक ही बात है। क्षेत्र की जनता के समक्ष घूघंट की आड़ में ये कार्य नहीं कर पा रही थी। वर्तमान में इस पंचायत समिति के प्रधान पद पर श्रीमती शकुंतला मीणा कार्यरत हैं।

ग्राम सचिवों की स्थिति भी कोई खास अच्छी नहीं है। इनमें स्नातक की योग्यता रखने वाले कम ही हैं और ये विभिन्न विभागों से प्रतिनियुक्ति पर आते हैं इसलिए इन्हें ग्रामीण विकास योजनाओं के बारे में विस्तृत जानकारी नहीं है। हाँ एक बात अवश्य है कि ये एक–दूसरे के सहयोग से आवश्यक कागजी कार्रवाही जरूर कर लेते हैं। एक ग्राम सेवक ऐसे भी थे, जो मात्र 8वीं उत्तीर्ण थे। ऐसी स्थिति में ग्रामीण विकास की उम्मीद करना बेमानी ही होगी। सरपंच भी खास पढ़े लिखे नहीं हैं और विशेषकर महिला सरपंच, इनको ग्राम सचिव ही सारी प्रक्रिया बताते हैं। इसलिये ग्राम सचिवों का प्रशिक्षित होना, योग्य, कुशल एवं कर्त्तव्यनिष्ठ होना नितान्त आवश्यक है। ग्रामीण जनता के विकास के लिए ग्रामीण विकास के प्रशासनिक तन्त्र को मजबूत एवं सम्बल प्रदान करना होगा तभी गांवों में विकास के सपनों को साकार किया जा सकता है।

सन्दर्भ

1. मोहन लाल गुप्ता, ***कोटा जिलेवार सांस्कृतिक एवं ऐतिहासिक अध्ययन,*** नवभारत प्रकाशन, जोधपुर, 2004, पृष्ठ संख्या 50
2. जिला परिषद् कार्यालय, करौली से प्राप्त जानकारी के आधार पर

3. गिरवर सिंह राठौड, ***भारत में पंचायतीराज***, पंचशील प्रकाशन, जयपुर 2004, पृष्ठ–166
4. अशोक शर्मा, ***भारत में स्थानीय प्रशासन,*** आर.बी.एस.ए. पब्लिशर्स, जयपुर, 2002, पृष्ठ–136
5. वार्षिक प्रतिवेदन, ग्रामीण विकास विभाग राजस्थान, जयपुर, 2003–04, पृष्ठ–78
6. राजस्थान अधिनियम सं. 9 (2000) द्वारा अन्तः स्थापित व राज. राजपत्र भाग 4 (क) दिनांक 03.05.2000 को प्रकाशित एवं 03.05.2000 से प्रभावी।
7. राजस्थान पंचायती राज अधिनियम, 1994 की धारा 84 (1)(क)(ख)(ग)(घ)(ड़)
8. उपर्युक्त की धारा 84 (2)
9. उपर्युक्त की धारा 84 (3)
10. उपर्युक्त की धारा 84 (4)(क)(ख)(ग)
11. उपर्युक्त की धारा 84 (5)
12. उपर्युक्त की धारा 84 (6)
13. उपर्युक्त की धारा 84 (7)
14. उपर्युक्त की धारा 84 (9)
15. उपर्युक्त की धारा 84 (2)
16. प9(2) कार्मिक/क–4/2000, जयपुर, दिनांक 27.06.2003
17. पूर्वोक्त, गिरवर सिंह राठौड़, पृष्ठ–125
18. उपर्युक्त, पृष्ठ–125
19. राजस्थान पंचायती राज अधिनियम 1994 की धारा 34(2)
20. उपर्युक्त की धारा 34(1)
21. उपर्युक्त,की धारा 56(1)(क)(ख)(ग)
22. उपर्युक्त,की धारा 56(2)
23. सुखवीर सिंह गहलोत, ***राजस्थान पंचायतीराज कानून,*** यूनिक ट्रेडर्स, जयपुर, 2003, पृष्ठ–92
24. पूर्वोक्त की धारा 46(2)
25. उपर्युक्त, की धारा 46(2)

26. राजस्थान अधिनियम संख्या 9 (2000) द्वारा प्रतिस्थापित राजस्थान राज–पत्र भाग 4 (क) दिनांक 03.05.2000 को प्रकाशित व 03.05.2000 से प्रभावी।
27. राजस्थान, पंचायती राज अधिनियम 1994 की धारा 46 (2)
28. उपर्युक्त,की धारा 46(4)
29. उपर्युक्त,की धारा 48(1)
30. उपर्युक्त,की धारा 51(द्वितीय अनुसूची)
31. उपर्युक्त,की धारा 54(1)(2)
32. मुख्य सचिव राजस्थान सरकार के निर्देश पंचायती राज विभाग क्रमांक एफ(4) (66) पराज / पीसी / 2002 / 565, दिनांक 19.06.2003
33. ग्रामीण विकास एवं पंचायती राज विभाग, एफ 4(66) / पराज / पीसी / ममराभि / पार्ट–3 / 2003 / 509, दिनांक 25.06.2003
34. राजस्थान पंचायती राज अधिनियम, 1994, धारा 81(1)(क)(ख)(ग)(घ)(ङ)
35. खाद्य नागरिक आपूर्ति एवं उपभोक्ता मामले विभाग, ओदश क्रमांक एफ(2)22 खा.वि. / स्था.प्र. / 2003
36. वित्त विभाग, (आय व्ययक अनुभाग) प(4) वित–1 (1) आ.व्यय / 01, दिनांक 11.07.2003
37. पूर्वोक्त की धारा 85
38. पूर्वोक्त की धारा 78(1)(क)(ख)
39. पूर्वोक्त की धारा 78(2)(क)(ख)(ग)(घ)(ङ)(च)(छ)
40. पूर्वोक्त, गिरवर सिंह राठौड, पृष्ठ सं.109

5

हिण्डौन पंचायत समिति एक परिचय

हिण्डौन पंचायत समिति की स्थापना राजस्थान में पंचायती राज के शुभारम्भ के साथ ही 2 अक्टूबर, 1959 को हो गयी थी। इसके प्रथम प्रधान श्री रामजीलाल बैनीवाल थे तथा प्रथम विकास अधिकारी श्री लक्ष्मी चन्द अग्रवाल थे जो कि राजस्थान प्रशासनिक सेवा से नियुक्त किये गये थे। वर्तमान में पंचायत समिति की प्रधान श्रीमती शकुंतला मीना हैं तथा विकास अधिकारी पद पर श्री रमेश चन्द्र वर्मा कार्यरत हैं। हिण्डौन, दिल्ली–मुम्बई रेलमार्ग पर स्थित नगर है तथा यह बयाना, महवा, गंगापुर एवं करौली से घिरा हुआ है। इस पंचायत समिति की सीमा भरतपुर, धौलपुर दौसा तथा सवाईमाधोपुर जिलों से लगती है।

प्राचीन काल में यह हिरण्यकश्यप की नगरी थी। आज कृषि एवं व्यापार का अच्छा केन्द्र है। लाल, सफेद व गुलाबी इमारती पत्थर के गोदाम तथा डायमण्ड कटिंग एवं पालिशिंग मशीनों से युक्त कारखाने यहां के पत्थर व्यवसाय की समृद्धि की कहानी कहते हैं। हिण्डौन में पत्थर का अच्छा बाजार है। करौली के लाल पत्थर के अतिरिक्त कोटडी का सफेद पत्थर भी बहुत प्रसिद्ध है, जिसकी खपत अन्तर्राष्ट्रीय स्तर पर होने लगी है।[1] हिण्डौन पंचायत समिति की अधिकांश जनसंख्या का व्यवसाय कृषि, पशुपालन एवं पत्थर का है। इस क्षेत्र की मुख्य फसलों में सरसों, चना, बाजरा व गेहूँ आदि हैं। इनके अतिरिक्त मूंगफली, ज्वार, मक्का आदि की भी पैदावार पर्याप्त मात्रा में होती है।

हिण्डौन उपखण्ड में कुल 153 गाँव हैं, जिनमें 146 आबाद तथा 7 गैर आबाद गाँव हैं। यहाँ की कुल जनसंख्या 3,47,264 है। पंचायत समिति में कुल 51 ग्राम पंचायतों में से 10 ग्राम पंचायतें डांग क्षेत्र के अन्तर्गत आती हैं। हिण्डौन तहसील का कुल क्षेत्रफल 679.52 वर्ग कि.मी. है, जिसमें से

मानचित्र-1

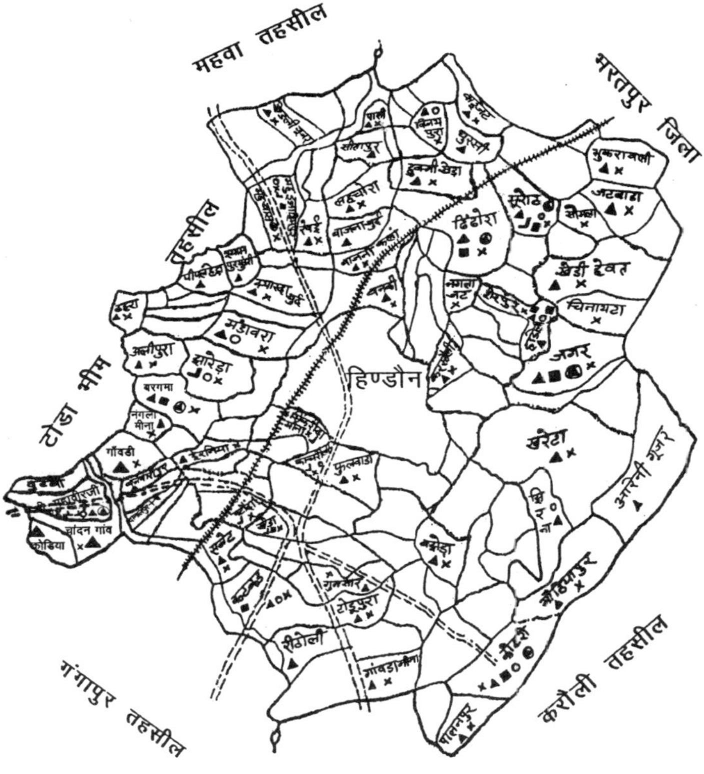

पंचायत समिति हिण्डौन

ग्रामीण 631.52 एवं नगरीय 48.00 वर्ग कि.मी. है। हिण्डौन पंचायत समिति के अन्तर्गत वर्तमान में 51 ग्राम पंचायतें हैं जो इस प्रकार हैं– अलीपुरा, इरनिया, कटकड, करसौली, क्यारदा खुर्द, कोटरी, कांचरौली, खेड़ली गुजर, खेड़ा (जमालपुर), खेड़ी हैवत, खरैटा, गांवडा मीना, घोंसला, चांदनगांव, गांवडी मीना, चिनायटा, जटवाडा, जगर, जटनगला, झारेडा, दानालपुर, नंगलामीना, टोडूपुरा, ढिंढोरा, ढहरा, पाली, पटौंदा, पालनपुर, फुलवाडा, बांजनाकला, बरगमां, बझेडा, भुकरावली, भंगो, महु इब्राहिमपुर, महुखावदा, महावीर जी, मोठियापुरा, मण्डावरा, रेबई, लहचौडा, विजयपुरा, बाईजट्ट, बनकी, शेरपुर, सिकरौदा, सूरोठ, सोमली, सनेट तथा हुकमी खेडा।[2]

पंचायत समिति हिण्डौन में सामाजिक स्थिति

मानव एक सामाजिक प्राणी है, अतः समाज अपरिहार्य है। यहाँ हिन्दू, मुसलमान, सिक्ख, ईसाई, जैन एवं बौद्ध धर्मों को मानने वाले लोग रहते हैं। यह हिन्दू बाहुल्य क्षेत्र है परन्तु सभी धर्मों का समान आदर किया जाता है और एक दूसरे धर्मों के त्यौहार, उत्सवों को बड़ी धूमधाम से मनाया जाता है। इस क्षेत्र में अनुसूचित जाति, जनजाति, अन्य पिछड़ी जाति एवं सामान्य वर्ग के लोग रहते हैं। यह क्षेत्र अनुसूचित जाति बाहुल्य क्षेत्र होने के कारण विधानसभा क्षेत्र इस वर्ग के लोगों के लिए आरक्षित है। अनेक धर्मों, जातियों, बोलियों और भाषाओं का यह क्षेत्र विविध प्रकार की परम्पराओं का संगम है।

प्राचीनकाल में वर्ण व्यवस्था थी जो कि कर्म के आधार पर निर्धारित होती थी, फिर जन्म से ही वर्णों का निर्धारण रह गया था। वर्ण व्यवस्था के कारण ही लोक धर्म, रीति रिवाज, परम्पराएं, मत–मतान्तर एवं सांस्कृतिक मूल्य आज तक अस्तित्व में बने हुए हैं। आज वर्ण व्यवस्था समाप्त हो गई है और सभी को अपनी इच्छानुसार कार्य करने की पूरी स्वतन्त्रता है। वर्तमान में जाति व्यवस्था का रूप जन्म से निर्धारित होता है। यही समाज का व्यवहारिक स्वरूप है। जन्मजात विशिष्ट प्रवृत्तियों पर आधारित सामाजिक संगठन का आधार जाति व्यवस्था रही है जिसे उच्च वर्ग, मध्य वर्ग तथा निम्नवर्ग की जातियों के रूप में बांटा जा सकता है। भारत की स्वतन्त्रता के छठवें दशक में भी छुआछूत, भेद–भाव का तानाबाना मौजूद है। इस क्षेत्र में सर्वाधिक जनसंख्या अनुसूचित जाति के लोगों की है, जो आज भी

गरीबी, बेरोजगारी, छुआछूत, बन्धक मजदूर प्रथा तथा शोषण का शिकार हैं। सामाजिक जीवन एवं रहन–सहन का स्तर आज भी काफी कमजोर होने के कारण ये उभर नहीं पाये हैं। इस क्षेत्र की अनुसूचित जातियाँ अपनी जाति के लोगों में ही विवाह संस्कार करते हैं और बाल विवाह प्रथा का प्रचलन एवं एक साथ परिवार के बच्चों का सामुहिक विवाह की प्रथा प्रचलित है। इन लोगों में शिक्षा का अभाव है। साक्षरता दर न्यून होने के कारण जनजागरूकता एवं अपने अधिकारों के प्रति सचेत न होने के कारण पिछड़े हुए हैं। ग्रामीण विकास कार्यक्रमों की जानकारी का अभाव एवं विभिन्न लाभ की योजनाओं का ज्ञान नहीं होने तथा लाभार्थियों के गलत चयन के कारण ये आज भी आर्थिक–सामाजिक रूप से काफी पीछे हैं। इस जाति के लोगों की आर्थिक दशा दयनीय होने के कारण ये कर्ज से दबे हुए हैं और बेगार प्रथा के शिकार हैं। दहेज प्रथा, मृत्यु भोज, मांडा भोज, भात, जामना जैसी प्रथाओं के कारण ये आज भी उभर नहीं पा रहे हैं। अनुसूचित जाति के लोगों का मुख्य व्यवसाय कृषि कार्य, पशुपालन एवं मजदूरी करना है।

अनुसूचित जनजाति के लोगों की जनसंख्या भी काफी मात्रा में है। इस जाति के लोगों की स्थिति अनुसूचित जाति के लोगों से बेहतर है। इस जाति के लोगों का मुख्य व्यवसाय कृषि, पशुपालन है, कुछ लोग मजदूरी भी करते हैं। इन लोगों में साक्षरता, जागरूकता अनुसूचित जाति के लोगों से अधिक है। इन लोगों की सामाजिक–आर्थिक स्थिति भी मध्यम है और इनका अन्य उच्च वर्गीय जातियों के साथ खाना–पीना, हुक्का पानी एवं धार्मिक आयोजनों, मन्दिरों में प्रवेश स्वीकार्य है जबकि अनुसूचित जाति के लोगों को इससे वंचित कर रखा है। अनुसूचित जनजाति के लोगों में अध्ययन के प्रति जागरूकता होने के कारण सरकारी सेवा में छोटे से छोटे पद से लेकर बड़े से बड़े पदों पर इस क्षेत्र के लोग आसीन हैं। इस जाति के लोगों में भी गरीबी, दहेज प्रथा, पर्दा प्रथा, मृत्यु भोज, बाल विवाह, बेरोजगारी इत्यादि समस्याएं विद्यमान हैं।

अन्य पिछड़ी जाति के लोगों की जनसंख्या भी काफी है। इस जाति के लोगों में जाट, गुर्जर प्रमुख जातियाँ हैं जो कुछ समय पूर्व सामान्य वर्ग में आते थे परन्तु राजनीतिक स्वार्थता के कारण इन्हें अन्य पिछड़ा वर्ग में सम्मिलित कर लिया गया है। इन लोगों की आर्थिक–सामाजिक दशा

अनुसूचित जाति/ जनजातियों से बेहतर है। सामाजिक स्तर ऊँचा है एवं रहन सहन, खान–पान भी बेहतर है। गुर्जर जाति के अन्तर्गत भी अनुसूचित जातियों के समान बाल विवाह एवं परिवार के बच्चों का एक साथ दिवाह कर दिया जाता है। जाट जाति के लोगों में जागरूकता एवं विकास की दशा अन्य के मुकाबले अच्छी है। इस वर्ग के अन्तर्गत वास्तविक पिछड़े लोगों तक विकास कार्यक्रमों एवं योजनाओं का लाभ नहीं पहुँच पा रहा है। साक्षरता दर एवं अधिकारों के प्रति सचेतता काफी है। इस वर्ग के लोगों का व्यवसाय कृषि, पशुपालन, व्यापार आदि है।

सामान्य वर्ग के लोगों का सामाजिक स्तर अन्य के मुकाबले ऊँचा है। सामाजिक रीति–रिवाज विकसित हैं। बाल विवाह, मृत्युभोज, दहेज जैसी समस्याएं तुलनात्मक बहुत कम हैं। साक्षरता का प्रतिशत ऊँचा है। इनके व्यवसाय कृषि, व्यापार, उद्योग इत्यादि से जुड़े हुए हैं। मुसलमानों की सामाजिक स्थिति भी कोई विशेष अच्छी नहीं है। जनसंख्या वृद्धि, गरीबी, बेरोजगारी जैसी समस्याओं के कारण ये अभी विकास की धारा से नहीं जुड़ पाये हैं। इनके अन्दर नकारात्मक सोच घर कर गई है जिसके कारण इनका सामाजिक स्तर उठ नहीं पाया है। बाल विवाह एवं नजदीकी रिश्तों में विवाह प्रथा के कारण इन लोगों में दहेज की समस्या नहीं पाई जाती। इनके रहन–सहन, खान–पान कुछ हट कर हैं।

हिण्डौन क्षेत्र में परिवारों में संयुक्त परिवार प्रथा विद्यमान है। संयुक्त परिवार में पिता, माता, पति, पत्नी, पुत्र–पुत्रियाँ, भाई, बहिन, चाचा, चाची, चचेर भाई, भतीजे, पौत्र आदि आते हैं। परन्तु आज परिवार सीमित रिश्तों में सिमटते नजर आ रहे हैं। संयुक्त परिवारों का विघटन हो रहा है। कई जातियों में शादी के बाद रिश्ते ससुराल पक्ष की ओर अधिक झुकते हुए नजर आ रहे हैं।

इस क्षेत्र की जनता हेतु मनोरंजन के अनेक साधन उपलब्ध हैं। परन्तु क्षेत्र की पारिस्थितिकी, गरीबी के कारण प्रत्येक परिवार के पास उनका अभाव है। शहरी क्षेत्रों में मनोरंजन के साधनों से हटकर ग्रामीण क्षेत्रों में दूसरी प्रकार के साधन हैं जिनमें हैं– सामूहिक रूप से गाना, बजाना, नाचना, मेले, त्यौहार, उत्सव, खेल आदि करवाना। मीणा जाति के लोगों में कन्हैया गायन प्रमुख था जो अनेक गांवों में आज भी प्रचलित है। इसके महान विद्वान स्व. श्री सालग्या राम मीना निवासी दानालपुर थे। इन्होंने

कन्हैया गायन के क्षेत्र में राज्य में अनेक स्थानों पर अपने ज्ञान से लोगों को लाभान्वित किया, जबकि ये पढ़े लिखे नहीं थे। इस जाति के अन्य मनोरंजन के साधनों में पद गायन, रसिया गायन, सुड्डा गायन, गीत (मीणा) गायन एवं नृत्य सम्मिलित थे, जो आज भी अनेक स्थानों पर मौजूद हैं। अनुसूचित जाति के लोगों में भी गाना, बजाना एवं नृत्य–प्रमुख मनोरंजन के साधन थे, और आज भी हैं। सामूहिक गायन लोगों के मन को मोह लेता है। इसी प्रकार गुर्जर जाति के लोगों में भी कन्हैया, रसिया एवं गीत गायन, चरी नृत्य आदि प्रमुख मनोरंजन के साधन हैं।

हिण्डौन में साक्षरता

शिक्षा व्यक्ति के विकास के लिए आवश्यक है। शिक्षित व्यक्तियों का समाज प्रत्येक क्षेत्र में जागरूक एवं अपने अधिकारों के प्रति सजग रहता है। शिक्षा से किसी क्षेत्र के विकास का आंकलन किया जा सकता है। अतः हिण्डौन क्षेत्र की साक्षरता दर पर एक दृष्टि डाले तो यहाँ के सामाजिक–आर्थिक एवं राजनीतिक विकास का अनुमान लगाया जा सकता है।

तालिका संख्या-5.1

जनसंख्या में साक्षरता प्रतिशत

						ग्रामीण			नगरीय		
कुल जनसंख्या	पुरूष	स्त्री	पुरूष %	स्त्री %	योग %	पुरूष %	स्त्री %	योग %	पुरूष %	स्त्री %	योग %
346570	187037	159553	87.29	58.23	73.93	87.51	57.83	73.89	86.65	59.39	74.05

(स्रोत : प्रावधानिक जनगणना प्रतिवेदन 2001 राजस्थान)

पंचायत समिति हिण्डौन में आर्थिक जीवन

मानव जीवन में आर्थिक क्रियाऐं बहुत महत्वपूर्ण होती हैं और इनका सम्बन्ध विभिन्न व्यवसायों से जुड़ा रहता है। इस क्षेत्र के लोगों का मुख्य व्यवसाय कृषि तथा पशुपालन है। यहाँ की वर्ष 2001 की जनगणना के अनुसार ग्रामीण एवं नगरीय जनसंख्या निम्नानुसार है–

जनसंख्या-2001

तालिका संख्या 5.2

क्षेत्र	पुरूष	स्त्री	योग	लिंगानुपात
ग्रामीण	141549	120237	261786	849
नगरीय	45488	39296	84784	864
योग	1,87,037	1,59,533	3,46,570	853

(स्रोतः जिला सांख्यिकीय रूपरेखा 2002, जिला-करौली)

हिण्डौन तहसील का कुल क्षेत्रफल 679.52 वर्ग कि.मी. है, जिसमें 631. 52 कि.मी. ग्रामीण तथा 48.00 कि.मी. नगरीय है। यहाँ की कार्यशील पुरुषों की जनसंख्या 74247 तथा स्त्रियों की 23751 है। सीमान्त में कुल 38398 तथा अकार्यशील जनसंख्या 210174 है। इसे निम्न तालिका में दर्शाया गया है–

तहसील हिण्डौन की कार्यशील,
सीमान्त एवं अकार्यशील जनसंख्या 2001
तालिका संख्या 5.3

	कार्यशील				सीमान्त				अकार्यशील			
क्षेत्र	पुरूष	%	स्त्री	%	पुरूष	%	स्त्री	%	पुरूष	%	स्त्री	%
ग्रामीण	56263	39.75	22511	18.72	6603	4.66	28160	23.42	78683	55.59	69566	57.86
नगरीय	17984	39.54	1240	3.16	1912	4.20	1723	4.38	25592	56.26	36333	92.46
योग	74247	39.70	23751	14.89	8515	4.55	29883	18.73	104275	55.75	105899	66.38

अर्थात् तहसील के अन्तर्गत कुल कार्यशील जनसंख्या 28.28 प्रतिशत, सीमान्त जनसंख्या 11.08 तथा अकार्यशील जनसंख्या 60.64 प्रतिशत है। अतः स्पष्ट है कि क्षेत्र में बेरोजगारी की समस्या से जनता त्रस्त है। इस प्रकार आर्थिक स्थिति अच्छी नहीं है।

व्यवसायानुसार तथा आर्थिक क्रियाकलापों में जनसंख्या

तहसील की जनसंख्या को ग्रामीण एवं नगरीय जनसंख्या के हिसाब से व्यवसायानुसार काश्तकार, खेतीहर मजदूर, पारिवारिक उद्योग तथा

अन्य कार्य करने वालों में वर्गीकृत किया जा सकता है। इसे अग्र तालिका में दर्शाया गया है–

व्यवसायानुसार जनसंख्या का प्रतिशत

तालिका संख्या-5.4

क्षेत्र	काश्तकार		खेतीहर मजदूर		पारिवारिक उद्योग		अन्य करने वाले	
	पुरूष	स्त्री	पुरूष	स्त्री	पुरूष	स्त्री	पुरूष	स्त्री
ग्रामीण	56.70	63.72	7.30	27.07	2.22	2.61	33.78	6.60
नगरीय	8.27	24.03	2.98	18.39	3.80	16.24	84.95	41.34
योग	45.06	61.53	6.26	26.59	2.60	3.36	46.08	8.52

(स्रोतः जिला सांख्यिकी रूपरेखा–2002, जिला करौली)

इससे स्पष्ट है कि काश्तकार का कार्य करने वाले पुरूषों में जहाँ 45.06 प्रतिशत जनसंख्या कार्यरत है, वहीं महिलाऐं 61.53 प्रतिशत हैं। अतः पुरूषों की अपेक्षा महिलाऐं काश्तकार कार्य में अधिक संलग्न है। इससे महिलाओं की आर्थिक स्थिति स्वयं सिद्ध है। खेतीहर मजदूरों में पुरूषों का कुल प्रतिशत 6.26 है वहीं महिलाओं में इनकी संख्या चार गुने से भी ज्यादा 26.59 प्रतिशत है।

हिण्डौन क्षेत्र में वार्षिक वर्षा पर एक दृष्टि डाली जाये तो पता चलता है कि यहाँ वर्षा प्रतिवर्ष परिवर्तित होती रहती है। वर्ष 2001 में यहाँ 52.10 से.मी सामान्य वर्षा तथा वास्तविक 53.50 से.मी. दर्ज की गई, जिसमें सामान्य से अन्तरवृद्धि (+) 1.40 सेमी रही।[3]

प्रमुख फसलें और क्षेत्रफल

इस क्षेत्र की प्रमुख फसलों में बाजरा, गेहूँ, सरसों, मिर्च, जौ, तारामीरा, चना तथा चारा फसलें हैं। अग्र तालिका में फसलों को क्षेत्रफल में बोने के हिसाब से दर्शाया जा रहा है–

हिण्डौन में फसलों के अन्तर्गत क्षेत्रफल (क्षेत्रफल हैक्अर में)

तालिका संख्या–5.5

फसल	क्षेत्रफल	फसल	क्षेत्रफल	फसल	क्षेत्रफल
बाजरा	30203	अरहर	31	लाल मिर्च	798
गेहूँ	21257	मूंग	01	धनिया	01

फसल	क्षेत्रफल	फसल	क्षेत्रफल	फसल	क्षेत्रफल
सरसों	8661	उड़द	55	तरबूज	–
चना	3257	मटर	04	ककड़ी	–
चारा फसले	1630	मोठ	09	अन्य	57
ज्वार	60	अन्य दालें	02	शकरकन्द	41
मक्का	08	प्याज	09	मूंगफली	06
जौ	234	गन्ना	19	अन्य	139
अन्य अनाज	18	तिल	648		
तारामीरा	126	सण	17	तम्बाकू	01
अन्य अखाद्य फसलें	1514	कुल अखाद्य फसलें	12603	कुल खाद्य एवं अखाद्य फसलें	68830

(स्रोतः कार्यालय जिला कलेक्टर (भू. अभिलेख) करौली)

इस तालिका से स्पष्ट है कि यहाँ सर्वाधिक क्षेत्रफल में बाजरा बोया जाता है तथा उसके बाद गेहूँ, सरसों, चना, मिर्च, तिल, एवं जौ बोये जाते हैं। इससे स्पष्ट है कि यहाँ कृषि की स्थिति भी सुदृढ़ नहीं है जिसका यहाँ की आर्थिक स्थिति पर नकारात्मक प्रभाव प्रड़ता है। यदि उत्पादन के हिसाब से देखा जाये तो वर्ष 2000–2001 को आधार मानते हुए गेहूँ का उत्पादन सर्वाधिक 63750 मैट्रिक टन रहा, उसके बाद राई और सरसों का उत्पादन 7874 मैट्रिक टन, बाजरा 7238 मैट्रिक टन, चना 2346 मैट्रिक टन तथा जौ का 468 मैट्रिक टन रहा।

पशुधन

तहसील हिण्डौन में वर्ष 1997 के आंकड़ों के अनुसार प्रमुख पशुओं जिनमें गाय, बैल, भैंस, भेड़, बकरियां, घोड़े, गधे, ऊँट, सुअर, कुत्ते, खरगोश, मुर्गा आदि को निम्न तालिका में दर्शाया गया है। इस क्षेत्र में कृषि कार्य के बाद पशुधन सबसे महत्वपूर्ण व्यवसाय के रूप में माना जाता है।

तालिका संख्या 5.6

पशु	संख्या	पशु	संख्या	कुक्कुट	संख्या
गाय, बैल	15677	गधे, खच्चर	106	खरगोश	32
भैंसे	38685	ऊँट	519	मुर्गा/मुर्गी	4624

पशु	संख्या	पशु	संख्या	कुक्कुट	संख्या
भेडे	8114	सुअर	3527	योग (कुक्कुट)	4624
बकरियां	38655	कुत्ते/कुत्तिया	6123	कुल पशुधन	145053
घोड़े, टट्टू	28	योग पशुधन	127523	एवं कुक्कुट	

(स्रोतः जिला पशुगणना, 1997, जिला-करौली)

सिंचित क्षेत्रफल (साधनों के अनुसार)

हिण्डौन तहसील के अन्तर्गत सिंचाई के मुख्य साधन कुऐं, नलकूप, नहरें आदि हैं। इनके द्वारा सिंचित क्षेत्रफल का विवरण निम्नानुसार है–

तालिका संख्या-5.7

साधन	सिंचित क्षेत्रफल (हैक्टर में)
कुएँ	11985
नलकूप	14459
तालाब	–
नहरें	3958
अन्य साधन	8
कुल सिंचित क्षेत्रफल	30410

(स्रोतः कार्यालय जिला कलेक्टर (भू.अ.) करौली, 2000-2001)

तहसील हिण्डौन का कुल भौगोलिक क्षेत्रफल 63778 हैक्टर है, जिसमें से विभिन्न साधनों द्वारा 30410 हैक्टेयर क्षेत्रफल सिंचित है, शेष 33368 हैक्टेयर असिंचित है। इससे स्पष्ट है कि कुल क्षेत्रफल का आधे से भी अधिक हिस्सा असिंचित है। जिससे कृषि की दशा अच्छी नहीं कही जा सकती जो कि यहाँ की कमजोर आर्थिक स्थिति का कारक भी है।

हिण्डौन पंचायत समिति में कुल 51 ग्राम पंचायतें हैं जिनमें से 10 ग्राम पंचायतें डांग क्षेत्र के अन्तर्गत आती हैं। इस क्षेत्र में कई स्थानों पर पत्थर की खाने हैं, जिनमें यहाँ के लोग कार्य करके अपना पालन पोषण करते हैं। यहाँ की जनता तो मजदूर के रूप में कार्य करती है। इन खानों में इतनी

अधिक जोखिम रहती है जिसका अन्दाजा लगाना मुश्किल है फिर भी जनता बहुत सस्ते दामों में बिना किसी आकस्मिक दुर्घटना सहायता राशि के कार्य करती है। इससे स्पष्ट है कि जनता अभी भी शोषण से पीड़ित है और गरीबी की मार झेल रही है। इससे इस क्षेत्र की आर्थिक दशा की दयनीय हालत मालुम होती है।

पंचायत समिति हिण्डौन में राजनीतिक दशा

हिण्डौन पंचायत समिति की जनता सांसद से लेकर वार्ड पंच तक के चुनावों में भाग लेकर राजनीतिक सहभागिता का परिचय देती है। उच्च राजनीतिक पदों पर शायद ही कोई व्यक्ति इस पंचायत समिति का पँहुचा हो। यह विधानसभा क्षेत्र अनुसूचित जाति बाहुल्य होने के कारण इसी वर्ग के लिए आरक्षित है। इस वर्ग के लोगों में राजनीतिक चेतना, सामाजिक स्तर, आर्थिक स्तर, एवं समाज में प्रतिष्ठा में पिछड़ापन होने के कारण आरक्षित पद तक ही सीमित रह जाते हैं। इस विधानसभा क्षेत्र में 1952 से लेकर 2003 तक के चुनावों में विजयी उम्मीद्वारों को अग्र तालिका में दर्शाया गया है–

विधानसभा में निर्वाचित उम्मीदवार (1952 से)

तालिका संख्या-5.8

क्र.सं.	वर्ष	विधायक का नाम	दल
1.	1952	श्री रिद्धी चन्द पालीवाल	कांग्रेस
2.	1952	श्री चंगा	कांग्रेस
3.	1962	श्री श्रवनलाल	BJS
4.	1967	श्री श्रवनलाल	BJS
5.	1972	श्री उम्मेदी लाल	BJS
6.	1977	श्री श्रवनलाल	JP
7.	1980	श्री भरोसी लाल	JP(CH)
8.	1985	श्री उम्मेदी लाल	INC
9.	1990	श्री भरोसी लाल	JD
10.	1993	श्री कमल	BJP
11.	1998	श्री भरोसी लाल	INC
12.	2003	श्री कालूराम	INLD

(स्रोतः राजस्थान राज्य निर्वाचन विभाग, जयपुर)

इन उम्मीदवारों में से किसी भी आरक्षित वर्ग के उम्मीदवार ने विधायक के अतिरिक्त कोई मंत्री पद या अन्य विशेष पद धारण नहीं किया। इससे स्पष्ट है कि इस क्षेत्र के अनुसूचित जाति बाहुल्य होने और उसी के लिए स्थायी रूप से आरक्षित करने के कारण विकास में आज भी पिछड़ा हुआ है। आज तक के विजयी अम्मीदवारों पर दृष्टि डालें तो पता चलता है कि इनकी राजनीति उदासीन रही है। क्षेत्र के विकास के लिए आज भी ये आवाज उठाने में असक्षम हैं। ऐसी स्थिति में पंचायती राज व्यवस्था की तर्ज पर चक्रिय आरक्षण व्यवस्था का प्रावधान किया जाना चाहिए ताकि राजनीति में प्रभावपूर्ण स्थान रखने एवं क्षेत्र के विकास के लिए प्रतिबद्ध लोगों को मौका मिल सके।

जिला परिषद चुनाव 2000 एवं 2005

करौली जिले में कुल 27 जिला परिषद सदस्य हैं। वर्ष 2000, 2005 के आम चुनावों में चक्रीय व्यवस्था के अन्तर्गत श्रेणीवार आरक्षण एवं निर्वाचित जिला परिषद् सदस्यों की स्थिति अग्रानुसार रही–

जिला परिषद् सदस्य आरक्षण एवं निर्वाचन

तालिका संख्या–5.9

वर्ष	जिला परिषद् सदस्यों का आरक्षण खुली श्रेणी स्त्री/पुरुष					महिलाओं के लिए आरक्षित				
	सामान्य	अ.जा.	अ.ज.जा.	अ.पि.व.	कुल	सामान्य	अ.जा.	अ.ज.जा.	अ.पि.व.	कुल
2000	08	04	05	01	18	05	02	02	00	09
2005	08	04	05	01	18	05	02	02	00	09

निर्वाचित सदस्य

	पुरुष					महिलाऐं				
2000	02	04	05	04	15	04	02	05	01	12
2005	03	03	06	05	17	00	03	05	02	10

(स्रोतः कार्यालय जिला निर्वाचन विभाग करौली)

इससे स्पष्ट है कि वर्ष 2000 में महिलाओं ने आरक्षित सीटों से 3 सीटें अधिक जीत कर राजनीतिक चेतना का परिचय दिया परन्तु वर्ष 2005 में

महिलाओं के लिए आरक्षित 9 सीटों के विरूद्ध 10 सीटें जीत कर पूर्व की तुलना में 2 सीटें गवायीं। वर्ष 2000 में सामान्य वर्ग की खुली सीटों की संख्या 8 थी और इन पर केवल 2 पुरूष ही विजयी रहे जबकि अन्य पिछड़ा वर्ग की 1 आरक्षित सीट के विरूद्ध 4 सीटें जीती। इसी प्रकार अनुसूचित जन जाति महिलाओं के लिए वर्ष 2000 में केवल 2 सीटें आरक्षित थी परन्तु 5 महिलाऐं विजय रही। वर्ष 2005 में सामान्य की 13 सीटों में से केवल तीन सीटें पुरूषों के खाते में गयी जबकि एक भी महिला उम्मीवार नहीं जीत पायी। अनुसूचित जाति के उम्मीद्वार कुल 6 आरक्षित सीटों पर ही कब्जा कर पाये जबकि आरक्षित अनुसूचित जन जाति कुल आरक्षित 7 सीटों के विरूद्ध 11 सीटों पर विजयी रहे। अन्य पिछड़ा वर्ग के लिए 1 सीट आरक्षित थी जिसके विरूद्ध उन्होंने 07 सीटें प्राप्त की। इससे स्पष्ट है कि चक्रीय आरक्षण व्यवस्था, जनसंख्या, जाति एवं दलोय राजनीति के कारण ये तथ्य उभर रहे हैं।

पंचायत समिति हिण्डौन-पंचायत समिति सदस्य

हिण्डौन पंचायत समिति इसके सदस्यों के निर्वाचन के लिए 29 वार्डों में विभाजित है। जिसमें आरक्षण एवं निर्वाचन स्थिति निम्नानुसार है–

आरक्षण 2000					आरक्षण 2005				
सामान्य	अ.जा.	अ.ज.जा.	अ.पि.व.	कुल	सामान्य	अ.जा.	अ.ज.जा.	अ.पि.व.	कुल
14	09	05	01	29	14	09	05	01	29
निर्वाचित सदस्य									
वर्ष 2000					वर्ष 2005				
14	09	05	01	29	00	11	08	10	29

(स्रोतः कार्यालय जिला निर्वाचन विभाग करौली)

इससे स्पष्ट है कि वर्ष 2000 में स्थिति वर्ग अनुसार आवंटित सीटों के अनुसार रही परन्तु वर्ष 2005 के चुनावों के परिणाम चौकाने वाले रहे। वर्ष 2005 में सामान्य वर्ग के लिए कुल 14 स्थान थे जिनमें से सामान्य वर्ग से कोई भी उम्मीदवार जीत कर नहीं आया। अनुसूचित जाति के लिए 9, अनुसूचित जन जाति के लिए 05 तथा अन्य पिछड़ा वर्ग के लिए 1 पद आरक्षित था, जिसके विरूद्ध ये क्रमशः 11, 08, 10 सीटों पर जीत कर

आये। सर्वाधिक चौकाने वाले परिणाम अन्य पिछड़ा वर्ग के रहे जो आरक्षित सीटों से 10 गुणे चुन कर आये। पंचायत समिति हिण्डौन की राजनीति में निर्धारक तत्वों में जातिगत भावना सबसे बड़ा तत्व है। जातिय भावना में वह कर लोग मतदान करते हैं। इसके बाद दलीय भावना पायी जाती है। टिकट वितरण भी जातिय समीकरणों को ध्यान में रखकर वितरित किए जाते हैं।

पंचायत समिति हिण्डौन सरपंच चुनाव 2005
तालिका संख्या 5.11

पंचायत समिति हिण्डौन में सरपंच आरक्षण एवं स्थिति

वर्ष	श्रेणी	खुली सीटें			महिलाऐं			अन्तिम स्थिति		
		सीटें	निर्वाचित पुरूष	प्रतिशत	सीटें	निर्वाचित सदस्य	प्रतिशत	सीटें	निर्वाचित सदस्य	प्रतिशत
2005	सामान्य	17	02	11.76	09	00	00.00	26	02	7.69
	अ.जा.	10	11	110.00	05	05	100.00	15	16	106.66
	अ.ज.जा.	06	07	116.66	03	07	233.33	09	14	155.55
	अ.पि.व	01	11	1100.00	.	08	–	01	19	1900.00
	कुल	34	31	91.17	17	20	117.64	51	51	100

(स्रोतः कार्यालय जिला निर्वाचन करौली)

उपरोक्त सारणी में हिण्डौन पंचायत समिति की 51 ग्राम पंचायतों के सरपंचों के लिए आरक्षित स्थान, खुली सीटें (महिला एवं पुरूषों के लिए), निर्वाचित सदस्य एवं अन्तिम स्थिति को दर्शाया गया है। इसमें जो तथ्य उभर कर आये हैं उनमें सर्वाधिक चौकाने वाले अन्य पिछड़ा वर्ग के उम्मीदवारों की सफलता के हैं। अन्य पिछड़ा वर्ग की खुली सीटों के लिए एक सीट आरक्षित थी और 11 पुरूष सरपंच निर्वाचित होकर आये अर्थात् 11 गुणा अधिक। इसी वर्ग की महिलाओं के लिए कोई सीट आरक्षित नहीं थी और 8 महिलाऐं निर्वाचित होकर आयी अर्थात् अन्य पिछड़ा वर्ग पुरूष एवं महिलाओं में राजनीतिक चेतना इतनी अधिक है कि इन्होंने सामान्य वर्ग की कुल 26 सीटों में से 18 सीटें छीन ली। अनुसूचित जन जाति के लिए 6 खुली सीटें थी और 7 पुरूष निर्वाचित होकर आये तथा महिलाओं की 3 सीटें आरक्षित थी और 7 जीत कर आयी अर्थात् सामान्य सीटों में से एक पुरूष सरपंच ने तथा 4 महिला सरपंचों ने जीत कर राजनीति में सहभगिता का परिचय दिया है। अनुसूचित जाति के लिए 10 खुली सीटें थी और 11 पुरूष जीतकर आये। इन्होंने एक सामान्य सीट जीती, वहीं महिलाओं के लिए 5 सीटें आरक्षित और 5 ही प्राप्त की।

इस अध्ययन से हिण्डौन पंचायत समिति क्षेत्र की दशा और दिशा का बोध होता है। यह क्षेत्र देश के हरेक कोने से बस, रेल मार्ग से जुड़े होने तथा राज्य की राजधानी से लगभग 100 कि.मी. की दूरी पर स्थित होने के पश्चात् भी सामाजिक–आर्थिक एवं राजनीतिक रूप से पिछड़ा हुआ है। पंचायत समिति क्षेत्र अनुसूचित जाति बाहुल्य तथा अनुसूचित जनजाति एवं अन्य पिछड़ी जातियों की जनसंख्या का भी आधिक्य होने से पुरानी प्रथाएं, रिति–रिवाज, रूढ़ियों की भरमार है। यहाँ की अधिसंख्य आबादी कृषि कार्यों में जुड़ी होने तथा सिंचाई के लिए पानी की कमी से आर्थिक दशा अच्छी नहीं है। हिण्डौन विधानसभा क्षेत्र अनुसूचित जाति के लिए आरक्षित होने व ऐसे महत्वपूर्ण पद पर योग्य व्यक्तियों के नहीं पहुंचने तथा विभिन्न महत्वपूर्ण राजनीतिक पदों से वंचित रहने के कारण क्षेत्र का सुमचित विकास नहीं हो सका है। यहां जो कुछ विकास हुआ है उसमें ज्यादा योगदान क्षेत्र की पारिस्थितिकी का है, जिनमें – भगवान महावीर का प्रसिद्ध जैन मन्दिर, दिल्ली–मुम्बई रेल मार्ग, शिक्षा विशेषकर बालिका शिक्षा में ब्र. कमला बाई, पत्थर व्यवसाय आदि प्रमुख हैं।

सन्दर्भ

1. मोहन लाल गुप्ता, **कोटा, जिलेवार सांस्कृतिक एवं ऐतिहासिक अध्ययन,** नवभारत प्रकाशन, जोधपुर, 2004, पृ. 56
2. पंचायत समिति कार्यालय हिण्डौन (जिला करौली) से प्राप्त
3. **जिला सांख्यिकीय रूप रेखा 2002,** जिला–करौली, आर्थिक एवं सांख्यिकी निदेशालय राजस्थान, जयपुर, 2002, पृष्ठ–19.

6

ग्रामीण विकास कार्यक्रमों का क्रियान्वयनः एक विश्लेषण

करौली जिले की हिण्डौन पंचायत समिति में राजस्थान राज्य ग्रामीण विकास विभाग द्वारा संचालित ग्रामीण विकास की अनेक केन्द्र प्रवर्तित तथा राज्य प्रवर्तित योजनाऐं क्रियान्वित हो रही हैं। इन ग्रामीण विकास कार्यक्रमों/योजनाओं की संख्या में समय–समय पर परिवर्तन होता रहता है। राज्य सरकार के अन्य विभागों द्वारा भी अनेक ग्रामीण विकास कार्यक्रम/योजनाएँ क्रियान्वित की जा रही हैं परन्तु यहाँ केवल राज्य के ग्रामीण विकास विभाग द्वारा संचालित ग्रामीण विकास कार्यक्रमों/योजनाओं का अध्ययन शोध का क्षेत्र है।

ग्रामीण विकास कार्यक्रमों/योजनाओं का क्रियान्वयन पंचायती राज संस्थाओं एवं राज्य सरकार के विभिन्न कार्यकारी विभागों व स्वयंसेवी संस्थाओं/गैर सरकारी संस्थाओं के माध्यम से ग्रामीण क्षेत्रों के आधारभूत ढांचे को सुदृढ़ करने हेतु रोजगार सृजक कार्य एवं जन उपयोगी परिसम्पत्तियां सृजित की जाती हैं। इन समस्त कार्यों के क्रियान्वयन हेतु निर्माग कार्यों के लागत अनुमान तैयार करने, स्वीकृतियां जारी करने, कार्यों की गुणवत्ता सुनिश्चित करने, कार्यों का निरीक्षण करने तथा निर्माण कार्यों का मूल्यांकन एवं उपयोगिता प्रमाण–पत्र जारी करने हेतु केन्द्र सरकार/राज्य सरकार द्वारा समय–समय पर विभिन्न योजनाओं के अन्तर्गत जारी किये गये निर्देशों/संशोधनों को ध्यान में रखते हुए सरलीकृत कार्य व्यवस्था की दृष्टि से ग्रामीण कार्य निर्देशिका 2004 के रूप में जारी की गई।[1]

ग्रामीण कार्य निर्देशिका में ग्रामीण विकास निर्माण कार्यों हेतु दिशा–निर्देश

एवं गुणवत्ता सम्बन्धी मापदण्ड दिये होते हैं। ग्रामीण कार्य निर्देशिका, 2004 में ठेके पर कार्य कराने की प्रक्रिया को अलग से निर्धारित किया गया है। इसमें इस बात को प्राथमिकता दी गई है, कि अधिकाधिक कार्य ग्रामीणजनों की भागीदारी एवं सहयोग के साथ ग्राम पंचायतों के माध्यम से बिना तकनीकी उलझनों के निष्पादित हो सके, जिससे ग्रामीण विकास कार्यों की क्रियान्विति में गति आयेगी और गुणात्मक सुधार भी होंगे।

ग्रामीण विकास एवं पंचायती राज विभाग द्वारा संचालित सभी योजनाओं (केन्द्र प्रवर्तित एवं राज्य प्रवर्तित) के अन्तर्गत किये जाने वाले निर्माण कार्यों को ग्रामीण कार्य निर्देशिका में निर्धारित व्यवस्था के अनुसार कराये जाने का प्रावधान है। इस हेतु किसी भी कार्य के संपादन के लिए कार्यकारी संस्था का निर्धारण कार्य की स्वीकृति जारी करने वाले सक्षम अधिकारी का होता है। कार्यकारी संस्था हेतु आवश्यक दिशा–निर्देश निम्नानुसार हैं[2]

(i) कार्यों का सम्पादन ग्राम पंचायत, पंचायत समिति, जिला परिषद् या किसी भी कार्यकारी राजकीय विभाग/राजकीय संस्था द्वारा किया जा सकेगा। यदि किसी योजना की मार्गदर्शिका में कार्यकारी संस्था के सम्बन्ध को कोई अन्य/विशेष व्यवस्था दी गई है, तो उसको ध्यान में रखना होता है। विशेष परियोजनाओं के अन्तर्गत कार्य निष्पादन, गैर सरकारी संस्था के माध्यम से कराया जाना अपेक्षित हो तो योजना की व्यवस्था के अनुसार ऐसा किया जा सकता है, परन्तु कार्य के मापदण्ड एवं लागत के लिये मार्गदर्शिका की व्यवस्था ही लागू होगी।

(ii) कार्यकारी संस्था को किसी भी कार्य के लिए ग्रामीण कार्य निर्देशिका 2004 की व्यवस्था के अनुसार निर्धारित दरों पर ही कार्यों का भुगतान देय होगा।

वार्षिक कार्य योजना तथा कार्यों के प्रस्ताव

मार्गदर्शिका के प्रावधानों के अनुसार जिन योजनाओं की वार्षिक कार्य योजना तैयार करना आवश्यक हो, उनके लिए सम्बन्धित संस्था द्वारा योजना के प्रावधानानुसार वार्षिक योजना तैयार कर, निर्धारित समय में सक्षम स्तर से अनुमोदन कराना होता है। जिन योजनाओं में कार्यों के प्रस्ताव सम्बन्धितों से आमन्त्रित कर, उनकी सक्षम अधिकारी स्तर से स्वीकृति

कराने की कार्यवाही का प्रावधान है, उन योजनाओं में मार्गदर्शिका के प्रावधानों की पालना की जाती है।

निर्माण कार्यों की गुणवत्ता बढ़ाने के लिए ग्रामीण कार्य निर्देशिका में तकनीकी मापदण्डों का विस्तृत उल्लेख किया गया है तथा साथ ही इसमें निर्माण कार्यों को मापने की विधि का भी वर्णन किया गया है। ग्रामीण विकास कार्यक्रमों/योजनाओं के अन्तर्गत निर्मित कराये जाने वाले कार्यों के मॉडल प्रारूप नक्शे भी सुझाए गए हैं। प्रत्येक जिले में उपयोग में आने वाली स्थानीय सामग्री को ध्यान में रखते हुए जिला स्तरीय दर निर्धारण समिति द्वारा दरें निर्धारित की जाती हैं तथा इन कार्यों पर आने वाली इकाई लागत निकाली जाती है। किसी कार्य की प्रशासनिक स्वीकृति हेतु प्रस्तावित कार्य का निष्पादन करने वाली कार्यकारी संस्था द्वारा प्राथमिक लागत अनुमान–पत्र तैयार कर प्रस्तुत किया जाता है। इसके बाद निर्धारित प्रपत्र में नये कार्यों के लिए विस्तृत लागत अनुमान तैयार किए जाते हैं।

निर्माण कार्यो की स्वीकृति : इसके अन्तर्गत नये कार्यों तथा अधूरे कार्यों को पूरा करने के लिए स्वीकृतियाँ प्रदान की जाती हैं। प्रत्येक नये कार्य के लिए प्रशासनिक स्वीकृति, तकनीकी स्वीकृति तथा वित्तीय स्वीकृति निर्धारित प्रपत्रों की पूर्ति से की जाती है। प्रशासनिक तथा तकनीकी स्वीकृति के पश्चात् योजनान्तर्गत उपलब्ध राशि एवं कार्य पर व्यय की जाने वाली राशि को ध्यान में रखकर वित्तीय स्वीकृति जारी की जाती है। इस प्रकार अधूरे कार्यों की स्वीकृति तथा मरम्मत कार्यों की स्वीकृति हेतु भी निर्धारित प्रपत्रों की पूर्ति आवश्यक होती है।

किसी भी कार्य के लिए प्रशासनिक स्वीकृति जारी करने से पूर्व यह आवश्यक है कि जिस विभाग/संस्था द्वारा कार्य के प्रस्ताव प्रस्तुत किये जाते हैं या जिनके लिये प्रस्तावित निर्माण कार्य स्वीकृत कराया जाता है, उससे आश्वासन लिया जाता है कि प्रस्तावित कार्य का निर्माण कराया जाना आवश्यक एवं उपयोगी है तथा सृजित होने वाली परिसम्पत्तियों के रख रखाव एवं समुचित उपयोग की व्यवस्था उनके द्वारा की जायेगी और इस हेतु अलग से कोई अतिरिक्त राशि की मांग नहीं की जायेगी। पंचायती राज संस्थाओं द्वारा सम्पादित कार्यों के लिए प्रशासनिक एवं वित्तीय स्वीकृति जारी करने वाले सक्षम प्राधिकृत अधिकारी निम्नानुसार हैं–

तालिका संख्या–6.1

क्र.सं.	सक्षम अधिकारी	स्वीकृति की सीमा
1.	सरपंच, ग्राम पंचायत	1.00 लाख रुपये तक
2.	प्रशासनिक समिति, पंचायत समिति/ मुख्य कार्यकारी अधिकारी, जिला परिषद	5.00 लाख रुपये तक
3.	कार्यकारी समिति (ग्रामीण विकास) जिला परिषद	10.00 लाख रुपये तक
4.	साधारण सभा, जिला परिषद	10.00 लाख रुपये से अधिक

(स्रोतः ग्रा. कार्य निर्देशिका–2004, ग्रा.वि एवं पंचायती राज विभाग, राजस्थान सरकार)

नोटः– स्वीकृतियां जारी करते समय सम्बन्धित योजना की मार्ग–दर्शिका के प्रावधानों का ध्यान रखा जाएगा। वित्तीय स्वीकृतियां सम्बन्धित योजना में उपलब्ध राशि की सीमा तक ही जारी की जा सकेंगी। इससे अधिक वित्तीय स्वीकृति जारी करते समय यह उल्लेख करना होगा कि उपलब्ध राशि से अधिक की राशि अगले वित्तीय वर्ष में उपलब्ध करा दी जायेगी तथा कार्य पूर्ण करने की अवधि आवश्यक रूप से उल्लेखित करनी होगी।

तकनीकी स्वीकृति से पूर्व प्रस्ताव के निर्दिष्ट सिद्धान्त, बनावट की ठोसता एवं कार्य की उपयोगिता को कार्य स्थल का निरीक्षण कर, निर्माण की सम्भावना को सुनिश्चित किया जाता है। तकनीकी स्वीकृति हेतु सक्षम प्राधिकृत अधिकारी निम्नानुसार हैं–

तालिका संख्या–6.2

क्र.स.	सक्षम	अधिकारी स्वीकृति की सीमा
1.	सरपंच, ग्राम पंचायत	1.00 लाख रुपये तक
2.	कनिष्ठ अभियन्ता, पंचायत समिति/कार्यकारी विभाग	2.00 लाख रुपये तक
3.	सहायक परि. अधिकारी (अभियांत्रिकी संवर्ग) सहायक अभियंता, जिला परिषद/ सहायक अभियंता पंचायत समिति/ कार्यकारी विभाग	5.00 लाख रुपये तक

क्र.स.	सक्षम	अधिकारी स्वीकृति की सीमा
4.	परियोजना अधिकारी (अभि.संवर्ग) जिला परिषद/अधिशाषी अभियंता कार्यकारी विभाग (अन्य स्थिति में संबंधित विभाग के अधिशाषी अभियन्ता)	25.00 लाख रुपये तक
5.	ग्रामीण विकास एवं पंचायती राज विभाग, राजस्थान सरकार	25.00 लाख रुपये से अधिक

(स्रोतः ग्रामीण कार्य निर्देशिका–2004, ग्रा. वि. एवं पंचायती राज विभाग, राजस्थान सरकार)

नोटः– उपरोक्त व्यवस्था पंचायती राज संस्थाओं द्वारा सम्पादित कार्यों एवं राजकीय विभागों के अतिरिक्त अन्य प्रकार की कार्यकारी संस्थाओं द्वारा सम्पादित कार्यों पर लागू होगी।

जिला स्तरीय दर निर्धारण समिति

निर्माण कार्यों की दरों के निर्धारण हेतु ग्रामीण कार्य निर्देशिका में दिये गये प्रावधानों के अनुसार जिला स्तरीय दर अनुसूची तैयार की जाती है और उसी के अनुसार कार्यों में लागत निकाली जाती है। इस समिति का गठन निम्नानुसार होता है–

1.	जिला कलेक्टर	अध्यक्ष
2.	ग्रामीण विकास एवं पंचायती राज विभाग, शासन सचिवालय जयपुर का मनोनीति प्रतिनिधि	सदस्य
3.	मुख्य कार्यकारी अधिकारी, जिला परिषद	सदस्य
4.	जिला स्तरीय अधिकारी, सार्वजनिक निर्माण विभाग	सदस्य
5.	जिला स्तरीय अधिकारी, सिंचाई विभाग	सदस्य
6.	परियोजना अधिकारी (अभियांत्रिकी संवर्ग) जिला परिषद/सहायक परियोजना अधिकारी (अभियांत्रिकी संवर्ग) जिला परिषद	सदस्य सचिव

जिला स्तरीय दर निर्धारण समिति के उपरोक्त सदस्यों के अलावा आवश्यक होने पर वन विभाग/ जल ग्रहण एवं भू–संरक्षण विभाग/जन स्वास्थ्य अभियांत्रिकी विभाग या अन्य सम्बन्धित विभाग के जिला स्तरीय अधिकारियों तथा जिला परिषद के अधिकारियों को विशेष आमंत्रित सदस्य के रूप में आमंत्रित किया जा सकता है। यह समिति निम्न कार्यों के लिए उत्तरदायी होती है–

(i) जिले में विभिन्न निर्माण कार्यों हेतु स्थानीय सामग्री की उपलब्धता एवं सामग्री/श्रम दरों के आधार पर दर विश्लेषण तैयार कर, दर अनुसूची का अनुमोदन कराना।

(ii) इकाई लागत की स्वीकृति प्रदान करना।

(iii) अधिक दूरी के कारण यदि वहाँ उपलब्ध सामग्री की दरें अधिक हैं, तो अतिरिक्त परिवहन की लागत की दरें निर्धारित करना।

(iv) समय–समय पर सामग्री तथा श्रमिक दरों में वृद्धि हो जाने पर संशोधन दरों का निर्धारण कर नई संशोधित दर अनुसूची का अनुमोदन करना।

निर्माण कार्यो हेतु राशि की उपलब्धता

कार्यकारी संस्था द्वारा सम्पादित कार्यों हेतु प्रत्येक कार्य के लिए कार्यकारी संस्था को राशि दो या तीन किश्तों में उपलब्ध करायी जाती है। यदि स्वीकृत राशि एक लाख रुपये तक हो तो दो किश्तों में उपलब्ध करायी जाती है, जिसकी प्रथम किश्त में स्वीकृत की 80 प्रतिशत वित्तीय स्वीकृति जारी होने के साथ उपलब्ध करायी जाती है तथा द्वितीय किश्त में स्वीकृत राशि की 20 प्रतिशत कार्य पूरा हो जाने पर, पूर्णता प्रमाण–पत्र प्रस्तुत करने पर उपलब्ध करायी जाती है। स्वीकृत राशि एक लाख से अधिक होने पर प्रथम किश्त में स्वीकृत राशि की 40 प्रतिशत वित्तीय स्वीकृति जारी होने के साथ ही, द्वितीय किश्त में स्वीकृत राशि की 40 प्रतिशत (प्रथम किश्त की राशि के उपयोग होने एवं उसका उपयोगिता प्रमाण–पत्र प्रस्तुत करने पर) तथा अन्तिम तृतीय किश्त में स्वीकृत राशि की 20 प्रतिशत कार्य पूरा होने पर तथा पूर्णता प्रमाण–पत्र प्रस्तुत करने पर उपलब्ध करायी जाती है।

कार्यो के क्रियान्वयन का उत्तरदायित्व

पंचायत स्तर पर निर्माण कार्यों की क्रियान्विति का उत्तरदायित्व सरपंच, ग्राम पंचायत एवं सचिव, ग्राम पंचायत का होता है। पंचायत समिति के माध्यम से सम्पादित करवाये जाने वाले कार्यों के क्रियान्वयन के लिए विकास अधिकारी उत्तरदायी होता है तथा जिला परिषद् के माध्यम से करवाये जाने वाले कार्यों के लिए मुख्य कार्यकारी अधिकारी, जिला परिषद् उत्तरदायी होता है। राजकीय विभाग के द्वारा निष्पादित कार्यों के लिए राजकीय विभाग से सम्बन्धित कार्यकारी अधिकारी उत्तरदायी होता है।

ग्राम पंचायत, पंचायत समिति, जिला परिषद् एवं अन्य संस्थाओं द्वारा कराये जाने वाले कार्यों के पर्यवेक्षण का दायित्व तकनीकी स्वीकृति जारी करने वाले सक्षम अधिकारी का होता है। सभी कार्यों के लिए पंचायत समिति स्तर पर कार्यरत कनिष्ठ अभियन्ता/सहायक अभियन्ता, पंचायत समिति एवं जिला परिषद् स्तर पर कार्यरत सहायक परियोजना अधिकारी (अभियांत्रिकी)/परियोजना अधिकारी (अभियांत्रिकी) के द्वारा नियमित तकनीकी मार्गदर्शन दिये जाने का प्रावधान किया गया है। यदि कोई कार्य निर्माण के दौरान किसी भी कारण से क्षतिग्रस्त हो जाये, तो इसकी जिम्मेदारी सम्पादित कराने वाले व्यक्ति/ कार्यकारी संस्था की होती है।

व्यक्तिगत लाभ की योजनाओं के अन्तर्गत जिन कार्यों की स्वीकृति जिला परिषद्/पंचायत समिति/ग्राम पंचायत द्वारा प्रदान की जाती है एवं जिनका निर्माण कार्य लाभार्थी द्वारा करवाया जाता है, उनके निर्माण की देख रेख का उत्तरदायित्व विकास अधिकारी/कनिष्ठ अभियंता, पंचायत समिति तथा सरपंच, ग्राम पंचायत/सचिव, ग्राम पंचायत का होता है। ऐसे निर्माण कार्यों में यदि कोई कमी रह जाती है तो उसकी पूरी जिम्मेदारी स्वयं लाभार्थी की होती है।

निर्माण कार्यो का निरीक्षण एवं निरीक्षण के मापदंड

ग्रामीण विकास योजनाओं के अन्तर्गत कार्य निर्धारित मापदण्डों के अनुसार हो तथा कार्य की गुणवत्ता बनी रहे, इस हेतु उसका निरन्तर निरीक्षण एवं समय–समय पर तकनीकी मार्गदर्शन सक्षम अधिकारियों द्वारा आवश्यक है।

जिला परिषद् एवं पंचायत समितियों में कार्यरत अधिकारियों का दायित्व है कि उनके क्षेत्र में चल रहे निर्माण कार्यों के निरीक्षण के लिए वे कार्यस्थल का दौरा कर कार्य का निरीक्षण करें और अपनी टिप्पणी करें। निर्माण कार्यों के निम्न मानदण्डों के अनुसार निरीक्षण तथा टेस्ट चैक सक्षम अधिकारियों द्वारा किये जाने का प्रावधान है–

(क) तकनीकी अधिकारियों द्वारा:

तालिका संख्या–6.3

कार्य की लागत	कनिष्ठ अभियन्ता, पंचायत समिति	सहा. परि. अधिकारी सहा.अभि., जिला परिषद् सहा. अभि. पंचायत समिति	परियोजना अधिकारी (अभि.) अधिशाषी अभि. जिला परिषद्
कच्चे कार्य	प्रतिशत	प्रतिशत	प्रतिशत
50 हजार रुपये तक	50	10	5
50 हजार रुपये से अधिक	100	25	10
पक्के कार्य			
1 लाख रु. तक	100	10	5
1 – 2 लाख रु. तक	100	25	5
2 – 5 लाख रु. तक	100	50	25
5 लाख रुपये से अधिक	100	100	100

(**स्रोत**: ग्रामीण कार्य निर्देशिका–2004, ग्रा. विकास एवं पंचायती राज विभाग, राज. सरकार)

उपरोक्त तालिका में वर्णित निर्माण कार्यो की लागत एवं कार्यो की प्रतिशत के अनुसार कनिष्ठ अभियन्ता, सहायक अभियन्ता, सहायक परियोजना अधिकारी एवं परियोजना अधिकारी को कार्यों के निरीक्षण करने अनिवार्य हैं। निरीक्षण का कार्य इस प्रकार व्यवस्थित किया जाता है कि किसी न किसी तकनीकी अधिकारी द्वारा प्रत्येक कार्य का निरीक्षण अवश्य किया जा सके।

(ख) प्रशासनिक अधिकारियों द्वारा: निर्माण कार्यों के कुल कार्यों में से 25 प्रतिशत कार्यों का विकास अधिकारी, पंचायत समिति एवं 5 प्रतिशत कार्यों का मुख्य कार्यकारी अधिकारी/अतिरिक्त मुख्य कार्यकारी अधिकारी,

जिला परिषद् द्वारा समय–समय पर निरीक्षण किये जाने का प्रावधान है। प्रशासनिक अधिकारी कार्य की प्रगति, गुणवत्ता, स्वीकृत राशि के उपयोग की जाँच एवं कार्यों के निर्माण में किसी प्रकार की बाधा हो तो उसका निराकरण करने के लिए जिम्मेदार होते हैं।

विभिन्न कार्यो की सम्पादन अवधि

ग्रामीण विकास कार्यक्रमों/योजनाओं के अन्तर्गत किए जाने वाले कार्यों को एक निश्चित समय सीमा में पूरा करने तथा अनावश्यक अड़चनों से बचने के लिए विभिन्न कार्यों की सम्पादन समय सीमा ग्रामीण कार्य निर्देशिका–2004 में निर्धारित की गई है, जिसका विस्तृत विवरण निम्न तालिका में दिया गया है–

तालिका संख्या-6.4

1. प्रशासनिक स्वीकृति	कार्य के प्रस्ताव प्राप्त होने के पश्चात् अधिकतम 10 दिवस में प्रशासनिक स्वीकृति जारी हो जानी चाहिए।
2. तकनीकी स्वीकृति	प्रशासनिक स्वीकृति प्राप्त होने के पश्चात् अधिकतम 25 दिवस में तकनीकी स्वीकृति जारी कर संबंधित को प्रस्तुत कर देनी चाहिए।
3. वित्तीय स्वीकृति	तकनीकी स्वीकृति प्राप्त होने के पश्चात् अधिकतम 10 दिवस * कार्य की प्रथम किश्त की राशि कार्यकारी संस्था को जारी की जानी चाहिए।
4. मस्ट्रोल जारी करना	कार्य की वित्तीय स्वीकृति प्राप्त होने के अधिकतम 3 दिवस में मस्ट्रोल सम्बन्धित कार्यकारी एजेन्सी को जारी किया जाना चाहिए।
5. कार्य शुरु करना	मस्ट्रोल प्राप्त होने के अधिकतम 7 दिवस में कार्य स्थल पर निर्माण कार्य प्रारंम्भ कर दिया जाना चाहिए।
6. कार्य का मूल्यांकन	सम्बन्धित कार्यकारी संस्था से सूचना प्राप्त होने के अधिकतम 7 दिवस के अन्तर्गत कार्य का निरीक्षण कर संबंधित अधिकारी द्वारा कार्य की मूल्यांकन जाँच की जाती है और निर्धारित प्रपत्र में रिपोर्ट कर प्रमाण पत्र प्रस्तुत कर दिया जाना चाहिए।

7. उपयोगिता प्रमाण–पत्र	कार्य की मूल्याकन जाँच करने के बाद अधिकतम 3 दिवस में कार्य के उपयोगिता प्रमाण–पत्र संबंधित अधिकारी द्वारा प्रस्तुत कर दिया जाना चाहिए।
8. पूर्णता प्रमाण–पत्र	स्वीकृत कार्य को पूर्ण होने की कार्यकारी संस्था से सूचना प्राप्त होने के पश्चात् अधिकतम 10 दिवस में पूर्णता प्रमाण–पत्र जारी करते हुए संबंधित विभाग को कार्य का हस्तांतरण करते हुए संबंधित अधिकारी को रिपोर्ट प्रस्तुत कर देनी चाहिए।
9. उपयोगिता प्रमाण–पत्र / पूर्णता प्रमाण–पत्र का समायोजन	उपयोगिता प्रमाण–पत्र / पूर्णता प्रमाण–पत्र प्राप्त होने के पश्चात पूर्णता प्रमाण–पत्र का अधिकतम 7 दिवस में राशि का समायोजन करते हुए संबंधित विभाग / कार्यकारी संस्था को सूचित कर दिया जाना चाहिए।
10. पत्रावली बन्द करने का प्रमाण–पत्र	उपरोक्त सभी कार्य सम्पादित होने के पश्चात् अधिकतम 7 दिवस के अन्दर पत्रावली बन्द करने का प्रमाण–पत्र जारी किया जाकर संबंधित को सूचित कर देना चाहिए।

(स्रोतः ग्रामीण कार्य निर्देशिका–2004, ग्रा.वि. एवं पंचायती राज विभाग, राजस्थान सरकार)

कार्यकारी संस्था द्वारा निर्माण कार्य को सम्पादित करने की अवधि

कार्यकारी संस्था द्वारा निर्माण कार्य को निम्नानुसार निर्धारित अवधि में पूरा कर लेना चाहिए–

तालिका संख्या–6.5

भवन निर्माण सम्बन्धी कार्यों के लिए

क्र.स.	स्वीकृत राशि	कार्य सम्पादित करने की अधिकतम अवधि
1.	2 लाख रुपये तक	4 माह
2.	2 लाख से 5 लाख रुपये तक	6 माह
3.	5 लाख रुपये से अधिक	9 माह
	खरंजा / सड़क निर्माण सम्बन्धी कार्यों के लिए	
1.	2 लाख रुपये तक	3 माह

क्र.स.	स्वीकृत राशि	कार्य सम्पादित करने की अधिकतम अवधि
2.	2 लाख से 5 लाख रु. तक	4 माह
3.	5 लाख रु से अधिक	6 माह
	तालाब/एनीकट निर्माण सम्बन्धी कार्यों के लिए	
1.	2 लाख रुपये तक	4 माह
2.	2 लाख से 5 लाख रु. तक	6 माह
3.	5 लाख रु. से अधिक	9 माह

*अन्य कार्य जो भी हों, उन सभी को एक वित्तीय वर्ष में पूर्ण कराया जाना आवश्यक है।

नोटः– यदि कार्यकारी संस्था द्वारा कार्य सम्पादन में उपरोक्त दर्शाई गई अवधि से अधिक ली जाती है तो विलम्ब के लिए औचित्यपूर्ण कारण प्रस्तुत नहीं किये जाने की दशा में वित्तीय स्वीकृति जारी करने वाले अधिकारी/मुख्य कार्यकारी अधिकारी, जिला परिषद् द्वारा सम्बन्धित कार्यकारी संस्था पर शास्ति आरोपित कर देय राशि में से कटौती की जाकर भुगतान किया जा सकता है।

निर्मित एवं निर्माणाधीन कार्यो की सूचना

ग्रामीण विकास योजनाओं के अन्तर्गत विकास कार्यों की सूचना पंचायत मुख्यालय पर प्रत्येक ग्राम पंचायत द्वारा नोटिस बोर्ड पर कार्य का नाम, योजना का नाम, स्वीकृति दिनांक, स्वीकृत राशि, व्यय राशि तथा कार्य पूर्ण होने की सूचनाऐं प्रदर्शित किए जाने का प्रावधान है। इसी प्रकार निर्माणाधीन कार्य से सम्बन्धित सूचनाएं जिनमें कार्य का नाम, योजना का नाम, स्वीकृति दिनांक, स्वीकृत राशि, व्यय राशि तथा कार्य की अवस्था (प्रारम्भ/प्रगति पर/पूर्ण) प्रदर्शित की जानी चाहिए।

प्रत्येक निर्माणाधीन कार्य स्थल पर निम्नलिखित सूचनाऐं 4'×3' के आकार के पीले रंग की पृष्ठ भूमि वाले बोर्ड पर, लाल अक्षरों में प्रदर्शित किये जाने का प्रावधान है जिसमें–

कार्य का नाम, योजना का नाम, स्वीकृत राशि का ब्यौरा, कुल सम्भावित मानव दिवस, सृजित मानव दिवस, कार्य को आरम्भ करने की तारीख, कार्य

पूर्ण होने की सम्भावित तिथि/कार्य पूर्ण होने की तिथि, कार्य पर व्यय राशि का विवरण आदि। सांसद क्षेत्र विकास योजना के अन्तर्गत निर्मित कार्य पर सांसद का नाम लिखा जाना भी आवश्यक है।

निर्माण कार्यों/परिसम्पत्तियों का सामाजिक अंकेक्षण

ग्रामीण विकास एवं गरीबी उन्मूलन कार्यक्रमों के अन्तर्गत निर्माण कार्यों में स्थानीय जनता की भागीदारी हो, कार्य गुणवत्ता के साथ स्थानीय साधनों का उपयोग करते हुए न्यूनतम लागत से सम्पादित किया जाये तथा सार्वजनिक परिसम्पत्तियों का अपेक्षित उपयोग हो, इस हेतु निम्न व्यवस्था की जानी चाहिए–

(i) प्रत्येक कार्यकारी संस्था द्वारा ग्रामीण कार्य निर्देशिका के प्रावधानों के अन्तर्गत कराये जाने वाले कार्यों पर हुए व्यय के सम्बन्ध में 'सूचना के अधिकार अधिनियम' के अनुसार प्रतियां देने की व्यवस्था की जानी चाहिए।

(ii) प्रत्येक ग्राम सभा की बैठक में विभिन्न योजनाओं के अन्तर्गत ग्राम पंचायत में सृजित एवं निर्माणाधीन परिसम्पत्तियों का ब्यौरा रखा जाये एवं ग्राम सभा की कार्यवाही विवरण में ग्राम सभा की आम राय अंकित की जाये। तत्पश्चात् प्रत्येक पंचायत द्वारा निर्धारित प्रपत्र में निगरानी समिति को सूचना प्रेषित की जाये।

(iii) ग्रामीण विकास मंत्रालय भारत सरकार द्वारा निर्देशिका विभिन्न स्तरों की सतर्कता एवं समीक्षा समितियां भी इन कार्यों की समीक्षा एवं शिकायतों के बारे में विचार कर आवश्यक निर्णय ले सकती हैं।

राजस्थान में ग्रामीण विकास कार्यक्रमों/योजनाओं के अन्तर्गत किए जाने वाले कार्यों के लिए निर्धारित किए गए कार्य के मापदण्ड, वित्तीय स्वीकृतियां, कार्यों की समयावधि, दर निर्धारण, सक्षम प्राधिकृत अधिकृत अधिकारी, राशि की उपलब्धता, कार्यों के क्रियान्वयन का उत्तरदायित्व, कार्यों का निरीक्षण एवं निरीक्षण के मापदंड, निर्माण कार्यों की सूचना का प्रदर्शन तथा सामाजिक अंकेक्षण हेतु आवश्यक निर्धारित दिशा–निर्देश एवं विस्तृत विवरण प्रस्तुत किये गये हैं। इस अध्याय में आगे इनके पालन एवं

खामियों से सम्बन्धित विभिन्न तथ्यों, सूचनाओं एवं आंकड़ों की सहायता से विश्लेषण किया गया है।

अखबारों की कतरन से

"साढ़े चार दशक पहले पूर्व प्रधानमंत्री पं. जवाहर लाल नेहरु ने देशभर में पंचायती राज व्यवस्था का श्रीगणेश राजस्थान के नागौर जिले से किया तो किसी ने सोचा भी नहीं था कि पंचायतों को ताकतवर करने के नाम पर कोरा झुनझुना पकड़ा दिया जाएगा।

साढ़े चार दशक के दौरान बातें बड़ी–बड़ी की गई और नीतियां भी बड़ी–बड़ी लेकिन सत्ता के सूत्रधारों की नीयत में खोट ने पंचायत संस्थाओं को आज इस हालत में पंहुचा दिया है कि कोई इन संस्थाओं से जुड़ना पसन्द नहीं करता।

ऐसा नहीं है कि हमने खोने का ही काम किया, इस राज ने हमें कुछ दिया भी है। लेकिन छीना ज्यादा और लोकतन्त्र की जगह पंचायत राज 'लोलुपतंत्र' बना कर रख दिया गया। इस तंत्र ने जनता को केवल चुनो–चुनो का नारा सिखाया। 'पावर टू द पीपल' का नारा देकर पंचायतों के चुनाव तो करा दिए। लेकिन अधिकार और शक्तियों के नाम पर अंगूठा दिखा दिया।"[3]

"राजस्थान के नागौर में 2 अक्टूबर, 1959 को देश में पंचायत राज व्यवस्था की मशाल जलाकर शुभारम्भ किया। सचमुच तब ऐसा मौका था जब गाँव के विकास की बागड़ोर गाँव की चौपाल पर पंचायत राज व्यवस्था को सौंप दी गई थी। साढ़े चार दशक बाद भी पंचायती राज व्यवस्था की स्थिति वैसी ही है जैसे मोर नाचते हुए अपने पैरों की ओर देख कर रोता है। पंचायतों को सशक्त करने के लिए विभिन्न आयोगों व कमेटियों की रिपोर्ट पर थोड़ा सा भी अमल हो गया होता तो पंचायत संस्थाओं की ऐसी दशा नहीं होती।"[4]

"ग्राम पंचायतें स्वशासन की सबसे निचली कड़ी है। जाहिर है कि जनता के सबसे नजदीक होने से इन संस्थाओं के निर्वाचित प्रतिनिधियों से लोगों की अपेक्षाएं भी बढ़ती हैं, लेकिन पंचायतों की जो माली हालत है उसमें कई बार तो उनके पास अपने कर्मचारियों को वेतन देने के लिए भी

धन नहीं होता। ऐसे में विकास की उम्मीद बेमानी है। पंचायती राज संस्थाओं के अध्यक्षों के राष्ट्रीय सम्मेलन में पंचायतों की खराब माली हालत पर चिंता व्यक्त करते हुए कहा गया कि खजाने की चाबी जब सरकारों के हाथ में रहेगी, पंचायतों के समृद्ध होने की अपेक्षा करना दिवास्वप्न की तरह है। पंचायतों में आज ग्राम राज की जगह 'ग्राम सेवक राज' ही अधिक चलता है।''[5]

''सरकारी तंत्र के बारे में आम तौर पर कहा जाता है कि किसी काम को अंजाम तक पंहुचाने की नीयत नहीं हो तो उस पर विचार के लिए एक कमेटी बना दो। देश में पंचायती राज को सशक्त बनाने के लिए और राज्य सरकार के स्तर पर भी कुछ ऐसा ही हुआ है। केन्द्र सरकार की कमेटियों में हैं–बलवंत राय मेहता समिति (1957), अशोक मेहता समिति (1977), जी.वी. के राव समिति (1985), लक्ष्मीमल्ल सिंघवी समिति (1986), पी. के. थुंगन समिति (1989), हरलाल सिंह खर्रा समिति (1990) और राज्य सरकार की कमेटियों में हैं– माथुर समिति (1963), सादिक अली समिति (1964), गिरधारी लाल व्यास समिति (1973), तथा शिवचरण माथुर समिति (2001)। पंचायती राज के हाथ मजबूत करने के नाम पर 1963 से 2002 तक राज्य सरकार में भी दो मंत्रिमंडलीय उपसमितियों के अलावा चार कमेटियां बना दी, लेकिन इन समितियों के दर्जनों प्रस्तावों को रद्दी की टोकरी में डाल दिया गया।''[6]

''गत पाँच दशक में शक्तियों के विकेन्द्रीकरण में आई बाधाओं में यह मानसिकता भी हावी रही कि स्थानीय विषयों के लिए शक्तियों का हस्तान्तरण नीचे की इकाईयों में करने से राज्य सरकारें कमजोर हो जाएंगी। यह भी आशंका रही कि पंचायती राज संस्थाएं एवं निर्वाचित प्रतिनिधि अभी स्वशासी इकाईयों के रूप में जिम्मेदारी निर्वहन एवं सौंपे कार्यों को करने में सक्षम नहीं हो पाए हैं। यह आशंका निर्मूल है, क्योंकि शक्तियां हस्तान्तरित करने वाली सरकार कभी शक्तिविहीन नहीं होती। कार्यों के हस्तान्तरण के विषय में संविधान की अनुसूची 11 में 29 विषय अंकित कर उनके हस्तान्तरण का निर्णय राज्य विधायिका/सरकार के विवेकाधीन कर दिया गया। राजस्थान में पंचायतीराज अधिनियम 1994 में कार्यों के हस्तान्तरण के लिए 'आदेशात्मक' प्रावधान होते हुए भी सभी 29 कार्यों सम्बन्धी वित्तीय संसाधन एवं कर्मचारियों का अमला इन संस्थाओं को हस्तान्तरित नहीं हो पाया है।''[7]

"पिछले बजट में राज्य में चिकित्सा सुविधाओं के विस्तार को लेकर वित्त मंत्री के रूप में मुख्यमंत्री वंसुधरा राजे ने घोषणाएं की तो लगा कि चिकित्सा विभाग की गाड़ी थोड़ी पटरी पर आएगी। लेकिन बात चाहे टेलीमेडिसिन के जरिए आधुनिक चिकित्सा का लाभ गांवों में पहुंचाने की हो या कि छत के नीचे एलोपैथी, होम्योपैथी और आयुर्वेद के विशेषज्ञ बिठाए जाने की, घोषणा के बाद कुछ नहीं हुआ। गांवों में विशेषज्ञ सेवाओं का लाभ देने के लिए चुने हुए सामुदायिक स्वास्थ्य केन्द्रों को टेलिमेडिसिन के जरिए सवाई मानसिंह मेडिकल कॉलेज से जोड़ने की बात बजट में कही गई थी। लेकिन बात निविदाएं आमंत्रित करने से आगे नहीं बढ़ी।"[8]

"पंचायत राज को प्रभावी बनाने के लिए ग्राम सभाओं का प्रावधान किया गया तो लगा था कि ग्रामीणों को अपनी बात कहने का अच्छा मंच तैयार हुआ है। ग्राम सभाओं के आयोजन के नाम पर पिछले वर्षों में जो कुछ हुआ उसके अनुभव ज्यादा अच्छे नहीं रहे। ग्राम सभाओं के नाम पर कोरी खाना पूर्ति हुई है। कहने को तो ग्राम सभाओं में 10 प्रतिशत मतदाताओं की उपस्थिति अनिवार्य की गई है पर आम तौर पर कोरम पूरा नहीं होने पर इन सभाओं को स्थगित करना पड़ता है अथवा बैठकों की औपचारिकता पूरी कर सरपंच अपने स्तर पर मतदाताओं के दस्तखत या अंगूठे लगवा लेते हैं। ग्राम सभाओं के साथ वार्ड सभाओं का भी प्रावधान है पर ग्राम सभाएं ही सफल नहीं हो पाई तो वार्ड सभाओं का तो भगवान ही मालिक है।

ग्राम सभा, जिसकी परिकल्पना पंचायत राज संस्था में सबसे सशक्त ईकाई के रूप में की गई थी, अब तक की सबसे कमजोर कड़ी साबित हुई है। ग्राम सभाओं का कोरम तक पूरा नहीं हो पाता। लोग ग्राम सभाओं में इसलिए रूचि नहीं लेते, क्योंकि संसाधनों की कमी के चलते उनकी मांग पूरी नहीं हो पाती। लिहाजा ग्राम सभाओं में वे ही लोग आते हैं जिनको कोई हित नजर आता है। कई बार तो ग्राम सभाएं आपसी टकराव का अखाड़ा बन जाती हैं। जहां महिलाओं के हाथ में पंचायत संस्था की बागडोर है वहां तो ग्राम सभाओं का संचालन पुरुषों के हाथ ही रहता है। अधिकतर महिला सरपंच ग्राम सभाओं की बैठकों में घूघंट निकाले मूकदर्शन बनी रहती हैं। महिलाएं और दलित वर्ग की तो इन ग्राम सभाओं में उपस्थिति ही नहीं हो पाती।"[9]

"आजादी के 58 वर्षों के बाद भी महिलाएं पुरुषों के हाथ का खिलौना बनी हुई हैं। ग्राम पंचायतों से लेकर जिला परिषदों तक महिला जनप्रतिनिधि आज भी घूँघट की आड़ में स्वतन्त्रता दिवस एवं गणतन्त्र दिवस जैसे राष्ट्रीय पर्वों पर झण्डारोहण कर रही हैं तथा जनता के समक्ष अपने विचारों को प्रस्तुत भी नहीं कर पा रही हैं।

ग्राम पंचायत की बैठक हो या ग्राम सभा अथवा वार्ड सभा या अन्य किसी भी स्तर की, सभी में देखा जाता है कि महिलाओं की भागीदारी आज भी नगण्य है। महिला सरपंच हो या प्रधान अथवा प्रमुख, अधिकांश सभाओं की बैठकों में अपने पति या नजदीकी रिश्तेदार को साथ लेकर चलती हैं और किसी कागज या पत्र पर हस्ताक्षर उनसे पूछ कर करती हैं।"[10]

"आदर्श गांधी ग्राम पिणाच (तहसील–फागी) में महिला सरपंच श्रीमति ओम कंवर हैं। ग्रामीणों का कहना है कि असली काम सरपंच पति विशन सिंह ही करते नजर आते हैं। उनका कहना है कि गांव वालों ने उन पर दबाव डाला इसलिए अपनी पत्नी को चुनाव लड़ाने की हामी भरी। अन्यथा उनके घर की कोई महिला कभी घूंघट उठाकर बाहर नहीं निकली।"[11]

"भारत की आत्मा गांवों में निवास करती है। पंचायतों को सशक्त करने की कवायद गांवों को ध्यान में रखकर की जाती तो आज शायद राष्ट्रपिता महात्मा गांधी का ग्राम स्वराज का सपना भी साकार हो जाता, लेकिन ऐसा नहीं हुआ। नागौर में पंचायत राज का 'दिया' जलने से लेकर आज तक नीतियां ही ऐसी बनाई गई कि कोई गांव, गरीबी, गंवारूपन और गुलामी से ऊपर नहीं उठ सके। यानी शुरू से सोच ही यह रही कि देश के हजारों ग्रामीणों के स्वशासन के बजाए दिल्ली में बैठे पचास लोग गांवों पर हुकूमत चलाते रहें। पंचायत राज की नीतियां बना भी दी गई तो आज तक लागू करने में ढील बरती गई। पंचायत राज को सशक्त करने के मामले में बातें ज्यादा हुईं और काम कम। संविधान संशोधन के बाद भी असली जिम्मेदारी राज्य सरकारों पर छोड़ दी गई कि वे नियम बनाकर पंचायतों का सशक्तिकरण करें। इस खामी का फायदा सत्ता में बैठे लोगों ने उठाया और पंचायतों के लिए वे ही काम छोड़े गए जिसमें इनका राजनीतिक स्वार्थ आड़े नहीं आए। सांसद और विधायकों ने अपने लिए पृथक से विकास कोष तक कायम करा लिए, लेकिन सरपंच से लेकर जिला प्रमुख

तक किसी को इतना अधिकार नहीं दिया गया कि वह अपने विवेक से विकास कार्यों में थोड़ी भी राशि खर्च कर सके। गांव के आयोजना और गैर आयोजना बजट का वार्षिक भुगतान राज्य सरकार द्वारा पंचायत समिति और जिलेवार किया जाता है। इससे कमीशनखोरी पनपी और पंचायत का पैसा सीधा नहीं पंहुचकर भ्रष्टाचार में बहता रहा।

संविधान की 11 वीं अनुसूची में वर्णित सौंपे 29 विषयों पर काम शुरू करते ही विफल हो गया। जो अधिकार मिले वे भी आधे अधूरे। कहीं विभाग मिल गया तो कहीं बजट नहीं मिला और दोनों मिल गए तो पर्याप्त कर्मचारी नहीं मिल पाए। इससे पंचायतें सशक्त होने की जगह प्रयोगशाला बनकर रह गई हैं। नतीजा यह रहा कि पंचायत राज की मशाल बाद में थामने वाले केरल, कर्नाटक जैसे राज्यों ने राजस्थान से कहीं ज्यादा ग्राम विकास की राह तय कर ली। विकास के प्रति इच्छा शक्ति और पारदर्शिता की कमी रहने से सरपंच या प्रधान कोई भी गांव और उसके दर्द से जुड़ नहीं पाए। पांच या दस साल, जितना राज करने का मौका मिला, घर भरने की जुगत में लगे रहे।''[12]

''लोकतंत्र की सबसे निचली सीढ़ी पंचायत राज को मजबूत करने की बातें तो खूब हो रही हैं पर इनकी आज जो हालत है उससे लगता है कि सत्ता में बैठे लोगों ने इन संस्थाओं को मजबूत करने के खास प्रयास नहीं किए। संविधान का 73 वां संशोधन हुआ तो उम्मीद बनी थी कि अब सचमुच सत्ता गाव में बैठे आम आदमी के हाथों तक पहुँचेगी। लेकिन यह अपेक्षा पूरी नहीं हो सकी। संविधान संशोधन और तमाम अश्वासनों के बाद भी इन संस्थाओं के पास वित्तीय संसाधन काफी कम रहे। ग्राम विकास योजनाओं में मिला धन भी कमीशनबाजी और भ्रष्टाचार की भेंट चढ़ गया। आरक्षण व्यवस्था लागू हुई तो ऐसा लगा था कि समाज के दलित व पिछड़े कहे जाने वाले लोग भी सत्ता में भागीदार बनेंगे। लेकिन असली फायदा उन्हीं लोगों ने उठाया जो गांव की राजनीति में अपना प्रभाव रखते आए हैं। महिलाओं का घूंघट तो उठा पर वे भी अपने नाते–रिश्तेदारों के दखल की शिकार रहीं।[13]

''पंचायत राज में पंच से लेकर जिला प्रमुख तक चुनाव लड़ने वाले उम्मीदवारों के लिए यह बाध्यता है कि 27 नवम्बर 1995 के बाद उनके दो से ज्यादा संतान नहीं होनी चाहिए। चुनाव जीतने के बाद भी यदि तीसरी

संतान हो जाती है तो उन्हें अयोग्य घोषित कर दिया जाएगा। तीन संतानों के मामले में अयोग्य घोषित होने वालों में सबसे ज्यादा पंच है। जून 2004 तक कुल 458 पंचों की दो से ज्यादा संतान होने की शिकायत पंचायत राज विभाग के पास पहुंची। इनमें 421 सही पाई गई। अयोग्य घोषित होने वालों में 60 सरपंच, 37 उपसरपंच, 6 जिला परिषद सदस्य, 28 पंचायत समिति सदस्य व एक प्रधान शामिल हैं।''[14]

''पंचायतों को अधिकार देने की मांग करते–करते भादरा पंचायत समिति की छानी बड़ी ग्राम पंचायत की सरपंच विजय लक्ष्मी चौधरी अपने कार्यकाल में 2 लाख 11 हजार तथा बसेड़ी पंचायत समिति की ताजपुर पंचायत की सरपंच सुआवाई 53 हजार रुपये का गबन कर गई। यह तो बानगी है, पंचायती राज संस्थाओं में घोटालों की। इसमें महिलाएं पीछे नहीं हैं। गांवों की सरकार चलाने वाले छोटे नेता भ्रष्टाचार के मामलों में बड़े राजनेताओं के नक्शेकदम पर चल रहे हैं। राज्य में 9,188 ग्राम पंचायतों को मिलाकर पंचायती राज संस्थाओं की संख्या 9,457 और इनमें गबन सम्बन्धी 7,812 मामले चल रहे हैं। गबन की राशि 7 करोड़ 12 लाख रूपये से ऊपर बैठती है। स्थानीय निधि अंकेक्षण विभाग की रिपोर्ट के मुताबिक पिछले साल भर में मात्र 13 लाख 24 हजार रूपये की वूसली हो पाई। वसूली के मौजूदा कानून लचर हैं और इनमें पुख्ता कार्यवाही नहीं की जाती। कहीं तो सरपंच, प्रधान या प्रमुख अपने स्तर पर पैसा डकार गए। कहीं कर्मचारियों की मिलीभगत से भ्रष्टाचार हुआ और अनेक जगहों पर सचिव, रोकड़पाल जैसे पदों पर बैठे कर्मचारियों व ठेकेदारों ने ही खूब गड़बड़ियां की। कई मामलों में तो आज तक किसी की जिम्मेदारी ही तय नहीं हो पा रही।

फर्जीवाड़ा किस–किस तरह का (i) निर्माण कराए बिना खर्चा दर्शाया, (ii) खरीद दिखाई, सामान नहीं लिया, (iii) फर्जी मस्टररोल, (iv) मजदूरों को भुगतान कम, (v) बैंक से पैसा उठाकर पंचायत के खजाने में नहीं दिखाया, (vi) चुनाव बाद नए सरपंच को चार्ज नहीं देना (vii) नए सरपंच को खातों में कम पैसा मिलना, (viii) अनुदान, उपकर व अन्य शुल्कों को कम दिखाना, (ix) रसीदों की राशि सीधी जेब में, (x) रोकड वही में गड़बड़ी तथा (xi) योजनाओं का गेहूं हड़प जाना इत्यादि।''[15]

''ग्रामीण विकास योजनाओं का सही क्रियान्वयन नहीं हो रहा। केन्द्र धन राशि या तो धरी रह जाती है या फिर दूसरी मद में लगा दी जाती है।

ग्रामीण विकास मंत्री काशीराम राणा और राज्य मंत्री अण्णा साहेब एम.के. पाटिल दोनों इस सच को स्वीकार करते हैं। लेकिन जहां कैंबिनेट मंत्री सीधे राज्य सरकार को दोषी मानते हैं वहीं राज्य मंत्री का कहन है कि इस गड़बड़ी के लिए जिला परिषदें और ग्रामीण विकास एजेंसिया (डी.आर.डी. ए.) जिम्मेदार हैं।''[16]

''भ्रष्ट विभागों की होड में पंचायती राज संस्थान ने सबको पीछे छोड़ दिया है। पंचायती राज विभाग के अधिकारियों व कर्मचारियों के खिलाफ इस साल पूरे जोधपुर रेंज में सर्वाधिक 17 मामले दर्ज किए गए हैं।'' भ्रष्ट विभागों की रैकिंग निम्नानुसार है[17]

तालिका संख्या–6.6

पायदान	भ्रष्ट विभाग	मामले
1.	पंचायती राज	17
2.	राजस्व	13
3.	चिकित्सा और नगर परिषद्	12
4.	पुलिस	10
5.	विद्युत	06
6.	सिंचाई और न्यायालय	05
7.	रीको	04
8.	पीडब्ल्यूडी, शिक्षा, रोडवेज	02
9.	खनिज	01

(**स्रोत** : दैनिक भास्कर, 14 दिसम्बर, 2004)

''भ्रष्टाचार के 'नासूर' से पंचायत राज संस्थाएं भी अछूती नहीं हैं। इसका अंदाजा इसी बात से लग सकता है कि भ्रष्टाचार निरोधक ब्यूरो (एसीबी) ने पिछले पांच साल में पंचायत राज प्रतिनिधियों के विरूद्ध लगभग छह दर्जन (72) मामले, अभियोजन स्वीकृति के लिए पंचायत राज विभाग को भिजवाए। पिछले एक दशक में ग्रामीण विकास के नाम पर धनराशि तो खूब आंवटित हुई, लेकिन भ्रष्टाचार के कारण इनका समुचित उपयोग नहीं हो पाया। विकास में बाधक भ्रष्टाचार की गांव वाले भी खिलाफत करते हैं, लेकिन गांव की सत्ता (पंचायत राज संस्थाओं) में

शामिल होने पर उनमें से अनेक खुद भ्रष्टाचार की गिरफ्त में आ गए।

जनता की नजरों में सरपंच की छवि में सबसे अधिक गिरावट आई है। वर्ष 2000 से जून 2004 तक ए सी बी द्वारा पंचायत राज विभाग को सौंपे गए भ्रष्टाचार के मामलों में से लगभग आधे, सरपंच या पंचायत राज की सबसे निचली इकाई ग्राम पंचायत से जुड़े थे। एसीबी ने बाड़मेर जिला परिषद के एक सदस्य के विरूद्ध 11 मामले दर्ज किए, जबकि सिरोही जिले की सेलवाड़ा ग्राम पंचायत की एक महिला प्रतिनिधि भ्रष्टाचार के नौ मामलों में फंसी। भ्रष्टाचार निरोधक ब्यूरो ने वर्ष 2002 से जून 2004 तक पंचायत राज संस्थाओं से सम्बन्धित करीब एक दर्जन मामलों में 7 कर्मचारियों के विरूद्ध चालान पेश करने के लिए सम्बन्धित विभाग से अभियोजन स्वीकृति मांगी। इसमें तीन तत्कालीन ग्राम सेवक, एक कार्यरत ग्राम सेवक और तीन कनिष्ठ अभियन्ता शामिल थे। भ्रष्टाचार के आरोपों के कारण करौली जिले की हिण्डौन पंचायत समिति की एक महिला प्रधान दो बार निलम्बित हुई। उनके स्थान पर उपप्रधान को काम सौंपा तो वह भी अनियमितता के आरोपों से घिर गया। इसी जिले की कांचरौली ग्राम पंचायत की सरपंच भी अरोपों के बाद अविश्वास प्रस्ताव में हट गई। कई पंचायत राज प्रतिनिधियों के खिलाफ भ्रष्टाचार एवं अन्य अनियमितता की शिकायतें जिला परिषद फाइलों में दबी हैं। श्री गंगानगर हनुमानगढ़ जिले की पंचायतों में भी भ्रष्टाचार की शिकायतें खूब रहीं। कई सरपंचों के खिलाफ–पुलिस थानों में मुकदमे तक दर्ज हुए।"[18]

" रावतसर–पीलीबंगा होते हुए गंगानगर जाने की सड़क जैसी कई सड़के ऐसी हैं, जो एक कागजों में ही दुबारा बन जाती हैं और उनकी मरम्मत भी हो जाती हैं लेकिन रोजाना गुजरने वाले ही जानते हैं कि उन पर वाहन चलाने के स्थान पर कच्चे में उतारकर वाहन निकाल ले जाना ज्यादा आसान रहता है। सैकड़ों गांवों को ग्रेवल सड़कें बनाकर कहने भर को सड़कों से जोड़ दिया गया लेकिन डामरीकरण नहीं होने के कारण ग्रेवल सड़कें भी उधड़ गई। उनकी हालत तो कच्चे रास्तों से भी ज्यादा खराब है। महत्वपूर्ण लोगों के इशारों पर कई जगह रातोंरात सड़कें बन जाती हैं और शहरों के वीआईपी रास्तों पर जरूरत नहीं होने पर भी 6 महीने में नई सड़क बन जाती हैं।"[19]

''पंचायतराज व्यवस्था लागू होने के इतने वर्ष बाद भी ग्रामीण क्षेत्रों के तेजी से विकास का सपना पूरा नहीं हो पाया है। पंचायतें स्थानीय राजनीति का केन्द्र बन कर रह गई हैं, तो ग्रामीण अभिकरण आंकड़े तैयार करने के दफ्तर और ग्राम सभाएं महज औपचारिकता। राज्य की गहलोत सरकार ने अपने घोषणा पत्र में बजट का 65 फीसदी हिस्सा ग्रामीण विकास पर खर्च करने की बात कही थी, लेकिन स्थिति यह है कि ग्रामीण विकास की विभिन्न योजनाओं के लिए केन्द्र से मिलने वाले धन का भी पूरा उपयोग नहीं हो पाता। ग्रामीण विकास के लिए राज्य में अलग से ग्रामीण विकास विभाग गठित किया गया है। इसके माध्यम से 20 से ज्यादा योजनाएं चलाई जा रही हैं, इसके बावजूद राज्य के बहुत से गांव आज तक सड़क जैसी अधारभूत सुविधाओं से महरूम हैं। स्थिति यह है कि गांवों के विकास के प्रस्ताव लेने के लिए ग्राम सभाओं का प्रावधान है। राज्य सरकार समय–समय पर इनका आयोजन भी कराती है। शुरूआत में हुई सभाओं में ग्रामीणों ने उत्साह से भाग लिया, लेकिन ग्राम सभाओं द्वारा पारित सैकडों प्रस्ताव ग्रामीण विकास अभिकरणों में पड़े धूल चाट रहे हैं। जिला परिषदों में ग्रामीण विकास के लिए बनने वाली स्थायी समितियां भी कागजी ही हैं।''[20] राजस्थान में साक्षरता, प्रतिव्यक्ति विद्युत उपभोग, विद्युतीकृत गांवों का प्रतिशत तथा नगरीय जनसंख्या का प्रतिशत कुछ अन्य राज्यों के साथ तुलनात्मक स्थिति अग्रतालिका में है–

तालिका संख्या–6.7

साक्षरता (प्रतिशत में, 2001)	प्रतिव्यक्ति विद्युत उपभोग (किलोवॉट)	विद्युतीकृत गांवों का प्रतिशत	नगरीय जनसंख्या का प्रतिशत
केरल = 90.92	पंजाब = 861	आन्ध्रप्रदेश = 100	तमिलनाडु = 43.86
महाराष्ट्र = 77.23	गुजरात = 724	गुजरात = 100	महाराष्ट्र = 42.40
हिमाचल प्रदेश = 77.13	महाराष्ट्र = 594	महाराष्ट्र = 100	गुजरात = 37.35
राजस्थान = 61.03	राजस्थान = 329	राजस्थान = 93.60	राजस्थान = 23.38

(**स्रोतः** राजस्थान पत्रिका (रविवारीय परिशिष्ट), 11 जनवरी, 2004)

''73 वें संविधान संशोधन के जरिए पंचायती राज को मजबूत करने की कल्पना करने वाले पूर्व प्रधानमंत्री राजीव गांधी कहते थे कि पंचायतों की

मद में केन्द्र जो राशि खर्च करता है उसका वास्तव में 10 फीसदी ही खर्च हो पाता है। गावं के विकास की आड़ में पनप रहे भ्रष्टाचार को लेकर राजीव गांधी की यह स्वाभाविक पीड़ा थी। गांव के विकास को किस दिशा में ले जाना, इसका खाका नहीं बनाया गया। गुटबाजी पर आधारित राजनीति ने गांवों में लोगों के आपसी सम्बन्धों में खटास तो पैदा की ही, विकास की जगह भ्रष्टाचार ने ले ली। यह भ्रष्टाचार पंचायत राज संस्थाओं में इतनी जड़ें जमा चुका है कि चाहे कच्चे काम की नाप हो अथवा पक्के काम की। काम के उपयोगिता प्रमाण–पत्र (यू.सी.) पर पंचायत समिति का अभियंता तब ही हस्ताक्षर करेगा, जब उसे खुश कर दिया जाए। अभियंता को भी तब ही खुश किया जा सकेगा, जब सरपंच अथवा पंचायत का सचिव काम में हेराफेरी करे। काम के बदले अनाज योजना में काम आने वाले गेहूं के खुले बाजार में पहुंचने की खबरें इसी भ्रष्टाचार का उदाहरण हैं। फर्जी मस्टररोल तैयार करना, कुओं को गहरे करने का काम कागजों में दिखाना व बी.पी.एल. लाभान्वितों के फर्जी नाम दर्ज करना ऐसे ही काम हैं जिन्हें करना सरपंच की मजबूरी है। मजदूर किसान शक्ति संगठन ने मेवाड़ के दो जिलों में ग्राम पंचायतों का सर्वे किया तो पता चला कि विकास योजनाओं की 85 प्रतिशत राशि खर्च ही नहीं हुई। सरकार के पास नकली वाउचर्स व बिल पंहुचा दिए गए। पंचायत से लेकर संसद तक के चुनाव में धनबल व भुजबल का जिस तरह इस्तेमाल होता है वह बाद में निर्वाचित जनप्रतिनिधियों को इसकी वसूली के लिए भी प्रेरित करता है। फिर उन्हें भविष्य के चुनाव की भी चिंता है।''[21]

''हमारे देश के उपराष्ट्रपति भैरोंसिंह शेखावत ने ग्रामीणों का आह्वान किया है कि वे अपने क्षेत्र के विकास के लिए जागरूक रहें। ग्रामीण विकास कार्यों पर पूरी तरह से निगरानी रखें, तभी गांव का विकास हो सकेगा और गरीबी मिट सकेगी। उन्होंने कहा कि गरीबी का मूल कारण भ्रष्टाचार है।''[22]

देश में अधिसंख्य भ्रष्टाचार के मामलों में फंसने वाले अफसरों (नौकरशाही तंत्र) को बचाने के लिए उनके संरक्षक राजनीतिज्ञ चोटी–ऐढ़ी का जोर लगा देते हैं। भ्रष्टाचार में चतुर्थ श्रेणी कर्मचारी से लेकर एक आई.ए.एस. अधिकारी तक तथा जनप्रतिनिधियों में वार्ड पंच से लेकर देश के प्रधानमंत्री तक सभी लिप्त रहते हैं। जब कभी इन अधिकारियों के खिलाफ मामले उजागर होते हैं

तो येनकेन प्रकारेण इन्हें क्लीन चिट देकर निर्दोषी साबित करने में राजनीतिज्ञ कोई कसर नहीं छोड़ते। यह स्थिति न केवल ग्रामीण विकास कार्यों में होती है अपितु अन्य विभागों में भी यही स्थिति है। (भ्रष्टाचार के आरोपी कई अफसरों को 'बाइज्जत बरी' करने पर हाईकोर्ट, राज्य सरकार से कई बार जवाब–तलब कर चुका है। सरकार भी इन अफसरों को निर्दोष साबित करने के लिए पुरजोर कोशिश कर रही है।

तालिका संख्या–6.8
भ्रष्टाचार के मामले

वर्ष	ट्रैप केस	पदीय दुरूपयोग	आय से अधिक संपत्ति	कुल
1999	71	74	05	150
2000	88	265	12	365
2001	138	153	16	307
2002	172	82	04	258
2003	144	59	10	213
कुल	613	633	47	1293

(हाईकोर्ट में सरकार द्वारा दिए गए जवाब के अनुसार)
(स्रोतः दैनिक भास्कर, 13 जून, 2004)

हाईकोर्ट ने कहा था...............

7 जुलाई, 2003

'केन्द्र व राज्य सरकार द्वारा भ्रष्टाचार खत्म करने के लिए समय–समय पर किए गए वादे खोखले और भ्रामक ही नहीं बल्कि मुगालते में रखने वाले प्रतीत होते हैं। भ्रष्टाचार के आरोपी अफसरों के खिलाफ कार्रवाई पर इस तरह लीपा–पोती की जाती है, कि बिना कुछ बिगड़े उस अधिकारी से सेवानिवृत होने का रास्ता साफ हो जाए।

11 जुलाई 2003

'स्पष्ट है कि जिन अधिकारियों पर भ्रष्टाचार के गंभीर आरोप हैं, उनको सरकार येन–केन प्रकारेण बचाने की कार्रवाई कर अंततः बचाती है।

जिस तरह की मेहरबानियां सरकार अफसरों पर करती है वे भ्रष्टाचार को बढ़ावा देने वाली प्रतीत होती हैं।'

17 जुलाई 2003

'राज्य सरकार भ्रष्टाचार के आरोपी अपने आला अफसरों को इस तरह क्लीन चिट देती रही, तो भ्रष्टाचार पर लेश मात्र अंकुश लगाना भी मुमकिन नहीं होगा।'[23]

''आम जनता की सुविधाओं के लिए सांसद की अनुशंसा पर सांसद कोष से स्वीकृत की जाने वाली जनता की गाढ़ी कमाई के 30 लाख रूपये माउंट आबू में एक होटल की दूसरी मंजिल चढ़ाने में काम आ गए। जालोर के तत्कालीन सांसद और बिहार के राज्यपाल सरदार बूटा सिंह और राज्यसभा सदस्य प्रभा ठाकुर ने 'सार्वजनिक हित' के नाम पर 'एसआरपी इन' होटल के लिए सांसद कोटे से 10–10 लाख रूपए स्वीकृत कर दिए। इसके अलावा पूर्व मुख्यमंत्री अशोक गहलोत ने भी सांसद कोटे से 10 लाख रूपए दिए। सरकारी पैसे से हुए इस निर्माण से होटल संचालक जमकर लाभ कमा रहे हैं। नियम विरूद्ध यह राशि स्वीकृत करने वाले जिला कलक्टर सहित अन्य अधिकारियों का कोई बाल बांका नहीं कर सका। होटल के संचालकों ने उन्हें कागजों में होटल को धर्मशाला की विस्तार इकाई बता, इसकी एक और मंजिल चढ़ाने का झांसा देकर सांसद कोष से सहायता राशि ऐंठ ली। सांसदों को धर्मशाला संचालकों ने अपने आवेदन में धर्मशाला में दी जा रही सुविधाओं की तर्ज पर आम आदमी को 10 रू. में अलमारी, 25 रू. में डबल बेड़ का कमरा, 100 रू. में अटैच बाथरूम का तीन बैड का कमरा जैसी सुविधाऐं देने का झांसा दिया, जबकि वास्तविकता इसके विपरीत है। यहां कमरा प्रतिदिन 300 रू. में और सूइट 500 रू. में दिया जाता है।''[24]

''डांग क्षेत्र की ग्राम पंचायत नानपुर व महाराजपुरा के गांव सम्पर्क सड़क से नहीं जुड़ सके हैं। ऐसे में ग्रामीणों को पैदल ही सफर करना पड़ रहा है। इन दोनों ग्राम पंचायत के दर्जनों गांवों में सड़के नहीं हैं।''[25]

''सार्वजनिक निर्माण विभाग द्वारा मासलपुर से सकरघटरा सड़क मार्ग पर कराए जा रहे मरम्मत कार्य में घटिया सामग्री का उपयोग करने का आरोप लगाते हुए ग्रामीणों ने कलेक्टर को ज्ञापन प्रेषित किया है तथा मरम्मत कार्य की जांच कराने की मांग की।''[26]

"ग्रामीणों की शिकायत पर उपजिला कलेक्टर किशन सिंह वर्मा ने सोमवार को जटनंगला ग्राम पंचायत में विभिन्न निर्माण कार्यों का निरीक्षण किया। निरीक्षण में जटनंगला में हाल ही भरत लाल की बगीची से रामबाबू की दुकान तक हुए सीमेंटेड़ सड़क के निर्माण कार्य को कम गुणवत्ता वाला मानते हुए उपजिला कलेक्टर ने कनिष्ठ अभियंता को इस सड़क पर सीमेंट की एक परत और चढ़ाने के निर्देश दिए। इसके अलावा जटनंगला ग्राम पंचायत के गांव आलावाडा की ढाणी चिम्मनका पुरा में बनाई गई सड़क के 30 मीटर लम्बे टुकड़े को पुनः बनाने के निर्देश दिए।"[27]

"गांव तिघरिया के निवासी अनेक ग्रामीणों ने मुख्यमंत्री को पत्र भेजकर ग्राम पंचायत क्षेत्र में हुए निर्माण कार्यों की जांच सीआईडी से कराए जाने की मांग की है। ग्रामीणों ने ग्राम पंचायत द्वारा कराए गए निर्माण कार्यों में अनियमितताएं बरतने की बात कही।"[28]

"ग्राम पंचायत चिनायटा में सरपंच द्वारा कराए गए निर्माण कार्यों में अनियमितता बरतने की शिकायत कलेक्टर से की गई है। शिकायत की गई है कि सरपंच द्वारा इन्दिरा आवास के साथ आम रास्तों पर सड़कों का निर्माण कराते समय निर्धारित मापदण्डों का ध्यान नहीं रखा गया है।"[29]

"कस्वा शहर में ग्राम पचांयत द्वारा लाखों की लागत से बनाए गए कृषि सेवा केन्द्र भवन पिछले कई सालों से अनुपयोगी पड़े हैं। भवन में कोई भी ग्राम सेवक नहीं रह रहा है।"[30]

"प्रधानमंत्री ग्राम योजना में मकान निर्माण के लिए स्वीकृत नगद राशि और गेहूँ को हड़पने में ग्राम पचांयत करसौली के सरपंच व सचिव के खिलाफ एक व्यक्ति ने अदालत में इस्तगासा दायर किया।"[31]

"गांव करई के कैलाश यादव ने एसडीएम को ज्ञापन देकर ग्राम पचांयत द्वारा स्वीकृत सी.सी. रोड़ का निर्माण गलत रास्ते पर किए जाने की शिकायत की है। बताया कि गांव की जाटव बस्ती के लिए सरकार की योजना के तहत सी.सी. रोड़ स्वीकृत हुआ था, जिसे ग्राम पंचायत द्वारा उसकी निजी भूमि खाता सं. 119 में होकर बनाया जा रहा है।"[32]

"राशन डीलर की शिकायत ग्राम पंचायत पालनपुर के उचित मूल्य राशन डीलर के दुकान पर गेहूँ लेने आई बी.पी.एल. परिवार की एक विधवा महिला का राशन फाड़ दिया और उसे बिना गेहूँ दिए ही वहां से भगा दिया।"[33]

अनुभवमूलक अवलोकन

कई स्थानों पर स्वयं शोधकर्ता ने ग्राम सभा एवं वार्ड सभा की बैठकों में भाग लिया और पाया कि ग्राम सभा एवं वार्ड सभा की बैठकें केवल कागजी पूर्ति हैं। इनमें गणपूर्ति तो दूर की बात है स्वयं वार्ड पंच ही भाग नहीं लेते हैं। महिलाओं की उपस्थिति तो प्रायः नगण्य ही रहती है। कई स्थानों पर बैठकों में पाया गया कि जहां महिला सरपंच या उपसरपंच या वार्ड पंच हैं, उनमें उनके स्थान पर उनके पति या ससुर या देवर या जेठ आदि उपस्थित होकर उनके स्थान पर हस्ताक्षर करने से भी नहीं चूकते हैं। इर्न सब कार्यों में सरपंच एवं ग्राम सेवक सहपदेन सचिव मिल कर सारी औपचारिकताएं पूरी कर लेते हैं। कई स्थानों पर तो देखा गया कि ये बैठकें सरपंच के घर में बैठकर ही सारी खाना पूर्ति करली जाती है। कुछ स्थानों पर देखा गया कि यदि इन बैठकों में ग्रामीण जनता भाग भी लेती है तो इनकी बातों को अहमियत नहीं दी जाती है। ग्रामीण विकास कार्यों के निर्माण, क्रियान्वयन एवं विभिन्न निर्णयों में जनता की आवाज को सरपंच एवं ग्राम सचिव टालमटोल करके अपने मतानुसार लागू व क्रियान्वित करते हैं।

ग्रामीण विकास कार्यों के नाम से स्वीकृत विभिन्न प्रकार के लाभों जैसे कुओं, बावड़ियों, तालाबों, हैण्ड़पम्प, भवन, सड़क आदि के निर्माण कार्यों को सरपंच स्वहित को ध्यान में रखकर करवाते हैं। कई ग्राम पंचायतों में विकास के नाम पर खुदवाये गये कुएं, पानी पीने के लिए लगाए गए हैण्डपम्प तथा सार्वजनिक निर्माण के लिए निर्मित भवन सरंपच या उनके पारिवारिक सदस्यों की चार दीवारी के अन्दर हैं, जिनका उपयोग आम जनता न कर निजी उपयोग के लिए किया जा रहा है। इसके प्रमाण हेतु कुछ फोटोग्राफ आगे दिये गये हैं।

ग्राम पंचायत दानालपुर में इन्दिरा आवास के नाम से कई लोगों को आवास आवंटित हुए थे परन्तु उस दौरान सरपंच 1986–87 में पद पर पदासीन व्यक्ति ने उन आवासों पर अपने भाई को कब्जा दे रखा है। इन आवासों को आंवटन पट्‌टे आज भी उन ग्रामीण गरीब लोगों के पास हैं और इन लोगों ने इनके कब्जे हेतु अब तक रहे कई सरपंच, प्रधान, विकास अधिकारी, जिला कलेक्टर तक गुहार की परन्तु वही ढाक के तीन पात

साबित हुए। इनके वास्तविक मालिकों को उनका हक उच्च न्यायालय में याचिका लगाने के बाद भी आवंटन के 18 वर्ष बाद भी नहीं मिल पाया है।

प्रायः ग्राम पंचायतों में देखा गया कि विकास कार्यों को करवाने के लिए प्रत्येक वार्ड़ की आवश्यकताओं को ध्यान में न रखकर अपने पक्ष वाले पंचों अथवा प्रभुत्वशाली पंचों के वार्ड़ों में विकास कार्य करवा दिये जाते हैं। कई स्थानों पर वार्ड़ पंचों में चेतना का इतना अधिक अभाव देखा गया कि उनको ग्राम पंचायत में क्या हो रहा है, इसका ही पता नहीं रहता है। कई वार्ड पंच जो चालाक एवं चतुर, जागरूक प्रवृत्ति के होते हैं, वे सरंपच से अपना कमीशन लेकर ही हस्ताक्षर करने को तैयार होते हैं। ग्राम पचांयत की बैठकों हेतु वार्ड पंचों को दैनिक भत्ता दिया जाता है, इसकी जानकारी भी कई वार्ड पंचों को नहीं है और यदि है भी तो उनको दिया ही नहीं जाता है।

ग्रामीण विकास के निर्माण कार्यों में एक बात उभरकर सामने आयी कि इन निर्माण कार्यों में उपयोग होने वाले वाहनों जैसे ट्रेक्टर–ट्रोली आदि स्वयं जनप्रतिनिधियों के होते हैं और इनके उपयोग के फेरे, किराया, माल, वजन आदि में हेर फेर करके काफी राशि को गलत तरीके से प्राप्त कर लेते हैं।

पंचायत समिति हिण्डौन में खण्ड़ विकास अधिकारी के साथ ग्राम सेवक सह पदेन सचिव के साथ होने वाली बैठकों में देखा गया कि इनके कार्य करने के तरीके बहुत पुराने हैं। विकास अधिकारी ने ग्राम सचिवों से विकास पंजिकाओं के बारे में पूछा तो उन्होंने प्रपत्र के बारे में पूछना शुरू कर दिया था, इसके बाद विकास अधिकारी ने उनसे प्रपत्र 1 वर्ष पूर्व दिये जाने की बात कही। अर्थात् कार्यक्रमों के अन्तर्गत स्वीकृत–व्यय राशि, स्थिति आदि के बारे में जानकारी एकत्रित करने के प्रपत्र स्वयं ग्राम सचिवों को हाथ से बनाने पड़ते हैं और जिनकी खानापूर्ति कर ये पंचायत समिति कार्यालय में जमा करवा देते हैं। हमारे देश में विज्ञान एवं प्रौद्योगिकी के विकास के बावजूद पंचायती राज की त्रिस्तरीय व्यवस्था के मध्यवर्ती स्तर एवं ग्राम पंचायत स्तर पूर्णतः अछूते हैं। पंचायत समिति स्तर पर कार्य प्रणाली अभी पुराने ढर्रे पर कार्यरत है, न तो कार्यालय में कम्प्यूटर हैं और न ही अन्य मशीनें जिससे पारदर्शिता एवं जबावदेयता निश्चित की जा सके।

ग्राम सेवक सह पेदन सचिवों के साथ विकास अधिकारी की बैठक में पूर्व वाले निर्देशों की पालना में जानना चाहा और किन्हीं कागजों पर सरपंच के हस्ताक्षर करवा कर लाने को कहा था। तो ग्राम सचिवों का जबाव था कि साहब पहले ग्राम पंचायत जायेंगे और सरपंच साहब मिलेंगे तो हस्ताक्षर करवा कर ले आयेंगे, समय तो लगेगा ही। विकास अधिकारी ने प्रतिक्रिया व्यक्त करते हुए कहा कि मैं सब जानता हूँ कोई दांये हाथ से मांड कर लायेगा और कोई बांये हाथ से। अतः स्पष्ट है कि कार्मिक वर्ग जनप्रतिनिधियों की साठ गांठ के कारण बिना किसी आपत्ति के आवश्यक होने पर हस्ताक्षर कर लेते हैं।

ग्रामीण विकासकार्यों की राशि के बारे में विकास अधिकारी निर्देश देते हैं कि यदि स्वीकृत राशि में से निर्माण कार्यों को पूरा करने के पश्चात् 5000–6000 रू शेष बच जाते हैं तो इसे शेष मत छोड़ों कार्य करवा कर पूरा करो। इसके प्रत्युत्तर में सचिव बोलते हैं कि कुछ राशि और स्वीकृत हो जाये तो उसमें समाहित करके कोई कार्य किया जा सकता है।

ग्राम सचिवों की विकास अधिकारी के साथ बैठक में देखा गया कि अधिकांश ग्राम सचिव इन बठैकों की महत्वत्ता नहीं समझते और बीच–बीच में बातों को मजाक में टाल जाते हैं। इनमें अनुशासनहीनता स्पष्ट रूप से देखी गयी। एक ग्राम सचिव तो विकास अधिकारी के सामने गुस्सा से बोला कि उपस्थित रजिस्टर कहां है? मैं तीन घंटे से इतंजार कर रहा हूँ। मैं तो अनुपस्थित ही जा रहा हूँ। जबकि बैठक को प्रारम्भ हुए 1 घंटे से भी अधिक समय नहीं हुआ था।

ग्राम सचिवों की विकास अधिकारी के साथ बैठक के दौरान एक मामला सबको चकित करने वाला था परन्तु उन लोगों के लिए तो वह आम बात थी। एक बुजुर्ग महिला विकास अधिकारी के पास कोई शिकायत लेकर आयी जिसका उनको पता था और कहने लगी साहब 3000 – 5000 रू मांग रहे हैं तब विकास अधिकारी ने महिला को सम्बल प्रदान करने की अपेक्षा कह दिया कि हमारा काम कर दिया। अब आप पुलिस में रिपोर्ट करो और यह सुन कर वह महिला निराश होकर चली गयी। ऐसे मामलों से स्पष्ट होता है कि ग्रामीण विकास कार्यक्रमों का गरीब जनता से कोई वास्ता ही नहीं है। गरीब ग्रामीण जनता की न तो कार्मिक तन्त्र सुनता है और न ही जनप्रतिनिधि।

पंचायत समिति कार्यालय में जब मैं 16 नवम्बर 2004 को शोध से संबंधित कार्य से गया हुआ था, पंचायत समिति में कार्यरत कर्मचारी किसी योजनान्तर्गत लाभार्थी के सम्बन्ध में चर्चा कर रहे थे। वह व्यक्ति पूर्व में भी ऐसी ही किसी योजना का लाभ प्राप्त कर चुका था और वह पुनः लाभ लेना चाहता था। कर्मचारी उसको पुनः लाभान्वित करने के लिए अलाभाविन्त होने का प्रमाण–पत्र बनाकर लाभान्वित करना चाहते थे। मैंने जब इस सम्बन्ध में जानना चाहा तो वे इसे टाल गये। बाद में दोनों कर्मचारी कह रहे थे कि विकास अधिकारी साहब को पता चलेगा तो कागज ही बदल देंगे ये अपने कार्यालय का तथा अपने हाथ का ही तो काम है।

एक दिन पंचायत समिति कार्यालय में जब मैं पंचायत प्रसार अधिकारी से शोध से सम्बन्धित जानकारी प्राप्त कर रहा था तो किसी ग्राम पंचायत का एक सरपंच आया और उसने वृद्धावस्था पेंशन के फार्मों को प्रसार अधिकारी से मांगा। चूंकि ये क्षेत्र के प्रभावशाली एवं राजनीतिक पंहुच रखने वाले व्यक्ति थे इसलिए उन्हें सभी आवेदन पत्र सौंप दिये गये। उन आवेदन–पत्रों में से अपने से सम्बिन्धित निकाल कर उल्टे सीधे रख दिये और प्रसार अधिकारी को इन आवेदन पत्र वाले व्यक्तियों को शीघ्र वृद्धावस्था पेंशन उपलब्ध कराने के लिए कहा। प्रसार अधिकारी महोदय के समक्ष हां करने के अलावा कोई विकल्प मौजूद नहीं था।

पंचायत समिति कार्यालय में भवन का निर्माण पारदर्शिता, जबावदेयता, सरल एवं शीघ्र कार्य करने के हिसाब से नहीं किया गया है। पंचायत समिति कार्यालय का जो पुराना भाग है वह तो वर्षात् के दिनों में जल महल बन जाता है।

पंचायत समिति कार्यालय में कर्मचारी तन्त्र ग्रामीण जनता के साथ सहायता एवं सलाहकारी भूमिका नहीं निभाता है। अधिकतर ग्रामीण किसान निरक्षर एवं नियमों से अनभिज्ञ होने के कारण खासी परेशानी उठाते हैं। इस हेतु स्वागतकर्त्ता कक्ष मय पूछताछ कार्यालय का नितान्त अभाव है।

ग्राम पंचायत कार्यालय में नियमित रूप से न ग्राम सेवक सह पदेन सचिव उपस्थित रहते हैं और न ही सरपंच। पंचायत समिति कार्यालय में भी प्रधान महोदया नियमित रूप से न बैठकर कभी कभार बैठती हैं। पंचायत समिति सदस्यों की बैठकें भी नियमित रूप से नहीं हो पाती हैं।

पंचायत समिति हिण्डौन में ग्रामीण विकास कार्यक्रमों की उपब्धियाँ : एक विश्लेषण

हिण्डौन पंचायत समिति में केन्द्र प्रवर्तित एवं राज्य प्रवर्तित ग्रामीण विकास योजनाऐं क्रियान्वित हैं। जिला ग्रामीण विकास अभिकरण करौली के अधीन सभी योजनाऐं प्राप्त दिशा निर्देशों के अनुसार क्रियान्वित किये जाने का प्रावधान है। विभिन्न ग्रामीण विकास योजनाओं की स्थिति को यहाँ विश्लेषित किया जा रहा है–

वर्ष 1996–97 के दौरान जिला ग्रामीण विकास अभिकरण योजनाओं में इन्दिरा आवास, जीवनधारा, शाला निर्माण, माडा (गैर आवास), जे.आर. वाई.–द्वितीय, जे.आर.वाई. 20 प्रतिशत, सांसद, अपना गॉव अपना काम, डांग क्षेत्र, बत्तीस जिला बत्तीस काम, निर्बन्ध राशि, ग्रामीण विकास केन्द्र, में क्रमशः 22,57900 रू., शून्य, शून्य, शून्य, 86305 रू., 740187 रू., 1816423 रू., 20000 रू., 299952 रू. , 289847 रू., 267089 रू., शून्य, रूपये व्यय किये गये।

वर्ष 1997–98 में डी.आर.डी.ए. द्वारा संचालित योजनाओं में क्रमशः इन्द्रा आवास में शून्य, जीवनधारा में 33456 रू., अनुसूचित जाति वित्त निगम में 537610 रू., शिल्पीशाला, 1,48765 रू., दुकान निर्माण में शून्य, कार्यशाला में 487600 रू., अपना गाँव अपना काम में 1591252 रू., ग्रामीण विकास केन्द्र में 143514 रू., सांसद योजना में शून्य, आश्वासित योजना में 207432 रूपये व्यय किये गये।

वर्ष 1998–99 के दौरान जीवनधारा में 33456 रू, कार्यशाला में 270000 रू. अपना गांव अपना काम में 764898 रू. व्यय किये गये शेष राशि अन्य प्रकार के खर्चों में व्यय हुई।

वर्ष 1999–2000 के दौरान जीवनधारा में 33456 रू. अपना गाँव अपना काम में 1553521 रू. मरम्मत में 24100 रू, ग्रामीण विकास केन्द्र में 9351400 रू., आश्वासित योजना में 800927 रू. तथा निर्बन्ध राशि योजना में 245632 रू. खर्च किये गये।

वर्ष 2000–2001 के दौरान आवास अनुदान में 153400 रू. जवाहर योजना में 121813 रू., अन्य ग्रामीण विकास आयोजना भिन्न में 2576802 रू., अन्य ग्रामीण विकास आयोजना 1778556 रू. जिला ग्रामीण विकास

अभिकरण में 3173175 रू. अकाल राहत एवं अन्य में 4500 रू., डी.आर.डी. ए. द्वारा संचालित ग्रामीण विकास योजनाओं में इन्द्रा आवास में 34400 रू. , कार्यशाला में 21000 रू. अपग्रेडेशन में 125000 रू., जवाहर रोजगार योजना 20 प्रतिशत में 349943, प्रथम धारा 15 प्रतिशत मे 97995 रू. जवाहर रोजगार योजना 20 प्रतिशत में 349943, प्रथम धारा 15 प्रतिशत में 97995 रू. सांसद योजना में 73500 रू. आश्वासित योजना में 1796411 रू. तथा निर्बन्ध योजना में 201004 रू. व्यय किये गये। वर्ष 2003–04 की अवधि में जिला ग्रामीण विकास अभिकरण द्वारा संचालित योजनाऐं जो पंचायत समिति हिण्डौन में संचालित थी, तिमाही में इन्द्रा आवास में 21600 रू. अपग्रेडेशन में 40,000 रू. कार्यशाला में 137400 रू. विद्युतीकरण में 323880 रू. आंगनबाडी केन्द्र में 89750 रू. आश्वासित रोजगार योजना में 80024 रू., निर्बन्ध योजना में 13520 रू, विधायक कोष में 333720 रू. स्वर्ण जयन्ती ग्राम स्वरोजगार योजना में 19872 रू., एस.जी.आर.वाई 30 प्रतिशत में 7124241 रू. व्यय किये गये।

वर्ष 2004–05 की मध्यावधि में जवाहर रोजगार योजन में 177425 रू. माडा योजना में 50,000 रू तथा डी.आर.डी.ए. द्वारा संचालित योजनाओं में इन्द्रा आवास 15000 रू. कार्यशाला में 57800 रू, विद्युतीकरण में 835686 रू., आंगनबाडी केन्द्र 550000 रू, ग्रामीण विकास केन्द्र में 93514 रू., विधायक कोष में 494458 रू. स्वर्णजयन्ती स्वरोजगार मे 15300 रू., सम्पूर्ण ग्रामीण रोजगार योजना 30 प्रतिशत व प्रथम धारा में 3119878 रू. खर्च किये गये।

सन्दर्भ

1. ग्रामीण कार्य निर्देशिका–2004, ग्रामीण विकास एवं पंचायती राज विभाग, राजस्थान सरकार, 2004, पृष्ठ–1.
2. उपर्युक्त, पृष्ठ–4
3. राजस्थान पत्रिका, *'चुनो–चुनो सिखाया, फिर अंगूठा दिखाया,'* जयपुर, 29 सितम्बर, 2004
4. राजस्थान पत्रिका, *'मोर नाचे तो पैरों को देख रोए,'* जयपुर, 14 अक्टूबर, 2004
5. उपयुर्क्त, *'चाबी घुमाए सरकार, नाम के अधिकार,'* जयपुर, 9 अक्टूबर, 2004

6. उपयुक्तं, *'कमेटियां खूब बनी, नतीजे ढाक के तीन पात'*, जयपुर, 8 अक्टूबर, 2004
7. भागीरथ शर्मा, राजस्थान पत्रिका, *'विकास के रथ को यह क्या हुआ ?* (बापू के ग्राम स्वराज का सपना कब होगा साकार)' जयपुर, 2 फरवरी, 2005
8. राजस्थान पत्रिका, *'बातें खूब, काम से कोसों दूर'*, जयपुर, 17 मार्च, 2005
9. राजस्थान पत्रिका *'खानापूर्ति बन कर रह गई ग्राम सभांए'*, जयपुर, 6 अक्टूबर, 2004
10. जनक सिंह मीणा *'राजस्थान ग्रामीण विकास विभाग : संगठन एवं कार्य प्रणाली,'* अप्रकाशित लघु शोध ग्रन्थ, राजनीति विज्ञान, राजस्थान विश्वविद्यालय, जयपुर, 2003-04, पृष्ठ-100
11. राजस्थान पत्रिका, *'घूंघट में है सरपंच'*, जयपुर, 3 अक्टूबर, 2004
12. राजस्थान पत्रिका, *'गरीबी, गंवारूपन और गुलामी से ऊपर नहीं उठे गांव'*, जयपुर 30 सितम्बर, 2004
13. राजस्थान पत्रिका, *'कैसे होगा पंचायती राज मजबूत'*, जयपुर, 30 सितम्बर, 2004
14. राजस्थान पत्रिका, *'नए मेहमान ने कुर्सी छीनी,'* जयपुर, 25 दिसम्बर 2004
15. उपर्युक्त, *'गावों के सत्ताधारी भी घपलों में पीछे नहीं,'* जयपुर, 11 अप्रेल, 2004
16. उपर्युक्त, *'ग्रामीण विकास योजनाओं का सही क्रियान्वयन नहीं,'* जयपुर, 10 अक्टूबर, 2004
17. दैनिक भास्कर, *'सबसे भ्रष्ट पंचायती राज, राजस्व का दूसरा स्थान,'* जयपुर, 14 दिसम्बर, 2004
18. राजस्थान पत्रिका, *'भ्रष्टाचार के 'नासूर' से मिली बदनामी,'* जयपुर, 14 जनवरी, 2005
19. उपर्युक्त, *'कागजों में निर्माण, हवा में मरम्मत'*, जयपुर, 8 दिसम्बर, 2005
20. उपुर्यक्त, *'ग्रामीण विकास - सिर्फ कागजों में,'* जयपुर, 8 नवम्बर, 2003

21. उपुर्यक्त, *'चुनाव प्रणाली ने पनपाया भ्रष्टाचार'*, जयपुर, 5 अक्टूबर, 2004

22. उपर्युक्त, *'गरीबी का मूल कारण भ्रष्टाचार-शेखावत,'* जयपुर, 5 अक्टूबर, 2004

23. दैनिक भास्कर, *'अफसर फंसते हैं, सरकार बचा लेती है,* जयपुर, 13 जून, 2004

24. राजस्थान पत्रिका, *'सांसद कोष से चढ़ी होटल की मंजिल,'* जयपुर, 25 जुलाई, 2005

25. करौली-हिण्डौन भास्कर, *'दर्जनों गांवों में सड़कें नहीं,'* 15 नवम्बर, 2004

26. उपर्युक्त, *'सड़क मरम्मत में धांधली का आरोप,* जांच की जाएं, 7 नवम्बर, 2004

27. उपर्युक्त, *'तीस मीटर सड़क दोबारा बनाने के निर्देश,* '14 दिसम्बर, 2004

28. उपुर्यक्त, *'निर्माण कार्यो की जांच सी.आई.डी. से कराई जाए',* 3 नवम्बर, 2004

29. उपर्युक्त, *'निर्माण कार्यों की जांच कराई जाए,'* 3 नवम्बर, 2004

30. उपर्युक्त, *'अनुपयोगी पड़े हैं सरकारी क्वार्टर,'* 12 नवम्बर, 2004

31. उपर्युक्त, *'सरपंच व सचिव के खिलाफ इस्तगासा,'* 19 नवम्बर, 2004

32. उपर्युक्त, *'गलत सड़क निर्माण को लेकर शिकायत,'* 23 नवम्बर, 2004

33. उपर्युक्त, *'गेहूँ लेने पहुंची विधवा का कार्ड फाड़ा,'* 25 नवम्बर, 2004

7

ग्रामीण विकास कार्यक्रमों का निष्पादन : एक अनुभवमूलक अध्ययन

पंचायती राज प्रणाली की त्रिस्तरीय व्यवस्था के मध्यम स्तर (पंचायत समिति) ग्रामीण विकास कार्यक्रमों के निर्धारित उद्देश्यों को प्राप्त कर पाने में कितनी सफल रही है, इस जिज्ञासा की पूर्ति के लिए क्षेत्रीय अनुभवमूलक अध्ययन अपरिहार्य हो जाता है ताकि यह सुनिश्चित किया जा सके कि सरकार व पंचायती राज संस्थाओं द्वारा नियोजित विकास के अन्तर्गत किये गए प्रयास गांवों तथा गांव वासियों को कितना लाभान्वित कर पाए हैं।

प्रस्तुत शोध में पंचायत समिति हिण्डौन (जिला करौली) में संचालित ग्रामीण विकास कार्यक्रम/योजनाओं के संचालन से सम्बन्धित अनुभवमूलक एवं अवलोकनात्मक अध्ययन किया गया है। इस शोध के अन्तर्गत पंचायत समिति के प्रशासन तन्त्र (जिसमें खण्ड विकास अधिकारी, प्रसार अधिकारी एवं अन्य कार्मिकों के साथ–साथ ग्राम पंचायतों में नियुक्त ग्राम सेवक सह पदेन सचिव),पंचायत समिति प्रधान, पंचायत समिति सदस्यों, ग्राम सरपंचों व वार्ड पंचों तथा पंचायत समिति की आम ग्रामीण जनता से अनुभवमूलक अध्ययन हेतु साक्षात्कार अनुसूची भरवाई गई।

ग्राम पंचायतों का चयन – पंचायत समिति, हिण्डौन में कुल 51 ग्राम पंचायतें हैं। अनुभवमूलक क्षेत्रीय अध्ययन के लिए इनमें से 20 ग्राम पंचायतों का चयन प्रायिकता (सम्भावना) निदर्शन (Probability Sampling) की दैव या यादृच्छित निदर्शन (Random Sampling) की लॉटरी विधि (Lottery Method) को अपनाया है।

इस अध्ययन में पंचायत समिति के अन्तर्गत क्रियान्वित केन्द्र प्रवर्तित, राज्य प्रवर्तित एवं बाह्य सहायता प्राप्त योजनाओं को सम्मिलित किया गया है। इस पंचायत समिति को अध्ययन के लिये चयन का कारण है कि यह पंचायत समिति राजस्थान में पंचायती राज व्यवस्था के शुभारम्भ के साथ ही गठित कर दी गई। दूसरा करौली जिला राजस्थान का 32 वां जिला है जो कि विकास की प्रतीक्षा में है। इस पंचायत समिति के अन्तर्गत 51 ग्राम पंचायतों में से 10 ग्राम पंचायतें डांग क्षेत्र के अन्तर्गत आती हैं। यह पंचायत समिति अनुसूचित जाति/जनजाति एवं अन्य पिछड़ी जाति बाहुल्य है और ग्रामीण विकास में काफी पिछड़ी हुई है तथा इस क्षेत्र का अध्ययन अब तक अछूता रहा है।

क्षेत्रीय अनुभवमूलक अध्ययन के लिये चयनित 20 ग्राम पंचायतें निम्न सारणी में दी जा रही हैं–

सारणी संख्या 7.1
ग्राम पंचायतों के नाम

1. अलीपुरा	2. इरनिया
3. कोटरी	4. कांचरौली
5. खेडी हैवत	6. गांवड़ा मीना
7. चांदन गांव	8. गांवड़ी मीना
9. जगर	10. दानालपुर
11. टोडूपुरा	12. ढ़हरा
13. फुलवाडा	14. बझेड़ा
15. महु इब्राहिमपुर	16. मण्डावरा
17. विजयपुरा	18. सिकरौदा
19. सूरौठ	20. हुक्मीखेड़ा

अध्ययन हेतु उत्तरदाताओं का चयन : समग्र क्षेत्र की 20 ग्राम पंचायतों में अध्ययन के दौरान मौके पर एवं विशेष अवसरों जैसे वार्ड सभा/ग्राम सभा की बैठकों, प्रशासन गांवों की ओर अभियान जैसे अवसरों पर बिना किसी पूर्वाग्रह के लोगों से साक्षात्कार अनुसूची भरवाई गई।

पंचायत समिति हिण्डौन का मानचित्र

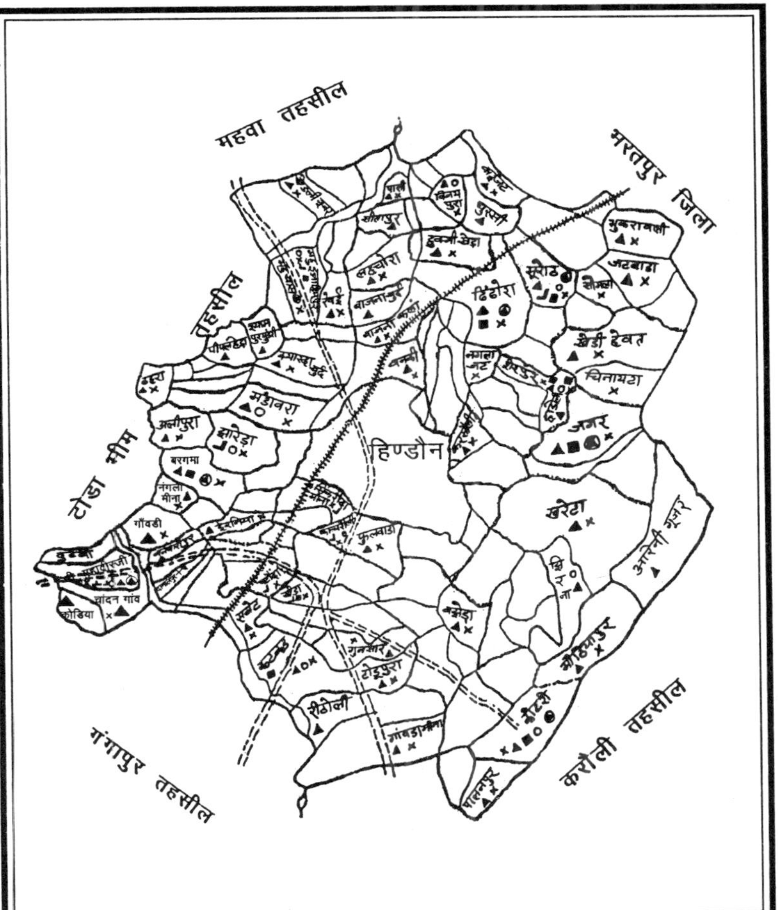

प्रशासन तंत्र से साक्षात्कार प्रश्नावली पंचायत समिति कार्यालय पर ही भरवाई गई। ग्राम सचिवों की बैठकों में भी अवलोकनात्मक अध्ययन किया गया। जनप्रतिनिधियों में जिला प्रमुख, जिला परिषद् सदस्य, प्रधान, उप–प्रधान, पंचायत समिति सदस्य, सरपंच एवं वार्ड पंचों से साक्षात्कार अनुसूची उनके ग्राम पंचायतों, पंचायत समिति कार्यालयों पर भरवाई गई।

इस अध्ययन में आम जनता से प्रतिक्रिया जानने हेतु 250 साक्षात्कार अनुसूची, जनप्रतिनिधियों की प्रतिक्रिया जानने हेतु 100 साक्षात्कार अनुसूची तथा प्रशासन तन्त्र एवं कार्मिक वर्ग से 50 साक्षात्कार प्रश्नावली भरवाई गई।

आम जनप्रतिक्रिया वाले उत्तरदाताओं की आयु एवं लिंग

सारणी संख्या 7.2

क्र.सं.	आयु वर्ग (वर्षों में)	उत्तरदाता	महिलाऐं	पुरुष	प्रतिशत
1.	18 – 25	49	22	27	19.6
2.	25 – 35	76	30	46	30.4
3.	35 – 45	62	27	35	24.8
4.	45 – 55	38	16	22	15.2
5.	55 वर्ष से अधिक	25	15	10	10.0
	योग	250	110	140	100.00

सारणी में दर्शाये गये आंकड़ों के अनुसार सर्वाधिक उत्तरदाता 25–35 वर्ष की आयु के हैं। परिपक्व आयु वर्ग के लोगों का 40 प्रतिशत है तथा प्रौढ़ उत्तरदाताओं का प्रतिशत 10 है। अध्ययन में सम्मिलित सभी उत्तरदाता 18 वर्ष की आयु से अधिक हैं अतः वयस्क उत्तरदाताओं के होने से अध्ययन अधिक विश्वसनीय होगा।

उत्तरदाताओं का शैक्षिक स्तर – शिक्षा मानव जीवन में बहुत महत्वपूर्ण भूमिका निभाती है। राजस्थान में साक्षरता का प्रतिशत खास कर ग्रामीण क्षेत्रों में काफी कम है और महिला साक्षरता तो बहुत ही कम है। यहां

हिण्डौन पंचायत समिति के उत्तरदाताओं के शैक्षणिक स्तर को निम्न सारणी में दर्शाया गया है–

उत्तरदाताओं का शैक्षणिक स्तर

सारणी संख्या 7.3

क्र.सं.	शैक्षणिक स्तर	उत्तरदाता	प्रतिशत
1.	निरक्षर	72	28.8
2.	प्राथमिक	22	08.8
3.	उच्च प्राथमिक	31	12.4
4.	माध्यमिक	45	18.0
5.	उच्च माध्यमिक	38	15.2
6.	स्नातक तथा उच्च	42	16.8
	योग	250	100

इन आंकड़ों से स्पष्ट है कि अधिकतर उत्तरदाता साक्षर हैं। इनमें से दसवीं या उच्च शैक्षणिक योग्यता रखने वालों का प्रतिशत 50 है जबकि निरक्षर उत्तरदाताओं की संख्या 28.8 प्रतिशत ही है। शोध के बेहतर परिणामों को ध्यान में रख कर अधिकतर साक्षर उत्तरदाताओं से सम्पर्क किया गया है।

आम जनता की प्रतिक्रिया

पंचायत समिति में क्रियान्वित ग्रामीण विकास कार्यक्रमों से सम्बन्धित जनता की प्रतिक्रिया जानने के लिए पंचायत समिति की 51 ग्राम पंचायतों में से 20 ग्राम पंचायतों का चयन किया गया है। इसमें समग्र के समावेश के लिए इन्हें दैव निदर्शन (Random Sampling) की लॉटरी विधि से चुना गया है। क्षेत्रीय अध्ययन में अनुसंधानकर्ता ने स्वयं इन ग्राम पंचायतों, पंचायत समिति कार्यालय में प्रत्यक्ष रूप से वार्तालाप, अवलोकन तथा प्रश्नावली के माध्यम से उत्तर प्राप्त किये हैं।

1. नागरिकों में ग्रामीण विकास कार्यक्रमों तथा स्थानीय प्रशासन की सामान्य जानकारी :

सारणी संख्या 7.4 (250 उत्तरदाताओं के जवाब)

क्र.सं.	सामान्य जानकारी	जानकारी रखने वाले	प्रतिशत	जानकारी नहीं रखने वाले	प्रतिशत
1.	सरपंच	206	82.4	44	17.6
2.	उप सरंपच	118	47.2	132	52.8
3.	ग्रामसेवक सहपदेनसचिव	123	49.2	127	50.8
4.	ग्राम पंचायत कार्यालय	192	76.8	58	23.2
5.	ग्राम पंचायत के कुल वार्ड	90	36.8	160	64.0
6.	पंचायत समिति कार्यालय	125	50.0	125	50.0
7.	पंचायत समिति का मुख्य प्रशासनिक अधिकारी	107	42.8	143	57.2
8.	प्रधान (पंचायत समिति)	82	32.8	168	67.2
9.	जिला प्रमुख	152	60.8	98	39.2
10.	उप जिला प्रमुख	45	18.0	205	82.0

ग्रामीण विकास कार्यक्रमों से जुड़े विविध घटकों में जनता से पूछा गया जिसमें 250 उत्तरदाताओं को सम्मिलित किया गया। इनमें से सरपंच का नाम पूछने पर 82.4 प्रतिशत उत्तरदाताओं ने सही जवाब दिये और 17.6 प्रतिशतों को इसकी जानकारी ही नहीं थी। उपसरपंच के सम्बन्ध में जानकारी रखने वाले उत्तरदाता केवल 47.2 प्रतिशत थे जबकि 52.8 प्रतिशत उत्तरदाताओं को इसकी जानकारी नहीं थी। ग्राम सेवक सह पदेन सचिव की जानकारी रखने वाली जनता का 49.2 प्रतिशत जबकि नहीं जानने वाली जनता 50.8 प्रतिशत थी। ग्राम पंचायत कार्यालय की 76.8 प्रतिशत, ग्राम पंचायत के कुल वार्डों की 36.8 प्रतिशत, पंचायत समिति कार्यालय 50.0 प्रतिशत, पंचायत समिति के मुख्य प्रशासनिक अधिकारी 42.8, प्रधान पंचायत समिति 32.8, जिला प्रमुख 60.8 तथा उपजिला प्रमुख की जानकारी रखने वालों का प्रतिशत 18.0 प्रतिशत रहा। इन उत्तरदाताओं की प्रतिक्रिया से जो तथ्य उभर कर सामने आये हैं उनमें हैं – ग्रामीण जनता में

ग्रामीण विकास तन्त्र के स्थानीय कार्मिकों, जनप्रतिनिधियों एवं सम्बन्धित मुख्यालयों जैसी सामान्य जानकारी का अभाव है। ग्रामीण जनता में सामान्य जानकारी के अभाव में इनसे जनसहभागिता एवं विकास की उम्मीद करना बेमानी होगी।

2. जनप्रतिनिधियों में ग्रामीण विकास कार्यक्रमों से सम्बन्धित जानकारीः

सारणी संख्या - 7.5 (उत्तरदाता-100)

क्र.सं.	सामान्य जानकारी	जानकारी रखने वाले	%	जानकारी नहीं रखने वाले	%
1.	ग्राम पंचायतों की संख्या	58	58.0	42	42.0
2.	पंचायत समिति में कुल गांव	05	05.0	95	95.0
3.	पंचायत समिति कार्यालय	69	69.0	31	31.0
4.	ग्रामीण जनसंख्या का %	03	03.0	97	97.0
5.	जिला ग्रामीण विकास अभिकरण का अध्यक्ष	47	47.0	53	53.0
6.	पंचायत समिति का मुख्य प्रशासनिक अधिकारी	63	63.0	37	37.0
7.	पंचायत समिति सदस्य संख्या	51	51.0	49	49.0
8.	प्रधान	56	56.0	44	44.0
9.	उप प्रधान	15	15.0	85	85.0
10.	जिला प्रमुख	87	87.0	13	13.0
11.	ग्रामीण कार्य निर्देशिका	27	27.0	73	73.0

स्थानीय पंचायती राज संस्थाओं के जनप्रतिनिधि स्थानीय जनता के विकास के दूत माने जाते हैं। जनता के विकास हेतु स्थानीय स्तर पर नीति निर्माण, निर्णयन एवं क्रियान्वयन का उत्तरदायित्व इन्हीं का होता है। जनप्रतिनिधियों से ग्रामीण विकास के विविध पहलुओं के बारे में शोधकर्ता ने जानने का प्रयास किया है जिनमें पंचायत समिति में ग्राम पंचायतों की संख्या की जानकारी रखने वाले 58 प्रतिशत, पंचायत समिति में कुल गांवों की संख्या 05.0 प्रतिशत, पंचायत समिति कार्यालय 69.0 प्रतिशत, ग्रामीण

जनसंख्या का प्रतिशत 3.0 प्रतिशत, डी.आर.डी.ए. अध्यक्ष 47.0 प्रतिशत, पंचायत समिति का मुख्य प्रशासनिक अधिकारी 63.0 प्रतिशत, पंचायत समिति सदस्य संख्या 51.0 प्रतिशत, प्रधान 56.0 प्रतिशत, उपप्रधान 15.0 प्रतिशत, जिला प्रमुख 87.0 प्रतिशत तथा ग्रामीण कार्य निर्देशिका की जानकारी रखने वालों में 27.0 प्रतिशत हैं।

इससे स्पष्ट है कि ग्रामीण संस्थाओं से सम्बन्धित सामान्य जानकारी का जनप्रतिनिधियों में अभाव है। जब ग्रामीण विकास के कर्णधार ही सामान्य जानकारी से अनभिज्ञ हैं तो इनसे कैसे विकास की कल्पना की जा सकती है। विभिन्न ग्रामीण विकास कार्यक्रमों के लिए नीति, निर्णयन एवं क्रियान्वयन तो काफी तकनीकी बातें हैं और इस हेतु परिपक्व, सचेत, जागरूक जनप्रतिनिधियों की आवश्यकता है।

नव निर्वाचित जनप्रतिनिधियों को सामान्य लघु अवधि का प्रशिक्षण दिया जाना चाहिए तथा समय–समय पर इनके कर्त्तव्य, अधिकार एवं विकास कार्यक्रमों के विषय में व्याख्यान, संगोष्ठियों का आयोजन किया जाना चाहिए।

3. कार्मिक वर्ग में ग्रामीण विकास से सम्बन्धित सामान्य जानकारी

सारणी संख्या 7.6 (उत्तरदाता–50)

क्र.सं.	सामान्य जानकारी	जानकारी रखने वाले	%	जानकारी नहीं रखने वाले	%
1.	ग्राम पंचायतों की संख्या	50	100	–	00
2.	पंचायत समिति में कुल गांव	05	10	45	90
3.	पंचायत समिति की जनसंख्या	01	02	49	98
4.	पंचायत समिति में ग्रामीण जनसंख्या का प्रतिशत	03	06	47	94
5.	बी.पी.एल. परिवारों के चयन के मापदण्ड	10	20	40	80
6.	बी.पी.एल. परिवारों का %	00	00	50	100
7.	पंचायत समिति में साक्षरता %	02	04	48	96
8.	संचालित ग्रामीण विकास कार्यक्रम	28	56	22	44
9.	ग्रामीण कार्य निर्देशिका	25	50	25	50

पंचायत समिति कार्यालय एवं पंचायत समिति क्षेत्र में कार्यरत ग्रामसेवक सह पदेन सचिवों सहित कार्मिक तन्त्र में सामान्य जानकारी के स्तर का पता लगाने के लिए कुछ प्रश्न पूछे गये। पंचायत समिति में ग्राम पंचायतों की संख्या की जानकारी शत प्रतिशत कर्मचारियों को थी परन्तु पंचायत समिति में गांवों की संख्या केवल 10 प्रतिशत, पं. समिति की जनंसख्या 2 प्रतिशत, पंचायत समिति में ग्रामीण जनसंख्या का प्रतिशत की जानकारी केवल 6 प्रतिशत, बी.पी.एल. परिवारों के चयन के मापदण्ड 20 प्रतिशत को, बी.पी.एल. परिवारों के प्रतिशत की जानकारी रखने वालों का प्रतिशत शून्य, साक्षरता प्रतिशत की 4 प्रतिशत को, ग्रामीण विकास कार्यक्रमों की 56 प्रतिशत को तथा ग्रामीण कार्य निर्देशिका की जानकारी रखने वालों का प्रतिशत 50 था। इससे साफ जाहिर है कि पंचायत समिति में कार्यरत कार्मिक तन्त्र ही सामान्य जानकारी से अनभिज्ञ है तो फिर जनता और जनप्रतिनिधियों से उम्मीद करना तो दूर की बात है।

जनता, जनप्रतिनिधियों और कर्मचारी तन्त्र का अभिमत

राज्य में ग्रामीण विकास कार्यक्रमों में केन्द्र प्रवर्तित, राज्य प्रवर्तित एवं बाह्य सहायता प्राप्त कार्यक्रम ग्रामीण विकास विभाग द्वारा संचालित किये जा रहे हैं। इन कार्यक्रमों की संख्या में निरन्तर परिवर्तन होता रहता है तथा राज्य में सत्ता परिवर्तन के साथ नीति निर्माण एवं क्रियान्वयन में भी परिवर्तन होता रहता है। क्या इन ग्रामीण विकास के विविध कार्यक्रमों के उद्देश्य, लक्ष्य, लाभान्वित वर्ग तथा लाभान्वित होने के लिए आवश्यक प्रक्रिया की जानकारी ग्रामीण जनता में होती है ? इस सम्बन्ध में दर्शायी गयी राय सारणी संख्या 7.7 में दी गई है–

ग्रामीण विकास कार्यक्रमों की जनता में जानकारी

सारणी संख्या 7.7

क्र.सं.	ग्रा.वि.कार्यक्रमों की जानकारी	आम जनता (250)		जनप्रतिनिधि (100)		कर्मचारी तन्त्र (50)	
		उत्तरदाता	%	उत्तरदाता	%	उत्तरदाता	%
1.	पूर्ण	20	08.00	06	06	04	08
2.	आंशिक	160	64.00	30	30	18	36
3.	पूर्णतः नहीं	55	22.00	56	56	25	50
4.	पता नहीं	15	06.00	08	08	03	06
	योग	250	100	100	100	50	100

उपरोक्त जानकारी उत्तरदाताओं का अभिमत जानकर प्राप्त की गई जिसमें पूर्ण जानकारी रखने वाली जनता की राय 8 प्रतिशत, जनप्रतिनिधियों की राय में 6 प्रतिशत और कार्मिक तन्त्र की राय में 8 प्रतिशत। ग्रामीण विकास कार्यक्रमों की आंशिक जानकारी क्रमशः 64 प्रतिशत, 30 प्रतिशत तथा 36 प्रतिशत में तथा पूर्णतः अनभिज्ञों का प्रतिशत क्रमशः 22, 56 और 50 रहा। इससे स्पष्ट है कि जब जनता, जनप्रतिनिधि एवं कार्मिक तन्त्र की राय में ग्रामीण विकास कार्यक्रमों के सम्बन्ध में जनता को पर्याप्त जानकारी नहीं है तो इनके लाभ की उम्मीद कैसे की जा सकती है। विकास कार्यक्रमों की जानकारी हेतु पर्याप्त प्रचार–प्रसार हो तथा कार्मिक तन्त्र एवं जनप्रतिनिधियों को समय–समय पर लघु अवधि के प्रशिक्षण प्रदान किये जाने चाहिए।

विकास में जन सहभागिता

किसी भी योजना के सफल होने की सुनिश्चितता लाभान्वित होने वाले व्यक्तियों द्वारा उसमें पूर्ण रूप से सहयोग से होती है। अतः यह आवश्यक है कि योजना बनाते समय पूर्ण रूप से पारदर्शिता हो और योजना के निरूपण, संचालन एवं प्रबन्धन में अधिक से अधिक लोगों की भागीदारी हो। ग्रामीण विकास कार्यक्रमों में जनसहभागिता के सम्बन्ध में आमजनता, जन प्रतिनिधियों तथा कार्मिक तंत्र की राय जानी गयी जिसे सारणी संख्या 7.8 में दर्शाया गया है–

ग्रामीण विकास कार्यक्रमों में जनसहभागिता : आम जनता, जनप्रतिनिधियों तथा कर्मचारी तंत्र की राय

सारणी संख्या – 7.8

क्र.सं.	कार्यक्रम निर्माण एवं क्रियान्वयन में जनता की राय	आम जनता (250)		जनप्रतिनिधि (100)		कर्मचारी तन्त्र (50)	
		उत्तरदाता	%	उत्तरदाता	%	उत्तरदाता	%
1.	जानी जाती है	13	5.2	24	24	03	06
2.	नहीं जानी जाती	196	78.4	37	37	41	82
3.	कभी–कभी जानी जाती है	28	11.2	30	30	06	12
4.	पता नहीं	13	5.2	09	09	00	00
	योग	250	100	100	100	50	100

ग्रामीण विकास कार्यक्रमों के निर्माण एवं क्रियान्वयन में 'जनता की राय जानी जाती है' आम जनता 5.2 प्रतिशत, जनप्रतिनिधि 24 प्रतिशत तथा कार्मिक तंत्र 6 प्रतिशत सहमत हैं जबकि 'नहीं जानी जाती' में आम जनता 78.4 प्रतिशत, जनप्रतिनिधि 37 प्रतिशत तथा कार्मिक तन्त्र 82 प्रतिशत हैं। उत्तरदाताओं की राय से स्पष्ट है कि ग्रामीण विकास कार्यक्रमों में जनसहभागिता को महत्वता प्रदान नहीं की जाती है और बिना जनसहभागिता के कार्यक्रमों की सफलता संभव नहीं है।

ग्रामीण विकास योजनाओं का लाभ

ग्रामीण विकास कार्यक्रमों/योजनाओं का निर्माण जिन लक्ष्यों एवं उद्देश्यों को ध्यान में रखकर किया जाता है उनको वास्तविकता में कितना क्रियान्वित किया जाता है? अर्थात् विकास कार्यक्रमों का निर्माण जिन व्यक्तियों को लाभान्वित करने के उद्देश्य से किया जाता है उनमें हम कहां तक सफल रहे हैं। क्या इन कार्यक्रमों का लाभ उनके वास्तविक जरूरतमन्द हकदारों को मिल पाता है? इस सम्बन्ध में उत्तरदाताओं की राय सारणी संख्या 7.9 में दर्शायी गयी है–

वास्तविक जरूरत मन्द व्यक्ति/परिवारों को ग्रामीण विकास योजनाओं के लाभ के सम्बन्ध में मत

सारणी संख्या – 7.9

क्र.सं.	लाभ के संबंध में राय	आम जनता (250)		जनप्रतिनिधि (100)		कर्मचारी तन्त्र (50)	
		उत्तरदाता	%	उत्तरदाता	%	उत्तरदाता	%
1.	लाभ मिलता है	27	10.8	38	38	11	22
2.	नहीं मिलता	159	63.6	46	46	30	60
3.	कभी–कभी मिलता है	43	17.2	13	13	07	14
4.	पता नहीं	21	8.4	05	05	02	04
	योग	250	100	100	100	50	100

ग्रामीण विकास योजनाओं का लाभ उनके जरूरतमंद वास्तविक व्यक्तियों/परिवारों को मिलता है के पक्ष में आम जनता के 10.8 प्रतिशत, जनप्रतिनिधियों में 38 प्रतिशत तथा कार्मिक तंत्र में 22 प्रतिशत उत्तरदाता रहे जबकि नहीं मिलने में जनता 63.6 प्रतिशत, जनप्रतिनिधि 46 प्रतिशत

तथा कार्मिक तंत्र में 60 प्रतिशत उत्तरदाता सहमत थे। अधिकतर उत्तरदाताओं ने स्वीकार किया है कि विकास कार्यक्रमों का लाभ उनके वास्तविक हकदारों को नहीं मिलता है। इससे स्पष्ट है कि जब वास्तविक जरूरतमंद लक्षित व्यक्ति/परिवारों को उनके लाभ से वंचित रखा जाता है तो उनके विकास की उम्मीद करना बेमानी है।

ग्राम सभा/वार्ड सभाओं में जनता की उपस्थिति

ग्राम सभा में ग्राम के सभी वयस्क लोग सम्मिलित होते हैं और वार्ड सभा में वार्ड के सभी वयस्क लोग। ग्राम सभा की बैठकों की अध्यक्षता सरपंच द्वारा की जाती है। ग्राम सभा की बैठकों मे विभिन्न मुद्दों पर चर्चा की जाती है और विकास कार्यों के लिए प्रस्तावों का अनुमोदन एवं सामाजिक अंकेक्षण का कार्य किया जाता है। इन सभाओं में आम जनता कितनी भाग लेती है इस हेतु आम जनता, जनप्रतिनिधियों एवं कार्मिक तंत्र की राय सारणी संख्या 7.10 में दी गई है –

ग्राम सभाओं तथा वार्ड सभाओं की बैठ्क में जनता की उपस्थिति

सारणी संख्या – 7.10

क्र.सं.	जनता की उपस्थिति	आम जनता (250)		जनप्रतिनिधि (100)		कर्मचारी तन्त्र (50)	
		उत्तरदाता	%	उत्तरदाता	%	उत्तरदाता	%
1.	कोरम पूरा नहीं होता	27	10.8	19	19	08	16
2.	केवल कोरम पूरा होता है	37	14.8	40	40	05	10
3.	केवल औपचारिकता पूर्ण की जाती है।	186	74.4	41	41	37	74
	योग	250	100	100	100	50	100

ग्राम सभा एवं वार्ड सभा की बैठकों में भाग लेने के सम्बन्ध में जानी गई राय आश्चर्यचकित करने वाली है जो कि वास्तविकता का चित्रण करती है। 74.4 प्रतिशत जनता, 41 प्रतिशत जनप्रतिनिधियों एवं 74 प्रतिशत कार्मिक तंत्र की राय में केवल औपचारिकताऐं पूरी की जाती हैं। 14.8 प्रतिशत जनता, 40 प्रतिशत जनप्रतिनिधि एवं 10 प्रतिशत कार्मिक तंत्र

मानता है कि केवल कोरम पूरा होता है जबकि 10.8 प्रतिशत, 19 प्रतिशत, 16 प्रतिशत के अनुसार कोरम ही पूरा नहीं होता। बैठकों में न तो जनता को कार्यवृत की जानकारी दी जाती है और न ही विकास कार्यों के निर्माण में सहभागी बनाया जाता है। ऐसी स्थिति में ग्रामीण विकास की आशा करना बेकार है।

ग्राम सभाओं और वार्ड सभाओं की सफलता

ग्राम सभा और वार्ड सभा पंचायती राज संस्थाओं की त्रिस्तरीय व्यवस्था के सबसे निम्न स्तर ग्राम पंचायत के आधार स्तम्भ हैं। इन आधार स्तम्भों की नींव का मजबूत होना ग्रामीण विकास के लिए नितान्त आवश्यक है। इन सभाओं में जनता की भागीदारी को सारणी 7.10 में दर्शाया गया है जिससे स्पष्ट है कि इन सभाओं में महज औपचारिकताऐं पूर्ण की जाती हैं। ऐसी स्थिति में इन सभाओं के सफल होने का प्रश्न ही नहीं उठता। उत्तरदाताओं की इनकी सफलता के सम्बन्ध में राय सारणी संख्या 7.11 में दी गई है–

ग्राम सभाओं और वार्ड सभाओं की सफलता में राय

सारणी संख्या – 7.11

क्र.सं.	सफलता एवं असफलता का अंश	आम जनता (250)		जनप्रतिनिधि (100)		कर्मचारी तन्त्र (50)	
		उत्तरदाता	%	उत्तरदाता	%	उत्तरदाता	%
1.	पूर्णतः सफल	24	9.6	19	19	09	18
2.	पूर्णतः असफल	63	25.2	07	07	14	28
3.	आंशिक सफल	141	56.4	69	69	27	54
4.	पता नहीं	22	8.8	05	05	–	–
	योग	250	100	100	100	50	100

उत्तरदाताओं की राय में जनता, जनप्रतिनिधियों एवं कार्मिक तंत्र में ग्राम सभाओं एवं वार्ड सभाओं की पूर्णतः सफलता के पक्ष में क्रमश 9.6 प्रतिशत, 19 प्रतिशत, 18 प्रतिशत रहा जबकि पूर्णतः असफलता के पक्ष में क्रमशः 25.2 प्रतिशत, 07 प्रतिशत, 28 प्रतिशत रहा। 8.8 प्रतिशत जनता एवं 05 % जनप्रतिनिधियों ने अनभिज्ञता दर्शायी जबकि आंशिक सफलता

के पक्ष में क्रमशः 56.4 प्रतिशत, 69 प्रतिशत एवं 54 प्रतिशत रहे। इससे साफ जाहिर है कि ग्राम सभाऐं और वार्ड सभाऐं अपने लक्ष्यों एवं उद्देश्यों को निभाने में असफल रही हैं।

ग्राम पंचायत कार्यालयों पर सूचना की स्थिति

ग्रामीण जनता को ग्राम पंचायत की पूर्व, वर्तमान एवं भविष्य की गतिविधियों से जोड़ने के लिए आवश्यक है कि ग्राम पंचायत कार्यालय पर निर्धारित स्थान पर समय–समय पर आवश्यक सूचनाऐं प्रदर्शित की जाये ताकि आम जनता इसका लाभ उठा सके। विकास कार्यों में पारदर्शिता, उत्तरदायित्व एवं संवदेनशीलता के लिए सभी प्रकार की जानकारियों को प्रदर्शित किया जाना चाहिए। ये जानकारियां कहां तक प्रदर्शित की जाती हैं, के सम्बन्ध में आम जनता, जनप्रतिनिधियों एवं कार्मिक तंत्र की राय सारणी 7.12 में दर्शायी गयी है –

सारणी संख्या - 7.12

क्र.सं.	सूचना/ जानकारी	आम जनता (250)		जनप्रतिनिधि (100)		कर्मचारी तन्त्र (50)	
		उत्तरदाता	%	उत्तरदाता	%	उत्तरदाता	%
1.	प्रत्येक सूचना लगाई जाती है	21	8.4	46	46	16	32
2.	बिल्कुल नहीं लगाई जाती	56	22.4	13	13	04	08
3.	कभी–कभी लगाई जाती है	69	27.6	29	29	21	42
4.	पता नहीं	104	41.6	12	12	09	18
	योग	250	100	100	100	50	100

ग्राम पंचायत कार्यालयों पर सूचनाओं का प्रदर्शन के सम्बन्ध में जानने पर आम जनता, जनप्रतिनिधियों एवं कार्मिक तन्त्र 22.4 प्रतिशत, 13 प्रतिशत एवं 8 प्रतिशत ने माना कि सूचनाएँ बिल्कुल नहीं लगाई जाती हैं जबकि कभी–कभी लगाने के पक्ष में क्रमशः 27.6 प्रतिशत, 29 प्रतिशत, 42 प्रतिशत रहे। 41.6 प्रतिशत, 12 प्रतिशत एवं 18 प्रतिशत उत्तरदाताओं ने इससे

अनभिज्ञता दर्शायी और प्रत्येक सूचना को लगाने के पक्ष में क्रमशः 8.4 प्रतिशत, 46 प्रतिशत व 32 प्रतिशत रहे। इससे स्पष्ट है कि अधिकांश उत्तरदाताओं की राय में या तो जानकारी लगाई ही नहीं जाती या फिर कुछ एक जानकारियाँ दर्शायी जाती हैं। जानकारियों के अभाव में जनता में अनभिज्ञता होना स्वाभाविक ही है।

स्थल चयन में पारिस्थितिकी

किसी भी कार्य के निर्माण, क्रियान्वयन हेतु आवश्यक है कि उसके स्थल का चयन सही ढंग से किया जाये। कार्यस्थल का चयन करते समय आवश्यक घटकों का अध्ययन किया जाना आवश्यक होता है। क्षेत्रीय पारिस्थितिकी को ध्यान में रखकर ही ग्रामीण विकास कार्यक्रमों का निर्माण, क्रियान्वयन एवं स्थल का चयन किया जाना चाहिए अन्यथा किया गया कार्य अनुपयोगी सिद्ध होगा। ग्रामीण विकास कार्यक्रमों के निर्माण, क्रियान्वयन एवं स्थल चयन में पारिस्थितिकीय अनुकूलता का कितना ध्यान रखा जाता है ? के सम्बन्ध में सारणी 7.13 में दर्शाया गया है–

ग्रामीण विकास कार्यक्रमों के निर्माण, क्रियान्वयन एवं स्थल चयन में पारिस्थितिकी

सारणी संख्या - 7.13

क्र.सं.	पारिस्थितिकीय अनुकूलता का ध्यान	आम जनता (250)		जनप्रतिनिधि (100)		कर्मचारी तन्त्र (50)	
		उत्तरदाता	%	उत्तरदाता	%	उत्तरदाता	%
1.	सदैव रखा जाता है	17	6.8	31	31	07	14
2.	बिल्कुल नहीं रखा जाता	156	62.4	36	36	21	42
3.	कभी-कभी रखा जाती है	56	22.4	26	26	18	36
4.	पता नहीं	21	8.4	07	07	04	08
	योग	250	100	100	100	50	100

उत्तरदाताओं में आम जनता, जनप्रतिनिधियों एवं कार्मिक तन्त्र के क्रमशः 62.4 प्रतिशत, 36 प्रतिशत, 42 प्रतिशत ने माना कि इन कार्यक्रमों में

पारिस्थितिकीय अनुकूलता का ध्यान बिल्कुल नहीं रखा जाता जबकि 22.4 प्रतिशत, 26 प्रतिशत, 36 प्रतिशत ने कभी–कभी रखने की बात स्वीकारी। 6.8 प्रतिशत, 31 प्रतिशत, 14 प्रतिशत ने माना कि विकास कार्यक्रमों में पारिस्थितिकी का ध्यान सदैव रखा जाता है जबकि 8.4 प्रतिशत, 7 प्रतिशत व 8 प्रतिशत उत्तरदाताओं ने इससे अनभिज्ञता जतायी। इससे साफ है कि ग्रामीण विकास कार्यक्रमों के निर्माण, क्रियान्वयन एवं स्थल चयन में खामियाँ हैं जिसके कारण ये कार्यक्रम अपने उद्देश्यों एवं लक्ष्यों की प्राप्ति में सफल नहीं हो पाये हैं।

निर्माण कार्यों की जनउपयोगिता

विकास कार्यों के अन्तर्गत होने वाले कार्यक्रमों का क्रियान्वयन ग्रामीण जनता की आवश्यकताओं को पूरा करने के उद्देश्य से किया जाना चाहिए किसी व्यक्ति, परिवार या समूह को लाभान्वित करने के उद्देश्य को प्राथमिकता नहीं दी जानी चाहिए तभी विकास कार्यक्रमों की सार्थकता सिद्ध होगी। निर्माण कार्यों का निर्धारण करने से पूर्व क्षेत्र की आवश्यकता एवं पारिस्थितिकी का अध्ययन किया जाना चाहिए ताकि वे कार्य अधिकतम जनोपयोगी साबित हो सकें। ग्रामीण विकास कार्यक्रमों के अन्तर्गत कराये जाने वाले कार्य कितने जनोपयोगी होते हैं, इसे सारणी संख्या 7.14 में दर्शाया गया है–

ग्रामीण विकास कार्यक्रमों के अन्तर्गत निर्माण कार्यों की जन उपयोगिता

सारणी संख्या – 7.14

क्र.सं.	निर्माण कार्यों की उपयोगिता का हिस्सा	आम जनता (250)		जनप्रतिनिधि (100)		कर्मचारी तन्त्र (50)	
		उत्तरदाता	%	उत्तरदाता	%	उत्तरदाता	%
1.	एक चौथाई कार्य	37	14.8	11	11	09	18
2.	आधे कार्य	139	55.6	49	49	31	62
3.	तीन चौथाई कार्य	63	25.2	24	24	06	12
4.	शत प्रतिशत कार्य	11	4.4	16	16	04	08
	योग	250	100	100	100	50	100

ग्रामीण जनता, जनप्रतिनिधियों एवं कार्मिक तन्त्र में क्रमशः 14.8 प्रतिशत, 11 प्रतिशत, 18 प्रतिशत उत्तरदाताओं की राय में एक चौथाई कार्य जनोपयोगी होते हैं जबकि 55.6 प्रतिशत, 49 प्रतिशत, 62 प्रतिशत की राय में आधे कार्य जनोपयोगी होते हैं। तीन चौथाई कार्यों की उपयोगिता में 25.2 प्रतिशत, 24 प्रतिशत, 12 प्रतिशत उत्तरदाता और शतप्रतिशत जनोपयोगी के पक्ष में 4.4 प्रतिशत, 16 प्रतिशत, 8 प्रतिशत उत्तरदाता हैं।

इससे स्पष्ट है कि अधिकांश उत्तरदाताओं की राय में ग्रामीण विकास कार्यक्रमों के अन्तर्गत कराये जाने वाले कार्य जनोपयोगी न होकर व्यक्तिगत, पारिवारिक या किसी समूह विशेष के लाभ को ध्यान में रखकर कराये जाते हैं जिनमें उदाहरणार्थ हैं हैण्डपम्प के स्थल का चयन, कुएं का निर्माण, किसी व्यक्तिगत लाभ की योजना में अपने निकटतमों को लाभ इत्यादि।

गरीबी रेखा के नीचे जीवनयापन करने वाले (बी.पी.एल.) परिवारों का चयन

गरीबी रेखा के नीचे जीवनयापन कर रहे परिवारों के उत्थान के लिए समय–समय पर अनेक कार्यक्रम चलाये जाते रहे हैं। इन योजनाओं का लाभ वास्तविक हकदार को मिले इसके लिए सही चयन आवश्यक है। 'बी. पी.एल. सेन्सस 97' में प्रत्येक परिवार का सर्वेक्षण कराया गया और उन परिवारों को चिन्हित किया गया जिनकी वार्षिक आय 20,000 रूपये से कम थी। चयनित सूची पर ग्राम सभा में विचार कर पात्र व्यक्तियों/परिवारों की अन्तिम सूची बनाने का प्रावधान था परन्तु इस शोध में पाया गया कि जब ग्राम सभा की बैठकें महज औपचारिकताऐं हैं, उनमें उपस्थिति का कोरम भी पूरा नहीं हो पाता तो इन परिवारों के सही चयन का सवाल ही नहीं उठता। 'बी.पी.एल. सेन्सस 97' में भारी खामियाँ थी और इन परिवारों का चयन मनमाने तरीके से किया गया। इसके पश्चात् "बी.पी.एल. सेन्सस 2002" तैयार किया गया और सर्वेक्षण किया जा चुका है परन्तु अभी उसके परिणाम आना शेष है। जनता, जनप्रतिनिधियों एवं कार्मिक तंत्र की बी.पी. एल. परिवारों के चयन के स्तर के सम्बन्ध में राय सारणी 7.15 में दर्शायी गयी है–

सारणी संख्या - 7.15

क्र.सं.	चयन का स्तर	आम जनता (250)		जनप्रतिनिधि (100)		कर्मचारी तन्त्र (50)	
		उत्तरदाता	%	उत्तरदाता	%	उत्तरदाता	%
1.	सर्वोत्कृष्ट	00	00	00	00	00	00
2.	उत्कृष्ट	17	6.8	07	07	03	06
3.	औसत	69	27.6	29	29	13	26
4.	निकृष्ट	164	65.6	64	64	34	68
	योग	250	100	100	100	50	100

उत्तरदाताओं से प्राप्त सूचना के आधार पर जनता, जनप्रतिनिधियों एवं कार्मिक तंत्र में क्रमशः 65.6 प्रतिशत, 64 प्रतिशत, 68 प्रतिशत की राय में बी.पी.एल. परिवारों के चयन का स्तर निकृष्ट रहा जबकि औसत के पक्ष में क्रमशः 27.6 प्रतिशत, 29 प्रतिशत, 26 प्रतिशत उत्तरदाता रहे। उत्तराताओं के आधार पर कहा जा सकता है कि बी.पी.एल. परिवारों के चयन का स्तर घटिया रहा अर्थात् निर्धारित मानदण्डों को नजर अंदाज कर इसमें पूर्वाग्रह का समावेश रहा।

गरीबी रेखा के नीचे जीवनयापन करने वाले (बी.पी.एल.) परिवारों के गलत चयन के लिए उत्तरदायी लोग

चयन प्रक्रिया में सम्मिलित सदस्यों से अनौपचारिक रूप से पूछने पर पाया गया कि चयन हेतु निर्धारित मानदंड़ों का सख्ती से पालन किया जाता तो बहुत कम ऐसे परिवारों थे जिनका चयन सम्भव होता परन्तु राजनीतिक हस्तक्षेप एवं स्थानीय स्तर के सामाजिक आर्थिक प्रभुत्व रखने वाले लोगों के दबाव के कारण गरीबों के नाम पर उनके मनचाहे लोगों का चयन किया गया। इसमें वास्तविक हकदार परिवार चयन से वंचित रहे ऐसे में उनको विकास की धारा से जोड़ना असम्भव है। चयन सूची को प्रभावित करने वाले लोगों को सारणी 7.16 में दर्शाया गया है।

सारणी संख्या - 7.16

क्र.सं.	गलत चयन के लिए उत्तरदायी	आम जनता (250)		जनप्रतिनिधि (100)		कर्मचारी तन्त्र (50)	
		उत्तरदाता	%	उत्तरदाता	%	उत्तरदाता	%
1.	सरपंच तथा ग्राम सचिव	68	27.2	13	13	06	12
2.	गांव के प्रभुत्वशाली लोग	44	17.6	11	11	08	16
3.	राजनीतिज्ञ	17	6.8	09	09	07	14
4.	उपर्युक्त सभी	121	48.4	67	67	29	58
	योग	250	100	100	100	50	100

गांव के प्रभुत्वशाली लोगों की बी.पी.एल. परिवारों के चयन में गलत भूमिका के सम्बन्ध में जनता, जनप्रतिनिधियों एवं कार्मिक वर्ग के उत्तरदाताओं का प्रतिशत क्रमशः 17.6, 11 व 16 रहा जबकि सरपंच तथा ग्राम सचिव को उत्तरदायी मानने वालों का क्रमशः 27.2 प्रतिशत, 13 प्रतिशत व 12 प्रतिशत रहा। इनके गलत चयन में राजनीतिज्ञों को मानने वालों का प्रतिशत क्रमशः 6.8, 9 व 14 रहा। इन सभी को बी.पी.एल. परिवारों के गलत चयन के लिए उत्तरदायी मानने वाले क्रमशः 48.4 प्रतिशत, 67 प्रतिशत व 58 प्रतिशत रहे। इससे स्पष्ट है कि अधिकांश उत्तरदाताओं की राय में ये सभी बी.पी.एल. परिवारों के गलत चयन के लिए जिम्मेदार हैं।

लाभ से वंचित रहने के कारण

यदि ग्रामीण विकास कार्यक्रमों का लाभ सही अर्थों में उनके हकदारों को मिल जाये तो विकास अपने आप नजर आने लगता है परन्तु इसके नहीं होने के पीछे कोई कारण हैं जिन्हें सारणी संख्या 7.17 में दर्शाया गया है–

ग्रामीण विकास कार्यक्रमों के लाभ से वंचित रहने के कारण

सारणी संख्या - 7.17

क्र.सं.	कारण	आम जनता (250)		जनप्रतिनिधि (100)		कर्मचारी तन्त्र (50)	
		उत्तरदाता	%	उत्तरदाता	%	उत्तरदाता	%
1.	लाभार्थियों का गलत चयन	69	27.6	15	15	16	32
2.	भ्रष्टाचार	16	6.4	07	07	05	10
3.	जन जागरूकता का अभाव	10	4.0	08	08	04	08
4.	जन प्रतिनिधियों में संकीर्णता की भावना	18	7.2	11	11	04	08
5.	उपर्युक्त सभी	137	54.8	59	59	21	42
	योग	250	100	100	100	50	100

उत्तरदाताओं की राय में लाभार्थियों का गलत चयन होने से विकास कार्यक्रमों का लाभ उनके वास्तविक लोगों को नहीं मिल पाता है इसके पक्ष में 27.6 प्रतिशत जनता, 15 प्रतिशत जनप्रतिनिधियों एवं 32 प्रतिशत कार्मिक उत्तरदाता रहे जबकि भ्रष्टाचार को क्रमशः 6.4 प्रतिशत, 7 प्रतिशत व 10 प्रतिशत ने कारण माना। जनजागरूकता का अभाव के पक्ष में क्रमशः 4 प्रतिशत, 8 प्रतिशत व 8 प्रतिशत उत्तरदाता रहे जबकि जनप्रतिनिधियों में संकीर्णता की भावना को इसका कारण मानने वाले क्रमशः 7.2 प्रतिशत, 11 प्रतिशत व 8 प्रतिशत उत्तरदाता रहे। इन सभी कारणों को लाभ से वंचित रहने का कारण मानने वाले जनता के 54.8 प्रतिशत, जनप्रतिनिधियों के 59 प्रतिशत तथा कार्मिक तन्त्र के 42 प्रतिशत उत्तरदाता रहे। इससे साफ उभरकर आता है कि उपर्युक्त सभी कारणों के कारण ग्रामीण जनता ग्रामीण विकास के कार्यक्रमों के लाभ से वंचित रहती है।

क्रियान्वयन एवं पर्यवेक्षण में भ्रष्टाचार

भ्रष्टाचार कार्य करवाने का पर्यायवाची बनता जा रहा है। अधिकारी कर्मचारी एवं जनप्रतिनिधि कहीं न कहीं, किसी न किसी प्रकार से भ्रष्टाचार

से जुड़े रहते हैं। प्रधानमंत्री, राष्ट्रपति एवं अनेक विद्वान भ्रष्टाचार होने की बात को स्वीकार कर चुके हैं। ग्रामीण विकास कार्यक्रमों के क्रियान्वयन एवं पर्यवेक्षण में अनेक प्रकार का भ्रष्टाचार व्याप्त रहता है जैसे निर्माण कराए बिना खर्चा दर्शाना, बिना खरीदे सामान क्रय दिखाना, फर्जी मस्टररोल, मजदूरों को भुगतान कम करना, अनुदान, उपकर व अन्य शुल्कों को कम दिखाना, रसीदों की राशि सीधी जेब में रखना, रोकड़वही में गड़बड़ी, योजनाओं का गेहूँ हड़प जाना, कागजों में निर्माण कार्य दिखाना, मानदण्ड के नहीं होने पर भी उपयोगिता प्रमाण पत्र बनाना इत्यादि। भ्रष्ट विभागों की होड़ में वर्ष 2004 में पंचायती राज विभाग के अधिकारियों व कर्मचारियों के खिलाफ सर्वाधिक मामले दर्ज होना ग्रामीण विकास कार्यक्रमों में भ्रष्टाचार की कहानी के द्योतक हैं।[1] इन विकास कार्यक्रमों के क्रियान्वयन एवं पर्यवेक्षण में भ्रष्टाचार को सारणी 7.18 में दर्शाया गया है –

सारणी संख्या - 7.18

क्र.सं.	भ्रष्टाचार की व्याप्तता	आम जनता (250)		जनप्रतिनिधि (100)		कर्मचारी तन्त्र (50)	
		उत्तरदाता	%	उत्तरदाता	%	उत्तरदाता	%
1.	है	197	78.8	71	71	37	74
2.	नहीं है	11	4.4	13	13	04	08
3.	आंशिक है	29	11.6	11	11	07	14
4.	पता नहीं	13	5.2	05	05	02	04
	योग	250	100	100	100	50	100

ग्रामीण विकास कार्यक्रमों के क्रियान्वयन एवं पर्यवेक्षण में आम जनता के 78.8 प्रतिशत, जनप्रतिनिधियों के 71 प्रतिशत तथा कार्मिक तंत्र के 74 प्रतिशत उत्तरदाताओं ने भ्रष्टाचार की व्याप्तता को स्वीकारा है। जबकि 5. 2 प्रतिशत, 5 प्रतिशत व 4 प्रतिशत ने इससे अनभिज्ञता बतायी है। 11.6 प्रतिशत जनता, 11 प्रतिशत जनप्रतिनिधि व 14 प्रतिशत कार्मिक तंत्र की राय में आंशिक रूप से भ्रष्टाचार व्याप्त है। उपरोक्त आंकड़े ग्रामीण विकास कार्यक्रमों के क्रियान्वयन एवं पर्यवेक्षण में भ्रष्टाचार को उजागर करते हैं।

भ्रष्टाचार में लिप्त लोग

आज देश में भ्रष्टाचार की जड़ें इतनी गहरी चली गई हैं कि ऊपर से नीचे तक सभी कार्मिक, राजनीतिज्ञ इसकी गिरफ्त में हैं। अभी हाल ही में राजस्थान पत्रिका में 'बिके सांसद, संसद पर दूसरा हमला' नामक खबर ने भ्रष्टाचार की सभी हदे पार कर दी हैं। "इस बार हमला देश की जनता द्वारा चुने गए 11 सांसदों ने किया है। बेशक इसमें आतंककारियों के हमले जैसा कोई खून–खराबा नहीं हुआ है लेकिन संसद में सवाल पूछने के लिए भी पैसे लिए जाने की जो बात सामने आई है उसने लोकतंत्र की इस सर्वोच्च संस्था की गरिमा को लहूलुहान कर दिया है।"[2]

ग्रामीण विकास कार्यक्रमों के भ्रष्टाचार में लिप्त लोगों के बारे में राय

सारणी संख्या – 7.19

क्र.सं.	भ्रष्टाचार में लिप्त लोग	आम जनता (250)		जनप्रतिनिधि (100)		कर्मचारी तन्त्र (50)	
		उत्तरदाता	%	उत्तरदाता	%	उत्तरदाता	%
1.	स्थानीय जनप्रतिनिधि	49	19.6	17	17	11	22
2.	प्रशासनिक तंत्र	34	13.6	19	19	06	12
3.	राजनीतिज्ञ	40	16.0	17	17	07	14
4.	सभी	127	50.8	47	47	26	52
	योग	250	100	100	100	50	100

ग्रामीण विकास कार्यक्रमों में सर्वाधिक कौन भ्रष्टाचार में व्याप्त रहते हैं ? इस सम्बन्ध में उत्तरदाताओं ने सारणी 7.19 में अपने विचार व्यक्त किये हैं। इनमें 19.6 प्रतिशत जनता के, 17 प्रतिशत जनप्रतिनिधियों के एवं 22 प्रतिशत कार्मिक तंत्र के उत्तरदाता स्थानीय जनप्रतिनिधियों को विकास कार्यक्रमों के भ्रष्टाचार में लिप्त होने की बात स्वीकारते हैं जबकि ये क्रमश 13.6 प्रतिशत, 19 प्रतिशत व 12 प्रतिशत प्रशासनिक तंत्र के लिप्त होने की बात मान रहे हैं। इन विकास कार्यक्रमों में क्रमशः 16 प्रतिशत, 17 प्रतिशत व 14 प्रतिशत उत्तरदाता राजनीतिज्ञों को भ्रष्टाचार में सम्मिलित कर रहे हैं जबकि क्रमशः 50.8 प्रतिशत, 47 प्रतिशत एवं 52 प्रतिशत उत्तरदाता उपरोक्त

सभी को भ्रष्टाचार का साथी मानते हैं। पंचायती राज संस्थाओं में भ्रष्टाचार की दर अधिक है। अतः ग्रामीण विकास कार्यक्रमों की सफलता के लिए भ्रष्टाचार पर अंकुश लगाना अपरिहार्य है।

विकास में भ्रष्टाचार के प्रकार

ग्रामीण विकास कार्यक्रमों के अन्तर्गत भ्रष्टाचार के अनेक तरीके काम में लिये जाते हैं जैसी कार्य में अनावश्यक देरी, गिफ्ट लेना, घूंस लेना, नियमों का उल्लंघन करना, लाभार्थियों का गलत चयन, गलत तरीके से सरकारी राशि उठाना, कागजों में निर्माण कार्य दिखाना आदि। भ्रष्टाचार के बारे में उत्तरदाताओं की राय सारणी 7.20 में दर्शायी गयी है–

ग्रामीण विकास कार्यक्रमों में भ्रष्टाचार का प्रकार

सारणी संख्या – 7.20

क्र.सं.	भ्रष्टाचार का प्रकार	आम जनता (250)		जनप्रतिनिधि (100)		कर्मचारी तन्त्र (50)	
		उत्तरदाता	%	उत्तरदाता	%	उत्तरदाता	%
1.	पैसे के लेन देन	131	52.4	44	44	26	52
2.	लाभार्थियों के गलत चयन का	34	13.6	21	21	11	22
3.	कार्य निर्देशिका के उल्लंघन का	36	14.4	21	21	07	14
4.	गलत तथ्यों के आधार पर सरकारी राशि उठा लेना	49	19.6	14	14	06	12
	योग	250	100	100	100	50	100

आम जनता के 52.4 प्रतिशत, जनप्रतिनिधियों के 44 प्रतिशत तथा कार्मिक तन्त्र के 52 प्रतिशत उत्तरदाताओं ने ग्रामीण विकास कार्यक्रमों में पैसे के लेन देन को स्वीकार किया जबकि क्रमशः 13.6 प्रतिशत, 21 प्रतिशत व 22 प्रतिशत ने लाभार्थियों के गलत चयन की बात को भ्रष्टाचार का प्रकार माना। कार्य निर्देशिका के उल्लघंन को क्रमशः 14.4 प्रतिशत, 21 प्रतिशत व 14 प्रतिशत ने तथा 19.6 प्रतिशत, 14 प्रतिशत व 12 प्रतिशत

जनता, जनप्रतिनिधियों एवं कार्मिक तंत्र ने गलत तथ्यों के आधार पर सरकारी राशि को उठा लेने की बात से सहमती जताई।

भ्रष्टाचार में लिप्त तंत्र

भ्रष्टाचार ग्रामीण विकास में सर्वाधिक बाधक है क्योंकि ग्रामीण जनता अशिक्षित, अनभिज्ञ एवं अपने अधिकारों के प्रति उदासीन है। ऐसी स्थिति में कार्मिक तंत्र, स्थानीय जनप्रतिनिधि एवं राजनीतिज्ञ इनका शोषण करने में कोई चूक नहीं करते। यही कारण है कि हमारे देश को स्वतंत्र हुए आज लगभग छः दशक हो चुके हैं और इस दौरान ग्रामीण विकास योजनाओं का चारों ओर खूब विगुल बजा है परन्तु हम आज भी कोई विशेष अच्छी स्थिति में नहीं हैं। इसका एक मात्र कारण भ्रष्टाचार है। भ्रष्टाचार में लिप्तता को सारणी 7.21 में दर्शाया गया है।

ग्रामीण विकास कार्यक्रमों में भ्रष्टाचार में लिप्त तंत्र

सारणी संख्या – 7.21

क्र.सं.	भ्रष्टाचार में लिप्त कार्मिक	आम जनता (250)		जनप्रतिनिधि (100)		कर्मचारी तन्त्र (50)	
		उत्तरदाता	%	उत्तरदाता	%	उत्तरदाता	%
1.	बैंक कर्मचारी	27	10.8	11	11	04	08
2.	ग्राम सचिव	49	19.6	21	21	07	14
3.	सरपंच एवं जनप्रतिनिधि	109	43.6	42	42	29	58
4.	पंचायत समिति एवं डी.आर.डी.ए. के कर्मचारी	65	26.0	26	26	10	20
	योग	250	100	100	100	50	100

आम जनता, जनप्रतिनिधियों एवं कार्मिक तंत्र के उत्तरदाताओं में से क्रमशः 43.6 प्रतिशत, 42 प्रतिशत व 58 प्रतिशत ने सरपंच एवं जनप्रतिनिधियों को भ्रष्टाचार में लिप्त माना जबकि क्रमशः 26 प्रतिशत, 26 प्रतिशत व 20 प्रतिशत ने पंचायत समिति एवं डी.आर.डी.ए. के कर्मचारियों को इसमें लिप्त

माना। ग्राम सचिव को भ्रष्टाचार में क्रमशः 19.6 प्रतिशत, 21 प्रतिशत, 14 प्रतिशत ने जबकि 10.8 प्रतिशत, 11 प्रतिशत, 8 प्रतिशत ने बैंक कर्मचारियों को इसमें लिप्त माना। इससे स्पष्ट हैं कि जो लोग ग्रामीणों से सीधे जुड़े हुए हैं वो ही उनका अधिक शोषण कर रहे हैं।

ग्रामीण जनता और प्रशासनिक तंत्र के मध्य सम्बन्ध

ग्रामीण जनता और प्रशासनिक तन्त्र के मध्य सम्बन्ध

सारणी संख्या - 7.22

क्र.सं.	सम्बन्ध	आम जनता (250)		जनप्रतिनिधि (100)		कर्मचारी तन्त्र (50)	
		उत्तरदाता	%	उत्तरदाता	%	उत्तरदाता	%
1.	सौहार्दपूर्ण	43	17.2	32	32	17	34
2.	कटुतापूर्ण	89	35.6	27	27	09	18
3.	तटस्थ	78	31.2	29	29	18	36
4.	कोई सम्बन्ध नहीं	40	16.0	12	12	06	12
	योग	250	100	100	100	50	100

उत्तरदाताओं ने ग्रामीण जनता एवं प्रशासनिक तंत्र के बीच सम्बन्धों के बारे में आम जनता, जनप्रतिनिधियों व कार्मिक तंत्र के क्रमशः 17.2 प्रतिशत, 32 प्रतिशत व 34 प्रतिशत ने सम्बन्धों को सौहार्दपूर्ण बताया जबकि क्रमशः 35.6 प्रतिशत, 27 प्रतिशत व 18 प्रतिशत ने सम्बन्धों को कटुतापूर्ण बताया। तटस्थ सम्बन्धों के पक्ष में क्रमशः 31.2 प्रतिशत, 29 प्रतिशत व 36 प्रतिशत और कोई सम्बन्ध नहीं के पक्ष में क्रमशः 16 प्रतिशत, 12 प्रतिशत व 12 प्रतिशत उत्तरदाता रहे।

ग्रामीण विकास कार्यक्रमों के लक्ष्यों की प्राप्ति के लिए जनता और प्रशासन के मध्य सौहार्दपूर्ण सम्बन्ध होना आवश्यक है। जनता को चाहिए कि वह प्रशासन के साथ सहयोग करे और प्रशासन को चाहिए कि वह लोक सेवक की भाँति कार्य करे तभी हम निर्धारित लक्ष्यों एवं उद्देश्यों को प्राप्त कर सकेंगे।

जनता और जनप्रतिनिधियों के बीच सम्बन्ध

सम्बन्ध किसी के भी बीच हों यदि उनमें मधुरता, निकटता एवं सौहार्द है तो वे स्थायी एवं दीर्घ अवधि तक अबाधित चलते रहते हैं। जनता अपने स्तर पर मतदाता के माध्यम से अपनी समस्याओं, विकास, नीति निर्माण एवं बेहतर आधारभूत सुविधाओं की उपलब्धता के लिए जनप्रतिनिधियों का चयन करती है। सारणी 7.23 के माध्यम से जनता और जनप्रतिनिधियों के बीच पाये जाने वाले सम्बन्धों के बारे में जाना जा सकता है।

जनता और जनप्रतिनिधियों के मध्य सम्बन्ध

सारणी संख्या - 7.23

क्र.सं.	सम्बन्ध	आम जनता (250)		जनप्रतिनिधि (100)		कर्मचारी तन्त्र (50)	
		उत्तरदाता	%	उत्तरदाता	%	उत्तरदाता	%
1.	सौहार्दपूर्ण	77	30.8	43	43	11	22
2.	कटुतापूर्ण	81	32.4	21	21	14	28
3.	तटस्थ	63	25.2	23	23	17	34
4.	कोई सम्बन्ध नहीं	29	11.6	13	13	08	16
	योग	250	100	100	100	50	100

आम जनता, जनप्रतिनिधियों एवं कार्मिक तंत्र के क्रमशः 30.8 प्रतिशत, 43 प्रतिशत, व 22 प्रतिशत उत्तरदाताओं के अनुसार इनके मध्य पाये जाने वाले सम्बन्ध सौहार्दपूर्ण होते हैं जबकि 32.4 प्रतिशत, 21 प्रतिशत व 28 प्रतिशत के अनुसार सम्बन्ध कटुतापूर्ण पाये जाते हैं। तटस्थ सम्बन्धों के पक्ष में क्रमशः 25.2 प्रतिशत, 23 प्रतिशत व 34 प्रतिशत उत्तरदाता हैं जबकि 11.6 प्रतिशत, 13 प्रतिशत व 16 प्रतिशत के अनुसार इनके बीच कोई सम्बन्ध नहीं होते हैं।

जनप्रतिनिधियों और प्रशासनिक तन्त्र के मध्य सम्बन्ध

जनप्रतिनिधि आम जनता का प्रतिनिधित्व करते हैं अतः जनप्रतिनिधियों को जनता की आवाज को मूर्त रूप देने के लिए आवश्यक है कि प्रशासनिक

तंत्र अपनी अधिकतम विवेकीय शक्ति का प्रयोग कर उनका साथ दे। साथ ही जनप्रतिनिधियों को भी चाहिए कि वे अहम भावना त्याग कर प्रशासनिक तंत्र से आवश्यक सलाह और सहयोग प्राप्त करें। जनप्रतिनिधियों और प्रशासनिक तंत्र के बीच सम्बन्धों का सारणी 7.24 के द्वारा दर्शाया गया है –

जनप्रतिनिधियों और प्रशासनिक तन्त्र के मध्य सम्बन्ध

सारणी संख्या - 7.24

क्र.सं.	सम्बन्ध	आम जनता (250)		जनप्रतिनिधि (100)		कर्मचारी तन्त्र (50)	
		उत्तरदाता	%	उत्तरदाता	%	उत्तरदाता	%
1.	सौहार्दपूर्ण	99	39.6	38	38	19	38
2.	कटुतापूर्ण	67	26.8	24	24	10	20
3.	तटस्थ	51	20.4	32	32	21	42
4.	कोई सम्बन्ध नहीं	33	13.2	06	06	00	00
	योग	250	100	100	100	50	100

आम जनता के 39.6 उत्तरदाताओं ने इनके मध्य सम्बन्धों को सौहार्दपूर्ण बताया जबकि 26.8 प्रतिशत ने कटुतापूर्ण, 20 प्रतिशत ने तटस्थ और 13.2 के अनुसार इनके बीच कोई सम्बन्ध नहीं होते। जनप्रतिनिधियों की राय में 38 प्रतिशत के अनुसार सौहार्दपूर्ण, 24 प्रतिशत ने कटुतापूर्ण, 32 प्रतिशत ने तटस्थ एवं 6 प्रतिशत के अनुसार कोई सम्बन्ध नहीं होते। कार्मिक तंत्र के 38 प्रतिशत ने सौहार्दपूर्ण, 20 प्रतिशत ने कटुतापूर्ण, 42 प्रतिशत ने तटस्थ सम्बन्ध बताये। इससे स्पष्ट है कि जनप्रतिनिधियों एवं प्रशासनिक तंत्र में सम्बन्धों में कहीं न कहीं कमी अवश्य है।

सामाजिक अंकेक्षण की जानकारी

ग्रामीण विकास कार्यक्रमों के अन्तर्गत कराये जाने वाले कार्यों में जनता की भागीदारी हो, कार्यगुणवत्ता के साथ न्यूनतम लागत से कराये जायें तथा सार्वजनिक परिसम्पत्तियों का अपेक्षित उपयोग हो। इस दृष्टि से सरकार द्वारा निम्न व्यवस्थायें की गई है[3]–

आम जनता, जनप्रतिनिधियों तथा कार्मिक वर्ग में सामाजिक अंकेक्षण से सम्बन्धित सामान्य जानकारी

सारणी संख्या - 7.25

क्र.सं.	सामाजिक अंकेक्षण के पहलू	आम जनता (250)				जनप्रतिनिधि (100)				कर्मचारी वर्ग (50)			
		पता है	%	पता नहीं	%	पता है	%	पता नही	%	पता है	%	पता नहीं	%
1.	सामाजिक अंकेक्षण क्या है ?	07	2.8	243	97.2	06	06	94	94	09	18	41	82
2.	निर्माण स्थल पर सूचना बोर्ड का रंग	31	12.4	219	87.6	61	61	39	39	39	78	11	22
3.	सूचना बोर्ड का आकार	03	1.2	247	98.8	12	12	88	88	09	18	41	82
4.	ग्रामीण कार्य निर्देशिका	06	2.4	244	97.6	27	27	73	73	25	50	25	50

(1) यदि किसी संस्था या व्यक्ति द्वारा कार्यों के सम्बन्ध में दस्तावेजों के निरीक्षण की मांग एवं प्रतियां चाही जाती हैं तो कार्यकारी संस्था द्वारा ग्रामीण कार्य निर्देशिका के अन्तर्गत कराये जाने वाले व्ययों का निरीक्षण एवं प्रतियां देने की व्यवस्था की जावे।

(2) प्रत्येक ग्राम सभा की बैठक में विभिन्न योजनाओं के अन्तर्गत ग्राम पंचायत में सृजित एवं निर्माणाधीन परिसम्पत्तियों का ब्यौरा रखा जाने एवं ग्राम सभा की कार्यवाही विवरण में ग्राम सभा की राय अंकित की जावे।

(3) निर्माणाधीन कार्यों के लिये जिला स्तर पर सतर्कता एवं मॉनीटरिंग समिति की व्यवस्था भी की गई है।

इस प्रकार परिसम्पत्तियों की गुणवत्ता एवं भौतिक सत्यापन हेतु ग्राम सभा की बैठक में सामाजिक अंकेक्षण होना आवश्यक है। सामाजिक अंकक्षेण से सम्बन्धित उत्तरदाताओं की जानकारी सारणी 7.25 में दी गई है–

उपरोक्त तालिका से स्पष्ट है कि 97.2 प्रतिशत जनता को सामाजिक अंकेक्षण का पता ही नहीं है, 94 प्रतिशत जनप्रतिनिधियों एवं 82 प्रतिशत कार्मिक तन्त्र को भी इसका ज्ञान नहीं है। निर्माण स्थल पर सूचना बोर्ड के रंग की 87.6 प्रतिशत जनता, 39 प्रतिशत जनप्रतिनिधियों तथा 22 प्रतिशत कार्मिक तन्त्र को जानकारी नहीं है। सूचना बोर्ड के आकार की 98.8 प्रतिशत जनता, 88 प्रतिशत जनप्रतिनिधियों एवं 82 प्रतिशत कार्मिक तंत्र को पता नहीं है। ग्रामीण कार्य निर्देशिका की 97.6 प्रतिशत जनता, 73 प्रतिशत जनप्रतिनिधि तथा 50 प्रतिशत कार्मिक तंत्र को जानकारी नहीं है।

इस अनुभवपरक अध्ययन से ग्रामीण विकास कार्यक्रमों के सम्बन्ध में व्यक्त प्रतिक्रिया के परिणामस्वरूप अनेक पहलू उभर कर सामने आये हैं। ये पहलू नीति निर्माताओं, क्रियान्वयनकर्त्ताओं, अनुसंधानकर्ताओं एवं पाठकों के विचारों को उद्वेलित करने वाले हैं। ग्रामीण विकास कार्यक्रमों से सम्बन्धित अभिव्यक्त कमियों में आवश्यक सुधार कर इनके क्रियान्वयन में नवसंचार किया जा सकता है।

सन्दर्भ

1. दैनिक भास्कर, *'सबसे भ्रष्ट पंचायती राज, राजस्व का दूसरा स्थान,'* जयपुर, 14 दिसम्बर, 2004
2. राजस्थान पत्रिका *"बिके सांसद, संसद पर दूसरा हमला"* राजस्थान पत्रिका प्रेस, केसरगढ़, जवाहर लाल नेहरु मार्ग, जयपुर, 13 दिसम्बर, 2005
3. ग्रामीण कार्य निर्देशिका – 2000, ग्रामीण विकास विभाग, राजस्थान सरकार, पृष्ठ – 23.

8

समस्या–समाधान

राजस्थान की अधिसंख्य जनसंख्या ग्रामीण क्षेत्रों में निवास कर रही है परन्तु समुचित रोजगार प्रबंधन एवं सुविधाओं के अभाव में ग्रामीण जनता शहरों की ओर पलायन कर रही है, जिससे धीरे–धीरे ग्रामीण जनसंख्या में निरन्तर कमी आ रही है। परन्तु आज भी जनसंख्या का बहुत बड़ा भाग गाँवों में रह रहा है। हमारे देश की स्वतंत्रता के पश्चात् संविधान की धारा 38 में जनता के कल्याण का उद्देश्य निर्धारित किया गया था। भारत विश्व का सबसे बड़ा प्रजातान्त्रिक देश है। प्रजातन्त्र होने के नाते 'जनता का विकास, जनता के द्वारा' राज्य सरकार का प्रमुख लक्ष्य रहा है। ग्रामीण विकास में अधिकतम जनसहभागिता सुनिश्चित करने के उद्देश्य से ही पंचायती राज की नींव रखी गई थी।

विकास को निश्चित शब्दों में बांधना महज कल्पना हो सकती है, इसे परिभाषित करना बहुत कठिन है। फिर भी ग्रामीण विकास में जनता का कल्याण करना, गरीबी रेखा के नीचे जीवन यापन करने वाले लोगों की सही पहचान कर उनको उन्नति की ओर उन्मुख करना, पिछड़े वर्गों को समानता का दर्जा देना, महिलाओं को आगे लाने के प्रयास करना तथा आधारभूत सुविधाऐं मुहैया करवाना आदि बातों को सम्मिलित कर सकते हैं। विकास केवल गाँव में विद्यालय भवन, अस्पताल, पंचायत भवन, कुआं निर्माण, नाली, सड़क आदि बनवाना नहीं है अपितु यह उसका एक भाग मात्र है। ग्रामीण जनता में शिक्षा का संचार करना, अपने अधिकारों के प्रति जागरूकता लाना, विकास में जनसहभागिता बढ़ाना, स्वावलम्बी बनाना तथा प्रोत्साहित करना आदि को सम्मिलित किया जाना चाहिए।

राजस्थान क्षेत्रफल की दृष्टि से देश में सबसे बड़ा राज्य है, फिर भी आर्थिक दृष्टि से पिछड़ा हुआ है। राज्य की अधिसंख्य आबादी ग्रामीण है

और ग्रामीण जनता का मुख्य व्यवसाय कृषि है। राज्य में कृषि विकास के लिये अनुकूल परिस्थितियाँ नहीं हैं। अधिकांश कृषि मानसून पर निर्भर करती है। राज्य का एक बड़ा भाग रेगिस्तान है तथा बंजर भूमि होने के कारण उत्पादन पर्याप्त मात्रा में नहीं हो पाता है।

राज्य के चहुँमुखी विकास के लिए समय–समय पर केन्द्र प्रवर्तित, राज्य प्रवर्तित एवं बाह्य सहायता प्राप्त योजनाऐं एवं कार्यक्रम क्रियान्वित किये जाते रहे हैं। राज्य में केन्द्र प्रवर्तित योजनाओं में हैं – इन्दिरा आवास योजना, सूखा सम्भावित क्षेत्र कार्यक्रम, मरू विकास कार्यक्रम, सीमावर्ती क्षेत्र विकास कार्यक्रन, बायोगैस कार्यक्रम, इन्दिरा आवास हेतु ऋण एवं अनुदान योजना, ग्रामीण आवास और पर्यावरण विकास के लिए अभिनव कार्यक्रम, समग्र आवास योजना, बंधक श्रमिकों की खोज, मुक्ति एवं पुनर्वास कार्यक्रम, अभिनव (इन्नोवेटिव) योजनाएँ, स्वर्ण जयन्ती ग्राम स्वरोजगार योजना, सम्पूर्ण ग्रामीण रोजगार योजना, प्रधानमंत्री ग्रामोदय योजना, एकीकृत बंजरभूमि विकास कार्यक्रम, मरू गोचर योजना, सांसद स्थानीय क्षेत्र विकास कार्यक्रम, डी.आर.डी.ए. प्रशासन योजना, ग्रामीण क्षेत्रों में शहरी आधारभूत सुविधाओं का विस्तार (पूरा) तथा काम के बदले अनाज का राष्ट्रीय कार्यक्रम। राज्य प्रवर्तित योजनाओं में हैं–मेवात क्षेत्रीय विकास योजना, वानप्रस्थ योजना, डांग क्षेत्रीय विकास कार्यक्रम, निर्बन्ध राशि योजना, बत्तीस जिला बत्तीस काम योजना, अपना गाँव अपना काम योजना, सामुदायिक जलोत्थान सिंचाई योजना, ग्रामीण विकास केन्द्र/लघु ग्रामीण विकास केन्द्र कार्यक्रम, विधायक स्थानीय क्षेत्र विकास कार्यक्रम, गुरू गोलवलकर जनभागीदारी योजना, सहरिया एवं कथौड़ी जनजाति के परिवारों हेतु विशेष रोजगार योजना आदि। बाह्य सहायता प्राप्त योजना में जिला गरीबी उन्मूलन परियोजना संचालित है।

राज्य ग्रामीण विकास विभाग द्वारा वर्तमान में क्रियान्वित योजनाओं के प्रमुख उद्देश्य निम्नलिखित हैं–

1. ग्रामीण क्षेत्रों में गरीबी उन्मूलन
2. ग्रामीण क्षेत्रों में रोजगार सृजन
3. आर्थिक विकास हेतु सुदृढ़ आधारभूत संसाधनों का सृजन
4. क्षेत्रीय विषमताएं दूर करना

5. विकास योजनाओं में जनता की भागीदारी को प्रोत्साहन
6. आवासहीन को आवास एवं शोषित को संबल देना।

इन उद्देश्यों की प्राप्ति केन्द्र सरकार एवं राज्य सरकार के निर्देशानुसार जिला ग्रामीण विकास अभिकरण के माध्यम से पंचायत समिति एवं ग्राम पंचायतें करती हैं। इन उद्देश्यों की प्राप्ति के लिए ग्रामीण विकास विभाग ने संचालित योजनाओं को निम्नानुसार वर्गीकृत किया है–

(अ) स्वरोजगार द्वारा गरीबी उन्मूलन

1. स्वर्णजयन्ती ग्राम स्वरोजगार योजना

(ब) रोजगार सृजन द्वारा गरीबी निवारण

1. सम्पूर्ण ग्रामीण रोजगार योजना
2. काम के बदले अनाज का राष्ट्रीय कार्यक्रम
3. सहरिया एवं कथौड़ी जनजाति के परिवारों हेतु विशेष रोजगार योजना
4. सांसद स्थानीय क्षेत्र विकास कार्यक्रम
5. विधायक स्थानीय क्षेत्र विकास कार्यक्रम।

(स) क्षेत्रीय विकास द्वारा "गरीबी एवं क्षेत्रीय असन्तुलन" निवारण

1. मरू विकास कार्यक्रम
2. सूखा संभावित क्षेत्र विकास कार्यक्रम
3. एकीकृत बंजरभूमि विकास कार्यक्रम
4. मरू गोचर योजना
5. सीमावर्ती क्षेत्र विकास
6. मेवात क्षेत्रीय विकास कार्यक्रम
7. गुरू गोलवलकर जनभागीदारी विकास योजना
8. डांग क्षेत्रीय विकास योजना
9. ग्रामीण क्षेत्रों में शहरी आधारभूत सुविधाओं का विस्तार (पूरा)

(द) वैकल्पिक ऊर्जा क्षमता का सृजन

1. बायोगैस कार्यक्रम

(य) गरीब/शोषित की कल्याण योजनाएं

1. इन्दिरा आवास योजना
2. प्रधानमंत्री ग्रामोदय योजना (ग्रामीण आवास)
3. जिला गरीबी उन्मूलन परियोजना।

(र) अन्य

1. डी.आर.डी.ए. प्रशासन योजना।

इस शोध के अन्तर्गत ग्रामीण विकास कार्यक्रमों एवं इनसे सम्बन्धित विकास तन्त्र की संरचना एवं कार्यों का विशद वर्णन किया गया है। इस अध्ययन में निम्नलिखित उद्देश्य निहित हैं–

1. ग्रामीण विकास कार्यक्रमों के क्रियान्वयन का प्रभाव जानना।
2. इन कार्यक्रमों में पारदर्शिता, ईमानदारी का मूल्यांकन करना।
3. इन कार्यक्रमों के निर्माण एवं क्रियान्यवयन में जनसहभागिता का पता लगाना।
4. विकास कार्यक्रमों की आवश्यकता एवं पारिस्थितिकी का अध्ययन करना।
5. ग्रामीण विकास कार्यक्रमों के सम्बन्ध में जनता, जनप्रतिनिधि एवं कार्मिक तन्त्र में सम्बन्ध एवं इच्छा शक्ति जानना।
6. विकास कार्यक्रमों के लाभ की वास्तविक जरूरत मन्द व्यक्तियों तक पहुँच का पता लगाना।
7. जनप्रतिनिधियों एवं कार्मिक तन्त्र की भूमिका का आंकलन करना।
8. ग्रामीण विकास कार्यक्रमों के उद्देश्यों की प्राप्ति की उपलब्धियों को जानना।
9. विभिन्न स्तरों पर ग्रामीण विकास कार्यक्रमों के क्रियान्वयन में संलग्न प्रशासनिक तन्त्र एवं उनके क्रियाकलापों का पता लगाना।

10. अनुभवपरक निष्कर्षों के आधार पर ग्रामीण विकास कार्यक्रमों को अधिक प्रभावी बनाने हेतु सुझाव प्रस्तुत करना।

इन उद्देश्यों को ध्यान में रखकर शोध प्रारम्भ करते समय कुछ परिकल्पनाओं का निर्माण किया गया था जो कि शोधकर्ता द्वारा पूर्व में किये गये अध्ययनों एवं एक सजग नागरिक के रूप में अनुभूत की गई वास्तविकताओं को आधार बनाकर निर्मित की गई। इन परिकल्पनाओं के परीक्षण के लिए इस अध्ययन में अनुभवमूलक अध्ययन किया गया है तथा इनके पक्ष को और अधिक प्रबल करने हेतु पूर्व अध्ययन, विभिन्न भाषणों, समाचार–पत्रों द्वारा उजागर घटनाओं एवं कुछ चित्रों का सहारा लिया गया है। इस शोध अध्ययन हेतु बनाई गई परिकल्पनायें निम्नलिखित हैं–

✍ ग्रामीण विकास कार्यक्रम अपने उद्देश्यों एवं लक्ष्यों की प्राप्ति में आंशिक रूप से सफल रहे हैं।

(1) ग्रामीण विकास कार्यक्रमों के अन्तर्गत चयनित निर्माण कार्य, निर्माण स्थल अपारिस्थितिकीय (Unfriendly Environment) हैं।

(2) ग्रामीण विकास कार्यक्रमों के निर्माण एवं क्रियान्वयन में जनसहभागिता का अभाव है।

(3) ग्रामीण विकास कार्यक्रमों का लाभ वास्तविक जरूरतमन्द व्यक्ति तक नहीं पहुँच पा रहा है।

(4) गरीबी रेखा के नीचे जीवनयापन करने वाले परिवारों एवं लाभार्थियों का चयन गलत हो रहा है।

(5) ग्रामीण विकास कार्यक्रमों की जनता में जानकारी नहीं है।

(6) ग्रामीण विकास कार्यक्रमों में प्रत्येक स्तर पर भ्रष्टाचार व्याप्त है तथा जनप्रतिनिधि एवं कार्मिक तन्त्र दोनों ही इसमें लिप्त हैं।

(7) ग्रामीण विकास कार्यक्रमों के क्रियान्वयन में पारदर्शिता, संवेदनशीलता एवं प्रौद्योगिकी विकास की पहुँच का अभाव है।

इस शोध अध्ययन के लिये निर्धारित किये गये उद्देश्यों तथा परिकल्पनाओं के परीक्षण के लिए पंचायत समिति हिण्डौन क्षेत्र में संचालित ग्रामीण विकास कार्यक्रमों एवं इनसे सम्बन्धित प्रशासनिक तन्त्र व जनप्रतिनिधियों को अनुभवपरक अध्ययन का आधार बनाया गया।

हिण्डौन पंचायत समिति क्षेत्र में 51 ग्राम पंचायतें हैं जिनमें 10 ग्राम पंचायतें डांग क्षेत्र के अन्तर्गत आती हैं। अनुभवपरक अध्ययन हेतु दैव निदर्शन के आधार पर 20 ग्राम पंचायतों को सम्मिलित किया गया। इस अध्ययन में कुल 400 व्यक्तियों के साक्षात्कार लिये गये जिनमें 250 जनता से (लाभार्थी एवं गैर लाभार्थी), 100 जनप्रतिनिधि (जिला परिषद् सदस्य, पंचायत समिति सदस्य, ग्राम सरपंच एवं पंच), 50 कार्मिक तन्त्र (विकास अधिकारी, वर्तमान एवं पूर्व), प्रसार अधिकारी, ग्राम सेवक सह पदेन सचिव एवं पंचायत समिति कार्यालय में कार्यरत अन्य कर्मचारियों को सम्मिलित किया गया। इन उत्तरदाताओं से प्राप्त सूचनाओं के आधार पर विश्लेषण किया गया है (अध्याय–7में) तथा सारणीयन के आधार पर इनका प्रस्तुतिकरण भी किया गया है। इस शोध अध्ययन में कुल 400 लोगों से प्राप्त सूचनाओं के आधार पर निष्कर्ष निकालने का प्रयास किया गया है। उत्तरदाताओं से प्राप्त सूचनाओं का सांख्यिकीय विधियों द्वारा विश्लेषण करने का प्रयास भी किया गया है। इस प्रकार यह अध्ययन उन सांख्यिकीय तकनीकों पर आधारित है जो समाज विज्ञानों में सबसे उपयुक्त मानी जाती है।

प्रस्तुत शोध का विषय "**राजस्थान में ग्रामीण विकास कार्यक्रमों का प्रशासन हिण्डौन पंचायत समिति के सन्दर्भ में अनुभवपरक अध्ययन**" है तथा निष्कर्ष से पूर्व निम्न 7 अध्यायों में विभिन्न तथ्यों, आंकड़ों, सूचनाओं एवं सैद्धान्तिक विवेचन किया गया है–

प्रथम अध्याय शोध के विषय के परिचयात्मक स्वरूप व अध्ययन योजना से सम्बन्धित है। इस अध्याय में ग्रामीण विकास का अर्थ, समस्या का कथन, अध्ययन की प्रासंगिता, साहित्य का अवलोकन, अध्ययन के उद्देश्य, शोध परिकल्पनाएँ, शोध प्ररचना, अध्याय विन्यास तथा अध्ययन की सीमाओं का विशद वर्णन किया गया है।

द्वितीय अध्याय में भारतीय ग्रामीण परिदृश्य को समझाते हुए ग्रामीण विकास के क्षेत्र की ऐतिहासिक पृष्ठ भूमि को बताने का प्रयास किया गया है। इसमें प्राचीनकाल, वैदिक युग, रामायण एवं महाभारत काल, विभिन्न स्मृति ग्रन्थों, कौटिल्य के अर्थशास्त्र, मौर्य युगीन, गुप्तकालीन, मुगलकालीन, ब्रिटिश कालीन से लेकर वर्तमान तक की ग्रामीण विकास यात्रा का वर्णन

किया है। विभिन्न समितियों के प्रतिवेदन, 73 वे संविधान संशोधन के प्रावधान एवं विशेषताएं तथा भारत में ग्रामीण विकास कार्यक्रमों की यात्रा का विस्तृत उल्लेख किया गया है।

तृतीय अध्याय में प्रारम्भ से लेकर वर्तमान स्वरूप तक आने की ग्रामीण विकास विभाग की ऐतिहासिक यात्रा का वर्णन करते हुए राज्य में वर्ष 1997 से वर्तमान तक के ग्रामीण विकास विभाग द्वारा संचालित कार्यक्रमों का विस्तृत विवेचन किया गया है। ग्रामीण विकास के लिए निर्धारित प्रशासनिक सरंचना में राज्य ग्रामीण विकास विभाग के लिए निर्धारित प्रशासनिक संरचना में राज्य ग्रामीण विकास विभाग के प्रशासनिक तन्त्र का वर्णन करते हुए इसके सभी आठों अनुभागों का विशद विवेचन किया गया है।

चतुर्थ अध्याय के प्रारम्भ में करौली जिले का ऐतिहासिक परिचय देते हुए जिले के अन्तर्गत जिला ग्रामीण विकास अभिकरण के माध्यम से संचालित विभिन्न ग्रामीण विकास कार्यक्रमों एवं उनकी उप्लब्धियों को बताया गया है। इसमें जिला परिषद की संरचना का 73 वे संविधान संशोधन से पूर्व एवं पश्चात् का तुलनात्मक वर्णन करते हुए जिला ग्रामीण विकास प्रशासन का विस्तृत वर्णन किया गया है।

इसी प्रकार पंचायत समिति हिण्डौन का सामान्य परिचय देते हुए पंचायत समिति की संरचना का 73 वें संविधान संशोधन से पूर्व एवं पश्चात् का तुलनात्मक वर्णन किया गया है। पंचायत समिति में प्रारम्भ से अब तक प्रधान या प्रशासक तथा विकास अधिकारी के पद पर रहे व्यक्तियों का उल्लेख किया गया है। पंचायत समिति हिण्डौन की प्रशासनिक सरंचना तथा कार्यों का स्पष्टीकरण करते हुए ग्राम पंचायत की संरचना एवं प्रशासनिक कार्य प्रणाली का वर्णन किया गया है। अध्याय के अन्त में पंचायत समिति हिण्डौन के प्रशासनिक तन्त्र, जनप्रतिनिधियों की कार्यात्मक समीक्षा की गई है।

पंचम् अध्याय के अन्तर्गत पंचायत समिति हिण्डौन का परिचयात्मक वर्णन प्रस्तुत करते हुए इसके अन्तर्गत आने वाली ग्राम पंचायतों को बताया गया है। हिण्डौन पंचायत समिति के लोगों की सामाजिक स्थिति का उल्लेख करते हुए साक्षरता, जनसंख्या, कार्यशील, सीमान्त एवं अकार्यशील

जनसंख्या को दर्शाया गया है। पंचायत समिति क्षेत्र में लोगों के आर्थिक जीवन पर प्रकाश डालते हुए प्रमुख फसलों और उनके क्षेत्रफल, पशुधन का विस्तार से वर्णन किया गया है। इस क्षेत्र की राजनीतिक स्थिति को स्पष्ट करते हुए वर्ष 1952 से वर्ष 2003 तक के विधान सभा के चुनावों में निर्वाचित विधायकों को सम्मिलित किया गया है। अध्याय के अन्त में जिला परिषद् तथा पंचायत समिति सदस्यों के चुनाव 2000 व 2005 को सारणियों के माध्यम से दर्शाया गया है।

षष्ठम् अध्याय का पांच भागों में अध्ययन किया गया है। इसके प्रथम भाग में ग्रामीण विकास कार्यक्रमों के अन्तर्गत होने वाले निर्माण कार्यों के मापदण्डों निरीक्षण एवं उसके मापदण्ड, दर निर्धारण, सम्पादन अवधि एवं सामाजिक अंकेक्षण को सम्मिलित किया है। द्वितीय भाग में विकास कार्यों की वास्तविकता को उजागर करने वाले समाचार–पत्रों से कतरन को जोड़ा गया है। तीसरे भाग में विकास कार्यों की वास्तविकता का अवलोकनात्मक वर्णन किया है। चतुर्थ भाग में विकास कार्यों की वास्तविकता को चित्रों के माध्यम से दर्शाया गया है और अन्तिम भाग में हिण्डौन पंचायत समिति में संचालित ग्रामीण विकास योजनाओं की उपलब्धियों का विश्लेषण किया गया है।

सप्तम् अध्याय के अन्तर्गत अनुभवमूलक अध्ययन को सम्मिलित किया गया है। अनुभवपरक अध्ययन हेतु कुल 400 लोगों का चयन किया गया और उनसे प्राप्त उत्तरों के आधार पर ग्रामीण विकास कार्यक्रमों का आंकलन किया गया है। उत्तरदाताओं में 250 आम जनता से, 100 जनप्रतिनिधियों से तथा 50 कार्मिक तंत्र से लिये गये हैं। इनसे पूछे गये प्रश्नों के उत्तर के आधार पर विश्लेषण किया गया है।

सामान्य निष्कर्ष

1. ग्रामीण विकास योजनाओं के उद्देश्य सैद्धान्तिक रूप में आदर्श हैं परन्तु क्रियान्विति उद्देश्य के अनुरूप न होकर प्रक्रिया की जटिलता एवं औपचारिकताओं की खानापूर्ति में सिमट कर रह गयी है।

2. ग्राम सभा का निर्णय बाध्यकारी नहीं है। 73वें संविधान संशोधन के लागू होने के पश्चात् इन संस्थाओं के रूप में विकसित होने की स्थिति अधिक उत्साहवर्धक नहीं रही है। ग्राम पंचायत स्तर पर सर्तकता समिति के

गठन का प्रावधान है परन्तु वे सक्रिय भूमिका निभाने में सफल नहीं हो पाई हैं।

3. ग्रामीण विकास कार्यक्रमों के अन्तर्गत जनप्रतिनिधियों द्वारा विकास का अर्थ सिर्फ निर्माण कार्यों से लगाया जाता है। इनके संकीर्णता एवं स्वार्थसिद्धता के कारण ग्रामीण विकास के वास्तविक कार्य गौण रह जाते हैं। इन निर्माण कार्यों को कराने के पीछे इनका मुख्य उद्देश्य निर्माण कार्यों में वृद्धि करना और आवंटित राशि में से कागजी कार्यवाही कर राशि हड़प लेना होता है। स्थिति में सुधार के लिये राजनीतिक इच्छा शक्ति का अभाव पाया जाता है।

4. भारत विश्व का सबसे बड़ा लोकतान्त्रिक देश है। देश के विकास के लिए विभिन्न भागों की आवश्यकताऐं भी भिन्न–भिन्न हैं। अतः ग्रामीण विकास की योजनाऐं न तो केन्द्र में बैठकर बनायी जा सकती और न ही राज्य की राजधानियों में, इसके लिए क्षेत्रीय पारिस्थितिकी का अध्ययन किया जाना चाहिए। जिला स्तर, खण्ड़ स्तर, ग्राम पंचायत एवं वार्ड स्तर पर योजनाओं का निर्माण एवं क्रियान्वयन जनआवश्यकताओं के अनुरूप नहीं हो रहा है।

5. ग्रामीण विकास के लिये बनायी जा रही एवं क्रियान्वित की जा रही योजनाओं में जनभागीदारी का अभाव है और यदि किसी स्थान पर जनसहभागिता प्राप्त होती भी है तो उनकी विचारधारा को पर्याप्त महत्त्व नहीं दिया जाता है।

6. जिला परिषद् एवं पंचायत समिति के अधिकारियों और कर्मचारियों के पदों की संख्या राज्य सरकार ही नियत करती है जो प्रायः अपर्याप्त रहती है। इन पदों पर राज्य सरकार की सेवा शर्ते ही लागू होती हैं। जिला ग्रामीण विकास अभिकरण में ग्रामीण विकास योजनाओं के प्रशासन तन्त्र में महत्वपूर्ण पदों पर कई वर्षों तक रिक्तता सरकार की ग्रामीण विकास के प्रति उदासीनता को प्रकट करती है।

7. ग्रामीण विकास तन्त्र, स्थानीय शासन से सम्बन्धित तथा ग्रामीण विकास कार्यक्रमों के सम्बन्ध में अधिकांश जनता अनभिज्ञ है। ग्राम पंचायत स्तर पर उप सरपंच, पंचायत समिति स्तर पर उप–प्रधान तथा जिला स्तर पर उप–जिला प्रमुख की जानकारी बहुत ही कम जनता को है।

8. स्थानीय स्तर पर ग्रामीण विकास कार्यक्रमों एवं योजनाओं के विभिन्न प्रावधानों की न तो जानकारी है और न ही इनके प्रति जागरूकता। ये सरकार, प्रशासन–तन्त्र तथा जनता का अपने अधिकारों के प्रति उदासीनता का द्योतक है।

9. ग्रामीण विकास कार्यक्रमों के अन्तर्गत उत्पन्न रोजगार सम्बन्धी कार्यों में स्थानीय जनप्रतिनिधि अपने स्वयं के अथवा अपने निकटतमों को रोजगार उपलब्ध करवाते हैं। इन कार्यों में प्रयुक्त वाहन भी स्वयं के या निकटतमों के होते हैं और मनचाहा किराया वसूल करते हैं।

10. ग्रामीण विकास कार्यक्रमों का लाभ वास्तविक हकदारों को न मिलकर सक्षम, प्रभावशाली एवं स्थानीय जनप्रतिनिधियों तथा प्रशासनिक तन्त्र के चहेतों को मिलता है। इन कार्यक्रमों से गरीबों का विकास नहीं होता बल्कि उनके हक को छीन कर उन्हें विकास की धारा से जोड़ने के स्थान पर और पीछे धकेला जा रहा है।

11. ग्राम सभा/वार्ड सभाओं की बैठकों में अधिसंख्य जनता अनुपस्थित रहती है। इन बैठकों में आवश्यक कोरम भी पूरा नहीं हो पाता है। सरपंच एवं ग्राम सचिव मिलकर सारी औपचारिकताऐं पूर्ण कर लेते हैं।

12. ग्रामीण विकास में ग्राम सेवक सह पदेन सचिव की भूमिका अहम होती है परन्तु शोध में उभरकर आया है कि इनको ग्राम पंचायत कार्यालयों पर कभी–कभार देखा जाता है। ये अपने कर्त्तव्यों एवं शक्तियों का निर्वहन ईमानदारी से नहीं कर रहे हैं।

13. ग्रामीण विकास के अन्तर्गत निर्माण कार्यों एवं उनके लिए स्थल चयन में जनआवश्यकताओं एवं पारिस्थितिकी का ध्यान नहीं रखा जाता है अपितु स्थानीय जनप्रतिनिधि अपने निजी हितों को प्राथमिकता प्रदान कर इस हेतु स्थल का चयन करते हैं। ऐसे में अधिकांश निर्माण कार्य अनुपयोगी पड़े हुए हैं और सरकार की राशि अनायास ही खर्च कर दी जाती है।

14. हिण्डौन पंचायत समिति कार्यालय स्वयं ही विकास की प्रतीक्षा में है तो ऐसे में दूसरे स्थानों के विकास की उम्मीद कैसे की जा सकती है। वर्षात् के दिनों में हिण्डौन पंचायत समिति कार्यालय का एक भाग टापू बन जाता है और सभी का सम्पर्क कट जाता है।

15. हिण्डौन पंचायत समिति प्रौद्योगिकी की पहुँच से अभी भी दूर है जबकि पंचायती राज के शुभारम्भ के साथ ही इसकी स्थापना हो चुकी थी। सरकार ग्राम पंचायतों को कम्प्यूटर उपलब्ध करवाकर जिला कलेक्टर एवं राज्य के सचिवालय से जोड़ने की बात करती है परन्तु अभी तक जिला मुख्यालय भी पूर्णरूपेण कम्प्यूटरीकृत नहीं हो पाये हैं। हिण्डौन पंचायत समिति में सारा कार्य पुरानी कार्य प्रणाली पर आधारित है और पुराने रिकार्ड ऐसी स्थिति में है कि उन्हें देखकर कोई कह नहीं सकता कि हमारा देश कम्प्यूटर के मामले में विश्व में विशेष स्थान रखता है।

16. गांवों में अधिकांश जनता कृषि कार्यों में कार्यरत है परन्तु कृषि विकास के सम्बन्ध में कोई विशेष उपलब्धियाँ अर्जित नहीं हो रही हैं। इसके लिए नई प्रौद्योगिकी की पहुँच का उपलब्ध नहीं हो पाना एवं जानकारी नहीं होना है।

17. हिण्डौन पंचायत समिति कार्यालय में ग्रामीण विकास कार्यक्रमों की जानकारी एवं अशिक्षित जनता की सहायता के लिए न तो पूछताछ सम्बन्धी कोई कर्मचारी है और न ही स्थान। ग्रामीण जनता की आवश्कता को ध्यान में रखकर पूछताछ सह स्वागत कक्ष का निर्माण किया जाना चाहिए।

18. पंचायत समिति कार्यालय में प्रसार अधिकारियों एवं अन्य कार्मिक तन्त्र के कार्य का स्थान बहुत छोटा है और एक ही कमरे में कई कार्मिक कार्य करते हैं। उन्हें कार्य करने के लिए एवं फाइलों को रखने के लिए पर्याप्त स्थान का भी अभाव है।

19. पंचायत समिति में कार्यरत–तन्त्र स्थानीय जनप्रतिनिधियों एवं प्रभावशाली लोगों के दवाब में गलत कार्य करने से भी नहीं चूकते।

20. ग्रामीण विकास कार्यों में भ्रष्टाचार की जड़े इतनी गहरी जमीं हुई हैं कि उनसे ईमानदारी की उम्मीद करना उचित नहीं होगा। यदि ग्रामीण विकास कार्यक्रमों का क्रियान्वयन ईमानदारी से हो जाये तो विकास की गंगा बहने लगे परन्तु ग्रामीण विकास के कर्णधार बने लोग ही उसको विपरीत दिशा प्रदान कर रहे हैं।

21. सरकार ने गरीबी रेखा के नीचे जीवनयापन करने वाले लोगों के लिए अनेक केन्द्र प्रवर्तित, राज्य प्रवर्तित एवं बाह्य सहायता प्राप्त योजनाऐं

चला रखी हैं परन्तु इन योजनाओं हेतु बी.पी.एल. परिवारों का चयन ही सही नहीं हो रहा है। ऐसे में गरीबी रेखा के नीचे जीवनयापन कर रहे लोगों को लाभ नहीं मिल पा रहा है और वे गरीबी से और गरीब होते जा रहे हैं।

अनुभवपरक क्षेत्रीय अध्ययन के निष्कर्ष

प्रस्तुत शोध अध्ययन में सैद्धान्तिक विवेचन के पश्चात् राजस्थान में ग्रामीण विकास कार्यक्रमों और उनके प्रशासनिक ढाँचे का वर्णन किया गया है। जिला स्तर पर जिला ग्रामीण विकास अभिकरण द्वारा जिले में संचालित ग्रामीण विकास कार्यक्रमों एवं उसकी प्रशासनिक संरचना, स्थिति एवं भूमिका का उल्लेख किया गया है। पंचायत समिति एवं ग्राम पंचायत की संरचना तथा प्रशासनिक तन्त्र की संरचना के साथ उनके कार्यों का वर्णन किया गया है। शोध के उद्देश्यों एवं शोधार्थी द्वारा निर्मित परिकल्पनाओं के समर्थन में विभिन्न स्रोतों से सूचनाऐं, तथ्य एवं आकड़ों सहित चित्रों के माध्यम से दर्शाया गया है। प्रस्तुत शोध अनुभवमूलक क्षेत्रीय अध्ययन पर आधारित होने के कारण इसके निष्कर्ष का केन्द्रीय विषय अनुभवपरक अध्ययन ही है। ग्रामीण विकास कार्यक्रमों, प्रशासन तन्त्र एवं जनप्रतिनिधियों के सन्दर्भ में जनता का क्या दृष्टिकोण है? ग्रामीण विकास के विविध पहलुओं के सम्बन्ध में आम जनता (जिनमें लाभार्थियों को भी सम्मिलित किया गया है), जनप्रतिनिधियों एवं कार्मिक तन्त्र को सम्मिलित किया गया है और इनके अनुभव का विश्लेषण किया गया है। अनुभवपरक अध्ययन का क्षेत्र हिण्डौन पंचायत समिति रहा है, इस क्षेत्र में कुल 51 ग्राम पंचायतें हैं, जिनमें 10 ग्राम पंचायतें डांग क्षेत्र के अर्न्तगत आती हैं। अनुभवपरक अध्ययन के लिए इन 51 ग्राम पंचायातों में से दैवनिदर्शन विधि से 20 ग्राम पंचायतों का चयन किया गया है। इस अध्ययन में आम जनता से 250, जनप्रतिनिधियों से 100 और प्रशासनिक तन्त्र से 50 व्यक्तियों को सम्मिलित कर कुल 400 उत्तरदाताओं के आधार पर विश्लेषण किया गया है। अनुभवपरक अध्ययन के आधार पर निम्नलिखित निष्कर्ष निकाले गये हैं–

1. इस खण्ड की अधिसंख्य जनसंख्या कृषि कार्यों एवं पशुपालन के व्यवसाय में लगी हुई है।

2. ग्रामीण जनता में ग्रामीण विकास कार्यक्रमों और उससे सम्बन्धित प्रशासन तन्त्र एवं स्थानीय शासन की सामान्य जानकारी का स्तर अत्यन्त निम्न है। ग्राम पंचायत के उप सरपंच का नाम केवल 47.2 प्रतिशत जनता को ही मालुम है, शेष 52.8 प्रतिशत जनता इससे अनभिज्ञ है। ग्राम पंचायत में कुल वार्डों की संख्या की जानकारी 64 प्रतिशत जनता को नहीं है। प्रधान की 67.2 प्रतिशत, उप जिला प्रमुख की 82 प्रतिशत जनता को जानकारी नहीं है।
3. जनता के विकास के कर्णधार स्थानीय जनप्रतिनिधियों में भी ग्रामीण विकास कार्यक्रमों एवं सम्बन्धित तन्त्र की जानकारी का स्तर बहुत निम्न है। पंचायत समिति में कुल गांवों की जानकारी 95 प्रतिशत, ग्रामीण जनसंख्या का प्रतिशत 97 प्रतिशत, पंचायत समिति सदस्य संख्या 49 प्रतिशत, उप प्रधान की जानकारी 85 प्रतिशत एवं ग्रामीण कार्यनिर्देशिका की जानकारी 73 प्रतिशत जनप्रतिनिधियों को नहीं है।
4. पंचायत समिति हिण्डौन के कार्मिक तन्त्र में ग्रामीण विकास से सम्बन्धित विभिन्न जानकारियों का अभाव उनके कार्य के प्रति उदासीनता को दर्शाता है। पंचायत समिति में कुल गांवों की संख्या 90 प्रतिशत कार्मिक तन्त्र बताने में असफल रहा। इसी प्रकार पंचायत समिति की जनसंख्या 2001 के अनुसार 98 प्रतिशत कर्मचारी नहीं बता पाये। बी.पी.एल. परिवारों के चयन के मापदण्ड 80 प्रतिशत, बी.पी.एल. परिवारों का पंचायत समिति क्षेत्र में प्रतिशत को 100 प्रतिशत, पंचायत समिति में साक्षरता को 96 प्रतिशत तथा ग्रामीण कार्य निर्देशिका की जानकारी 50 प्रतिशत कार्मिक तन्त्र को नहीं है।
5. ग्रामीण विकास कार्यक्रमों की जनता में जानकारी का अभाव है। इस हेतु जनता, जनप्रतिनिधियों एवं कार्मिक तन्त्र की राय जानी गयी जिसमें इन्होंने क्रमश : 86 प्रतिशत, 86 प्रतिशत एवं 86 प्रतिशत ने माना कि जनता में ग्रामीण विकास कार्यक्रमों की जानकारी नहीं होती है।
6. ग्रामीण विकास कार्यक्रमों में प्रायः जनसहभागिता का अभाव पाया जाता है। कार्यक्रम निर्माण एवं क्रियान्वयन के सम्बन्ध में 89.6

प्रतिशत जनता, 67 प्रतिशत जनप्रतिनिधियों ने तथा 94 प्रतिशत कार्मिक तन्त्र ने माना कि जनता की राय नहीं जानी जाती है।

7. ग्रामीण विकास योजनाओं का लाभ उनके वास्तविक हकदारों को नहीं मिल पा रहा है। इन योजनाओं के लक्ष्य एवं उद्देश्य तो आदर्श हैं परन्तु इनमें खामियों के होते जरूरतमन्द व्यक्ति इनके लाभ से वंचित हैं। आम जनता के 80.8 प्रतिशत, जनप्रतिनिधियों के 59 तथा कर्मचारी तन्त्र के 74 प्रतिशत उत्तरदाताओं ने माना कि विकास योजनाओं का लाभ उनके जरूरतमन्द व्यक्तियों को नहीं मिलता या कभी–कभी मिलता है।

8. वार्ड सभा तथा ग्राम सभाओं में कोरम भी पूरा नहीं होता है, वहां केवल औपचारिकताऐं पूर्ण की जाती हैं। आम जनता के 85.2 प्रतिशत, जनप्रतिनिधियों के 60 प्रतिशत तथा कार्मिक तन्त्र के 90 प्रतिशत ने स्वीकार किया कि इन सभाओं में जनता की उपस्थिति का कोरम भी पूरा नहीं होता और केवल औपचारिकताऐं पूरी की जाती हैं।

9. ग्राम पंचायत प्रशासन आम जनता के लिए सूचनाओं को अपने तक ही सीमित रखते हैं। ग्राम प्रशासन एवं जनप्रतिनिधियों की साठ–गांठ से सूचनायें कागजों में ही सिमट कर रह जाती हैं। ग्राम पंचायत कार्यालय पर सूचनाओं का प्रदर्शन कहां तक किया जाता है ? के सम्बन्ध में आम जनता 50.0 प्रतिशत, जनप्रतिनिधि 25 प्रतिशत एवं कर्मचारी तन्त्र 50 प्रतिशत के मतानुसार सूचनाऐं या तो लगाई ही नहीं जाती या फिर कभी–कभी लगाई जाती है। 41.6 प्रतिशत आम जनता, 12 प्रतिशत जनप्रतिनिधियों एवं 18 प्रतिशत कार्मिक तन्त्र को तो इस सम्बन्ध में कोई जानकारी ही नहीं है।

10. ग्रामीण विकास कार्यों के अन्तर्गत किये जाने वाले कार्यों में निर्माण स्थल की पारिस्थितिकीय अनुकूलता का ध्यान नहीं रखा जाता है। आम जनता के 84.8 प्रतिशत, जनप्रतिनिधियों के 62 प्रतिशत तथा कार्मिक तन्त्र के 78 प्रतिशत उत्तरदाताओं ने स्वीकारा कि इन निर्माण कार्यों में पारिस्थितिकीय अनुकूलता का ध्यान बिल्कुल नहीं रखा जाता या कभी–कभी रखा जाता है।

11. ग्रामीण विकास के तहत किये जाने वाले निर्माण कार्यों में जनआवश्यकता एवं जनउपयोगिता का ध्यान नहीं रखा जाता है। इन कार्यों से निर्मित परिसम्पत्तियाँ अधिकतर अनुपयोगी पड़ी हुई है। आमजनता के 95.6 प्रतिशत, जनप्रतिनिधियों के 84 प्रतिशत एवं कर्मचारी तन्त्र के 92 प्रतिशत उत्तरदाताओं के अनुसार निर्माण कार्यों के एक चौथाई, आधे एवं तीन चौथाई कार्य ही उपयोगी सिद्ध होते हैं, शेष निर्माण कार्यों पर व्यर्थ ही सरकारी राशि व्यय की जाती है।

12. सरकार द्वारा गरीबी रेखा के नीचे जीवनयापन करने वाले लोगों के उत्थान एवं विकास के उद्देश्य से चलाये जा रहे कार्यक्रम बी.पी.एल. परिवारों के गलत चयन के कारण असफल रहे हैं। बी.पी.एल. परिवारों के चयन को आमजनता के 65.6 प्रतिशत, जनप्रतिनिधियों के 64 प्रतिशत एवं कार्मिक तन्त्र के 68 प्रतिशत उत्तरदाताओं ने निकृष्ट बताया जबकि क्रमशः 27.6 प्रतिशत, 29 प्रतिशत एवं 26 प्रतिशत ने औसत दर्जे का बताया। इससे स्पष्ट है कि बी.पी.एल. परिवारों के चयन के लिए निर्धारित मापदण्डों का ईमानदारी से पालन नहीं किया जाता है।

13. बी.पी.एल. परिवारों के गलत चयन के लिए सर्वाधिक उत्तरदायी सरपंच एवं ग्राम सचिव ग्राम पंचायत होते हैं। उत्तरदाताओं ने सरपंच तथा ग्राम सचिव, प्रभुत्वशाली लोगों एवं राजनीतिज्ञ, इन सभी को गलत चयन के लिए उत्तरदायी माना है।

14. ग्रामीण विकास कार्यक्रमों के लाभ से वंचित रहने का प्रमुख कारण लाभार्थियों का गलत चयन तथा जनप्रतिनिधियों में संकीर्णता की भावना रहा है। भ्रष्टाचार, जनजागरूकता का अभाव आदि सभी को इसका कारण माना गया है।

15. ग्रामीण विकास कार्यक्रमों के क्रियान्वयन एवं पर्यवेक्षण में भ्रष्टाचार व्याप्त है। भ्रष्टाचार की व्याप्तता को 90.4 प्रतिशत आम जनता, 82 प्रतिशत जनप्रतिनिधियों एवं 88 प्रतिशत कार्मिक तन्त्र के उत्तरदाताओं ने स्वीकार किया है।

16. भ्रष्टाचार में स्थानीय जनप्रतिनिधि, प्रशासनिक तंत्र एवं राजनीतिज्ञ सभी लिप्त हैं। इन सभी की भ्रष्टाचार में लिप्तता को 50.8 प्रतिशत आम जनता, 47 प्रतिशत जनप्रतिनिधियों एवं 52 प्रतिशत कार्मिक वर्ग के उत्तरदाताओं ने स्वीकार किया है।

17. ग्रामीण विकास कार्यक्रमों में सर्वाधिक पैसे के लेन देन का भ्रष्टाचार व्याप्त है। आम जनता के 52.4 प्रतिशत, जनप्रतिनिधियों के 44 प्रतिशत एवं कार्मिक तन्त्र के 52 प्रतिशत उत्तदाताओं ने अपना पक्ष पैसे के लेन देन के भ्रष्टाचार को माना है।

18. ग्रामीण जनता और प्रशासनिक तन्त्र के मध्य सम्बन्ध सौहार्दपूर्ण नहीं होते हैं। केवल 17.2 प्रतिशत आम जनता के, 32 प्रतिशत जनप्रतिनिधियों के एवं 34 प्रतिशत कार्मिक वर्ग के उत्तरदाताओं ने इनके मध्य सौहार्दपूर्ण सम्बन्ध बताये हैं और शेष उत्तरदाताओं के अनुसार इनके मध्य सौहार्दपूर्ण सम्बन्ध नहीं पाये जाते।

19. जनता और जनप्रतिनिधियों के बीच कोई विशेष सौहार्दपूर्ण सम्बन्ध नहीं पाये जाते हैं। केवल 30.8 प्रतिशत आम जनता के, 43 प्रतिशत जनप्रतिनिधियों के एवं 22 प्रतिशत कार्मिक तन्त्र के उत्तदाताओं के मतानुसार ही इनके बीच सौहार्दपूर्ण सम्बन्ध पाये जाते हैं, शेष उत्तरदाताओं की राय में इनके मध्य सौहार्दपूर्ण सम्बन्ध नहीं पाये जाते।

20. जनप्रतिनिधियों एवं प्रशासनिक तन्त्र के मध्य सौहार्दपूर्ण सम्बन्ध नहीं पाये जाते। केवल 39.6 प्रतिशत आम जनता, 38 प्रतिशत जनप्रतिनिधियों एवं 38 प्रतिशत कार्मिक तन्त्र के अनुसार ही इनके बीच सौहार्दपूर्ण सम्बन्ध पाये जाते हैं, शेष के अनुसार नहीं।

21. सामाजिक अंकेक्षण के सम्बन्ध में जानकारी न जनता को हैं, न जनप्रतिनिधियों को और न ही कार्मिक वर्ग को, उत्तरदाताओं से सामाजिक अंकेक्षण का अर्थ पूछा तो आम जनता के 97.2 प्रतिशत, जनप्रतिनिधियों के 94 प्रतिशत एवं कार्मिक तन्त्र के 82 प्रतिशत उत्तरदाता इससे अनभिज्ञ थे।

22. ग्रामीण विकास कार्यक्रमों में ईमानदारी व पारदर्शिता का अभाव है। इन कार्यक्रमों को क्रियान्वित करने के लिए आधुनिक प्रौद्योगिकी

की न तो कार्मिक तन्त्र में जानकारी है और न ही उनको उपलब्ध है।

23. पंचायत समिति कार्यालय का भवन निर्माण समन्वय, पर्यवेक्षण, संवेदनशीलता एवं पारदर्शिता रहित है।
24. ग्राम पंचायतों, पंचायत समिति में विभिन्न समितियों तो बनी हुई हैं, परन्तु नाममात्र की हैं। इनकी नियमित बैठकें ही नहीं हो पाती हैं।
25. ग्राम सेवक सहपदेन सचिव, विकास अधिकारी द्वारा बुलाई गई बैठकों को गम्भीरता पूर्वक नहीं लेते। वे केवल औपचारिकता पूर्ण करना चाहते हैं।

जिला स्तरीय प्रशासनिक संरचना

जिला स्तर पर जिला ग्रामीण विकास अभिकरण है जो जिले में ग्रामीण विकास कार्यक्रमों को क्रियान्वित करने के लिए उत्तरदायी है। जिला ग्रामीण विकास अभिकरण का अध्यक्ष जिला प्रमुख को बनाया गया है। मुख्य कार्यकारी अधिकारी, जिला परिषद् का शीर्षस्थ अधिकारी होता है। इस पद पर भारतीय प्रशासनिक सेवा अथवा राजस्थान प्रशासनिक सेवा के अधिकारी को नियुक्त किया जाता है। राजस्थान में जिलाधीश को औपचारिक रूप से जिला परिषद् का सदस्य बनाया गया है, किन्तु उसे वोट डालने का अधिकार नहीं दिया गया है।

जिला ग्रामीण विकास अभिकरण में पाया गया कि ग्रामीण विकास योजनाओं से सम्बन्धित प्रशासनिक अधिकारियों एवं कर्मचारियों के महत्वपूर्ण पद कई वर्षों तक निरन्तर रिक्त पड़े रहते हैं, इससे विकास योजनाओं से सम्बन्धित कार्यों में व्यवधान उत्पन्न होते हैं। सरकार को ग्रामीण विकास से सम्बन्धित कार्मिक–तन्त्र के पदों को यथा समय भरकर अपनी गम्भीरता का परिचय देना चाहिए।

कार्यरत कार्मिक–तन्त्र में आधुनिक प्रौद्योगिकी के ज्ञान एवं सुविधाओं का अभाव है। जिला स्तर पर कम्प्यूटर तो खरीद लिये हैं परन्तु इनको चलाने के लिए ठेके पर या अस्थायी कार्मिक नियुक्त कर रखे हैं। इससे ग्रामीण विकास से सम्बन्धित विभिन्न जानकारियों, आंकडों आदि की समस्या

प्रायः देखने को मिलती है। सभी कार्मिकों को आधुनिक तकनीकी प्रशिक्षण प्रदान किया जाना चाहिए और ऐसे महत्वपूर्ण पदों पर स्थायी कार्मिकों की नियुक्ति की जानी चाहिए।

समस्या क्षेत्र

पंचायत राज की त्रिस्तरीय व्यवस्था में जिला परिषद् शीर्ष पर, पंचायत समिति मध्यवर्ती तथा ग्राम पंचायत आधार स्तर हैं । इस शोध अध्ययन का क्षेत्र पंचायत समिति है तथा पंचायत समिति,जिला परिषद् एवं ग्राम पंचायत की संयोजक कड़ी है। पंचायत समिति का इन दोनों स्तरों (शीर्ष एवं आधार) के साथ निकट का सम्बन्ध होता है। मध्यवर्ती स्तर का अध्ययन अन्य दोनों स्तरों के बिना नहीं किया जा सकता। यहाँ पंचायत समिति से सम्बन्धित ग्रामीण विकास कार्यक्रमों में व्याप्त समस्याओं को निम्न बिन्दुओं द्वारा इंगित किया गया है–

1. ग्रामीण विकास कार्यक्रमों में जनसहभागिता की समस्या
2. ग्राम सभा/वार्ड सभा सम्बन्धी समस्याऐं
3. जनचेतना की समस्या
4. प्रशासनिक संरचना सम्बन्धी समस्याऐं
5. कार्यालय भवन सम्बन्धी समस्या
6. कार्मिक तन्त्र सम्बन्धी समस्या
7. प्रक्रिया सम्बन्धी समस्या
8. विकास कार्यक्रमों के निर्माण एवं क्रियान्वयन सम्बन्धी समस्या
9. विकास कार्यों में पारिस्थितिकीय समस्या
10. जनप्रतिनिधि सम्बन्धी समस्या
11. पारदर्शिता, संवेदनशीलता की समस्या।

ग्रामीण विकास योजनाओं की कमियाँ

1. रॉल मॉडल का अभाव

राज्य में केन्द्र प्रवर्तित, राज्य प्रवर्तित एवं बाह्य सहायता प्राप्त अनेक योजनाऐं संचालित की जा रही हैं। इन योजनाओं का प्रमुख उद्‌देश्य गरीब

ग्रामीण जनता का अधिकतम कल्याण कर विकास की धारा से जोड़ना है। विभिन्न भागों में सामाजिक, आर्थिक, भौगोलिक एवं प्राकृतिक विषमताऐं देखने को मिलती हैं। इन विषमताओं का प्रभाव ग्रामीण विकास से सम्बन्धित योजनाओं के क्रियान्वयन पर पड़ता है। इन विकास कार्यक्रमों को प्रारम्भ करने से पूर्व कुछ चयनित क्षेत्रों में पाइलट सर्वे (Pilot Survey) किये जाने चाहिए और इससे इनकी सफलता, समस्याओं एवं कमियों का पता लगाकर आवश्यक सुधार कर क्रियान्वित किया जाना चाहिए। इन विकास योजनाओं की भावी रूप रेखा पायलट सर्वे को आधार बनाकर निर्मित की जानी चाहिए। अभी तक इस प्रकार के रॉल मॉडल का अभाव रहा है।

2. लाभार्थियों के सही चयन की समस्या

ग्रामीण विकास योजनाओं का लाभ उनके वास्तविक हकदारों को मिले इसके लिए आवश्यक है कि लाभार्थियों का चयन ईमानदारी से किया जाये। परन्तु पाया गया है कि लाभार्थियों का चयन गलत तरीकों से किया जाता है। इस हेतु निर्धारित मापदण्डों का खुलेआम उल्लंघन किया जाता है। स्थानीय जनप्रतिनिधि, प्रभावशाली व्यक्ति,उच्च प्रशासनिक अधिकारी अपने हितों की पूर्ति एवं स्वार्थसिद्धता के लिए बी.पी.एल. परिवारों के चयन में खुलेआम निर्धारित पैमानों को नजर अन्दाज करते हैं।

3. सकारात्मक राजनीतिक हस्तक्षेप का अभाव

ग्रामीण विकास कार्यक्रमों की सफलता के लिए आवश्यक है कि इनके उद्देश्यों की प्राप्ति के लिए राजनीतिज्ञों को अपनी सकारात्मक भूमिका का निर्वहन करना चाहिए। परन्तु शोध में पाया गया है कि राजनीतिज्ञ ग्रामीण विकास कार्यक्रमों में नकारात्मक हस्तक्षेप तो आये दिन करते रहते हैं परन्तु किसी को सकारात्मक हस्तक्षेप करते नहीं देखा। सकारात्मक राजनीतिक हस्तक्षेप की कमी इनमें राजनीतिक इच्छा शक्ति के अभाव को भी उजागर करती है।

4. प्रशासन तन्त्र में दृढ़ इच्छा शक्ति का अभाव

पंचायतीराज संस्थाओं में कार्यरत कार्मिक तन्त्र अपनी दिनचर्या के मुताबिक कार्यालय में उपस्थित होकर उपस्थिति रजिस्टर में हस्ताक्षर कर

सारे दिन कार्यालयी काम कम और घरेलू मामलों के बारे में ही उलझा रहता है। ये लोग न तो कार्यालय में सही समय आते हैं और न ही कार्यालय में बैठकर कार्यालय समय के दौरान कार्य करते हैं बल्कि गैर कार्यालयी कार्यों में ही सारा समय व्यतीत करते हैं। इन लोगों में कार्य करने की दृढ़ इच्छा शक्ति की नितान्त कमी है।

5. निर्माण कार्य स्थल में पारिस्थितिकी के चयन की समस्या

ग्रामीण विकास की बागडोर स्थानीय जनप्रतिनिधियों के हाथों में होती है। इनकी प्रशासनिक तन्त्र के साथ भी साठ–गांठ होती है। ये जनापेक्षाओं एवं पारिस्थितिकीय अनुकूलताओं को नजरअंदाज कर मनमाने ढंग से निर्माण कार्यों हेतु स्थान का चयन करते हैं । स्थल चयन में स्वार्थ सिद्धता निहित होती है। जबकि ग्रामीण विकास कार्यक्रमों का उद्देश्य न्यूनतम संसाधनों से अधिकतम लाभान्वित करना होता है।

6. आम जनता में ग्रामीण विकास कार्यक्रमों की सामान्य जानकारी का अभाव

देश के सभी भागों में केन्द्र प्रवर्तित, राज्य प्रवर्तित एवं बाह्य सहायता प्राप्त कार्यक्रम संचालित किये जा रहे हैं। इन कार्यक्रमों की जानकारी कुछ चुनिन्दा व्यक्तियों को ही है, अधिकांश जनता में इनके अपर्याप्त प्रचार–प्रसार के कारण जानकारी नहीं है। अतः इनमें अपने हक के लिए लड़ने का प्रश्न ही नहीं उठता। इसके लिए सरकार को चाहिए कि ग्रामीणों की विविध समस्याओं को ध्यान में रखकर इस दिशा में बेहतर प्रयास किये जाये।

7. जनप्रतिनिधियों में प्रशिक्षण का अभाव

अधिकांश वार्ड पंच, महिला सरपंच, जिला परिषद् सदस्य, पंचायत समिति सदस्य बहुत कम शिक्षित या अशिक्षित हैं और जो शिक्षित भी हैं उनमें ग्रामीण विकास कार्यक्रमों की जटिल प्रक्रिया की पूर्ण जानकारी नहीं है। इस हेतु इन लोगों को लघु अवधि के प्रशिक्षणों का अभाव रहा है। सरकार को चाहिए कि इन्हें विभिन्न माध्यमों से सैद्धान्तिक एवं व्यवहारिक प्रशिक्षण दिया जाना चाहिए।

8. ग्राम सभाओं एवं वार्ड सभाओं की प्रभावशीलता में कमियाँ

पंचायती राज संस्थाऐं ही ग्रामीण विकास कार्यक्रमों के क्रियान्वयन का आधार हैं। केन्द्र सरकार एवं राज्य सरकार चाहती है कि ग्रामीण स्तरीय विकास सम्बन्धी प्रस्ताव वार्ड सभाओं एवं ग्राम सभाओं द्वारा प्रस्तावित एवं अनुमोदित होने के बाद उच्च स्तर तक पहुँचे और जनापेक्षाओं के अनुरूप इनका क्रियान्वयन भी सुनिश्चित किया जाये परन्तु इस शोध अध्ययन के अनुभवपरक अध्ययन में यह बात उभर कर आई कि इन सभाओं की बैठकों में कोरम ही पूरा नहीं हो पाता है।

9. ग्रामीण विकास में भ्रष्टाचार का बोलवाला

आज भ्रष्टाचार की जड़े इतनी गहरी जा चुकी हैं कि उन्हें उखाड फेंकना बहुत कठिन कार्य है परन्तु असम्भव नहीं। यदि प्रत्येक व्यक्ति, जनप्रतिनिधि एवं प्रशासक इसके लिए दृढ़ संकल्प ले तो इसका सफाया स्वतः हो सकता है। हमारे देश के राष्ट्रपति महामहिम डॉ. ए.पी.जे. अब्दुल कलाम भारत को सन् 2020 तक विकसित देशों की अग्रपंक्ति में खडे करने के सपने संजोए हैं और वे इस दिशा में अनवरत प्रयासरत हैं। अब देश के समस्त नागरिकों को चाहिए कि वे इसमें सहयोग करें। विधायक स्थानीय क्षेत्र विकास कार्यक्रम, सांसद क्षेत्र विकास कार्यक्रम एवं अन्य ग्रामीण विकास कार्यक्रमों में हुए घोटालों को आये दिन देखा जाता है। जब देश के नीति निर्माता संसद में प्रश्न पूछने तक के लिए रिश्वत ले रहे हैं तो उनके लिए आवंटित राशि में से अपना कमीशन लिए बिना कैसे रह सकते हैं।

10. सामाजिक अंकेक्षण का अभाव

ग्राम पंचायतों द्वारा किये जाने वाले कार्यों का जनता द्वारा सामाजिक अंकेक्षण किया जाना आवश्यक है। परन्तु जनप्रतिनिधि एवं प्रशासन तन्त्र दोनों ही इससे कतराते हैं। सामाजिक अंकेक्षण से बचने की प्रवृत्ति का मुख्य कारण अनियमितताओं के उजागर होने का भय तथा घोटालों का पिटारा खुलने का डर होता है। यह स्थिति जनता के विकास के कर्णधार बने बैठे जनप्रतिनिधियों के लिए शर्मनाक है कि वे अपनी जनता के समक्ष कार्यों की वास्तविकता को नहीं बताना चाहते हैं।

11. निर्माण कार्यों को अधिक प्राथमिकता और मानव विकास को कम

अधिकतर यह देखा गया कि ग्राम पंचायतें निर्माण कार्यों में अधिक रूचि लेती हैं और निर्माण कार्यों की संख्या में वृद्धि करने के इच्छुक रहते हैं, चाहे उनसे लाभ की कोई संभावना ही नहीं हो। व्यक्ति के विकास से जुड़े विविध पहलू जैसे स्वास्थ्य, पर्यावरण, शिक्षा और प्राकृतिक संसाधनों पर इन संस्थाओं द्वारा कोई खास ध्यान नहीं दिया जाता है। इससे लगता है कि मानव विकास जनप्रतिनिधियों की दृष्टि में विकास से अलग है।

12. विभिन्न कार्यक्रमों के बीच अतिव्यापन

ग्रामीण विकास से सम्बन्धित विभिन्न कार्यक्रमों के मध्य अस्पष्टता पाई जाती है। ग्रामीण आवास की एक से अधिक योजनाऐं हैं। इसी प्रकार गरीबी रेखा के नीचे जीवन यापन करने वालों के लिए भी अनेक योजनाऐं हैं। इन योजनाओं में एक दूसरे से स्पष्ट भिन्नता नहीं है जिसके कारण आम जनता, जनप्रतिनिधियों एवं प्रशासन तन्त्र तक सभी में स्पष्ट समझ नहीं पायी जाती है। इन कार्यक्रमों में स्पष्टता हो, संख्या में कमी कर स्पष्ट दिशा निर्देशन एवं समन्वय के माध्यम से बेहतर तालमेल बिठाया जा सकता है।

13. योजनाओं की दिशा ऊपर से नीचे होना

विकेन्द्रीकृत नियोजन व्यवस्था के लिए देश में योजना आयोग का गठन किया गया है। विभिन्न विकास योजनाओं का निर्माण एवं क्रियान्वयन नीचे के स्तरों तक हो, ऐसे प्रयास एवं अनुशंसाऐं विभिन्न समितियों द्वारा समय–समय पर की गई हैं परन्तु इसके उपरान्त भी खण्ड एवं ग्राम स्तरीय नियोजन की व्यवस्था सही अर्थों में विकसित नहीं हो पायी है।

14. प्रभावी पर्यवेक्षण का अभाव

विकासोन्मुखी और कल्याणकारी योजनाओं की सफलता के लिए प्रभावी पर्यवेक्षण नितान्त आवश्यक है। पंचायती राज संस्थाओं में पर्यवेक्षण कार्यों में कागजी कार्यवाही कर तथा सभी औपचारिकताऐं पूर्ण कर ली जाती हैं। आपसी साठ–गांठ एवं भ्रष्टाचार ने प्रभावी पर्यवेक्षण को अप्रभावी बना कर भारी अनियमितताओं को जन्म दिया है।

ग्रामीण विकास कार्यक्रमों को प्रभावी बनाने के लिए सुझाव

1. आदर्श प्रतिरूप (मॉडल) को अपनाया जाना चाहिएः ग्रामीण विकास के कार्यक्रमों के अन्तर्गत क्रियान्वित योजनाओं को पहले पायलट टैस्ट के माध्यम से परखा जाना चाहिए और इसके माध्यम से विविध कार्यक्रमों की बारिकियों का पता लगाा कर इसमें आने वाली समस्याओं का निराकरण कर वृहद स्तर पर क्रियान्वित किया जाना चाहिए। विभिन्न योजनाओं की सर्वाधिक सफलता का आंकलन ग्राम पंचायत, पंचायत समिति तथा जिला स्तर पर करके पता लगाया जाना चाहिए कि कौनसी योजना किस क्षेत्र में तथा क्यों सर्वाधिक सफल रही है? इसके बाद उस योजना के उस क्षेत्र विशेष में सफलता के कारणों को अन्य क्षेत्रों में भी लागू किया जाना चाहिए तथा उसके प्रभावों का अध्ययन किया जाना चाहिए।

2. लाभार्थियों का सही चयन किया जाना चाहिए। इसके लिए सभी परिवारों का सामान्य सर्वेक्षण किया जाना चाहिए। इन सर्वेक्षणों में वास्तविकता का समावेश किया जाना चाहिए तथा ऐसे सर्वेक्षणों के लिए सर्वेकर्ता, पटवारी, ग्राम सरपंच एवं ग्राम सेवक सह पदेन सचिव को उत्तरदायी बनाया जाना चाहिए। सर्वेक्षण हेतु निर्धारित प्रपत्र बनाया जाये तथा उसमें लाभार्थियों का विभिन्न योजनाओं के लिए चयन के मापदण्ड़ों से सम्बन्धित जानकारी भरनी चाहिए।

3. विभिन्न ग्रामीण विकास योजनाओं के अन्तर्गत आवंटित भूमि, आवास, दुकान या अन्य प्रकार की परिसम्पत्तियों के विक्रय पर पूर्णतः पाबन्दी लगाई जानी चाहिए तथा समय–समय पर दैव–निदर्शन या अन्य वैज्ञानिक विधियों से इनकी जांच की जानी चाहिए। इनमें अनियमितता पाये जाने पर सम्बन्धित व्यक्तियों के खिलाफ शीघ्र कठोर कार्यवाही की जानी चाहिए और ऐसे व्यक्तियों को भविष्य में सभी लाभों से वंचित किया जाना चाहिए।

4. तकनीकी अधिकारी दोहरे आदेशों से बंधे होते हैं। ये पंचायत समिति में प्रशासनिक नियन्त्रण में तो विकास अधिकारी के अधीन रहते हैं और तकनीकी नियन्त्रण जिला अधिकारी का होता है। यहाँ आदेश की एकता का खुले में उल्लंघन होता है। इस स्थिति से निपटने के लिए कार्यों के निर्देशन की स्पष्टता को सम्बन्धित अधिकारी को बताया जाना चाहिए ताकि किसी प्रकार की उलझन का शिकार न होना पड़े।

5. पंचायत समिति कार्यालयों में ग्रामीण विकास कार्यक्रमों के लिए विविध योजनाओं को वर्गीकृत कर उसी के अनुरूप प्रसार अधिकारियों को बाँट देना चाहिए। सामान्यतः पंचायत समितियों में प्रगति प्रसार अधिकारी के कार्यभार में ही सभी ग्रामीण विकास योजनाऐं होती हैं। सभी ग्रामीण विकास योजनाओं का भार इतना अधिक होता है कि स्वयं प्रसार अधिकारी इनकी बारिकियों को नहीं समझ पाता है। अतः एक ही प्रकार की विभिन्न योजनाओं के लिए एक प्रसार अधिकारी नियुक्त किया जाना चाहिए।

6. पंचायत समिति कार्यालय में पारदर्शिता के लिए भवन का निर्माण एवं विभिन्न अनुभागों की रचना इस प्रकार की जानी चाहिए कि सामने वाला व्यक्ति अन्दर की कार्यवाही को बाहर से ही देख सके।

7. पंचायत समिति कार्यालयों में आने वाली अधिकांश जनता किसान वर्ग की होती है। ये अशिक्षित, गरीब एवं पिछड़े होते हैं। ये विभिन्न कार्यों के लिए पंचायत समिति में आते हैं। परन्तु इनकी सहायता के लिए यहाँ कोई भी नहीं होता है। इसलिए पंचायत समिति कार्यालयों में स्वागत सह पूछताछ कक्ष होना चाहिए और सभी जानकारियां दी जानी चाहिए।

8. हमारे देश में विज्ञान एवं प्रौद्योगिकी का काफी बोलवाला है। इसे जिला स्तर, पंचायत समिति एवं ग्राम पंचायत स्तर पर प्रयुक्त किया जाना चाहिए। सभी कार्यालयों को कम्प्यूटर से जोड़ कर कार्यों को शीघ्र करने के प्रयास किये जाने चाहिए।

9. ग्रामीण विकास कार्यक्रमों के प्रचार–प्रसार के लिए विभिन्न स्तरों पर प्रतियोगिताऐं आयोजित की जानी चाहिए तथा ऐसे सफल उदाहरण प्रस्तुत किये जाने चाहिए जो निम्न स्तर से उठकर जीवनयापन कर रहे हैं। पंचायत समिति एवं ग्राम पंचायत स्तर पर संगोष्ठियों का आयोजन किया जाना चाहिए।

10. ग्रामीण विकास कार्यक्रमों से सम्बन्धित आम जनता, जनप्रतिनिधियों एवं कार्मिक तन्त्र, प्रत्येक में से ऐसे व्यक्तियों का चयन किया जाना चाहिए जो इस दिशा में समर्पित भाव से कार्य कर रहे हो और उन्हें पुरस्कृत किया जाना चाहिए।

11. ग्राम पंचायत एवं पंचायत समिति स्तर पर कार्मिक–तन्त्र, जनप्रतिनिधियों को समय–समय पर आवश्यकतानुसार लघु अवधि के प्रशिक्षण दिये जाने चाहिए।

12. ग्राम पंचायत कार्यालय में ग्राम सेवक सह पदेन सचिव, पटवारी, कृषि सलाहकार आदि कर्मचारियों की उपस्थिति के दिवस निर्धारित किये जाये और इसकी सूचना पंचायत कार्यालय पर पक्के पेन्ट से लिखी जानी चाहिए। अवकाश की सूचना एक दिन पूर्व निर्धारित स्थान पर मय हस्ताक्षर के चस्पा की जानी चाहिए।

13. ग्रामीण जनता में जनचेतना एवं अपने अधिकारों के प्रति सजग करने के लिए समय–समय पर विशिष्ट कार्यक्रमों का आयोजन किया जाना चाहिए।

14. भ्रष्टाचार की समस्या से निजात पाने के लिए समय–समय पर विविध प्रकार से कार्मिक–तन्त्र एवं जनप्रतिनिधियों की जांच की जानी चाहिए और दोषी पाये जाने पर तुरन्त प्रभाव से कठोर निर्णय लेते हुए सख्त सजा दी जानी चाहिए।

15. पंचायत समिति में कार्यरत कार्मिक तन्त्र की नियुक्ति के लिए एक समान योग्यता का निर्धारण किया जाना चाहिए। तथा एक सेवानिवृत्त विकास अधिकारी जो कि मात्र दसवीं कक्षा उत्तीर्ण था। कभी तो विकास अधिकारी के पद पर राजस्थान प्रशासनिक सेवा के व्यक्ति को नियुक्त किया जाता है और कभी प्रारम्भिक शिक्षा अधिकारी एवं अन्य को। ऐसी स्थिति में हीनता की भावना उत्पन्न होती है अतः सरकार को चाहिए कि पद की जिम्मेदारियों को ध्यान में रखकर एक समान योग्यता का निर्धारण किया जाये।

16. प्रत्येक ग्राम पंचायत एवं पंचायत समिति स्तर पर ग्रामीण विकास कार्यक्रमों से सम्बन्धित वार्षिक प्रतिवेदन तैयार किया जाना चाहिए तथा उसमें सभी प्रकार की जानकारियों का समावेश करते हुए जनता के लिए उपलब्ध करवाया जाना चाहिए।

17. गरीबी रेखा के नीचे जीवन यापन करने वाले लोगों के घर पर एक विशेष प्रकार का बोर्ड लगाया जाना चाहिए ताकि आम जनता तथा दौरा करने वाले जनप्रतिनिधियों एवं प्रशासनिक अधिकारियों को इसका बाहर से ही पता चल सके कि अमुख घर में बी.पी.एल. परिवार के व्यक्ति रहते हैं। इससे अनुचित तरीकों से सक्षम एवं प्रभुत्वशाली वर्ग के उन लोगों पर कुछ हद तक रोक लगेगी जो मानदण्डों का उल्लंघन कर बी.पी.एल. योजनाओं का लाभ उठा रहे हैं।

18. सामाजिक अंकेक्षण को आवश्यक बनाया जायेः ग्राम सभा की बैठक में सामाजिक अंकेक्षण का होना आवश्यक है परन्तु वास्तविकता इसके विपरीत है। अधिकांश ग्राम सभा की बैठकों में सामाजिक अंकेक्षण का कार्य नहीं होता। अतः इसे आवश्यक बनाने के लिए सख्त निर्णय लिये जाने चाहिए।

19. नियोजन की दिशा नीचे से ऊपर की ओर हो : स्थानीय आवश्यकताओं की पूर्ति, अधिक प्रभावी एवं उपयोगी बनाने के लिए आवश्यक है कि विभिन्न योजनाओं का निर्माण जनता के साथ मिलकर किया जाये अर्थात् योजनाऐं नीचे से ऊपर की ओर होनी चाहिए।

20. जनसहभागिता पर बलः प्रायः देखा जाता है कि ग्रामीण विकास योजनाओं में जनता की रूचि कम होती है या वे अन्य कारणों से सहभागी नहीं बनते। जब तक विकास कार्यक्रमों में जनता की सहभागिता नहीं होगी उनकी सफलता की कल्पना ही नहीं की जा सकती अतः जनसहभागिता को बढ़ावा देने के लिए जनता के विचारों को प्राथमिकता दी जानी चाहिए और ऐसे कार्यक्रमों का निर्माण किया जाना चाहिए जिनमें अधिकतम जनता का सहयोग आवश्यक हो।

21. लोकसेवकों के दृष्टिकोण में परिवर्तन होः विभिन्न स्तरों पर कार्यरत प्रशासनिक तन्त्र एवं कर्मचारी वर्ग को अहम् भावना का त्याग कर जनसेवक के रूप में कार्य करना चाहिए।

22. सूचना के अधिकार की पहुँचः राजस्थान में सरकार द्वारा जनता को सूचना का अधिकार दिया गया है। कोई भी नागरिक सरकारी कार्यों के सम्बन्ध में जानकारी प्राप्त कर सकता है। परन्तु जनसाधारण को जरूरी सूचनाऐं अब भी उपलब्ध नहीं हो पा रही हैं। इस हेतु सभी विभागों को अधिनियम के तहत सूचनाऐं उपलब्ध कराने के लिए पाबन्द किया जाना चाहिए। ग्रामीण जनता में सूचना के अधिकार के प्रति जागरूकता लाने के लिए सरकार द्वारा ऐसे उदाहरण प्रस्तुत किये जाने चाहिऐ जिनमें सूचना के अधिकार की सफलता निहित हो। सूचना के अधिकार की प्रक्रिया को भी समाचार पत्रों, टेलिविजन एवं अन्य माध्यमों आम जन तक पहुँचाया जाना चाहिए।

अन्य सुझाव

(i) पंचायत राज संस्थाओं को वास्तविक अर्थों में सशक्त बनाने के लिये राजनीतिक इच्छाशक्ति व सरकारी तन्त्र की सक्रिय भागीदारी आवश्यक है।

(ii) ग्राम सभा को सक्रिय एवं प्रभावी बनाने के लिए ग्राम सभा की सिफारिशों को पंचायतों द्वारा मानने की अनिवार्यता की जानी चाहिए।

(iii) पंचायती राज संस्थाओं के अध्यक्ष/सदस्यों के विरूद्ध अनुशासनात्मक कार्यवाही करने के लिए एक स्वतंत्र अभिकरण की स्थापना की जाये।

(iv) पंचायती राज संस्थाओं के कार्मिक–वर्ग के चयन के लिए पंचायती राज सेवा चयन आयोग का गठन किया जाना चाहिए।

प्रस्तुत शोध अध्ययन ग्रामीण विकास कार्यक्रमों एवं योजनाओं से जुड़े विविध पहलुओं पर आधारित है तथा इसमें इन कार्यक्रमों एवं योजनाओं से सम्बन्धित विभिन्न समस्याओं का पता लगाने का प्रयास किया गया है। अध्ययन के दौरान अनुभव की गई विभिन्न कमियों की ओर भी ध्यान आकृष्ट करने का प्रयास किया गया है और इस हेतु उपयुक्त सुझाव भी प्रस्तुत किये गये हैं। इस अध्ययन हेतु यदि निश्चित समय सीमा नहीं होती तो अध्ययन को और अधिक विश्लेषण की दिशा दी जा सकती थी। इस शोध में शोधार्थी ने उपलब्ध समय में अधिकाधिक प्रयास कर जानकारियों का संकलन कर शोध विषय को वस्तुनिष्ठ बनाने का प्रयास किया है।

यदि केन्द्रीय या राज्य स्तर पर योजनाऐं बने तो उनमें क्षेत्रीय और स्थानीय लोगों की आवश्यकताओं के अनुरूप बदलाव करने का लचीलापन होना आवश्यक है। न तो योजनाओं की कमी है और न उनके द्वारा सही व्यक्तियों को लाभान्वित करने की, कमी है तो स्थानीय लोगों को विश्वास में लेकर उपयुक्त योजनाओं के निर्माण करने की।

ग्रामीण विकास कार्यक्रमों को सामाजिक–आर्थिक परिवर्तन के रूप में स्वीकार किया जाना चाहिए। गरीबी रेखा के नीचे जीवनयापन करने वाले लोगों के कल्याण के लिए सक्षम एवं प्रभुत्वशाली लोगों को आगे आना

चाहिए और उन्हें विकास की मुख्य धारा से जोड़ा जाना चाहिए। हमारे देश के राष्ट्रपति महामहिम डॉ. ए.पी.जे. अब्दुल कलाम जो कि भारत को सन् 2020 तक विकसित देशों की अग्रपंक्ति में खड़े होने का सपना संजोए हुए हैं। इसे साकार करने के लिए ग्रामीण गरीबों को आगे लाने के लिए प्रत्येक नागरिक को अपनी भूमिका निभानी होगी।

अतः सरकार, जनता एवं कार्मिक तन्त्र को ग्रामीण विकास के लिए एक लम्बी यात्रा करनी होगी। गरीबों के उत्थान हेतु ऐसे कार्यक्रमों को प्राथमिकता देनी चाहिए जो गरीबी निवारण के साथ खाद्यान्न सुरक्षा भी प्रदान करे जिससे उनका सामाजिक विकास भी सम्भव हो सके। विकास कार्यक्रमों की सफलता तभी सार्थक सिद्ध होगी जब सरकार और जनता के बीच सम्बन्धों में निकटता का समावेश होगा।

परिशिष्ट–I
साक्षात्कार अनुसूची
(आम जनता की प्रतिक्रिया जानने हेतु)

आवश्यक निर्देश

इस अनुसूची की रचना अनुसंधान कार्य के लिये की गई है। आप द्वारा दी गई सूचनाओं को गोपनीय रखा जायेगा तथा इनका प्रयोग इस अनुसंधान के अलावा अन्यत्र नहीं किया जायेगा। आपके द्वारा प्रदत्त सूचना एवं सहयोग से यह अनुसंधान कार्य मौलिकता के समीप पहुँचेगा ऐसा विश्वास है।

नाम..आयु..

लिंग..शैक्षिक योग्यता.............................

व्यवसाय...गाँव.................................

ग्राम पंचायत...लाभार्थी / सामान्य........................

बी.पी.एल / नॉन.बी.पी.एल........................वर्ग (ST/SC/OBC/GEN).............

उचित विकल्प का चयन कीजिए।

1.0 आप अपनी पंचायत समिति के बारे में निम्न जानकारियाँ दीजिए–

(i) आपकी पंचायत समिति का कार्यालय स्थित है–

(अ) .... (ब) पता नहीं ( )

(ii) आपकी पंचायत समिति का मुख्य प्रशासनिक अधिकारी है–

(अ) .... (ब) पता नहीं ( )

2.0 आप अपनी ग्राम पंचायत के सन्दर्भ में निम्नलिखित सूचनाएं दीजिए–

(i) आपकी ग्राम पंचायत में कुल कितने गांव हैं?

(अ) .... (ब) पता नहीं ( )

(ii) आपकी ग्राम पंचायत का कार्यालय कहाँ स्थित है?

(अ) .... (ब) पता नहीं ( )

(iii) आपकी ग्राम पंचायत कितने वार्डों में विभाजित है?

(अ) .... (ब) पता नहीं ( )

(iv) आपकी ग्राम पंचायत का सरपंच कौन हैं ?

(अ) .... (ब) पता नहीं ( )

(v) आपकी ग्राम पंचायत में ग्राम सचिव कौन है?

(अ) .... (ब) पता नहीं ( )

(vi) आपकी ग्राम पंचायत में उपसरपंच कौन है?

(अ) .... (ब) पता नहीं ( )

2.1 सांसद क्षेत्र विकास योजना के अन्तर्गत क्या आपकी ग्राम पंचायत में कोई कार्य किए गये हैं?

(अ) हाँ (ब) नहीं

(स) पता नहीं ( )

2.2 यदि हाँ तो नाम बताइये–

....

2.3 विधायक स्थानीय क्षेत्र विकास कार्यक्रम के अन्तर्गत आपकी ग्राम पंचायत में क्या कोई विकास कार्य हुए हैं ?

(अ) हाँ (ब) नहीं

(स) पता नहीं ( )

2.4 यदि हाँ तो कौन–कौन से कार्य हुए हैं ?

....

3.0 क्या आप अपनी पंचायत समिति एवं ग्राम पंचायत में चलाये जा रहे ग्रामीण विकास कार्यक्रमों के बारे में जानकारी रखते हैं ?

....

3.1 आपकी पंचायत समिति/ग्राम पंचायत में संचालित ग्रामीण विकास कार्यक्रमों के नाम बताइये–

....

4.0 आपकी ग्राम पंचायत में ग्राम सभा/वार्ड सभा की बैठकों का आयोजन होता है–

(अ) नियमित रूप से (ब) कभी–कभी

(स) बिल्कुल नहीं (द) पता नहीं ( )

4.1 ग्राम सभा/वार्ड सभा की बैठकों में इनके सदस्यों की उपस्थिति होती है–

(अ) 0–25 % (ब) 26–50 %

(स) 51–75 % (द) 76–100 %

(य) बैठकें ही नहीं होती ( )

4.2 इन सभाओं में महिलाओं की उपस्थिति होती है–

(अ) नगण्य (ब) 25 % तक

(स) 50 % तक (द) पता नहीं ( )

5.0 आपकी राय में इन बैठकों में उपस्थित जनता की राय को नीति, कार्यक्रम योजना निर्माण एवं क्रियान्वयन हेतु माना जाता है–

(अ) सदैव (ब) बहुत कम

(स) जनता को मौका ही नहीं मिलता

(द) कभी नहीं ( )

5.1 यदि जनता की इच्छाओं को नकारते हैं तो इसके लिए कौन जिम्मेदार होता है?

(अ) सरपंच (ब) उपसरपंच

(स) ग्राम सचिव (द) वार्ड पंच ( )

5.2 ग्रामीण विकास कार्यक्रमों की सफलता के लिए सर्वाधिक आवश्यक तत्व है–

(अ) सरपंच एवं वार्ड पंचों की भागीदारी

(ब) नौकरशाही की सहयोग पूर्ण भूमिका

(स) जनसहभागिता

(द) कार्यक्रम निर्माण (य) अन्य ( )

6.0 क्या ग्रामीण विकास कार्यक्रमों के निर्माण, क्रियान्वयन एवं स्थल चयन में पारिस्थितिकी एवं जन आवश्यकताओं का ध्यान रखा जाता है ?

(अ) हाँ (ब) नहीं

(स) आंशिक (द) पता नहीं ( )

6.1 यदि नहीं, तो इसके लिए कौन ज़िम्मेदार है ?

(अ) जनप्रतिनिधि (ब) प्रशासनिक तंत्र

(स) दोनों (द) पता नहीं ( )

6.2 ग्रामीण विकास कार्यक्रमों के अन्तर्गत सार्वजनिक निर्माण कार्यों एवं नीति निर्माण, क्रियान्वयन किया जाता है–

(अ) जन आवश्यकताओं के अनुसार

(ब) प्रशासनिकतन्त्र की स्वार्थसिद्धि हेतु

(स) जन प्रतिनिधियों की स्वार्थसिद्धि हेतु

(द) पता नहीं ( )

6.3 आपकी ग्राम पंचायत/पंचायत समिति के अन्तर्गत किये गये निर्माण कार्य उपयोग में लाये जा रहे हैं?

(अ) एक चौथाई (ब) आधे

(स) तीन चौथाई (द) बिल्कुल नहीं

(य) सभी ( )

7.0 क्या आप सोचते हैं कि जनता एवं जन प्रतिनिधियों की निरक्षरता ग्रामीण विकास में बाधक है?

(अ) हाँ (ब) नहीं

(स) पता नहीं ( )

7.1 यदि हाँ, तो इसके लिए उचित समाधान सुझाए–

....

7.2 आपके विचार से जनचेतना एवं जन जागरूकता का प्रचार–प्रसार किया जा सकता है–

(अ) निर्माण कार्यों से (ब) धन वितरण से

(स) शिक्षा के माध्यम से (द) सभाओं के आयोजन से

(स) अन्य ( )

8.0 ग्रामीण विकास हेतु बी.पी.एल. परिवारों के सदस्यों हेतु अनेक लाभकारी कार्यक्रम एवं योजनाएं चलायी जा रही हैं, इसके उपरान्त भी गरीबी उन्मूलन नहीं हो पाया है, क्या कारण है?

(अ) गरीबों तक इनका लाभ नहीं पहुँच पाता है

(ब) बी.पी.एल. परिवारों का गलत चयन होता है

(स) बी.पी.एल. परिवारों को स्वीकृत/आवंटित सहायता में भ्रष्टाचार है।

(द) अन्य ( )

8.1 अकसर सुना जाता है कि ग्राम पंचायतों में ग्रामीणों के नाम से स्वीकृत राशि/आवास/सहायता, सरपंचों द्वारा विविध प्रकार से हड़प ली जाती है। आप इस कथन से कहां तक सहमत हैं ?

(अ) पूर्ण सहमत (ब) आंशिक सहमत

(स) पूर्णतः असहमत ( )

8.2 आपके क्षेत्र में बी.पी.एल. परिवारों के चयन की विधि है–

(अ) उत्कृष्ट (ब) श्रेष्ठ

(स) सन्तोषप्रद (द) निकृष्ट ( )

8.3 बी.पी.एल. परिवारों का सही चयन क्यों नहीं हो पाता ?

(अ) जनप्रतिनिधियों की स्वार्थता के कारण

(ब) प्रशासनिक तन्त्र के भ्रष्ट होने के कारण

(स) राजनीतिक दबाव के कारण

(द) प्रभावी भूमिका वाले लोगों के कारण

(य) स्वयं व्यक्ति द्वारा गलत सूचना देने के कारण

(र) अन्य ( )

9.0 क्या आपकी ग्राम पंचायत के अन्तर्गत अन्य गांव भी आते है?

(अ) हाँ (ब) नहीं ( )

9.1 यदि हाँ, तो क्या वहाँ पर ग्रामीण विकास हेतु निर्माण कार्य समान रूप से हो रहे हैं?

(अ) हाँ (ब) तुलनात्मक कम

(स) नहीं (द) पता नहीं ( )

9.2 यदि नहीं या तुलनात्मक कम तो, इसका कारण है–

(अ) संलग्न गांव से सरपंच न होना

(ब) पंचायत कार्यालय संलग्न गांव में न होना

(स) सरपंच में संकीर्ण क्षेत्रीयता की भावना होना

(द) संलग्न गांव में कम आवश्यकताएं होना

(य) वार्ड पंचों की निष्क्रियता

(र) अन्य ( )

9.3 अकसर देखा जाता है कि ग्राम पंचायत में ग्राम पंचायत मुखिया (सरपंच) उसी ग्राम का होता है, जहाँ ग्राम पंचायत कार्यालय स्थित होता है। ग्राम पंचायत में संलग्न अन्य गांवों के विकास में सरपंच प्रायः क्षेत्रीयता जैसी संकीर्णता से ग्रसित होता है, जिससे संलग्न गांवों का विकास तुलनात्मक रूप से कम होता है, आप इस कथन से कहां तक सहमत हैं ?

(अ) पूर्णतः सहमत (ब) आंशिक सहमत

(स) पूर्णतः असहमत ( )

10.0 क्या ग्रामीण विकास कार्यक्रमों के अन्तर्गत होने वाले कार्यों में भ्रष्टाचार व्याप्त है?

(अ) हाँ (ब) नहीं

(स) पता नहीं ( )

10.1 यदि हाँ, तो वह किस प्रकार का है?

(अ) पैसे के लेने देने का

(ब) कार्य निर्देशिका के उल्लंघन का

(स) लाभार्थियों के गलत चयन का

(द) भाई भतीजावाद का

(य) अन्य ( )

10.2 आपके मत में ग्रामीण विकास में भ्रष्टाचार के संबंध में कौन–कौन लिप्त हैं?

(अ) ग्राम सेवक या ग्राम सचिव

(ब) सरपंच

(स) राजनीतिज्ञ

(द) प्रधान

(य) पंचायत समिति के कर्मचारी

(र) सभी ( )

10.3 निम्न में से सर्वाधिक भ्रष्टाचार में लिप्त है–

(अ) सरपंच (ब) प्रधान

(स) ग्राम सचिव (द) बी.डी.ओ.

(य) अन्य ( )

10.4 अकसर देखा जाता है कि ग्रामीण विकास के कार्य प्रारम्भ होने पर अधिकतर ग्राम सरपंचों के घरों पर निर्माण कार्य या मरम्मत कार्य प्रारम्भ हो जाते हैं। इस कथन से आप कहाँ तक सहमत हैं?

(अ) पूर्णतः सहमत (ब) आंशिक सहमत

(स) पूर्णतः असहमत ( )

10.5 ग्राम पंचायत स्तर पर सरपंच तथा पंचायत समिति स्तर पर प्रधान एवं कार्मिक वर्ग ग्रामीण विकास कार्यों में अपने निजी या निकटतम सम्बन्धियों के वाहनों का उपयोग कर मनमानी राशि वसूल करते हैं। इस कथन में सत्यता है–

(अ) पूर्णतः सत्य (ब) आंशिक सत्य

(स) पूर्णतः असत्य ( )

11.0 क्या आपने पीले कार्ड के बारे में सुना है?

(अ) हाँ (ब) नहीं ( )

11.1 यदि हाँ, तो पीले कार्ड से आप क्या समझते है ?

....

12.0 आपके क्षेत्र के विकास के लिए सर्वाधिक आवश्कता है–

(अ) सार्वजनिक निर्माण कार्यक्रमों की (सड़क, सी.सी., बांध, भवन आदि)

(ब) सामाजिक विकास कार्यक्रमों की (शिक्षा, स्वास्थ्य, शुद्धपेयजल आदि)

(स) अन्य ( )

12.1 आपके क्षेत्र में किस प्रकार के विकास कार्यक्रमों पर सर्वाधिक ध्यान दिया जा रहा है?

....

13.0 ग्रामीण विकास कार्यक्रमों के अपेक्षित योगदान न हो पाने के आप क्या कारण मानते हैं?

....

13.1 ग्रामीण विकास अपेक्षित हो, इसके लिए आप अपने सुझाव दीजिए–

....

धन्यवाद!

हस्ताक्षर

परिशिष्ट–II
साक्षात्कार अनुसूची
(जनप्रतिनिधियों की राय जानने हेतु)

आवश्यक निर्देश

इस अनुसूची की रचना अनुसंधान कार्य के लिये की गई है। आप द्वारा दी गई सूचनाओं को गोपनीय रखा जायेगा तथा इनका प्रयोग इस अनुसंधान के अलावा अन्यत्र नहीं किया जायेगा। आपके द्वारा प्रदत्त सूचना एवं सहयोग से यह अनुसंधान कार्य मौलिकता के समीप पहुँचेगा ऐसा विश्वास है।

नाम..आयु..............................
.......लिंग..................................शैक्षिक योग्यता..
व्यवसाय..गाँव..
........ग्राम पंचायत................................वर्ग (STèSCèOBCèGEN)................

उचित विकल्प का चयन कीजिए।

1.0 निम्नलिखित के बारे में जानकारी दीजिए – (पंचायत समिति सदस्यों हेतु)

(i) आपकी पंचायत समिति के अन्तर्गत आने वाली ग्राम पंचायतों की संख्या है–

(अ) .... (ब) पता नहीं ( )

(ii) पंचायत समिति के अन्तर्गत आने वाले कुल गांवो की संख्या है–

(अ) .... (ब) पता नहीं ( )

(iii) आपकी पंचायत समिति का कार्यालय स्थित है–

(अ) .... (ब) पता नहीं ( )

(iv) आपकी पंचायत समिति में ग्रामीण जनसंख्या का प्रतिशत है–

(अ) .... (ब) पता नहीं ( )

2.0 आप अपनी ग्राम पंचायत के बारे में निम्नलिखित जानकारी दीजिए– (सरपंच एवं वार्ड पंचों हेतु)

(i) आपकी ग्राम पंचायत में कुल कितने गांव हैं?

(अ) .... (ब) पता नहीं ( )

(ii) आपकी ग्राम पंचायत में कुल कितने वार्ड हैं?

(अ) .... (ब) पता नहीं ( )

(iii) आपके गांव की जनसंख्या कितनी है?

(अ) .... (ब) पता नहीं ( )

3.0 सांसद क्षेत्र विकास योजना के अन्तर्गत सांसद को अपने क्षेत्र में एक वर्ष में कुल कितनी राशि खर्च करने का अधिकार है?

(अ) .... (ब) पता नही ( )

3.1 क्या सांसद इस राशि को सही एवं आवश्यकतानुसार व्यय करते हैं?

(अ) हाँ (ब) नहीं

(स) पता नहीं ( )

3.2 क्या आपके क्षेत्र में इस योजना के अन्तर्गत कोई कार्य किये गये हैं?

(अ) हाँ (ब) नहीं

(स) पता नहीं ( )

3.3 यदि हाँ, तो नाम बताइये–

....

3.4 विधायक स्थानीय क्षेत्र विकास कार्यक्रम के अन्तर्गत एक वर्ष में विधायक को कितनी राशि के आवंटन का प्रावधान है?

(अ) .... (ब) पता नहीं ( )

3.5 इस कार्यक्रम के अन्तर्गत आपके पंचायत क्षेत्र में कोई कार्य हुए हैं तो नाम बताइये–

....

4.0 आपके विचार से क्या समस्त ग्रामीण जनता विकास एवं सामान्य गतिविधियों की जानकारी रखती है?

(अ) हाँ (ब) नहीं

(स) पता नहीं ( )

4.1 यदि नहीं तो इसके लिए कौन जिम्मेदार है?

(अ) नौकरशाही (ब) उपसरपंच एवं वार्ड पंच

(स) सरपंच (द) जनता

(य) अन्य ( )

5.0 क्या प्रत्येक सूचना/जानकारी के लिए पंचायत कार्यालय पर सूचना निर्धारित स्थान पर लगाई जाती है?

(अ) हाँ (ब) नहीं

(स) पता नहीं (द) कभी–कभी ( )

5.1 यदि नहीं, तो इसका क्या कारण है?

(अ) सूचना लगाने के लिए स्थान ही नहीं है।

(ब) स्थान तो है लेकिन इससे गोपनीयता को खतरा है।

(स) सूचना से नौकरशाही को भय रहता है।

(द) सरपंच एवं ग्राम सचिव ऐसा नहीं चाहते।

(य) अन्य ( )

5.2 यदि ग्रामीण जनता को सूचनाएँ नहीं दी जाती तो क्या प्रत्येक सूचना को आप अपने कार्यालय रिकार्ड में सुरक्षित रखते हो?

(अ) हाँ (ब) नहीं

(स) पता नहीं ( )

5.3 यदि हाँ, तो सूचना के प्रचार–प्रसार के साक्ष्य के लिए क्या विधि अपनाते हो?

(अ) अपने निकटतम लोगों से अकेले में हस्ताक्षर करवाते हैं।

(ब) ग्राम सचिव स्वयं ही ग्रामीणों के हस्ताक्षर करते हैं।

(स) सरपंच एवं पंच मिलकर हस्ताक्षर कर लेते हैं।

(द) अन्य ( )

6.0 आपकी राय में ग्राम पंचायतों में ग्राम सभा/वार्ड सभा की बैठकें होती हैं–

(अ) नियमित रूप से (ब) औपचारिकता मात्र

(स) कभी–कभी (द) कभी नहीं ( )

6.1 यदि ये बैठकें नियमित रूप से नहीं होती है तो इसका कारण है–

(अ) जनता को पता ही नहीं होता है

(ब) जनता के पास समय का अभाव

(स) जनता इसका महत्त्व नहीं समझती

(द) जनप्रतिनिधि जनता की आवाज को उपेक्षित दृष्टि से देखते हैं

(य) नौकरशाही तजब्बों नहीं देती

(र) अन्य ( )

6.2 क्या इन बैठकों/सभाओं में महिला सदस्य भी भाग लेती हैं ?

(अ) हाँ (ब) नहीं

(स) बहुत कम (द) पता नहीं ( )

6.3 यदि नहीं तो इसका क्या कारण है ?

(अ) उनके पास समय नहीं है

(ब) उन्हें इसकी खबर नहीं होती

(स) वे इसका महत्त्व नहीं जानती

(द) सामाजिक रूढिवादिता

(य) पुरूष सदस्य मौका नहीं देते

(र) निरक्षरता ( )

7.0 आपकी ग्राम पंचायत/पंचायत समिति में ग्रामीण विकास कार्यक्रमों का निर्माण किया जाता है–

(अ) पंचों एवं सरपंच की सहमति से

(ब) आम जनता की सहमति से

(स) केवल सरपंच एवं उपसरपंच की सहमति से

(द) सरपंच एवं ग्राम सचिव की सहमति से ( )

7.1 क्या जनप्रतिनिधि ग्रामीण विकास कार्यक्रमों/योजनाओं के निर्माण एवं क्रियान्वयन में जनसहभागिता को आवश्यक समझते हैं?

(अ) हाँ (ब) नहीं

(स) पता नहीं ( )

7.2 ग्राम पंचायत/ग्राम सभा/वार्ड सभा की बैठकों में जनता को निर्णय लेने की शक्ति प्रदत्त की जाती है–

(अ) सदैव (ब) कभी–कभी

(स) आवश्यकता ही नहीं होती (द) कभी नहीं ( )

8.0 क्या आपके मत से निरक्षरता ग्रामीण विकास कार्यक्रमों की अपेक्षित सफलता में बाधक है?

(अ) हाँ (ब) नहीं

(स) पता नहीं ( )

8.1 यदि हाँ, तो किसकी/किनकी निरक्षरता इसके लिए उत्तरदायी है?

(अ) ग्रामीण जनता की (ब) जनप्रतिनिधियों की

(स) दोनों कीं ( )

8.2 क्या आप जानते हैं कि ग्रामीण विकास कार्यक्रमों की बेहतर सफलता के लिए जनप्रतिनिधियों का पढ़ा लिखा होना आवश्यक है?

(अ) हाँ (ब) नहीं

(स) पता नहीं ( )

8.3 यदि हाँ, तो कितनी शिक्षा आवश्यक होनी चाहिए–

(अ) 5वीं पास (ब) 8वीं पास

(स) 10वीं पास (द) 12वीं पास

(य) स्नातक उत्तीर्ण (र) स्नात्कोत्तर उत्तीर्ण ( )

9.0 आपकी ग्राम पंचायत/पंचायत समिति के अन्तर्गत कराये गये निर्माण कार्य उपयोग में लाये जा रहे हैं–

(अ) बिल्कुल नहीं (ब) आधे

(स) आधे से अधिक (द) एक चौथाई

(य) सभी ( )

9.1 यदि इन निर्माण कार्यों से निर्मित सम्पत्ति (जैसे भवन, सड़क, कुआं, आवास आदि) का पूरा भाग उपयोग में नहीं लाया जा रहा है तो इन निर्माण कार्यों को करने के पीछे क्या उद्देश्य था?

(अ) सरकार से स्वीकृत राशि को खर्च करना

(ब) निर्माण कार्यों की संख्या में वृद्धि करना

(स) स्वीकृत राशि से स्वहित की पूर्ति करना

(द) रोजगार कार्य सृजन करना

(य) अन्य ( )

9.2 आपके अनुसार ग्राम पंचायत/पंचायत समिति के अन्तर्गत कराये जाने वाले निर्माण कार्यों में ध्यान रखा जाता है–

(अ) जनप्रतिनिधियों एवं निकटतम सम्बन्धियों की आवश्यकताओं का

(ब) जनता की आवश्यकताओं का

(स) क्षेत्र की आवश्यकताओं का

(द) नौकरशाही की आवश्यकताओं का ( )

9.3 ग्रामीण विकास कार्यक्रमों के अन्तर्गत निर्मित सम्पत्ति में स्थान का चयन किया जाता हैं–

(अ) पर्यावरण एवं पारिस्थितिकी के अनुसार

(ब) जनता की सुविधानुसार

(स) अधिकतम राशि स्वीकृति के अनुसार

(द) जनप्रतिनिधियों की सुविधानुसार ( )

10.0 क्या आपकी ग्राम पंचायत/पंचायत समिति में ग्रामीण विकास हेतु अपनायी जाने वाली प्रक्रिया में गरीबी रेखा के नीचे जीवनयापन करने वाले परिवारों का चयन कर इनका विकास करने का कार्य सही दिशा में हो रहा है?

(अ) हाँ (ब) नहीं

(स) पता नहीं ( )

10.1 क्या इनके द्वारा अपनाये जाने वाली प्रक्रिया से बी.पी.एल. परिवारों की स्थिति में अपेक्षित सुधार हुए हैं?

(अ) हाँ (ब) नहीं

(स) पता नहीं ( )

10.2 क्या इन बी.पी.एल. परिवारों को अब तक उपलब्ध करायी गई सहायता से इन परिवारों की संख्या में कमी आयी हैं?

(अ) हाँ (ब) नहीं

(स) आंशिक (द) पता नहीं ( )

10.3 आपके क्षेत्र में गरीबी रेखा के नीचे जीवनयापन करने वाले लोगों के चयन की प्रक्रिया का स्तर है–

(अ) सर्वश्रेष्ठ (ब) श्रेष्ठ

(स) सन्तोषप्रद (द) निकृष्ट ( )

10.4 गरीबी रेखा के नीचे जीवन यापन करने वाले परिवारों के लिए चयन के क्या–क्या मापदण्ड हैं?

(i) ....

(ii) ....

11.0 क्या आपकी ग्राम पंचायत के अन्तर्गत आने वाले संलग्न गांवों में ग्रामीण विकास कार्य बराबर होते हैं?

(अ) हाँ (ब) नहीं

(स) आंशिक (द) पता नहीं ( )

11.1 यदि नहीं, तो इसका कारण है–

(अ) संलग्न गांव का कम क्षेत्रफल

(ब) संलग्न गांव की कम आबादी

(स) संलग्न गांव की न्यून आवश्यकताएँ

(द) जनप्रतिनिधियों की भेदभावपूर्ण नीति

(य) अन्य ( )

11.2 क्या संलग्न गांवों को ग्रामीण विकास की राशि बराबर आवंटित होती है ?

(अ) हाँ (ब) नहीं

(स) पता नहीं ( )

11.3 क्या संलग्न गांवों में भी ग्राम सभा/वार्ड सभा की बैठकें की जाती हैं?

(अ) हाँ (ब) नहीं

(स) कभी–कभी (द) पता नहीं ( )

12.0 लोग अकसर कहते हैं कि ग्राम पंचायतों में अधिकतम विकास कार्यक्रमों का लाभ जनप्रतिनिधि स्वयं या इनके निकट पारिवारिक सदस्य अथवा चुनाव में सहयोगियों को मिलता है। इस कथन से आप कहाँ तक सहमत हैं?

(अ) पूर्णतः सहमत (ब) आंशिक सहमत

(स) पूर्णतः असहमत ( )

12.1 ग्रामीण विकास कार्यक्रमों के अन्तर्गत निजी या व्यक्तिगत लाभ की योजनाओं में घूंस/रिश्वत आदि भ्रष्ट तरीके सफल होते हैं। इस कथन में सार्थकता है–

(अ) पूर्णतः सत्य (ब) आंशिक सत्य

(स) पूर्णतः असत्य ( )

13.0 क्या प्रत्येक ग्राम पंचायत द्वारा पंचायत मुख्यालय पर विकास कार्यों की सूचना प्रदर्शित की जाती है?

(अ) हाँ (ब) नहीं

(स) पता नहीं ( )

13.1 क्या आपके क्षेत्र में विकास कार्यों के निर्माण स्थल पर सूचनाएं बोर्ड पर प्रदर्शित की जाती हैं–

(अ) हाँ (ब) नहीं

(स) पता नहीं ( )

13.2 यदि हाँ तो किस रंग के बोर्ड पर प्रदर्शित की जाती हैं ?

(अ) लाल (ब) पीला

(स) हरा (द) काला

(य) अन्य ( )

13.3 जिस बोर्ड पर ये सूचनांए प्रदर्शित की जाती है, उसका आकार क्या होता है?

....

13.4 क्या आपने पीले बोर्ड के बारे में सुना है?

....

13.5 यदि हाँ तो पीले बोर्ड से आप क्या समझते हो?

....

14.0 क्या आप ग्रामीण कार्यनिर्देशिका के बारे में जानकारी रखते हैं?

(अ) हाँ (ब) नहीं ( )

14.1 यदि हाँ तो संक्षेप में बताइये–

....

15.0 ग्रामीण विकास कार्यक्रमों की अपेक्षित सफलता में बाधक तत्वों को बताइये–

(i) ....

15.1 ग्रामीण विकास कार्यक्रमों की अपेक्षित सफलता के लिए अपने सुझाव दीजिए–

(i) ....

धन्यवाद! हस्ताक्षर

परिशिष्ट–III
साक्षात्कार प्रश्नावली
(कार्मिक वर्ग की प्रतिक्रिया जानने हेतु)

आवश्यक निर्देश

इस अनुसूची की रचना अनुसंधान कार्य के लिये की गई है। आप द्वारा दी गई सूचनाओं को गोपनीय रखा जायेगा तथा इनका प्रयोग इस अनुसंधान के अलावा अन्यत्र नहीं किया जायेगा। आपके द्वारा प्रदत्त सूचना एवं सहयोग से यह अनुसंधान कार्य मौलिकता के समीप पहुँचेगा ऐसा विश्वास है।

नाम..आयु..............................

लिंग..................................शैक्षिक योग्यता..

पद..कार्य स्थल ....

पृष्ठभूमि (ग्रामीण/शहरी)..............................सेवा अवधि..............................

उचित विकल्प का चयन कीजिए।

1.0 आप हिण्डौन पंचायत समिति के बारे में सामान्य जानकारी बताइये–

(i) कुल ग्राम पंचायतों की संख्या है–

(अ) .... (ब) पता नहीं ( )

(ii) पंचायत समिति में कुल गांवों की संख्या है–

(अ) .... (ब) पता नहीं ( )

(iii) पंचायत समिति की 2001 की जनगणना के अनुसार कुल जनसंख्या है–

(अ) .... (ब) पता नहीं ( )

(iv) पंचायत समिति में साक्षरता का प्रतिशत है–

(अ) .... (ब) पता नहीं ( )

(v) पंचायत समिति में कुल ग्रामीण जनसंख्या का प्रतिशत है–

(अ) .... (ब) पता नही ( )

(vi) बी.पी.एल. परिवारों की जनसंख्या का प्रतिशत है–

(अ) .... (ब) पता नहीं ( )

1.1 आपकी पंचायत समिति में ग्रामीण विकास कार्यक्रम चलाये जा रहे हैं–

(अ) केन्द्र सरकार द्वारा (ब) राज्य सरकार द्वारा

(स) विश्व बैंक द्वारा (य) उपरोक्त सभी के द्वारा

(द) केन्द्र एवं राज्य दोनों के द्वारा ( )

2.0 आपकी राय में ग्रामसभा/वार्ड सभाओं की बैठकें होती हैं–

(अ) नियमित रूप से (ब) कभी–कभी

(स) कभी नहीं (द) आवश्यकतानुसार ( )

2.1 क्या इन सभाओं में ग्रामीण जनता भाग लेती है?

(अ) हाँ (ब) नहीं

(स) पता नहीं ( )

2.2 कितने प्रतिशत सदस्य भाग लेते हैं?

(अ) 0–10% (ब) 11–30%

(स) 31–50% (द) 51–75%

(य) 76–100% ( )

2.3 यदि इन सभाओं में भाग लेने वाले सदस्यों की संख्या का प्रतिशत नगण्य है तो इसका क्या कारण है?

(अ) इन सभाओं की पहले से जनता को जानकारी नहीं होना।

(ब) इन सभाओं का आयोजन के स्थान पर खानापूर्ति हेतु घरों पर ही हस्ताक्षर करवा लेना।

(स) जन प्रतिनिधियों का उपेक्षापूर्ण व्यवहार।

(द) नौकरशाही का औपचारिकता पूर्ण करने में जनप्रतिनिधियों को सहायता

(य) अन्य ( )

3.0 क्या ग्रामीण विकास कार्यक्रमों के निर्धारण में जनता की राय जानी जाती हैं?

(अ) हाँ (ब) नहीं

(स) पता नहीं ( )

3.1 यदि नहीं तो क्यों?

(अ) जनप्रतिनिधियों की स्वार्थपूर्ण नीति के कारण

(ब) जनता का अशिक्षित होने के कारण

(स) नौकरशाही के विवेकपूर्ण होने के कारण

(द) जनता के दबाव से बचने के लिए ( )

3.2 क्या जनप्रतिनिधियों द्वारा विकास कार्यो के स्थल का चयन निष्पक्षता एवं अधिकतम उपयोगिता के अनुसार किया जाता है?

(अ) हाँ (ब) नहीं

(स) पता नहीं ( )

3.3 यदि नहीं, तो वे चुनते हैं–

(अ) स्वयं के अधिकतम लाभ को ध्यान में रखकर

(ब) निकटतम पारिवारिक सदस्यों के लाभ को ध्यान में रखकर

(स) वोट बैंक को ध्यान में रख कर

(द) जनता की आवश्यकताओं को ध्यान में रखकर

(य) अन्य ( )

3.4 आपके विचारों में क्या विकास कार्यों के अन्तर्गत कराये गये निर्माण कार्य शतप्रतिशत उपयोग में लिये जा रहे हैं?

(अ) हाँ (ब) नहीं

(स) पता नहीं ( )

3.5 यदि नहीं, तो कितने प्रतिशत तक अनुपयोगी सिद्ध हो रहे हैं?

(अ) 25% (ब) 50%

(स) 75% (द) 100% ( )

4.0 क्या विकास कार्यों एवं कार्य स्थलों का चयन क्षेत्र की पारिस्थितिकी को ध्यान में रखकर किया जाता है?

(अ) हाँ (ब) नहीं

(स) पता नहीं ( )

4.1 यदि नहीं, तो क्यों?

(अ) जनप्रतिनिधियों की हड़प नीति के कारण

(ब) जनता के जागरूक न होने के कारण

(स) अधिकारी तन्त्र के दबाव के कारण

(द) जनता के दबाव के कारण

(य) अन्य ( )

5.0 क्या ग्रामीण विकास में अशिक्षा बाधक है?

(अ) हाँ (ब) नहीं

(स) पता नहीं ( )

5.1 आपकी राय में कर्मचारी तन्त्र जनता के साथ व्यवहार करता है–

(अ) सहयोगपूर्ण (ब) अहंकारमय

(स) मालिक जैसा (द) सेवक के रूप में ( )

5.2 क्या ग्रामीण जनप्रतिनिधि सभी ग्रामीण विकास कार्यक्रमों की जानकारी रखते हैं?

(अ) हाँ (ब) नहीं

(स) पता नहीं ( )

5.3 यदि नहीं, तो क्या कारण है?

(अ) अधिकतर जनप्रतिनिधियों का निरक्षर होना

(ब) प्रशिक्षण का अभाव होना

(स) कर्मचारी तन्त्र पर निर्भर होना

(द) प्रचार–प्रसार का अभाव

(य) अन्य ( )

6.0 वर्तमान में बी.पी.एल. परिवारों के चयन के क्या–क्या मानदण्ड हैं ?

....

6.1 आप कहाँ तक सोचते हैं कि बी.पी.एल. परिवारों के चयन में इन निर्धारित मानदण्डों का पालन किया जाता है?

(अ) 25% (ब) 50%

(स) 75% (द) 100% ( )

6.2 यदि इन मानदण्डों का शतप्रतिशत पालन नहीं किया जाता है, तो इन परिवारों के चयन में गलत चयन का क्या कारण है?

(अ) जनप्रतिनिधियों द्वारा अपने निकटतमों को लाभ पहुँचाना

(ब) कर्मचारी तन्त्र द्वारा रिश्वत ले लेना

(स) लोगों के दबाव के कारण

(द) राजनीतिक दबाव के कारण ( )

6.3 आप बी.पी.एल. परिवारों के निष्पक्ष एवं ईमानदारीपूर्ण चयन के लिए क्या सुझाव देना चाहोगे?

....

7.0 आपके मतानुसार ग्राम पंचायतों अथवा ग्राम पंचायत के अन्तर्गत आने वाले संलग्न गांवों में विकास कार्य हो रहे हैं–

(अ) समान रूप से

(ब) ग्राम पंचायत वाले गांवों में अधिक

(स) संलग्न गांवों में कम

(द) विकास कार्य नहीं हो रहें ( )

7.1 यदि संलग्न गांवों में विकास कार्य समान रूप से नहीं हो रहे हैं तो इसका क्या कारण है ?

(अ) सरपंच का भेदभावपूर्ण एवं संकीर्ण दृष्टिकोण

(ब) वार्ड पंचों की निष्क्रियता के कारण

(स) संलग्न गांव की जनता की इच्छा से

(द) अन्य ( )

7.2 ग्राम पंचायतों का सभी गांवों में समान विकास हो इसके लिए आप अपने सुझाव दीजिए–

(i) ....

(ii) ....

8.0 क्या ग्रामीण विकास कार्यक्रमों के अन्तर्गत किए जाने वाले कार्यों में भ्रष्टाचार व्याप्त है ?

(अ) हाँ (ब) नहीं

(स) पता नहीं ( )

8.1 यदि हाँ, तो यह भ्रष्टाचार किस प्रकार का है ?

(अ) पैसे के लेन–देन का

(ब) अनावश्यक देरी का

(स) ग्रामीण कार्य निर्देशिका की अनदेखी का

(द) लाभार्थियों के गलत चयन का

(य) अन्य ( )

8.2 आपके अनुसार ग्रामीण विकास कार्यक्रमों में भ्रष्टाचार के सम्बन्ध में कौन–कौन लिप्त होते हैं?

(अ) ग्राम सेवक/ग्राम सचिव (ब) सरपंच

(स) डीआरडीए के कर्मचारी (द) पंचायत समिति के कर्मचारी

(य) राजनीतिज्ञ (र) उपरोक्त सभी ( )

8.3 निम्नलिखित में से ग्रामीण जनता को किससे प्रत्यक्ष रूप से भ्रष्टाचार का सामना करना पड़ता है?

(अ) सरपंच से (ब) पटवारी से

(स) ग्राम सचिव से (द) बी.डी.ओ. से

(य) उपरोक्त सभी (र) अन्य ( )

8.4 आपके विचार से ग्रामीण विकास कार्यों के अन्तर्गत कितना पैसा खर्च किया जाता है?

(अ) 25% (ब) 50%

(स) 75% (द) 100% ( )

8.5 ग्रामीण विकास कार्यों के अन्तर्गत स्वीकृत राशि में से सर्वाधिक राशि की हड़प कौन करता है?

(अ) सरपंच (ब) ग्राम सचिव

(स) मूल्यांकन इंजीनियर (द) उप सरपंच एव वार्ड पंच

(य) अन्य ( )

9.0 ग्रामीण विकास कार्यों में कार्यरत कर्मचारी तन्त्र का निम्नलिखित बिन्दुओं में स्तर बताइये–

बिन्दु	सर्वोत्तम	अतिउत्तम	उत्तम	औसतन	न्यून	न्यूनतम
पारदर्शिता						
संवेदनशीलता						
जवाबदेयता						
ईमानदारी						
कार्य में रूचि						

10.0 क्या प्रत्येक ग्राम पंचायत द्वारा पंचायत मुख्यालय पर विकास कार्य की सूचना प्रदर्शित की जाती हैं ?

(अ) हाँ (ब) नहीं

(स) पता नहीं ( )

10.1 क्या आपके क्षेत्र में विकास कार्यों के निर्माण स्थल पर सूचनाएं बोर्ड पर प्रदर्शित की जाती हैं ?

(अ) हाँ (ब) नहीं

(स) पता नहीं ( )

10.2 यदि हाँ, तो किस रंग के बोर्ड पर प्रदर्शित की जाती हैं ?

(अ) लाल (ब) पीला

(स) हरा (द) काला

(स) अन्य ( )

10.3 जिस बोर्ड पर ये सूचनाएं प्रदर्शित की जाती हैं, उसका आकार क्या होता हैं ?

....

10.4 क्या आपने पीले बोर्ड के बारे में सुना है?

(अ) हाँ (ब) नहीं ( )

10.5 यदि हाँ, तो पीले बोर्ड से आप क्या समझते है ?

....

11.0 क्या आप ग्रामीण कार्य निर्देशिका के बारे में जानकारी रखते हैं ?

(अ) हाँ (ब) नहीं ( )

11.1 यदि हाँ, तो संक्षेप में बताइये–

....

12.0 आपके क्षेत्र के विकास के लिए सर्वाधिक आवश्यकता है–

(अ) सार्वजनिक निर्माण कार्यक्रमों की (सड़क, सीसी, बांध, भवन आदि)

(ब) सामाजिक विकास कार्यक्रमों की (शिक्षा, स्वास्थ्य, शुद्धपेयजल आदि)

(स) अन्य ( )

12.1 आपके क्षेत्र में किस प्रकार के विकास कार्यक्रमों पर सर्वाधिक ध्यान दिया जा रहा है ?

....

13.0 आपके क्षेत्र में सबसे सफल एवं सबसे विफल ग्रामीण विकास कार्यक्रम योजना कौनसी हैं?

....

13.1 कर्मचारी तन्त्र के समक्ष ग्रामीण विकास कार्यक्रमों की अपेक्षित सफलता में बाधक तत्वों को बताइये–

(i) ....

(ii) ....

13.2 ग्रामीण विकास कार्यक्रमों की अपेक्षित सफलता के लिए आप अपने सुझाव दीजिए–

(i) ....

(ii) ....

(iii) ....

धन्यवाद! हस्ताक्षर

सन्दर्भ सूची

1. अब्दुल, अजीज, *डवलपमेन्ट प्रोग्राम्स फॉर वीकर सैक्शन्स,* जयपुर, प्रिन्टवैल पब्लि., 1989
2. अग्रवाल, माथुर एवं गुप्ता, *सहकारी चिन्तन एवं ग्रामीण विकास,* जयपुर, रमेश बुक डिपो,2000
3. आहूजा, राम, *सामाजिक सर्वेक्षण एवं अनुसंधान,* जयपुर, रावत पब्लिकेशन्स, 2003
4. अल्तेकर, ए.एस., *प्राचीन भारतीय शासन पद्धति,* प्रयाग, भारती भण्डार, 1959
5. अल्तेकर, ए.एस., *स्टेट एण्ड गवर्नमेन्ट इन एनशिएन्ट इण्डिया,* बनारस, मोतीलाल बनारसीदास, 1955
6 अम्बेडकर, एस. नगेन्द्र, *न्यू पंचायती राज एट वर्क,* जयपुर, एबीडी पब्लिशर्स, 2000
7. अरोडा, रमेश के. एवं गोयल, *इण्डियन पब्लिक एडमिनिस्ट्रेशन इन्स्टीट्यूशन्स एण्ड इश्यू,* द्वितीय रिवाईज्ड ऐडीसन, रजनी, न्यू देहली, विले इन्टरनेशनल, 1995
8. बाबेल, बसंती लाल, *पंचायती राज एवं ग्रामीण विकास योजनाएं,* जयपुर, राजस्थान हिन्दी ग्रन्थ अकादमी, 2001
9. बापना, अशोक (एडिटेड़), *डवलपमेन्ट ऑफ राजस्थानः चैलेन्ज एण्ड रेसपोन्स,* जयपुर, एस.आई.डी. राजस्थान, 1989
10. बसु, दुर्गादास *इन्ट्रोडक्शन टू द कन्स्टीट्यूशन ऑफ इण्डिया,* नई दिल्ली, वाधवा एण्ड कम्पनी, 2000
11. भनोत, शिव कुमार, *राजस्थान में पंचायत व्यवस्था,* जयपुर, युनिवर्सिटी बुक हाउस प्रा.लि., 2002
12. भार्गव, डी.के., *ग्रामीण निर्माण,* जयपुर, पंचवटी प्रकाशन, 1989

13. भट्ट, अनिल, *पावर्टी ट्राइवल्स एण्ड डवलपमेन्ट ए रिहाविलेशन एप्रोच,* देहली, मनोहर पब्लिशर्स, 1990

14. भट्ट, जी.डी., *रूरल डवलपमेन्ट प्रोग्राम्स इन इण्डिया,* दिल्ली, शान्ती पब्लिकेशन्स, 1990

15. भट्ट, यू.के. शर्मा, *न्यू पंचायती राज सिस्टम,* जयपुर, प्रिन्टवैल पब्लि., 1995

16. भट्टाचार्जी, ए.आर., *पंचायतीराज एण्ड ब्लॉक एरिया डवलपमेन्ट,* जयपुर, प्रिन्टवैल पब्लि., 1993

17. भाटिया, बी.एस. (एडिटेड),कुमार, प्रेम, धवल, ए.एस., *मैनेजमेन्ट ऑफ रूरल डवलपमेन्ट,* नई दिल्ली, दीप एण्ड दीप पब्लिकेशन्स, 1990

18. भट्टाचार्य, विवेकरंजन, *न्यू फेस ऑफ रूरल इण्डिया,* न्यू देहली, मैट्रोपोलिटियन बुक कम्पनी, 1982

19. बोस, आशीष, *पोपूलेशन ऑफ इण्डिया, 1991,* सेन्शस रिजल्टस एण्ड मैथडोलॉजी, देहली, बी.आर. पब्लि., 1992

20. चतुर्वेदी, नरेन्द्र, पंच *सरपंच निर्देशिका,* कोटा, आनन्द प्रकाशन, 1998

21. डांडवेल, एच.एच., *द केम्ब्रिज हिस्ट्री ऑफ इण्डिया,* न्यू देहली, सेज पब्लिकेशन्स, 1985

22. धारशंकर, ए.वाई., *लीडरशिप इन पंचायती राज,* जयपुर, पंचशील प्रकाशन, 1979

23. दत्त एवं सुनीता, *राजस्थान पंचायतीराज कानून–संग्रह* (अधिनियम, नियम, व्याख्या), जयपुर, पंचायती राज जन चेतना संस्थान, 1999–2000

24. दयाल, राजेश्वर, *कम्यूनिटी डवलपमेन्ट, पंचायतीराज एण्ड सहकारी समाज,* देहली, मेट्रोपॉलिटन बुक क.प्रा.लि., 1965

25. दुभाषी, पी.आर., *रूरल डवलपमेन्ट एडमिनिस्ट्रेशन इन इण्डिया,* बम्बई, पॉपूलर प्रकाशन, 1970

26. गहलोत, सुखवीर सिंह, *राजस्थान पंचायतीराज कानून,* जयपुर, यूनिक ट्रेडर्स, 2003

27. गौर, के.डी. (एडीटेड), *डायनामिक्स ऑफ रूरल डवलपमेन्ट,* न्यू देहली, मित्तल पब्लि., 1992

28. गौर, पी.पी.एवं मराठा, आर.के.(सम्पादक), *लोकतांत्रिक विकेन्द्रीकरण और ग्रामीण विकास,* बीना (म.प्र.), आदित्य पब्लिशर्स, 2001

29. गोस्वामी, यू.पी. एवं राय, एस.सी., *एप्रोचेज टू कम्युनिटी डवलपमेन्ट,* द हुज 1953, डब्ल्यू वॉन डाल्व लि.

30. गोयल, रजनी, *द ग्राम सभा एण्ड ग्राम सेवक इन राजस्थान,* जयपुर, विपुल एन्टरप्राइजेज, 2002

31. गुडे, जे विलियम एण्ड हॉट्ट, के. पॉल., *मैथड्स इन सोशल रिसर्च,* लन्दन, मैकग्रा हिल बुक कम्पनी, 1987

32. गुप्ता, मोहन लाल, *कोटा जिलेवार सांस्कृतिक एवं ऐतिहासिक अध्ययन,* जोधपुर, नवभारत प्रकाशन, 2004

33. गुरुमूर्थी, यू., *पंचायतीराज एण्ड वीकर सैक्शन्स,* न्यू देहली, आशीष पब्लिशंग हाउस, 1987

34. हूजा, राकेश, *एडमिनिस्ट्रेटिव इन्टरवेन्सन्स इन रूरल डवलपमेन्ट,* रावत पब्लिकेशन्स, 1987

35. जैन, बी.एम., *रिसर्च मैथ्डोलॉजी,* रिसर्च पब्लिकेशन्स इन सोशल साइंसेज, 2000

36. जैन, गोपाल लाल, *मैनेजमेन्ट ऑफ रूरल डवलपमेन्ट एण्ड रिर्सोसेज,* वो. द्वितीय, जयपुर,मंगलदीप पब्लिकेशन्स, 2002

37. जैन, रशमी, *कम्यूनीकेटिंग रूरल डवलपमेन्ट,* जयपुर, रावत पब्लिकेशन, 2003

38. जाट, साँवर लाल एवं शर्मा, प्रकाश (सम्पादक), *ग्रामीण विकास एक अध्ययन,* जयपुर, सबलाइम पब्लिकेशन्स, 1991

39. जोशी, प्रीता, *विकास प्रशासन,* जयपुर, आर.बी.एस.ए. पब्लिशर्स,1996

40. जोशी, आर.पी. एवं मंगलानी, रूपा (सम्पादक), *पंचायती राज के नवीन आयाम,* जयपुर, यूनिवर्सिटी बुक हाउस प्रा.लि., 2000

41. कटारिया, सुरेन्द्र, *ग्रामीण विकास एवं पंचायती राज,* जयपुर, आर.बी.एस.ए. पब्लिशर्स, 2003

42. कलाम, ए.पी.जे. अब्दुल, एवं राजन, वाई.एस., *इण्डिया 2020 ए विजन फॉर दी न्यू मिलेनियम,* वाईकिंग पेंग्यूइन इण्डिया, 1998

43. काम्बेल, एन. डी.,*रूरल हैल्थ,* न्यू देहली, आशीष पब्लिशिंग हाउस, 1984

44. कौशिक, सुशीला, *वुमन एण्ड पंचायती राज,* न्यू देहली, हर आनन्द पब्लिकेशन्स, 1993

45. कृष्णन, एम.जी., *पंचायती राज इन इण्डिया,* न्यू देहली, मित्तल पब्लिकेशन्स, 1992

46. कुमार, प्रद्युम्न एवं फडिया, बी.एल. (स.), *ग्रामीण विकास दिग्बोध की तलाश,* उदयपुर, सहकारी समिति ओ.टी.एस., 1986

47. माहेश्वरी, एस.आर., *रूरल डवलपमैन्ट इन इण्डिया ए पब्लिक पॉलिसी एप्रोच,* न्यू देहली, सेज पब्लिकेशन्स, 1985

48. मजूमदार, राम चौधरी एवं दत्त, *एन एडवांस्ड हिस्ट्री ऑफ इण्डिया,* लन्दन,मैकमिलन एण्ड कं., 1948

49. मलिक, शमशेर सिंह, *दी न्यू पंचायती राज,* जयपुर, आलेख पब्लिशर्स, 2002

50. मालवीया, एच.डी., *विलेज पंचायत इन इण्डिया, 1965,* उद्धत रविन्द्र शर्मा, ग्रामीण स्थानीय प्रशासन, जयपुर, प्रिन्टवैल पब्लिशर्स, 1985

51. मैथ्यू, जॉर्ज, *पंचायतीराज फ्रॉम लेजिलेशन टू मूवमेन्ट,* न्यू देहली, कॉनसेप्ट पब्लिशंग कम्पनी, 1995

52. माथुर,पी.सी. एवं हूजा, राकेश, *प्रॉजेक्ट्स प्लानिंग एण्ड डवलपमेन्ट एडमिनिस्ट्रेशन,* जयपुर, रावत पबिलकेशन्स, 1996

53. मेहता, डी.आर. एवं बत्रा, सतीश के (एडीटेड), *एडमिनिस्ट्रेशन फॉर रूरल डवलपमेन्ट,* जयपुर, द सेन्टर फॉर एडमिनिस्ट्रेटिव चेन्ज, 1981

54. मुखर्जी, प्रणव, *डीसेन्ट्रलाइज्ड प्लानिंग एण्ड पंचायतीराज,* न्यू देहली, कन्सेप्ट पब्लिशिंग कम्पनी फॉर द इन्सटीट्यूट ऑफ सॉसल साइन्सेज, 1994

55. मुखर्जी, रविन्द्र नाथ, *सामाजिक शोध सांख्यिकी,* विवेक प्रकाशन, 2000

56. नारायण, इकबाल, *पंचायतीराज एडमिनिस्ट्रेशन इन राजस्थान,* आगरा, लक्ष्मीनारायण अग्रवाल, 1973

57. नरवानी, जी.एस., *पंचायत प्रशासन क्या और कैसे ?,* जयपुर, यूनिवर्सिटी बुक हाउस (प्रा.) लि., 2001

58. पाण्डेय, पी.एन., *ग्रामीण विकास एवं संरचनात्मक परिवर्तन,* जयपुर, रावत पब्लिकेशन्स, 2000

59. पन्त, डी.सी.,*भारत में ग्रामीण विकास,* जयपुर, कालेज बुक डिपो, 2001

60. पार्थसारथी,जी., *इन्टीग्रटेड रूरल डवलपमेन्टः कनसेप्ट थ्योरिटिकल बेस एण्ड कन्ट्राडक्शन इन रूरल डवलपमेन्ट इन इण्डिया* (एडीटेड), दिल्ली, एग्रीकोल पब्लिशर्स, 1981

61. पायली, एम.वी., *भारतीय संविधान एक परिचय,* नई दिल्ली, विकास पब्लिशिंग हाउस प्रा. लि., 1997

62. राठौर, गिरवर सिंह, *भारत में पंचायतीराज,* जयपुर, पंचशील प्रकाशन, 2004

63. राव, एन.आर., *पंचायतीराज,* न्यू देहली, उप्पल पब्लिशिंग हाउस, 1992

64. सामन्त, एस.वी., *विलेज पंचायत्स,* आर.जी. पटेल, मैनेजर, अन्धेरी, लोकल सेल्फ गवर्नमेन्ट प्रेस, 1957

65. सिंह, आनन्द प्रकाश, *ग्रामीण शक्ति संरचना के बदलते प्रतिमान,* देहली, डिस्कवरी पब्लि. हाउस, 1989

66. सिंह, होशियार, *पंचायतीराज एडमिनिस्ट्रेशन इन हरियाणा,* गुडगांव, इन्दिरा, 1985

67. सिंह, होशियार (सम्पादित), *रूरल डवलपमेन्ट इन इण्डिया,* जयपुर, प्रिन्टवैल पब्लिशर्स, 1985

68. सिंह, करतार, *रूरल डवलपमेन्ट,* न्यू देहली, सेज पब्लिकेशन्स, 1999

69. शरण, परमात्मा, *प्राचीन भारत में राजनीतिक विचार एवं संस्थाएँ,* मेरठ, मीनाक्षी प्रकाशन, सातवाँ संस्करण

70. शर्मा, आनन्द शंकर, *सामुदायिक विकास में नये प्रयोग,* देहली, किताब महल प्रा.लि., 1963

71. शर्मा, अशोक, *भारत में स्थानीय प्रशासन,* जयपुर, आर.बी.एस.ए. पब्लिशर्स, 2002

72. शर्मा, बी.जी., *जनसहभागिता से ग्रामीण विकास,* जयपुर, राजस्थान हिन्दी ग्रन्थ अकादमी, 2000

73. शर्मा, बी.एम. एवं अन्य, *जिला सरकार अवधारणा, स्वरूप एवं संभावनाएँ,* जयपुर, रावत पब्लिकेशन्स, 1999

74. शर्मा, मुकेश, *पंचायतीराज सिस्टम एण्ड एमपावरमेन्ट,* जयपुर, सुरभी पब्लिकेशन्स, 2002

75. शर्मा, रविन्द्र, *विलेज पंचायत्स इन राजस्थान,* जयपुर, आलेख पब्लिशर्स, 1974

76. शर्मा, रविन्द्र, *ग्रामीण स्थानीय प्रशासन,* जयपुर, प्रिन्टवैल पब्लिशर्स, 1985

77. शर्मा, शकुन्तला, *ग्रासरूट पॉलिटिक्स एण्ड पंचायतीराज,* न्यू देहली, दीप एण्ड दीप पब्लिकेशन्स, 1994

78. शर्मा, श्रीकृष्ण दत्त एवं दाधीच, सुनीता, *राजस्थान पंचायतीराज अधिनियम, 1994,* जयपुर, ए-वन एजेन्सीज, 1994

79. शर्मा, श्रीनाथ एवं सिंह, मनोज कुमार (सम्पादक), *पंचायतीराज एवं ग्रामीण विकास,* बीना (म.प्र.), आदित्य पब्लिशर्स, 2001

80. शेषाद्री, के., *पॉलिटीकल लिंकेजेज एण्ड रूरल डिवलपमेन्ट,* न्यू देहली, नेशनल पब्लिशिंग हाउस, 1976

81. सुदर्शनम,जी., *रूरल एजूकेशन,* न्यू देहली, ज्ञान पब्लिशिंग हाउस, 1991

82. स्वामी, एच.आर.एवं गुप्ता, बी.पी., *ग्रामीण विकास एवं सहकारिता,* जयपुर,रमेश बुक डिपो, 1994

83. टिंकर, ह्यू, *फाउण्डेशन्स ऑफ लोकल सेल्फ गवर्नमेन्ट इन इन इण्डिया,* नई दिल्ली,लालवानी पब्लिशंग हाउस, 1967

84. टोरडो, मिचेल पी., *इकॉनामिक्स फॉर डवलपिंग वर्ल्ड,* लन्दन, लॉगमॉन ग्रुप, 1977

85. त्रिवेदी, आर.एन.एवं शुक्ला, डी.पी., *रिसर्च मैथ्डोलॉजी,* जयपुर, कॉलेज बुक डिपो, 2000

86. विद्यालंकार, सत्यकेतु, *मौर्य साम्राज्य का इतिहास,* इलाहाबाद, इण्डियन प्रेस, 1928

87. यादव, सुबह सिंह एवं यादव, सत्यभान, *ग्रामीण विकास का आधुनिक दर्शन,* जयपुर, सबलाइम पब्लिकेशन्स, 1997

लेख

1. मणि, दिनेश, *''ग्रामीण विकास में विज्ञान एवं प्रौद्योगिकी की सार्थकता''* कुरूक्षेत्र, वर्ष 52, अंक 2, दिसम्बर 2005, पृष्ठ 24–25.

2. माथुर, पी.सी. एवं गोविन्दन, जे.सी. "राजस्थान में पंचायती राज प्रतिनिधि : प्रशिक्षण आवश्यता एवं समाधान" इण्डियन जरनल ऑफ ऐज्यूकेशन, पॉलिटिक्स एण्ड एडमिनिस्ट्रेशन वो. 2, नं. 1, जनवरी–मार्च, 2005, पृष्ठ 77 – 84.

3. देशमुख, नीलिमा *''वुमन्स एमपॉवरमेन्ट थ्रो पंचायती राज इन्सटीट्यूशनः ए केस स्टेड़ी ऑफ भाम्वोरी ग्राम पंचायत इन महाराष्ट्रा''* वो. एलआई, नं. 2, अप्रैल–जून, 2005, पृष्ठ 192–198.

4. शर्मा, के.के. *''राजस्थान में पंचायती राज का विकासः एक विश्लेषण''* आई.जे.ई.पी.ए., वो. 1, नं. 4, अक्टूबर-दिसम्बर, 2004, पृष्ठ 56-69.

5. मेहरोत्रा, संतोष *''गरीबी निवारण के लिए रोजगारोन्मुख विकास''* योजना, वर्ष 49, अंक 1, अप्रैल 2005, पृष्ठ-19-21.

6. कटारिया, सुरेन्द्र *''ग्रामीण विकास में प्रशिक्षण की भूमिका''* राजस्थान विकास, वर्ष 21,अंक 3,अक्टूबर-दिसम्बर, 2003, पृष्ठ 6-7

7. अग्रवाल, उमेश चन्द्र *''ग्रामीण, गरीबों और निर्बल वर्गों के लिए नई कल्याणकारी योजनाएं-एक समीक्षा''* कुरुक्षेत्र, वर्ष 51 अंक 10, अगस्त 2005, पृष्ठ 5-13

8. मालवीय, जगदीश *''ग्रामीण सचिवालय''* कुरुक्षेत्र, वर्ष 51, अंक 10, अगस्त 2005, पृष्ठ-28

9. राजगोपालन, शोभिता *''राजस्थान में महिलाओं की स्थिति''* राजस्थान विकास, वर्ष 22, अंक 1 अप्रैल-जून, 2004, पृष्ठ 42-44.

10. घोष, अरबिंद *''ग्रामीण अर्थव्यवस्था में नई जान फूंकने के प्रयास''* योजना, वर्ष 48, अंक 5, अगस्त 2004,पृष्ठ 34-36.

11. शर्मा, मनोज *''वार्ड सभा प्रजातंत्र की सबसे छोटी और महत्त्वपूर्ण कडी''* राजस्थान विकास, (पूरक परिशिष्ट), अप्रैल-जुलाई 2001, पृष्ठ 6-9.

12. पाण्डेय, सूर्यदेव *''ग्रामीण विकास के नये आयाम''* राजस्थान विकास (पूरक परिशिष्ट), अप्रैल-जुलाई 2001, पृष्ठ 35

13. शर्मा, राजेन्द्र *''खुशहाली के सपनों को साकार रूप देती स्वर्णजयन्ती ग्राम समृद्धि योजना''* राजस्थान विकास, वर्ष 19, अप्रैल-जुलाई 2001 (संयुक्तांक), पृष्ठ 56

14. असवाल, किशोर *''पंचायती राज में राजस्व प्रशासन की भूमिका''* राजस्थान विकास, वर्ष 21 अंक 2, जुलाई-सितम्बर, 2003, पृष्ठ 7-8

15. थिओडोर, राजीव *"भारत का ग्रामीण विकास"* योजना, वर्ष 48, अंक 10, जनवरी, 2005, पृष्ठ 68-69

16. अग्रवाल, उमेश चन्द्र, *"ग्रामीण आवासीय योजनाएं : एक आकलन"* कुरूक्षेत्र, वर्ष 48, अंक 10, अगस्त 2003, पृष्ठ 6-10

17. कटारिया, सुरेन्द्र *"बी.पी.एल. सेंससः एक चुनौतीपूर्ण कार्य"* कुरूक्षेत्र, वर्ष 48, अंक 10, अगस्त 2003, पृष्ठ 15-18

18. मीणा, जनक सिंह *"21वीं सदी का लोक प्रशासन"* इण्डियन जरनल ऑफ एजूकेशन, पॉलिटिक्स एण्ड एडमिनिस्ट्रेशन, वो-2, नं. 2, अप्रैल-जून, 2005, पृष्ठ 59-66

19. जोशी, प्रीता एवं मीणा, जनक सिंह "राजस्थान में ग्रामीण विकास कार्यक्रम : दानालपुर ग्राम पंचायत (जिला-करौली) के सन्दर्भ में अनुभवपरक अध्ययन" इण्डियन जरनल ऑफ एजूकेशन, पॉलिटिक्स एण्ड एडमिनिस्ट्रेशन, वो. 2, नं.2, जुलाई-सितम्बर, 2005

20. मीणा, जनक सिंह *"ग्रामीण विकास में प्रौद्योगिकी की भूमिका"* कुरूक्षेत्र, जनवरी 2005,पृष्ठ 14-16

21. सरदाना, जयबाला *"गैर सरकारी संस्थायें और ग्रामीण विकास"* ग्रामीण विकास समीक्षा, खण्ड-2, अंक-22, जुलाई-दिसम्बर,1997, एन.आई.आर.डी. हैदराबाद, पृष्ठ 71

22. राजस्थान पत्रिका *"चुनो-चुनो सिखाया, फिर अंगूठा दिखाया"* जयपुर, 29 सितम्बर,2004

23. राजस्थान पत्रिका *"मोर नाचे तो पैरों को देख रोए"* जयपुर, 14 अक्टूबर, 2004

24. राजस्थान पत्रिका *"चाबी घुमाए सरकार, नाम के अधिकार"* जयपुर, 9 अक्टूबर, 2004

25. राजस्थान पत्रिका *"कमेटियाँ खूब बनी, नतीजे ढाक के तीन पात"* जयपुर,8 अक्टूबर, 2004

26. राजस्थान पत्रिका (भागीरथ शर्मा), *"विकास के रथ को यह क्या हुआ ?"*, जयपुर, 2 फरवरी,2005

27. राजस्थान पत्रिका *"बातें खूब बनी, काम से कोसों दूर"* जयपुर, 17 मार्च, 2005

28. राजस्थान पत्रिका *"खानापूर्ति बन कर रह गई ग्राम सभाएें"* जयपुर, 6 अक्टूबर, 2004

29. राजस्थान पत्रिका, *'घूंघट में है सरपंच'*, जयपुर, 3 अक्टूबर, 2004

30. राजस्थान पत्रिका, *'गरीबी, गंवारूपन और गुलामी से ऊपर नहीं उठे गांव'*, जयपुर 30 सितम्बर, 2004

31. राजस्थान पत्रिका, *'कैसे होगा पंचायती राज मजबूत'*, जयपुर, 30 सितम्बर, 2004

32. राजस्थान पत्रिका, *'नए मेहमान ने कुर्सी छीनी,'* जयपुर, 25 दिसम्बर 2004

33. उपर्युक्त, *'गावों के सत्ताधारी भी घपलों में पीछे नहीं,'* जयपुर, 11 अप्रेल, 2004

34. उपर्युक्त, *'ग्रामीण विकास योजनाओं का सही क्रियान्वयन नहीं,'* जयपुर, 10 अक्टूबर, 2004

35. दैनिक भास्कर, *'सबसे भ्रष्ट पंचायती राज, राजस्व का दूसरा स्थान,'* जयपुर, 14 दिसम्बर, 2004

36. राजस्थान पत्रिका, *'भ्रष्टाचार के 'नासूर' से मिली बदनामी,'* जयपुर, 14 जनवरी, 2005

37. उपर्युक्त, *'कागजों में निर्माण, हवा में मरम्मत'*, जयपुर, 8 दिसम्बर, 2005

38. उपुर्यक्त, *'ग्रामीण विकास - सिर्फ कागजों में,'* जयपुर, 8 नवम्बर, 2003

39. उपुर्यक्त, *'चुनाव प्रणाली ने पनपाया भ्रष्टाचार'*, जयपुर, 5 अक्टूबर, 2004

40. उपर्युक्त, *'गरीबी का मूल कारण भ्रष्टाचार-शेखावत,'* जयपुर, 5 अक्टूबर, 2004

41. दैनिक भास्कर, *'अफसर फंसते हैं, सरकार बचा लेती है,* जयपुर, 13 जून, 2004
42. राजस्थान पत्रिका, *'सांसद कोष से चढ़ी होटल की मंजिल,'* जयपुर, 25 जुलाई, 2005
43. करौली–हिण्डौन भास्कर, *'दर्जनों गांवों में सड़कें नहीं,'* 15 नवम्बर, 2004
44. उपर्युक्त, *'सड़क मरम्मत में धांधली का आरोप,* जांच की जाएं, 7 नवम्बर, 2004
45. उपर्युक्त, *'तीस मीटर सड़क दोबारा बनाने के निर्देश,* '14 दिसम्बर, 2004
46. उपुर्यक्त, *'निर्माण कार्यों की जांच सी.आई.डी. से कराई जाए',* 3 नवम्बर, 2004
47. उपर्युक्त, *'निर्माण कार्यों की जांच कराई जाए,'* 3 नवम्बर, 2004
48. उपर्युक्त, *'अनुपयोगी पड़े हैं सरकारी क्वार्टर,'* 12 नवम्बर, 2004
49. उपर्युक्त, *'सरपंच व सचिव के खिलाफ इस्तगासा,'* 19 नवम्बर, 2004
50. उपर्युक्त, *'गलत सड़क निर्माण को लेकर शिकायत,'* 23 नवम्बर, 2004
51. उपर्युक्त, *'गेहूँ लेने पहुंची विधवा का कार्ड फाड़ा,'* 25 नवम्बर, 2004
52. दैनिक भास्कर *''सबसे भ्रष्ट पंचायती राज, राजस्व का दूसरा स्थान''* जयपुर, 14 दिसम्बर, 2004
53. राजस्थान पत्रिका *''बिके सांसद, संसद पर दूसरा हमला'',* जयपुर, 13 दिसम्बर, 2005
54. दैनिक भास्कर *''पति चलाते हैं पंचायत''* जयपुर, 28 अगस्त, 2005
55. राजस्थान पत्रिका *''नाम मात्र की जनप्रतिनिधि हैं महिलाएं''* जयपुर, 13 फरवरी, 2005

रिपोर्ट्स

1. वर्ल्ड डिवेलपमेंट रिपोर्ट 2003, गतिमान विश्व में सतत विकास परिवर्तनशील संस्थाएं, विकास और जीवन की गुणवत्ता न्यू देहली, हिन्दुस्तान पब्लिशिंग कार्पो., 2003
2. नेशनल ह्यूमन डिवेलपमेन्ट रिपोर्ट 2001 योजना आयोग, भारत सरकार, 2002
3. गांधी ग्राम योजना, निदेशालय, जलग्रहण विकास एंड भू-संरक्षण, राजस्थान, जयपुर 2001
4. स्वराज, उन्नति विकास शिक्षण संगठन, जोधपुर सितम्बर - अक्टूबर, 2005
5. राजस्थान में पंचायती राज : नये आयाम, पंचायती राज विभाग, राजस्थान, जयपुर
6. स्वर्णजयन्ती ग्राम स्वरोजगार योजना, ग्रामीण विकास मंत्रालय, भारत सरकार, 2004
7. ग्रामीण विकास एवं पंचायती राज विभाग की योजनाएँ तथा उपलब्धियाँ, ग्रा.वि. एवं पंचायती राज विभाग, राजस्थान सरकार तथा इन्दिरा गांधी पंचायती राज एवं ग्रा.वि. संस्थान, जयपुर, 2005
8. दिशा-निर्देश, स्वर्णजयन्ती ग्राम स्वरोजगार योजना, ग्रामीण विकास मंत्रालय, भारत सरकार, 2004
9. मार्गदर्शी सिद्धान्त 'हरियाली', भूमि संसाधन विभाग, ग्रामीण विकास मंत्रालय, भारत सरकार, 2004
10. इन्दिरा आवास योजना के दिशा निर्देश, ग्रामीण विकास मंत्रालय, भारत सरकार, 2004
11. केन्द्रीय ग्रामीण स्वच्छता कार्यक्रम, दिशा निर्देश, पेयजल आपूर्ति विभाग, ग्रामीण विकास मंत्रालय, भारत सरकार, 2004
12. प्लानिंग कमीशन, द फर्स्ट फाइव ईयर प्लान, नई दिल्ली, भारत सरकार, 1952

13. रिपोर्ट ऑफ द टीम फॉर द स्टेडी ऑफ कम्युनिटी प्रोजेक्ट एण्ड नेशनल एक्सटेन्शन सर्विस, वोल्यूम 1, नई दिल्ली, कमेटी ऑफ प्लान प्रोजेक्ट्स, 1957

14. रिपोर्ट ऑफ द कमेटी ऑन पी.आर.आईज., न्यू देहली, गवर्नमेन्ट ऑफ इण्डिया, 1978

15. रिपोर्ट ऑफ द कमेटी ऑन एडमिनिस्ट्रेटिव एरेंजमेन्ट्स फॉर रूरल डवलपमेन्ट एण्ड पावर्टी एलीविएशन प्रोग्राम्स, चेयरमेन, जी.वी.के. राव, 1985

अन्य

1. मीणा, जनक सिंह, राजस्थान में ग्रामीण विकास के विविध आयामः ग्रामीण विकास विभाग का संगठनात्मक एवं कार्यात्मक अध्ययन, अप्रकाशित लघुशोध ग्रन्थ, 2002
2. मनुस्मृति, अध्याय 7, श्लोक 114-115
3. जिला सांख्यिकीय रूप रेखा 2002, जिला-करौली, आर्थिक एवं सांख्यिकी निदेशालय राजस्थान, जयपुर, 2002
4. ग्रामीण कार्य निर्देशिका-2004, ग्रामीण विकास एवं पंचायती राज विभाग, राजस्थान सरकार, 2004
5. ग्रामीण कार्य निर्देशिका-2002, ग्रामीण विकास विभाग, राजस्थान सरकार, 2002

जर्नल्स एवं पत्रिकाएं

1. प्रशासनिक ढ़ाँचा एवं प्रगति विवरण, पंचायतीराज विभाग, राजस्थान, जयपुर, 2000-2004-05
2. वार्षिक प्रतिवेदन, विशिष्ट योजनाएं एवं एकीकृत ग्रामीण विकास विभाग, राजस्थान, जयपुर, 1997-98 से 1998-99
3. वार्षिक प्रतिवेदन, ग्रामीण विकास विभाग, राजस्थान, जयपुर, 1999-2000 से 2004-05
4. लोक प्रशासन जर्नल, भाग-1, लोक प्रशासन अनुसंधान केन्द्र, इलाहाबाद, जुलाई 2003

5. प्रशासनिका, ए जनरल ऑफ एडमिनिस्ट्रेटिव प्रोसेस, ह.च.मा. राजस्थान राज्य लोक प्रशासन संस्थान, जयपुर
6. इण्डियन जरनल ऑफ पब्लिक एडमिनिस्ट्रेशन, इण्डियन इन्सटीट्यूट ऑफ पब्लिक एडमिनिस्ट्रेशन, नई दिल्ली
7. राजस्थान की पंचायती राज संस्थाओं हेतु प्रशिक्षण मॉड्यूल 2002, इन्दिरा गाँधी पंचायतीराज एवं ग्रामीण विकास संस्थान, एस.आई.आर.डी., जयपुर
8. आर्थिक समीक्षा, आर्थिक एवं सांख्यिकी निदेशालय, राजस्थान, जयपुर
9. राजस्थान विकास, पंचायतीराज विभाग, राजस्थान, जयपुर
10. योजना, योजना भवन, नई दिल्ली
11. कुरुक्षेत्र, ग्रामीण विकास मंत्रालय, भारत सरकार, नई दिल्ली
12. इण्डियन जर्नल ऑफ एजूकेशन, पॉलिटिक्स एण्ड एडमिनिस्ट्रेशन, जयपुर

समाचार पत्र

1. राजस्थान पत्रिका, (जयपुर, करौली, दौसा, सवाई माधोपुर संस्करण)
2. दैनिक भास्कर, (जयपुर, करौली, दौसा, सवाई माधोपुर संस्करण)